U0462818

国家社科基金
后期资助项目
GUOJIA SHEKE JIJIN HOUQI ZIZHU XIANGMU

"双碳"目标下
碳减排政策对再制造影响研究

夏西强　著

社会科学文献出版社
SOCIAL SCIENCES ACADEMIC PRESS (CHINA)

图书在版编目 (CIP) 数据

"双碳"目标下碳减排政策对再制造影响研究 / 夏
西强著 . --北京：社会科学文献出版社，2024.8.
ISBN 978-7-5228-3757-4

Ⅰ. F426.4

中国国家版本馆 CIP 数据核字第 2024C3G135 号

国家社科基金后期资助项目

"双碳"目标下碳减排政策对再制造影响研究

著　　者 / 夏西强

出 版 人 / 冀祥德
责任编辑 / 王玉敏
文稿编辑 / 赵亚汝
责任印制 / 王京美

出　　版 / 社会科学文献出版社·马克思主义分社 (010) 59367126
　　　　　 地址：北京市北三环中路甲 29 号院华龙大厦　邮编：100029
　　　　　 网址：www.ssap.com.cn
发　　行 / 社会科学文献出版社 (010) 59367028
印　　装 / 三河市龙林印务有限公司

规　　格 / 开　本：787mm × 1092mm　1/16
　　　　　 印　张：21.5　字　数：338 千字
版　　次 / 2024 年 8 月第 1 版　2024 年 8 月第 1 次印刷
书　　号 / ISBN 978-7-5228-3757-4
定　　价 / 99.00 元

读者服务电话：4008918866

版权所有 翻印必究

国家社科基金后期资助项目
出版说明

后期资助项目是国家社科基金设立的一类重要项目，旨在鼓励广大社科研究者潜心治学，支持基础研究多出优秀成果。它是经过严格评审，从接近完成的科研成果中遴选立项的。为扩大后期资助项目的影响，更好地推动学术发展，促进成果转化，全国哲学社会科学工作办公室按照"统一设计、统一标识、统一版式、形成系列"的总体要求，组织出版国家社科基金后期资助项目成果。

全国哲学社会科学工作办公室

引　言

为贯彻落实"双碳"（碳达峰、碳中和）目标，促进低碳产业发展，政府采取碳税、碳约束、碳交易等一系列碳减排政策推动企业低碳转型。再制造是实现绿色制造的有效途径。但是，原始制造商由于缺乏进行再制造的专有技术等，一般选择专注于再制造业务的第三方再制造商负责再制造。独立再制造、授权再制造、外包再制造是较为常见的第三方再制造模式。碳税政策直接通过经济手段增加原始制造商的生产成本，碳约束政策则通过设定碳限额强制两种产品制造商达到碳排放要求，碳交易政策则通过碳市场实现碳排放权交易。原始制造商可以通过选择不同的再制造模式来分享再制造利润和降低碳减排政策影响。因此，有必要研究政府实施不同碳减排政策的条件以及原始制造商选择哪种再制造模式有利于实现再制造利润最大化。另外，碳减排政策的目标是促进二氧化碳排放达到最优，再制造的目标是利润最大化，因此设计再制造合作契约实现碳减排效果最优和收益最大具有重要的现实意义。

鉴于此，在现有文献和相关理论研究基础上，本书基于三种再制造模式建立不同碳减排政策下原始制造商和再制造商的博弈模型。

首先，剖析政府实施不同碳减排政策对三种再制造模式的影响，发现独立再制造模式下，再制造商不受原始制造商制约，政府实施三种碳减排政策对碳排放较高的原始制造商约束较大。其中，碳税政策能直接增加再制造商利润，减少原始制造商利润，而碳约束与碳交易政策下，两制造商利润受碳排放上限值和单位碳交易价格的影响。但是独立再制造模式下三种碳减排政策并不总是减少两种产品对环境的影响。授权与外包再制造模式下，原始制造商可以通过决策授权费用和外包费用改变自身在碳减排政策下的不利地位，且政府的三种碳减排政策均能减少授权与外包再制造模式下两种产品对环境的影响。

其次，针对不同再制造模式，确立政府不同碳减排政策适用的边界条件。三种再制造模式下，政府采取不同碳减排政策对博弈主体决策与环境的影响主要与政府不同政策决策变量（单位碳税额、碳排放上限值、碳交易价格）相关。独立再制造时，当碳交易价格和碳排放上限值满足一定条件时，碳交易或碳约束政策有助于两制造商实现双赢，同时能够减少环境影响。授权再制造模式下，当单位碳税额与碳交易价格相比较小时，碳交易政策不仅能使环境影响最小，还能实现两制造商双赢。外包再制造模式下，当单位碳税额与碳交易价格之比小于某一阈值，且碳排放上限值较高时，碳交易政策下两种产品的环境影响最小。

再次，三种再制造模式是一种共存模式，针对不同碳减排模式下原始制造商和再制造商分散决策导致的供应链边际效率损失问题，基于碳减排目标，独立再制造模式下设计固定费用协调机制改善原始制造商碳减排政策下的不利地位，增强原始制造商与再制造商的合作意愿；授权再制造模式下设计固定授权费用协调机制实现供应链协调，即再制造商通过支付固定的授权费用，一方面为使用原始制造商的专利产权支付一定费用，加强与原始制造商的合作，另一方面避免原始制造商过度决策授权费用转移再制造利润；外包再制造模式下设计外包特许经营契约有效协调供应链实现经济和环境效益，再制造商不仅以小于分散决策模式下的单位外包再制造费用进行再制造，还获取固定费用作为利润分成，增加再制造产品产量。

最后，针对政府不同碳减排政策确定哪一种再制造模式能实现经济和环境效益均最优。通过对比不同碳减排政策下三种再制造模式，发现当两种产品单位碳排放量之比满足一定条件时，外包再制造模式不仅对环境影响较小，还有利于增加消费者剩余和社会剩余。原始制造商总是偏向于选择外包再制造模式，该模式能够使原始制造商有效控制市场及供应链，通过销售再制造产品缓解碳减排政策造成的压力，但是当消费者偏好和废旧产品回收规模系数满足一定条件时，再制造商才偏好选择外包再制造模式。总体上，碳减排政策能够促进再制造产业发展，原始制造商应依据政府政策以及消费者需求选择合适的再制造模式，而再制造商应积极利用再制造产品的低碳排放和低成本优势，增强再制造产品的市场竞争力。

目　录

图目录

表目录

主要符号

符号	说明
决策变量	
q_n，q_r	分别表示新产品和再制造产品销售量
p_n，p_r	分别表示新产品和再制造产品单位零售价格
τ	表示废旧产品回收率
w	表示外包再制造时原始制造商委托再制造商生产单位再制造产品支付的外包费用
z	表示授权再制造时再制造商生产销售单位再制造产品向原始制造商支付的专利授权费用
相关参数	
θ	表示消费者购买新产品的意愿
S_C，S_S	分别表示消费者剩余和社会剩余
T	表示碳约束与碳交易政策下政府设定的碳排放上限值
s	表示碳税政策下政府对单位新产品征收的碳税额
c_n，c_r	分别表示生产单位新产品、再制造产品的成本，且 $c_n > c_r$
Q	表示一单位碳排放权的交易价格
δ	表示消费者对再制造产品的购买偏好，且 $0 \leq \delta \leq 1$
E_n，E_r	分别表示新产品和再制造产品对环境的影响
π_n，π_r，π_C	分别表示原始制造商利润、再制造商利润、供应链整体利润
e_n，e_r	分别表示单位新产品、再制造产品的碳排放量，即单位新产品、再制造产品对环境的影响，且 $e_n > e_r$

第1章 绪论

1.1 研究背景和问题提出

1.1.1 研究背景

21世纪以来，气候变化日益严峻，减少碳排放已成为全球共识。我国在2020年9月明确提出"力争于2030年前实现碳达峰，努力争取2060年前实现碳中和"的发展目标。2021年发布的《国务院关于加快建立健全绿色低碳循环发展经济体系的指导意见》强调，"建立健全绿色低碳循环发展的经济体系，确保实现碳达峰、碳中和目标"。党的二十大报告强调"立足我国能源资源禀赋，坚持先立后破，有计划分步骤实施碳达峰行动"。为顺利实现"双碳"目标，政府采取了一系列的碳减排政策，其中，利用税收将企业碳排放成本内生化的碳税政策、严格限制企业碳排放上限的碳约束政策以及基于科斯产权定理界定碳排放产权并允许企业在碳市场上自由买卖碳配额的碳交易政策是应对气候变化、约束企业碳排放行为的有效工具[1,2]。

政府碳减排政策会增加企业碳排放成本，政府政策与经济效益双重压力会迫使企业寻求新的生产战略以最大限度地提高其效益[3,4]。碳减排主要有三种机制：一是通过调整产量、使用碳汇或者通过碳捕获和存储来减少碳排放；二是通过技术变革（碳还原或脱碳技术）实现低碳、零碳以及二次碳开发；三是能源优化——用水电和海洋能等新能源替代传统能源[5]。再制造是通过对废旧产品进行回收、加工和集成制造的典型能源优化技术实现碳减排或无碳制造，既能延长原产品使用寿命，又能有效减少生产过程中的碳排放量，是实现制造业绿色发展的有效途径[6,7]。以斯太尔再制造发动机为例，与新发动机相比，它对环境的影响减少80%，能够节约60%的能源、70%的原材料、50%的成本。佳能、惠普、戴尔等引领了废旧产品回收再制造的潮流趋势[8]。

虽然再制造可以有效实现废旧资源的循环再利用和环境保护，但是，实践中，大部分原始制造商由于缺乏进行再制造的专有技术、废旧产品的回收渠道以及再制造利润较小等原因，一般难以自行开展再制造业务，尤其是受资金约束的中小企业[9]。现实中已有不少制造商由于技术难题、质量不稳定、市场需求不足和竞争压力等因素再制造失败。例如，美国福特公司和德国宝马公司，在经历再制造失败后，支付一定的外包费用将再制造业务委托给第三方。Hauser 和 Lund 调查发现，仅有 6% 的再制造商是新产品制造商，其他皆为专注于再制造业务的第三方再制造商，并且其中不乏全球知名再制造商，例如卡特彼勒[10]。

第三方再制造商加入使得两种产品之间的竞争加剧，侵蚀原始制造商原有利润空间。同时，在碳减排政策下，再制造产品具有碳排放量少和生产成本低双重优势，再制造商的"搭便车"行为明显[3]。但是，原始制造商拥有废旧产品的知识产权，也即拥有再制造原材料的知识产权，法律不会因为再制造有利于碳减排而容忍再制造商侵犯原始制造商的知识产权，例如，著名的"墨盒再制造案""刨床案""帆布车顶案"[11,12]。因此，为了应对再制造商的竞争以及"搭便车"行为，原始制造商会通过废旧产品的知识产权保护来约束再制造商的生产活动。

根据原始制造商是否采取知识产权保护，再制造主要有独立再制造、授权再制造和外包再制造三种模式。其中，独立再制造模式下两个制造商是完全竞争关系，分别负责新产品和再制造产品的生产与销售，再制造商的生产活动不受原始制造商的制约。该模式下原始制造商不仅面临再制造商的市场竞争压力，还面临三种碳减排政策下的强碳排放约束，也即独立再制造时高成本和强碳排放约束致使原始制造商在三种碳减排政策下处于不利地位。授权再制造模式下，再制造商通过支付费用获取生产和销售再制造产品的合法权利。比如，浙江再生手拉手汽车部件有限公司和张家港富瑞特种装备股份有限公司，通过支付授权再制造费用取得再制造合法权利。原始制造商可以通过平衡销售新产品的利润、授权再制造收取的授权费用、碳减排政策约束支出费用来增强自身竞争优势[13]。外包再制造模式下，原始制造商通过支付一定的外包费用将废品回收、逆向物流、检测以及再制造等委托给具有再制造优势的第三方再制造商。比如，美国福特公司和德国宝马公司，在经历再制造失败后，支付一定的外包费用将再制造生产委托给第三方。在该模式下，原始制造商不仅能够通过自身减排投资降低新产品碳排放，还能够通过外包行为获得再制造产品销售权，降低研发与生产成本，减轻为扩大生产而继续筹措资金的压力[14]。由此可知，在知识产权保护下，原始制造商可以通过调整相关决策变量来改变碳减排政策下的不利地位，如何选择正确的再制造模式是原始制造商面临的困局。

政府为降低碳排放会利用各种政策法规来促进再制造业务开展，而原始制造商为获取更多利润会利用知识产权保护限制再制造产业发展。在政府实施碳减排政策下，既保证两个制造商的利润，又有效促进再制造产业的发展，实现经济低碳发展，就显得尤为重要。因此，研究三种碳减排政策对原始制造商和第三方再制造商运营决策的影响以及研究原始制造商选择何种再制造模式具有重要的现实意义，能够为同时面临政府的环境监管与再制造商竞争的原始制造商提供决策支持。另外，政府碳减排政策的目标是促进二氧化碳排放达到最优，再制造的目标是利润最大，运用供应链协调机制设计再制造合作契约，使碳减排最优和利润最大也具有重要的现实意义。

1.1.2 问题提出

为更好地了解政府实施不同碳减排政策对再制造产生的影响，本书将主要从以下三个方面进行深入的研究。

第一，政府的碳减排政策可以有效促进制造/再制造业低碳减排，但是不同的碳减排政策对制造/再制造的影响程度不同，尤其是在知识产权保护下，原始制造商可以通过选择不同的再制造模式减少碳减排政策对其造成的不利影响。因此，有必要分析政府不同的碳减排政策对制造/再制造市场竞争的影响，为政府针对不同的再制造模式选取最优的碳减排政策提供决策依据，促进制造/再制造发展。

第二，三种再制造模式是一种共存模式，不同碳减排政策下原始制造商和再制造商分散决策会导致供应链边际效率损失问题，如何设计制造/再制造合作机制，实现不同再制造模式和碳减排政策组合下减排效果最优和经济效益最大是一个迫切需要解决的问题。因此，有必要基于碳减排目标设计不同再制造模式和碳减排政策组合下的制造/再制造合作机制，实现经济效益和环境效益均最优。

第三，在知识产权的保护下，原始制造商在市场竞争中具有主导地位，且原始制造商的行为（再制造模式的选择）会影响制造/再制造碳减排效果。同时，政府不同碳减排政策对制造/再制造利润和碳减排效果的影响不同。因此，需要基于政府不同碳减排政策对制造/再制造的影响，确立不同碳减排政策下原始制造商最优再制造模式选择以及不同再制造模式下政府最优碳减排政策选择。

因此，在已有研究基础上，本书基于政府不同碳减排政策构建三种再制造模式下原始制造商与再制造商的博弈模型，主要解决三个问题。一是基于政府不同碳减排政策对三种再制造模式的影响，针对三种再制造模式确立政府不同碳减排政策适用的边界条件是什么？二是三种再制造模式是一种共存模式，针对不同碳减排政策下原始制造商和再制造商分散决策导致的供应链边际效率损失问题，基于碳减排目标，如何运用供应链协调机制设计制造/再制造合作契约，实现不同再制造模式和碳减排政策组合下碳减排效果最优和利润最大？三是基于制造/再制造闭环供应链利润，针对政府不同碳减排政策哪一种再制造模式能实现利润最大？针对不同再制造模式哪一种碳减排政策能实现碳减排最优？

问题一：针对三种再制造模式确立政府不同碳减排政策适用的边界条件。每一种再制造模式下，政府不同碳减排政策对制造/再制造竞争和碳减排效果的影响是什么？基于政府不同碳减排政策对三种再制造模式的影响，确立政府不同碳减排政策适用的边界条件？也即，分别基于独立、授权、外包三种再制造模式，对比分析三种碳减排政策对制造/再制造竞争和环境的影响，并基于三种再制造模式确立政府三种碳减排政策适用的边界条件。

问题二：确立不同再制造模式和碳减排政策组合下，实现碳减排效果最优和利润最大的协调机制。基于经济效益和环境效益，运用供应链协调机制设计制造/再制造合作契约，实现碳减排效果和利润都达到最优。

问题三：确立不同碳减排政策下最优再制造模式和不同再制造模式下最优碳减排政策。在问题一和问题二的基础上，从制造/再制造利润最大化角度出发,研究三种碳减排政策下哪一种再制造模式最优,以及从碳减排效果最优角度出发,研究三种再制造模式下哪一种碳减排政策最优?也即,分别基于三种碳减排政策,从利润最大化角度对比分析独立、授权、外包三种再制造模式,确立每一种碳减排政策下的最优再制造模式。进一步,分别基于三种再制造模式,从碳减排效果最优角度对比分析碳税、碳约束、碳交易三种碳减排政策,确立每一种再制造模式下的最优碳减排政策。

1.2 研究目的与意义

1.2.1 研究目的

第一,基于不同再制造模式探究政府碳减排政策对制造/再制造市场竞争的影响,为下一步确立不同碳减排政策下的最优再制造模式和制造/再制造合作机制打下基础。

第二,确立不同碳减排政策下最优的再制造模式和不同再制造模式下三种碳减排政策适用的边界条件,为制造商选择最优再制造模式和政府采取最优碳减排政策提供决策依据。

第三,设计合理契约使碳减排效果最优、利润最大,实现"双碳"目标和促进再制造产业发展。

1.2.2 研究意义

减少碳排放和推进循环经济发展已成为全球关注的重要议题。政府采取碳减排政策对既定碳排放空间合理利用以实现更大的产出效益。再制造能够有效延长产品使用寿命,缓解环境破坏和能源消耗压力,是实现绿色制造的有效途径。在国家强调循环发展的背景下,再制造与碳减排政策相互契合,成为政府、企业和学者广泛关注的课题。研究碳减排和再制造不仅能为政府制定法律法规和企业进行绿色制造提供有效参考,还能推进运筹学、管理学、经济学等学科交叉渗透发展。例如,基于再制造的循环经济模式可以促进资源的最优利用和节约,而这涉及企业战略、供应链管理、成本效益分析等多个学科领域的研究。同时,碳减排政策对于环境保护、资源利用效率提升和生产方式转型也具有重要意义。

1. 理论意义

已有碳相关研究已经广泛关注政府碳减排政策对循环农业、农产品冷链、低碳供应链等的影响[15,16]。再制造相关研究主要集中在突发事件对再制造供应链的影响以及在大数据背景下再制造质量管理模式的探索上[6]。本书则主要关注政府碳减排政策对制造/再制造产业的影响、碳减排政策适用边界以及最优再制造模式选择，并运用供应链协调机制剖析制造/再制造合作机制、授权再制造费用和外包再制造费用定价契约，使不同再制造模式下制造/再制造同时达到碳减排效果最优和利润最大。

本书在归纳总结以往学者相关研究成果的基础上，将碳税、碳约束、碳交易政策引入制造业，基于不同碳减排政策建立独立、授权、外包再制造模式下两制造商的博弈模型，研究不同碳减排政策对制造/再制造的影响，并对三种再制造模式进行对比分析。全面分析不同碳减排政策对三种再制造模式的影响，可以完善政府碳减排政策设计及再制造市场竞争相关理论。另外，以往供应链协调仅基于利润最大化原则，本书不仅要求制造/再制造利润达到最大，还要求碳减排效果达到最优，实现制造/再制造供应链利润和环境"双赢"，可以丰富和完善制造/再制造供应链协调理论。

2. 现实意义

减少碳排放，推进循环经济发展已然成为全球共识。碳税、碳交易、碳约束政策是促进产业低碳转型的有效措施，已在多个国家实施；再制造作为一种低碳生产方式，能够有效延长产品使用寿命，各国政府已出台一系列政策促进再制造产业发展，实践中许多企业也已成功开展再制造业务，在经济和环境方面均获得良好改善。考虑到不同碳减排政策对再制造产业发展的影响效果是不一样的，对比分析政府不同碳减排政策对再制造产业产生的影响，既能够为政府针对不同再制造模式完善相关碳减排政策提供决策依据；也可以为原始制造商针对政府不同碳减排政策选择实现利益最大化的再制造模式提供参考依据。基于三种碳减排政策确立不同再制造模式的协调机制，可以为制造/再制造合作提供决策依据。

1.3　国内外相关研究进展

目前与本书相关的研究主要有三类：一是碳减排政策下低碳供应链博弈模型相关研究；二是再制造闭环供应链相关研究；三是供应链协调机制相关研究。

1.3.1　碳减排政策下低碳供应链博弈模型相关研究

1. 碳税政策对低碳供应链影响研究

目前国内外学者关于碳税政策对低碳供应链影响的研究主要集中在两个方面：一是碳税政策对低碳供应链运营管理影响的研究；二是碳税政策对低碳供应链环境绩效影响的研究。

（1）碳税政策对低碳供应链运营管理影响的研究

有关碳税政策对低碳供应链运营管理影响的研究主要有三类：一是碳税政策下供应链最优定价和生产决策相关研究；二是碳税政策下减排技术投资决策相关研究；三是碳税政策下供应链渠道选择相关研究。

第一，碳税政策下供应链最优定价和生产决策相关研究。王娜等[17]基于消费者对新产品与再制造产品的异质需求，探讨政府碳税政策对供应链博弈主体最优定价和生产决策的影响，研究发现，碳税总是会抑制新产品的生产，而当再制造产品的碳排放量低于一定的数值时，会促进再制造产品的生产，即一定条件下，碳税有利于低碳产业发展，但是会促使企业通过提高两种产品的零售价格将碳减排成本转移给消费者。Bian 等[18]对比碳税和补贴政策，发现碳税政策下的批发和零售价格都高于补贴政策下的价格，也即双重边际化在碳税政策下加剧，但是碳税政策下更多的竞争会增加社会福利。杨爱峰等[19]进一步考虑消费者低碳偏好，从社会福利角度分析碳税对外包和授权两种再制造模式下企业定价和生产决策的影响，发现即使消费者偏好再制造产品，外包再制造模式下新产品的单位零售价格仍然较高，这是因为该模式下再制造产品也由原始制造商销售，但是授权再制造模式下再制造商会降低再制造产品价格以增加再制造产品销售量。进一步，陈伟达等[20]考虑碳税政策下制造商资金存在约束时的生产决策问题，发现当存在基金约束时，过高的碳税额反而会抑制再制造产业发展。Konstantaras 等[21]研究了碳税监管机制下闭环供应链模型库存决策优化问题，发现单位二氧化碳征收的税额增加不影响最优策略的结构（制造和再制造时间表），但最优成本较高，表明了投资绿色技术对减少碳排放的重要性。

第二，碳税政策下减排技术投资决策相关研究。Ding 等[22]研究了碳税和回收立法下制造商的生产和减排投资决策，发现减排投资策略有益于环境且总是可以增加消费者剩余；高碳税价格和高目标再制造水平虽然会迫使企业进行再制造，但会削弱它们实施碳减排投资战略的意愿。Luo 等[23]研究发现，碳税能有效促进制造商投资减碳技术或再制造减少碳排放，但是如果碳税设计不合理，可能会影响制造商进行再制造的积极性。考虑到当前部分地方政府的碳决策行为高度偏离国家层面的最优排放决策，王明喜等[1]在提出差异化税率征收依据的基础上，分析碳税对微观企业减排投资水平以及市场竞争力的影响，发现碳税政策对不同减排成本的企业产生的影响不同。碳税不仅有利于矫正地方政府决策行为，还有利于提高低减排成本企业竞争力，但是可能会削弱高减排成本企业的减排投资和低碳研发意愿。Fu 等[24]进一步将排放不对称与碳税和不完全竞争相结合，研究发现，排放不对称在企业绿色技术生产和投资决策方面起着关键作用，碳效率低的企业比碳效率高的企业更有可能从绿色技术中受益，但是由于排放不对称等，碳税不一定会促使企业采用绿色技术。

第三，碳税政策下供应链渠道选择相关研究。曹裕等[25]基于碳税政策研究不同合作契约下双渠道库存竞争的问题，发现不同渠道库存水平与单位产品碳排放有关，并进一步分析不同渠道之间单位产品的碳排放差异对不同渠道选择的影响以及政府如何调整税率来优化碳税政策影响。杨玉香等[26]考虑单一碳税率和超额累进碳税率两种碳税政策，分析两种碳税政策下再制造供应链网络中各参与企业的均衡条件。

（2）碳税政策对低碳供应链环境绩效影响的研究

碳税政策对低碳供应链环境绩效影响的研究主要有以下几个。Yeni-pazarli[27]通过构建主从 Stackelberg 博弈模型研究发现，征收排放税可以实现再制造的"三赢"，即实现经济、环境和社会效益。孟卫军等[28]研究政府碳税政策下供应链各方合作参与减排的补贴策略，研究发现，碳税政策下，无论有无政府补贴，制造商与供应商均会合作减排，同时补贴有利于增大减排力度与增加效益。龙超等[29]将运输商加入供应链中，探究政府碳税政策与补贴政策下的三级供应链的合作减排模式，得出三方在定价与减排方面合作可以获得最大减排效果。Dou 等[30]考虑两阶段决策下碳税政策的影响，假设在碳税监管下两个阶段的税收价格不同，提高第一期税收价格总是会降低总排放量，而提高第二期税收价格可能会增加总排放量，监管机构可以根据制造商的生产决策和再制造的特点，有选择性地提高税率控制碳排放，从而提高环境与经济效益。

综上可知，国内外学者在政府实施碳税政策对低碳供应链的影响方面已取得很多的成果。例如，通过研究政府碳交易政策下供应链最优定价和生产决策、减排技术投资决策、供应链渠道选择等运营管理决策，为制造商在碳税政策下获取更多收益提供决策支持；研究碳税政策对环境绩效的影响，充分体现碳税政策的有效性，为政府选择最优碳税政策提供参考依据。但是考虑到知识产权保护，授权与外包再制造是原始制造商可行的选择，在产业界也有不少成功的案例。比如，新能源汽车核心部件电池的外包制造，华为授权爱回收对其产品进行翻新售卖。鲜有文献针对第三方再制造情形进行研究。因此，本书基于政府碳税政策分别建立了独立、授权、外包再制造模式下两制造商的博弈模型，分析政府实施碳税政策对三种再制造模式下两制造商运营决策和供应链的碳排放的影响，并对三种再制造模式进行对比研究。

2. 碳交易政策对低碳供应链影响的研究

国内外有关碳交易政策对低碳供应链影响的研究主要有三类：一是碳交易政策对低碳供应链运营管理影响的研究；二是碳交易政策对低碳供应链环境绩效影响的研究；三是碳交易机制设计相关研究。

（1）碳交易政策对低碳供应链运营管理影响的研究

随着政府碳排放管制和消费者环保意识增强，企业作为供应链节点成员，不得不在生产经营活动中考虑碳排放带来的影响，因此碳交易政策对低碳供应链运营管理的影响成为当下的研究热点。有关碳交易政策对低碳供应链运营管理影响的研究主要有三类：一是碳交易政策下供应链最优定价和生产决策研究；二是碳交易政策下减排技术投资决策研究；三是碳交易政策下供应链渠道选择研究。

第一，碳交易政策下供应链最优定价和生产决策研究。政府碳交易政策能够限制企业碳排放量，进而会对企业生产和定价决策产生影响。Benjaafar 等[31]首次考虑碳排放因素对企业采购、生产和库存管理的影响，研究发现，企业可以通过运营调整以及与供应链中的其他成员合作，在不显著增加成本的情况下有效减少碳排放。Ji 等[32]进一步考虑政府限额设定影响，发现政府过度分配碳信用可能会降低制造商的批发价格，减少其利润，增加碳交易实现难度。考虑到碳交易对低碳再制造发展的影响，Chen 等[33]基于垄断再制造企业，调查碳排放法规对经济和环境的影响，发现碳交易不仅是减少碳排放的有效途径，还可以刺激再制造。考虑到制造商碳排放量的差异，张桂涛等[34]研究碳交易政策下高碳排放和低碳排放两类制造商的生产与碳配额交易策略，发现两类制造商的碳交易额大多数情形是一致的。考虑到以往研究主要假设碳交易价格是由政府给定的固定价格，丁军飞等[35]进一步考虑碳交易价格随市场碳排放权交易而波动的情形，研究企业碳交易风险规避下的最优生产和定价决策，发现风险规避行为对再制造生产的影响与再制造策略有关，但不会改变企业进入再制造市场的阈值。樊文平等[36]对制造商纵向持股策略下的供应链成员的生产与定价决策展开研究，并进一步对供应链进行协调，发现零售商和制造商实施持股策略以及政府适当提高碳价格均有利于低碳排放型产品生产。冯海荣等[37]研究碳交易机制下多零售商合作的订货决策问题。邹清明等[38]进一步考虑供应链企业的公平关切倾向，探究碳交易政策下企业公平关切行为对制造商决策的影响，研究发现，公平关切行为会提高产品的批发价和零售价，当契约参数满足一定条件时，可以实现公平关切下的供应链协调。

第二，碳交易政策下减排技术投资决策研究。在碳交易政策约束下，一些企业为获取竞争优势会采取减排投资策略。王文利等[39]构建演化博弈模型探究碳交易政策对二级供应链中零售商低碳营销及制造商减排策略的影响，发现碳交易政策能有效促进零售商的低碳营销，制造商则向减排方向演化。陈玉玉等[40]考虑同时对新产品和再制造产品进行减排投资的情形，研究碳交易政策对制造商减排投资决策的影响，发现减排投资总是有利于增加制造商利润，但是当单位再制造产品的碳排放量满足一定条件时，才有利于降低环境影响。张令荣等[41]研究企业内外部碳交易对其减排策略的影响，发现内外部碳配额交易同时进行有利于供应链减排和增加企业利润。Zhang 等[42]分析碳价格对制造商减排技术投资的激励效应，发现适当提高碳价格有助于激励制造商进行减排技术投资。Wang 等[43]从多周期角度出发，发现制造商的减排投资水平仍随着碳价格的提高而提高。谭建等[44]考虑不同碳配额分配方式下制造商减排投资对利润和环境的影响。王一雷等[45]进一步考虑典型的初始碳配额分配方式——基准法和历史排放法，分析不同碳配额分配方式对供应链碳减排的长期影响，发现基准法下制造商的减排努力程度和最终产品的减排水平更高。考虑到供应链不同节点企业均有减排投资的动机，Xia 等[13,46]基于授权和外包再制造模式，研究原始制造商减排、再制造商减排、二者联合减排三种减排模式对制造/再制造的影响，发现联合减排模式不仅可以实现双赢，还有利于降低环境影响。从不同回收渠道出发，Wang 等[47]发现制造商主导回收的碳减排是最优的，此外，政府可以通过调节和控制碳交易价格来影响供应链决策。考虑到碳减排成本不同的制造商的市场竞争情况，Huang 等[16]发现低成本制造商利用其成本优势加大减排投资力度，将超额排放许可出售给竞争对手，增加其收益，但会使竞争对手在产品市场上更具竞争力；此外，碳交易政策易引发行业共谋。

第三，碳交易政策下供应链渠道选择研究。Guo 等[48]研究制造商主导、零售商主导和二者竞争的回收渠道，探究碳交易政策下哪种回收渠道可以实现碳减排最优，发现一定条件下制造商主导的回收渠道能使经济和环境效益最大化。针对制造商缺乏专门的回收渠道，Yang 等[49]进一步考虑第三方回收渠道，发现制造商受到严格的排放控制时，第三方回收渠道的总碳排放量始终最低。Xu 等[50]进一步考虑线上线下双渠道，探究需求中断情况下碳交易价格、消费者低碳偏好、碳排放以及第三方回收商竞争的变化对供应链及其成员预期效用的影响，发现线上线下双渠道会削减制造商和第三方回收商利润，且竞争强度越大，负效应越明显。Zhang 等[51]进一步考虑混合回收渠道，研究碳交易政策下低碳供应链最优混合回收模式选择和碳减排决策，发现考虑环境和经济双重效益的最佳回收渠道选择与回收渠道之间的竞争强度和回收价格敏感度有关。

（2）碳交易政策对低碳供应链环境绩效影响的研究

政府实施碳交易政策旨在通过将环境影响内化为企业的经营成本，

约束企业碳排放行为。因此，不少学者研究政府碳交易政策对低碳供应链环境绩效的影响，探究碳交易政策的有效性。例如，Zakeri 等[52]提出一种分析型供应链规划模型，检验碳交易政策下供应链在战略层面的绩效，研究表明，碳交易政策在碳排放量、碳减排成本和服务水平方面带来更高的供应链绩效。与政府不实施碳交易政策情形相比，Bai 等[53]研究发现，政府实施碳交易政策会增加再制造商预期利润并减少环境影响。Arora 等[54]基于碳交易机制构建成本参数不确定的再制造和回收经济生产模糊模型，以控制不同运输方式产生的碳排放，该研究为控制制造商的碳排放和降低最优成本提供了明确的条件。在两个竞争性的绿色供应链系统中，Lee 等[55]考虑碳交易政策下供应链上游和下游每个企业都努力减少碳排放的情况，发现企业之间相互支持减少碳排放能使供应链所有成员受益，并且下游企业的减排支持在改善环境方面更有效。

（3）碳交易机制设计相关研究

碳交易市场的高效活跃运行必须以碳交易政策的明确制定为基础，碳排放权分配方式是碳交易机制设计的关键，主要有免费分配和有偿分配两种分配方式[56]。在碳交易市场的初始运营阶段，碳配额免费分配能够降低企业的参与成本，减少碳交易政策的推行阻力，同时使得企业的减排更具灵活性[57]。例如，我国碳交易市场中90%以上的碳配额采取免费分配法，对尚未参与碳排放交易的企业起到了良好的示范作用[58]。叶飞等[59]基于历史排放法研究政府对不同排放水平企业采取的差异化碳配额分配策略，发现严控高排企业会显著降低总碳排量且对低碳技术的采用有良好激励作用，表明我国应在碳配额分配中放宽对低排企业的配额限制。令狐大智等[60]将"共同但有区别的责任原则"引入行业内部，进一步发现历史排放法下阶段式递进减排机制有利于减排策略的实施和减排目标的实现。Yang 等[61]进一步考虑两种碳配额分配方式对制造商减排技术投资的影响，发现历史排放法有利于减少碳排放，而基准法更有利于鼓励制造商投资绿色技术以提高能源效率。Ma 等[62]进一步从社会福利视角出发，研究两种碳配额分配方式对供应链利润、碳排放以及消费者剩余的影响，发现基准法有助于供应链获得更多总利润和增加社会福利，并且可以降低碳排放总量。陆敏等[63]基于动态博弈模型，研究两种免费分配方式对碳排放配额市场交易价格和企业收益的影响，发现根据不同行业细化的碳排放初始配额分配方式可以有效激励企业选择低排放策略。夏晖等[64]基于企业和政府主从博弈框架，研究政府兼顾社会福利和减排成本的多目标条件下企业的最优碳配额分配方式。上述研究主要考虑政府碳配额免费分配方式，考虑到政府碳配额有偿分配和企业自发减排模式，王明喜等[65]从企业微观生产角度出发，分别讨论免费、拍卖、免费拍卖相结合等五种不同碳配额分配方式对最优减排投资的影响，发现虽然免费分配方式操作方便，但企业减排投资水平偏离最优投资水平，拍卖法虽然有利于实现最优减排投资水平，但是难以推行，较合理的做法是，期初免费配置碳配额，然后再逐渐降低免费配置比例，加大拍卖配置比例。考虑到拍卖法需要对市场各参与主体排放总量和减排潜力有所了解，还需出台相应的措施以预防实力雄厚企业的拍卖垄断行为。许多国家还未实施拍卖法，例如韩国只采用历史排放法，我国天津同时采用历史排放法和基准法。

综上可知，国内外学者在碳交易政策对低碳供应链影响方面已取得很多的成果。例如，通过研究政府碳交易政策下供应链最优定价和生产决策、减排技术投资决策、供应链渠道选择等运营管理决策，为制造商在碳交易政策下获取更多收益提供决策支持；研究碳交易政策对环境绩效的影响和碳交易机制设计，充分体现碳交易政策的有效性，为政府选择最优碳交易政策提供参考依据。但是考虑到知识产权保护，授权与外包再制造是原始制造商可行的选择，在产业界也有不少成功的案例。目前已有文献针对第三方再制造情形鲜有研究。因此，本书基于政府碳交易政策分别建立了独立、授权、外包再制造模式下两制造商的博弈模型，分析政府实施碳交易政策对三种再制造模式下两制造商运营决策和供应链的碳排放的影响，并对三种再制造模式进行对比研究。

3. 碳约束政策对低碳供应链影响研究

目前国内外学者有关政府碳约束政策对低碳供应链影响的研究主要集中于政府设定的碳排放上限值对供应链参与者运营决策、利润以及环境的影响。例如，聂佳佳等[66]基于零售商回收闭环供应链研究碳排放约束政策对零售商回收比例产生的影响，发现当再制造产品减排幅度较大时，碳排放约束会促使零售商回收废旧产品，且当政府设定的碳排放奖惩系数较大时，供应链参与者利润均增加，实现供应链帕累托改善。Du

等[67]进一步考虑碳约束政策对碳排放依赖型供应链的影响，研究发现碳排放许可供应商的利润随着碳排放上限的提升而减少，当碳排放上限处于一定范围时，制造商和碳排放许可供应商有协调的空间，从而能够获得更多利润。夏良杰等[68]发现，基于碳减排利润增量的分享契约能有效增加零售商订购量，实现碳约束规制下供应链利润协调。上述研究表明政府碳约束政策虽然会增加供应链参与者的生产成本，但是适当的协调契约可以实现供应链的帕累托改善。不少学者对碳约束政策的减排有效性展开研究，例如，张李浩等[69]研究发现碳约束政策会促使制造商选择碳减排技术来满足生产要求，降低碳排放总量并提高经济效益。Shu等[70]进一步综合考虑制造、再制造以及运输过程中的碳排放情况，研究有无碳约束政策时制造、再制造的最优批量影响，发现有碳约束时原始制造商和再制造商总成本和碳排放量比没有约束时要少。不少学者还研究提高碳约束效率的政策，例如，杨亚琴等[71]建立了政企之间的碳减排博弈模型，根据博弈结果提出相关的政策建议，以提高政府强制减排政策的效率。

　　综上可知，国内外的学者在政府碳约束政策对低碳供应链参与者运营决策、利润以及环境影响方面已取得一系列的成果。但相关文献主要对同时生产新产品和再制造产品的寡头垄断制造商展开研究，虽然聂佳佳等[66]考虑了零售商回收再制造情形，但是鲜有研究考虑原始制造商通过知识产权保护将再制造授权或外包给第三方再制造商时碳约束政策对两制造商运营决策和环境的影响。因此，本书基于政府碳约束政策分别建立了独立、授权、外包再制造模式下两制造商的博弈模型，分析政府碳约束政策对三种再制造模式下的两制造商运营决策与供应链碳排放的影响，并对三种再制造模式进行对比研究，确立不同再制造模式下同时实现减排效果最优和再制造利润最大的碳排放上限值边界条件。

　　4. 碳减排政策对比研究

　　有关碳约束政策与碳交易政策的对比研究主要有：申成然等[7]对比研究碳交易与碳约束政策对最优再制造运作模式选择策略的影响，研究发现碳交易政策更有利于制造商；柏庆国等[72]进一步将碳约束和碳交易政策下的分布式鲁棒优化模型的结果分别与无碳约束的情形进行比较，发现虽然两类碳减排政策下的减排投资都有助于制造商获取更高的利润，但是相比于碳约束政策，碳交易政策更有助于制造商实现高利润低排放。

有关碳税政策与碳约束政策的对比研究有：He 等[73]对比碳税和碳约束政策对供应链利润和碳足迹的影响，研究发现碳税政策下利润损失规模大于减排规模，而碳约束政策可以有效地平衡减排与利润损失，即从行业角度来看碳税政策不如碳约束政策；Bai 等[74]对比分析碳税和碳约束政策对制造商最优生产决策的影响，研究发现碳税比碳约束政策更有利于减少制造商对环境的影响，但是在碳排放上限较大的情况下，碳约束政策下制造商可以获得更高的利润。

有关碳税政策与碳交易政策的对比研究主要有：Chen 等[75]通过静态最优模型比较碳税与碳交易政策的清洁创新效果，发现碳交易政策比碳税政策更能减少排放和促进清洁创新；Xu 等[76]也进一步发现，除非碳排放配额价格很高，碳交易政策在各方面均优于碳税政策；Hu 等[77]进一步对比这两种减排政策发现，在再制造商利润、社会福利及消费者剩余方面，碳交易政策更适合再制造产业的发展，只有当碳配额价格过高时，碳交易政策对再制造发展的影响才较小。

有关三种碳减排政策的对比研究有：曹翔等[78]分析了碳约束、碳交易、碳税三种碳减排政策对内外资企业生产和市场竞争力的影响，研究表明三种碳减排政策都会降低企业产量，但是碳交易政策比碳税和碳约束政策更有利于增强内企的市场竞争力；刘碧玉等[79]基于专利授权情况，对比分析碳税、碳约束、碳交易政策对两制造商运营决策的影响，同以往的研究结论一样，发现碳交易政策下两者利润最大，政府可优先考虑该政策。

综上所述，国内外相关学者已经开展了一系列有关三种碳减排政策的研究，其中重点聚焦于两个方向：一是政府碳减排政策对供应链参与者运营管理的影响研究；二是不同碳减排政策之间的比较研究。这些文献为本书问题的提出、研究和解决提供了一定的思路。大多数学者将分析集中在一种或两种碳减排政策对供应链参与者运营决策的影响上。虽然曹翔等[78]、刘碧玉等[79]对比研究了三种碳减排政策，但是曹翔等[78]主要考虑三种碳减排政策对内外资企业生产决策的影响，而没有考虑对再制造产业的影响；刘碧玉等[79]则主要分析了三种碳减排政策对专利授权再制造模式的影响，而没有综合考虑三种碳减排政策对外包、独立等常见再制造模式的影响。因此，本书的研究提供了一个新的方向，即综合比较政府的三种碳减排政策对不同再制造模式的影响，求解不同再制造模式下三种碳减排政策有效的边界条件，并考虑消费者的环保偏好。

1.3.2　再制造闭环供应链相关研究

国内外针对再制造闭环供应链的相关研究主要有三类：一是再制造回收渠道选择策略研究；二是原始制造商再制造模式选择研究；三是政府法律法规对再制造市场策略影响研究。

1. 再制造回收渠道选择策略研究

Savaskan 等[5]提出了废旧产品的四种回收渠道：一是集中回收渠道；二是制造商回收渠道；三是零售商回收渠道；四是第三方回收渠道。同时，对四种回收渠道进行了对比分析，分析每一种回收渠道对废旧产品回收的影响。在 Savaskan 的研究基础上，国内外很多学者基于不同情形对回收渠道展开分析。比如，聂佳佳等[80]研究制造商渠道入侵对零售商双渠道策略选择的影响。Li 等[81]基于线上与线下回收角度对比分析单一线下回收渠道、单一在线回收渠道和混合回收渠道的最优定价和回收数量决策。Wu 等[82]对比分析了制造商回收、零售商回收和第三方回收三种回收渠道，发现第三方回收渠道是有利的，制造商回收渠道和零售商回收渠道之间的选择是由转移价格决定的。姚锋敏等[83]在这三种回收渠道结构下，探讨主导制造商的企业社会责任行为对新产品定价及废旧产品回收的影响。Kushwaha 等[84]基于不同的回收渠道和再制造模式，研究以促进再制造产业发展为目标的回收再制造渠道选择。Wang 等[85]进一步研究竞争性的回收市场和产品市场的闭环供应链，发现制造商将始终选择回收旧产品并进行再制造，其回收渠道取决于自主回收的单位成本和外包回收补偿。公彦德等[86]研究不同混合回收模式和权力结构下制造商、销售商以及逆向供应链的最优决策。本书考虑到再制造商具有专门的回收渠道和先进的回收技术，具备废旧产品回收的先动优势，假设废旧产品由再制造商来回收。

2. 原始制造商再制造模式选择研究

国内外有关原始制造商再制造模式选择的研究主要是第三方再制造模式研究，相关研究主要集中于四个方面：一是原始制造商与独立再制造商之间的市场竞争研究；二是授权再制造对再制造供应链影响的研究；三是外包再制造对再制造供应链影响的研究；四是不同再制造模式的对比研究。

（1）原始制造商与独立再制造商之间的市场竞争研究

Majumder 等[87]首次建立博弈模型探索两制造商之间的竞争关系，剖析再制造激励条件，研究表明原始制造商希望增加再制造商的成本，而再制造商有降低原始制造商成本的动机。Ferguson 等[88]进一步将新产品与再制造产品区分开来，研究两制造商的回收和再制造策略，发现新产品制造商为规避再制造产品生产商蚕食市场份额带来的威胁，会自己回收废旧产品并进行再制造。进一步，Zhou 等[89]、Wu[90]、Bulmus 等[91]发现市场竞争会蚕食新产品的市场份额和利润，再制造商的竞争对新产品制造商不利。最近，部分学者趋向研究独立再制造商是否总是对原始制造商不利。例如，Jin 等[92]发现再制造商将供应商考虑在内可能对原始制造商有利。这些研究强化了原始制造商和再制造商可以共存的观念。部分学者致力于研究独立再制造模式下对原始制造商有利的因素，例如，Zheng 等[93]研究环境设计对制造商生产和再制造战略的影响，发现在垄断情况下，环境设计降低了原始制造商从事再制造的意愿，但在竞争情况下，环境设计将激励再制造商进入市场并蚕食原始制造商的市场份额。Subramanian 等[94]研究在独立再制造模式下，原始制造商如何通过运用零部件通用性来增加自己的利润并减少再制造商的利润。进一步，黄宗盛等[95]研究原始制造商如何运用技术创新来提高再制造商进入门槛，以降低再制造产品市场需求与再制造商收益，从而增加新产品的市场需求。更进一步，Orsdemir 等[96]研究了原始制造商如何通过提高新产品质量来降低再制造产品的市场竞争力。Mitra[97]基于再制造活动不受原始制造商约束的条件，分析两种产品制造商的竞争状况，研究发现独立再制造总是对再制造商有利。夏西强等[98]进一步分析了主动再制造设计对两厂商的竞争机理造成的影响。Wang 等[99]基于独立再制造模式，研究政府碳排放监管与回收政策对再制造活动产生的影响，发现严格的监管政策不一定会促进再制造产业发展。高鹏等[100]研究了消费者后悔预期对独立再制造模式下的原始产品制造商盈利决策产生的影响。

当前知识产权纠纷频繁发生，制造商与再制造商之间的利益冲突和知识产权问题日益显著。知识产权案件不仅关系当事人，还涉及一众相关企业，就知识产权保护的再制造而言，原始制造商可以通过开展授权和外包再制造业务来有效避免知识产权纠纷。

（2）授权再制造对再制造供应链影响的研究

2004年4月，佳能对Recycle Assist公司再制造佳能的BCI-3e喷墨墨盒的行为进行起诉，认为其侵犯了佳能公司的知识产权[101]，高等法院做出了终审裁决：认定Recycle Assist公司侵权成立，驳回其上诉请求，并令其停止销售侵权墨盒[102,103]。这一世界重大知识产权事件凸显了知识产权在再制造业中的重要性[104]。由此可见，原始制造商拥有新产品的知识产权，这使其拥有了再制造生产原材料的知识产权，也即，法律不会因为再制造有利于保护环境和资源再利用而选择容忍再制造商侵犯原始制造商的知识产权[11,12,105]。国内外有关授权再制造的研究主要集中于四个方面。

一是授权再制造模式的有效性。例如，申成然等[106]考虑原始制造商在受专利保护的情形下生产新产品，研究两制造商市场竞争下的运营决策，发现了新产品制造商可以通过收取授权费来分享再制造收益。

二是最优授权再制造策略研究。例如，黄宗盛等[107]对授权零售商和授权第三方从事再制造活动对供应链成员企业利润的影响进行了比较，研究结果表明授权第三方从事再制造，对制造商而言是更有利的。Zhao等[108]在三种不同的再制造角色和技术授权下开发含有第三方回收的闭环供应链决策模型，发现零售商支付固定技术授权费用的再制造模式不仅能提高产品服务水平，还有助于提升回收率。Zhou等[109]研究二级市场竞争如何影响新产品制造商的授权决策，并确定了两制造商达成授权协议的条件。进一步，Zhou等[110]发现原始制造商实施授权策略的关键是，授权的间接收益（例如授权费）超过再制造产品销售对新产品销售的蚕食效应。Hong等[111]的研究也表明，制造商的最优授权策略取决于新产品制造商收取的许可费用。

三是制造商的其他决策行为以及其影响因素。例如，夏西强等[11]分析了知识产权保护下政府补贴对再制造活动产生的影响，研究发现，当单位再制造产品碳排放较低时，政府补贴会使得两产品环境影响的总和变大。Crama等[112]综合考虑制造商的研发设计投资和定价决策，研究授权再制造的有效性。在此基础上，Sarmah 等[113]进一步研究授权费用决策如何影响制造商的初始产品研发投入。考虑信息不对称因素，Huang 等[114]以闭环供应链为研究对象，研究授权与信息共享的相互影响。不同于以往研究发现，消费者环保意识提高会增加再制造商利润，Jiang 等[115]的研究表明在授权再制造模式下，再制造商利润会随消费者环保意识的提高而降低。易余胤等[116]通过对比单位产品费用和固定费用授权模式研究了单位再制造产品成本节约和消费者偏好对供应链决策的影响。Chai 等[117]通过对比分析新产品制造商可能选择的三种再制造的策略（再制造、固定费用许可、单位特许权费用许可），研究发现固定费用许可和单位特许权费用许可可以从环境与经济两个角度来协调两厂商的竞争关系。进一步，赵晓敏等[12,118]对新产品制造商绿色创新对授权再制造模式下供应链参与者的影响展开研究，给出供应链的协调机制，并扩展动态博弈模型，获得动态演化均衡结果。曹柬等[119]研究授权模式和政府规制对企业生产决策和再制造绩效的影响，发现制造商主导的授权机制会抑制再制造活动，只有当再制造产业成熟时制造商才可能获得显著收益。曹开颖等[120]发现，再制造商是否愿意接受授权决策取决于授权后消费者获取再制造产品效用增量的大小，并进一步考虑再制造产品信息不对称情形。考虑到授权再制造企业融资金额无法满足资金短缺需求的情形，付帅帅等[121]研究初始资金及融资策略对授权再制造企业生产决策的影响。金亮等[122]认为，信息不对称会导致专利持有企业调整专利授权合同参数。考虑到针对不同绿色偏好消费者采取不同的再制造产品销售策略，李巍等[123]基于市场细分研究再制造许可费对闭环供应链定价策略的影响。

四是竞争企业在不同形式专利授权合同下的利润研究。Chen 等[124]研究双寡头竞争情况下零部件供应商的知识产权许可策略选择问题。Yang 等[125]考虑供应中断情形，研究两个供应商相互竞争情况下的制造商最优许可策略，重点研究供应中断对最佳许可策略选择的影响。考虑到消费者战略行为和第三方再制造成本对授权再制造的影响，Huang 等[126]分析消费者更具战略性和再制造成本较低时的情况，发现原始制造商倾向于采取授权再制造模式并收取更高的授权费以分享再制造收益。

（3）外包再制造对再制造供应链影响的研究

Zhao 等[127]和 Chen 等[128]研究发现，外包再制造不仅有利于原始制造商专注于核心业务（新产品研发与销售），还有助于其获取再制造收益。此外，Zou 等[129]研究发现外包再制造对环境和社会更有利。目前外包再制造模式相关研究主要集中于三个方面。

一是外包再制造管理问题。Orsdemir 等[96]探究外包模式下相关运营决策的边界条件，发现外包再制造运作模式在不确定市场条件下较为有效。Li 等[130]采用了遗传算法对外包制造进行了模拟，并得到了最优的生产计划和控制策略。邹宗保等[131]研究发现，只要制造商存在再制造业务外包的可能，供应商就会采取定价措施来诱导制造商的行为。Ming 等[132]引入了委托制造所占比例对供应链进行协调。葛汝刚等[133]基于自行回收和外包再制造构建优化模型。Abdulrahman 等[134]进一步研究表明，资金约束下中国企业倾向于采用外包再制造的方式。

二是政府政策、新产品质量等对外包再制造的影响。Esenduran 等[135]分析产品质量对外包再制造模式的影响。楼高翔等[136]从原始制造商角度出发，对回收产品的可利用率以及外包的生产能力对批量决策产生的影响进行了研究。

三是外包再制造对制造和再制造的影响。Zhang 等[137]分析外包再制造对原始制造商收益、再制造设计的影响以及研究外包再制造协调机制问题；Mutha 等[138]则研究原始制造商在不同环境、经济和社会等情况下的外包策略选择机制。

综上所述，国内外学者有关外包再制造模式的研究主要集中于外包再制造管理问题与边界条件，鲜有文章考虑政府干预对外包再制造模式的影响。因此，本书基于外包再制造模式来考虑政府碳税、碳约束和碳交易政策的影响，并对三种减排政策进行对比研究，为政府决策提供边界条件。

（4）不同再制造模式的对比研究

国内外有关不同再制造模式的对比研究主要有：Zhou 等[110]考虑新产品、授权再制造产品以及未授权再制造产品可能同时存在于市场上，通过比较授权再制造模式和外包再制造模式研究原始制造商的策略选择；Zou 等[129]通过对授权再制造和外包再制造模式进行对比，发现原始制造商通过外包制造所获得的利润要高于授权制造，但是再制造商对这两种模式的选择取决于消费者对再制造产品的偏好；聂佳佳等[139]进一步对比分析有无绿色消费者存在下的两种再制造模式,发现无论绿色消费者比例是高还是低,原始制造商都更倾向于选择外包再制造模式,而当绿色消费者比例较低时,再制造商会偏好授权再制造模式;Zhang 等[140]进一步考虑原始制造商资金受限情况,研究原始制造商的资本约束和融资行为如何影响其对知识产权保护下授权与外包两种再制造模式的选择,研究发现资本约束和融资行为会改变原始制造商和再制造商的选择偏好;Fang 等[141]突出成本和质量优势在第三方再制造商策略选择中的作用,发现内部再制造并不总是处于劣势,质量优势明显的外包再制造模式占据主导地位;考虑消费者和企业的环境责任行为,Feng 等[142]重点关注绿色消费行为和环境责任行为如何影响制造商的战略,研究发现,当再制造产品绿色偏好较大时,授权再制造是两制造商更明智的选择;王娜等[143]在考虑碳税与消费者需求等因素下对比分析授权与外包两种再制造模式,从而研究企业生产与减排策略;孙浩等[144]基于授权再制造模式、独立再制造模式、合作模式,分别从环境影响、渠道效率、新产品生产商的角度分析了三种再制造模式对闭环供应链的影响,研究发现,合作模式下供应链整体利润最高,独立再制造模式下废旧产品回收率最高,但是原始制造商更倾向于选择授权再制造模式来保障自身收益;Wang 等[145]给出了独立、外包、授权再制造的边界条件。

综上所述,国内外相关学者就三种再制造已进行了大量研究,集中体现在对比不同再制造模式和制造商再制造模式选择上。上述文献为本书问题的提出、研究与解决等提供了思路,但很少有学者综合考虑三种再制造模式进而对比分析企业生产行为的差异。这为本书的研究提供了一个崭新的研究方向,即综合对比三种再制造的影响效果,研究不同碳减排政策下制造商的最优再制造模式选择。

3. 政府法律法规对再制造市场策略影响研究

国内外已有不少学者对再制造闭环供应链运行效率、再制造回收渠道、再制造闭环供应链运营管理展开研究。例如,在再制造渠道管理研究中,刘勇等[146]分析了制造商在新产品分销的前提下,直销或分销再制造产品的策略选择。考虑存在竞争关系的再制造供应链系统,谢博等[147]研究不同售后服务策略下供应链的运营策略。孙浩等[148]对比不同回收模式下的均衡价格、废旧产品回收率和利润,为处于链与链竞争环境下的制造商选择合理的回收模式提供理论支持。夏西强等[149]研究再制造设计对制造/再制造供应链竞争的影响，发现无论哪一方承担再制造设计费用，原始制造商和再制造商收益都分别在再制造设计努力程度的不同点达到最大，并非再制造设计努力程度越高，收益越大。郑本容等[150]研究回收成本分摊行为对供应链参与者合作意愿的影响，并进一步利用两部收费制契约和收益共享契约对成本分摊进行改进。

但是，政府为促进再制造产业发展，一般会通过相应的法律法规和政策对两制造商进行规范和引导。Nielsen 等[151]通过对比研究两种补贴方式（对单位再制造产品补贴、对制造商总投入补贴）发现，当政府对单位再制造产品补贴时，供应链成员的利润更大，但是当政府对制造商总投入进行补贴时，消费者剩余更多、绿色化水平更高。Ding 等[152]通过分析碳税政策与回收立法下再制造企业的生产与碳减排决策，发现与无碳减排策略情况相比，碳减排策略使再制造商在竞争环境中更愿意生产再制造产品，且碳减排策略可以增加消费者剩余，但并不总是有利于降低环境影响。基于政府补贴，夏西强等[153]研究政府不同补贴对象对外包再制造的影响，发现政府对其中一方采取补贴措施时，另一方会借助外包再制造调整相关决策来转移补贴。Zhang 等[154]研究税收、补贴、税收 - 补贴这三种监管政策对再制造的影响，发现补贴政策增加社会福利和经济效益的效果较好，但是会对环境产生负面影响。Wu[155]针对政府通过征收税收或补贴来干预闭环供应链决策，提出六种不同的政策模型：企业方面的固定税或补贴、企业方面的单位税或补贴、消费者方面的单位税或补贴。研究结果表明，除了对再制造商进行固定补贴的政策外，其他政策均能有效减轻环境负担和降低价格竞争的激烈程度，但是对原始制造商未必有利。梁佳平等[8]在政府碳排放奖惩机制下，探讨不同渠道结构下政府碳排放奖惩力度对渠道成员的最优定价以及渠道选择的影响，研究发现当消费者对再制造产品的接受度较高时，碳排放奖惩机制有利于扩大再制造产品的市场份额，促进再制造生产。基于消费者对实际交货期与承诺交货期之间的感知差异，李登峰等[156]研究政府和消费者的激励对再制造闭环供应链的定价和送货渠道选择的影响。徐杰等[157]考虑政府回收法律约束下的再制造决策问题，发现政府回收法律对再制造决策的影响主要取决于逆运营成本（再制造成本和回收成本之和）。常香云等[158]探究 EPR 制度约束下制造/再制造供应链层面制造商履行"产品生态设计"和"循环再利用"双环境责任的行为特征和激励策略。在税收方面，肖露等[159]研究生产税如何影响制造商再制造决策。

1.3.3 供应链协调机制相关研究

供应链协调可以避免"双重边际"效应，使供应链利润达到最大。国内外有关供应链协调机制的研究主要集中在四个方面。

一是风险机制下闭环供应链协调机制研究，即研究动态闭环供应链的协调问题。例如，王竞竞等[160]研究制造商的风险规避情形对供应链定价和环境绩效的影响，并利用成本分担、收益共享和转移支付的契约组合来实现供应链协调和信息共享。王永明等[161]研究公平偏好和风险规避情形下收益共享协调契约的有效性，发现只有相关系数满足特定的条件时，收益共享协调契约才能实现供应链协调。在一个价格和销售努力依赖的需求市场中，Zhang 等[162]基于风险规避情形，设计两部定价契约协调由单个供应商和单个零售商组成的供应链。

二是从知识产权角度分析授权再制造对再制造定价和协调机制的影响。例如，唐飞等[163]研究具有知识产权许可的双渠道闭环供应链的生产定价决策及协调问题，通过联合运用定价机制和利润分配机制，实现双渠道再制造供应链协调。郑小雪等[164]研究制造商再制造外包模式选择问题，并采取合作博弈方法对外包模式进行协调。

三是研究消费者偏好对闭环供应链协调机制的影响。例如，高举红等[165]考虑消费者偏好对闭环供应链最优定价和广告策略的影响，并提出改进的两部定价契约协调供应链。还有部分学者基于政府法规影响与消费者偏好研究闭环供应链协调问题。例如，尚春燕等[166]基于政府奖惩政策干预，探讨决策者选择偏好对参与者最优决策和供应链系统协调效果的影响，研究发现当选择偏好在各供应链成员可接受的范围内时，收益共享–成本分担契约能够实现闭环供应链帕累托改善。

四是不同协调契约的对比研究。例如，Govindan 等[167]回顾有关协调机制的 234 篇文献，归纳出有效的协调契约有：成本分担契约、收益共享契约、两部定价契约、数量折扣契约、期权契约、Shapley 值契约等。在价格、销售努力和绿色水平依赖的需求市场中，Bai 等[168]利用收益共享－成本分担契约以及两部定价契约来协调供应链，结果发现，两部定价契约可以实现供应链完美协调，并且两部定价契约比收益共享－成本分担契约更稳健。

综上可知，国内外学者对不同协调契约展开了研究，但针对不同碳减排政策下再制造协调缺少进一步分析，尤其是不同再制造模式协调问题。

1.3.4　文献述评

国内外学者对碳减排政策下低碳供应链博弈模型的研究主要集中在单一碳减排政策下制造商生产和减排决策、碳减排政策环境影响等方面；再制造闭环供应链相关研究主要集中在再制造回收渠道决策、原始制造商再制造模式选择以及政府法律法规对再制造市场策略的影响等方面；协调机制相关研究主要集中在供应链利益成员之间的合同或契约选择以及基于政府干预和消费者偏好的供应链协调问题。国内外相关研究成果对进一步研究具有重要的借鉴和启示。但是，无论是碳减排政策、再制造模式还是协调机制，目前的研究仍存在空白之处，主要表现在如下三个方面。

第一，国内外学者针对碳减排政策相关影响，已经关注到政府碳减排政策对低碳供应链的影响以及如何实现碳中和，再制造相关研究主要关注再制造回收渠道、政府政策对再制造供应链的影响以及再制造质量模式的选择。但是，针对碳减排政策对独立、外包、授权三种再制造模式的影响缺少进一步分析。另外，政府基于三种再制造模式实施三种碳减排政策所产生的效果不同，需要进一步确立不同再制造模式下三种碳减排政策的有效实施条件。

第二，三种再制造模式是一种共存模式，不同碳减排政策下原始制造商和再制造商分散决策会导致供应链边际效率损失问题，如何设计制造/再制造合作机制，实现不同再制造模式和碳减排政策组合下减排效果最优和经济效益最大，是一个迫切需要解决的问题。

第三，在知识产权的保护下，原始制造商在市场竞争中具有主导地位，且原始制造商的行为（再制造模式的选择）会影响制造/再制造碳减排效果。同时，碳减排政策对不同再制造模式产生的影响不同，原始制造商针对政府不同碳减排政策选取最优再制造模式以及政府基于不同再制造模式选择最优碳减排政策还需要进一步分析。

1.4　研究方法与内容

1.4.1　研究方法

1. 文献研究法

查阅与整理归纳碳减排政策、再制造和博弈论相关的大量书籍和文献，对废旧产品回收再制造、碳减排和博弈论的相关理论和研究进行总结，明确以往研究的空白并确定本书的研究方向和内容，为政府和制造商决策提供依据并为以后的研究奠定基础。

2. 实地调研访谈

在文献研究基础上，为更好地了解实际情况，对中国重汽集团济南复强动力有限公司、青岛新天地生态循环科技有限公司、郑州格力绿色再生资源有限公司等典型制造企业进行实地调研，掌握第一手实际资料；同时，对相关企业人员和专家进行访谈，深入了解国内再制造行业的发展现状，为博弈模型构建提供现实依据。

3. 数学建模方法

运用博弈论构建不同利益相关者的博弈模型，将复杂的现实问题抽象成多方利益主体的博弈策略问题。本书考虑政府不同碳减排政策对博弈主体决策、收益、环境等的影响，分别基于独立、外包与授权三种再制造模式构建不同碳减排政策约束下的制造/再制造博弈模型，并针对上述模型利用 Matlab 进行实例分析，以更直观的方式对结论进行展示。

1.4.2　研究思路

本书研究"双碳"目标下政府碳减排政策对再制造的影响，拟从以下三个角度进行分析：一是基于不同碳减排政策分别构建独立、授权、外包再制造下的制造/再制造博弈模型，剖析政府不同碳减排政策对制造/再制造运营的影响，确立不同再制造模式下的最优碳减排政策；二是基于利润最大运用供应链协调理论设计制造/再制造合作机制实现碳减排效果最优；三是确立政府不同碳减排政策下哪一个再制造模式能实现利润最大化。研究框架如图 1.1 所示。

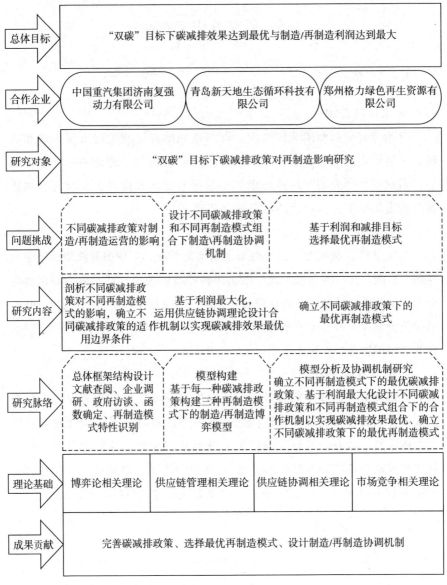

图 1.1 研究框架

1.4.3 研究内容

政府为促进制造业碳减排，采取了一系列的碳减排政策。本书以政府碳税、碳交易、碳约束三种碳减排政策为背景，剖析政府不同碳减排政策对独立、外包、授权再制造模式的影响。研究内容包括：首先，基于三种再制造模式分析政府不同碳减排政策对制造/再制造的影响；其次，基于三种再制造模式，设计不同碳减排政策下的制造/再制造合作机制，实现经济效益和环境效益同时达到最优；最后，确立政府每一种碳减排政策下最优的再制造模式

1. 剖析政府不同碳减排政策对三种再制造模式的影响

政府碳税、碳交易和碳约束政策对再制造的影响效果不同，因此，有必要分析政府三种碳减排政策对不同再制造模式的影响，为下一步确立不同碳减排政策下最优再制造模式和制造/再制造合作机制提供基础。

首先，识别出三种再制造模式下影响原始制造商与再制造商市场竞争的因素。在独立再制造模式下，制造商与再制造是完全市场竞争关系，再制造商生产活动不受原始制造商限制。在授权再制造模式下，再制造商进行再制造生产需要获得原始制造商授权，为获得授权再制造商需要向原始制造商支付一定的授权费用。在外包再制造模式下，原始制造商同时负责销售两种产品，两种产品的市场竞争与独立再制造和授权再制造不同。因此，为构建科学合理的两制造商市场竞争模型，需要识别出三种再制造模式下影响两者市场竞争的因素。

其次，分别基于独立再制造、授权再制造和外包再制造特性构建政府不同碳减排政策下制造/再制造的博弈模型。与独立再制造模式不同，授权再制造模式需要考虑再制造产品授权费用，外包再制造模式需要考虑再制造产品外包费用。因此，需要基于不同再制造模式特性构建不同碳减排政策下制造/再制造的博弈模型。

最后，基于独立再制造博弈模型对比分析碳税、碳交易和碳约束三种不同政策对独立再制造模式下废旧产品回收率、单位产品定价、市场需求量、收益、环境和消费者剩余的影响，针对不同再制造模式确立政府碳减排政策的边界条件，为下一步确立不同再制造模式下的最优碳减排政策提供基础。

2. 基于利润最大化运用供应链协调理论设计制造/再制造合作机制实现碳减排效果最优

三种再制造模式是一种共存模式，针对不同碳减排模式下原始制造

商和再制造商分散决策导致的供应链边际效率损失问题，基于碳减排目标，运用供应链协调理论设计制造/再制造合作契约、授权再制造费用和外包再制造费用，实现不同再制造模式下碳减排效果最优和利润最大。分别基于三种再制造模式，运用供应链协调机制，设计出合理的供应链契约，使三种碳减排政策下最优再制造模式均实现经济效益和环境效益最优，为该模式下原始制造商和再制造商合作开展再制造提供基础。

3. 分别确立不同碳减排政策下最优的再制造模式

原始制造商在知识产权保护下，可以选择不同再制造模式来间接影响再制造，而不同的政府碳减排政策对制造/再制造造成的影响不同。因此，有必要在分析不同碳减排政策对制造/再制造影响基础上，进一步确立不同碳减排政策下最优的再制造模式，为原始制造商选择最优再制造模式提供决策依据。

首先，从经济和环境效益角度对比分析碳税政策对三种再制造模式的影响，确立碳税政策下的最优再制造模式。碳税政策对不同再制造运作模式的影响效果不同，原始制造商可以从利润最大化角度出发，通过对比分析碳税政策对三种再制造模式利润的影响，确立碳税政策下最优的再制造模式。

其次，从经济和环境效益角度对比分析碳约束政策对三种再制造模式的影响，确立碳约束政策下的最优再制造模式。在碳约束政策下，企业碳排放额度是一定的，该额度会影响其产品产量，最终影响产品市场竞争关系。因此，碳约束对三种再制造模式的影响不同，原始制造商可以从利润最大化角度出发，通过对比分析碳约束政策对三种再制造模式利润的影响，确立碳约束政策下最优的再制造模式。

最后，从经济和环境效益角度对比分析碳交易政策对三种再制造模式的影响，确立碳交易政策下的最优再制造模式。与生产新产品相比，再制造可以减少大量碳排放，因此，再制造商通过碳交易不仅可以提高其市场竞争力，还可以增加其收益。但是，碳交易对不同再制造模式的影响不同，原始制造商可以通过对比分析碳交易政策对三种再制造模式利润的影响，确立碳交易政策下最优的再制造模式。

1.4.4　研究框架

本书结构安排如下。

第 1 章是绪论。对本书的研究背景和问题、研究目的与意义、研究方法与内容展开介绍，构建研究框架，并对国内外学者碳减排政策对低碳供应链的影响、再制造供应链以及供应链协调机制的相关研究进展进行评述。

第 2 章是相关概念及理论基础。介绍碳减排政策和废旧产品回收再制造相关概念，并阐述相关博弈模型的构建，为本书研究开展提供理论依据。

第 3 章是碳减排政策对独立再制造影响研究。构建独立再制造模式下三种碳减排政策的博弈模型，首先，剖析政府三种碳减排政策对原始制造商与独立再制造商运营决策和利润、环境、消费者剩余产生的影响；其次，针对独立再制造分散决策模式下"双重边际"效应设计固定费用契约协调供应链；最后，基于三种碳减排政策对独立再制造的影响进行对比分析研究。

第 4 章是碳减排政策对授权再制造影响研究。构建授权再制造模式下三种碳减排政策的博弈模型，首先，剖析政府三种碳减排政策对原始制造商与授权再制造商运营决策和利润、环境、消费者剩余产生的影响；其次，针对授权再制造分散决策模式下"双重边际"效应设计固定授权费用契约协调供应链；最后，基于三种碳减排政策对授权再制造的影响进行对比分析研究。

第 5 章是碳减排政策对外包再制造影响研究。构建外包再制造模式下三种碳减排政策的博弈模型，首先，剖析政府三种碳减排政策对原始制造商与外包再制造商运营决策和利润、环境、消费者剩余产生的影响；其次，针对外包再制造分散决策模式下"双重边际"效应设计特许经营契约协调供应链；最后，基于三种碳减排政策对外包再制造的影响进行对比分析研究。

第 6 章是碳减排政策对三种再制造模式影响对比研究。分别对碳税、碳约束、碳交易政策下的三种再制造模式进行对比分析，确立不同碳减排政策下原始制造商的最优再制造模式选择。

第 7 章是结论与展望。总结本书的研究结论、主要创新点，提出相关建议，并分析本书研究局限，给出研究展望。

第2章 相关概念及理论基础

2.1 再制造

2.1.1 再制造相关概念

再制造、翻新、再利用等方式均可以提高废旧产品的使用价值，其中，再制造不仅是满足循环经济发展战略需求的生产运营模式，而且是唯一能够从整体上使废旧产品再商业化的模式。1984年，Lund[169] 将再制造定义为"通过拆解、清洗、修理、组装和测试等一系列工序将废旧产品恢复到可用状态的过程"。Guide 等[170] 进一步将再制造定义为"将废旧产品翻新恢复到与新产品相同质量和性能的再循环过程"。国内部分学者也对再制造进行了定义，例如，徐滨士[171] 指出"再制造是通过一系列工艺和技术手段对旧产品进行修复与改进的工程活动的总称"。综上所述，再制造是通过先进的技术手段对回收后的废旧产品进行拆解、修理、更换零部件、组装以及测试等，使其达到与新产品相同质量的过程，既能充分利用废旧产品的附加值，又能减少生产过程中的碳排放，是制造业废旧资源回收再利用和生产方式低碳转型的有效途径。

但是不同于简单的回收利用，再制造倾向于通过"修复"和"改造"实现废旧产品价值。"修复"主要是采用先进的检测技术对废旧产品进行性能检测和寿命分析，进一步采用先进的再制造技术对废旧产品进行修复；"改造"主要是通过先进技术进行产品改进或更新，使其性能达到甚至超过新产品，延长其寿命。但不是所有的废旧产品都可以再制造，当产品具有较高的耐用性和剩余价值、产品零部件可以更换以及消费者对再制造产品具有较高购买意愿时，企业才会选择进行再制造。再制造的业务流程一般包括回收、清洗、性能检测、修复、组装等主要环节，再制造业务流程具体如图2.1所示。

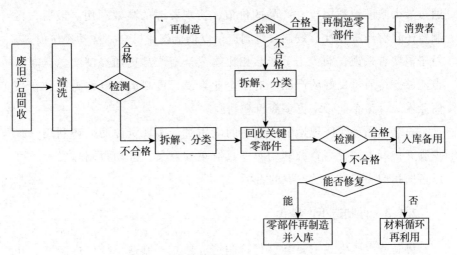

图 2.1 再制造业务流程

2.1.2 再制造理论基础

再制造起源于美国经济学家波尔丁于 20 世纪 60 年代受到宇宙飞船启发提出的循环经济理论。波尔丁认为宇宙飞船是一个自给自足的系统，依赖内部资源的消耗来生存，如果不实现资源的循环利用最终会资源枯竭，必须通过尽量减少废物排放来实现资源在飞船内部的循环利用。循环经济理论的核心思想是将废弃物和排放物转化为资源，并实现资源的循环利用，从而实现经济系统与自然生态系统之间的良性互动。循环经济理论主要包括资源循环、闭环系统、生态效益、产业共生、循环设计以及政策支持等方面。实践应用方面则包括产业结构优化、产品设计创新、废物回收再利用、能源回收利用以及政策法规制定等多个层面。通过促进资源的循环利用和降低资源消耗，循环经济可以有效提高资源利用效率、减少环境污染与生态破坏，从而实现可持续发展的目标。

再制造是循环经济理论的重要应用之一。首先，再制造可以显著减少废弃物的产生。相比传统的"生产—消费—废弃"模式，再制造将废弃产品转变为二手产品，降低了对新产品的需求，减少了废弃物，缓解了自然资源的压力。其次，再制造有助于提高资源利用效率。再制造过程中的拆解、检修、更新等操作，可以有效回收和利用原有产品的零部件和材料，减少对新资源的开采和加工。再制造还可以促进循环利用，通过最大限度地利用废弃产品的价值，实现资源的高效利用。最后，再制造还具有经济和社会效益。再制造可以创造就业机会，推动经济发展。对于消费者来说，购买二手产品相比购买全新产品更加经济实惠，同时也能够获得质量良好的产品。对于企业来说，再制造可以作为一种新兴商业模式，为企业带来更多商机和利润。

总之，循环经济理论中再制造的应用对于实现资源的循环利用、减少废弃物产生和提高资源利用效率具有重要意义。推动再制造发展，可以帮助我们实现可持续发展的目标。

2.1.3　再制造生产模式

再制造生产模式主要有自行再制造、独立再制造、授权再制造、外包再制造四种模式，具体如图2.2所示。

1. 自行再制造

随着国家对再制造产业的扶持和消费者对再制造产品偏好的增强，制造商纷纷尝试涉足这一领域以获取再制造收益，如施乐公司同时生产新墨盒和再生墨盒[172]。自行再制造模式下，制造商不仅负责新产品的制造、销售等正向物流活动，还需要对寿命结束的终端产品进行回收再制造处理。制造商同时从事制造和再制造的动因主要有：①出于经济考虑，虽然单位再制造产品价格通常低于新产品30%～40%，但是单位再制造产品成本只有新产品的40%～65%[46]；②出于竞争考虑，第三方再制造商加入会蚕食新产品份额，加剧市场竞争，制造商会建立专门的回收渠道回收废旧产品并自行再制造，避免第三方竞争[173]；③出于消费者绿色偏好考虑，根据调查，部分消费者具有再制造偏好，愿意为再制造产品支付更高价格，且存在部分消费者不对两种产品加以区分的情形[174]。

2. 独立再制造

尽管再制造可以为原始制造商带来诸多好处，但由于缺少成熟的再制造专有技术和回收渠道，原始制造商无法获取回收再制造的净利润，从而会专注于其核心业务（新品的生产和销售）[175]。在专利制度不完善的市场，独立的第三方再制造商拥有专业的回收渠道和再制造技术，可以进行再制造并拥有较高的消费者认可度。但是，独立再制造模式下，再制造产品与新产品在市场上完全竞争，再制造产品的出现会挤占一部

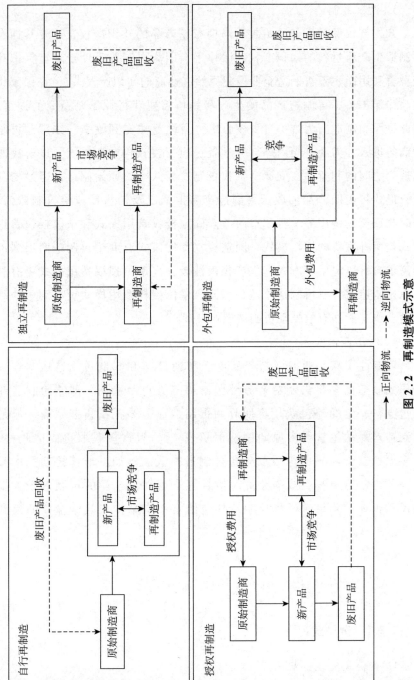

图 2.2 再制造模式示意

分新产品市场需求，使原始制造商受到威胁。

3. 授权再制造

知识产权保护下，原始制造商拥有新产品的知识产权，这使其拥有再制造生产原材料的知识产权，法律不会因为再制造有助于环境保护和资源再利用而容忍再制造企业侵犯原始制造商的知识产权[104]。在国家相关法律保护下，再制造产品的生产和销售需要获得原始制造商的许可。因此，原始制造商为维护自身核心优势会设置"专利壁垒"来限制再制造商的进入。为此，国内外部分学者提出了授权再制造模式，以解决两制造商之间的利益冲突问题。授权再制造模式下，原始制造商通过专利授权形式将废旧产品回收、再制造产品生产以及销售授权给再制造商，同时收取授权费用分享再制造收益。固定授权费用模式和单位授权费用模式是两种主要的授权模式。固定授权费用模式有助于再制造商根据市场需求自行决定生产方式，生产积极性较强。单位授权费用模式更有利于原始制造商分享再制造收益，因此，单位授权费用模式更有利于两制造商合作，能够有效推动再制造产业发展[116]。

4. 外包再制造

为专注于核心业务（新产品生产和销售）和降低再制造成本，部分原始制造商会将再制造业务外包给第三方再制造商，即原始制造商通过支付一定的外包费用将回收和再制造业务委托给再制造商，但是再制造产品的销售仍由原始制造商负责[14]。为直接获取再制造收益，许多原始制造商倾向于采取外包再制造模式。例如，卡特彼勒凭借其优秀的再制造流程，成为路虎、伊顿等全球知名企业的再制造服务提供商；再如，苹果通过将再制造外包给富士康来扩大其全球以旧换新业务。

2.2　碳减排政策

2.2.1　碳税政策

1. 碳税政策理论基础

碳税政策思想起源于经济学家庇古提出的外部性理论，通过税收或补贴的方式可以转化外部效应，以调整边际收益和边际成本。最早的碳税制度可以追溯到 1912 年一些国家实施的"庇古税方案"[176]。1990 年左右北欧一些发达国家如丹麦、芬兰等就已经实施了碳税政策，随后美国、日本以及新加坡等国家也相继推出了碳税政策。碳税政策作为国际公认的强有力的碳减排手段之一，受到越来越多国家的关注。碳税政策是政府对每单位二氧化碳排放量征收费用，通过将企业碳排放导致的外部性内生化来积极引导其进行低碳减排投资，从而带动企业低碳发展[79]。尽管排放水平仍然存在不确定性，但是碳税可以并入现有的税收体系且税率稳定，易于政府实施，是降低碳排放的一种有效市场化政策工具。在北欧的一些国家，如瑞典、挪威等已经被成功实践。在具体的实践中，政府的碳税政策无疑增加了企业在生产运营过程中的成本，这将使企业通过减少市场需求，即通过减少能够实现总体减排目标的产品总产量，将碳税成本转嫁给消费者；然而，碳税机制可以刺激企业开发节能减排技术，实施低碳生产，有效减少单一产品的二氧化碳排放。

本书根据实际情况，只研究政府针对新产品征收碳税的情形。政府对原始制造商生产的新产品征收碳税，会将新产品环境影响带来的外部性内生化为原始制造商的生产成本，原始制造商会减少新产品销售量。独立再制造模式下，两制造商完全竞争，碳税政策会加剧新产品高碳排放、高成本的劣势，为缓解碳税政策压力，原始制造商会减少新产品产量，从而间接促进再制造产业发展。授权再制造模式下，再制造商回收再制造活动需获得原始制造商许可，原始制造商会通过授权费用转移碳排放成本，再制造商根据原始制造商收取的授权费用决定再制造产品的生产量。外包再制造模式下，原始制造商同时销售两种产品，对新产品征收碳税会促使原始制造商通过外包费用激励再制造商进行回收再制造，增加再制造产品的生产量。

2. 碳税政策优点

（1）征收碳税有利于减少碳排放，缓解环境问题

目前全球面临的最严重的环境问题就是温室效应，碳税政策的实施相当于直接针对企业生产过程中的碳排放征收费用，增加企业生产产品所需的成本，当企业为此付出的成本高于企业生产技术升级的成本时，

可以促进企业转型升级，使企业采取低碳生产模式，从而达到节能减排的目的。另外，当政府向企业征收碳税时，企业会把部分成本转嫁给消费者，由消费者来承担，高碳排放成本的产品也会提高消费者的节能减排意识，从而减少碳排放。

（2）征收碳税有利于转变经济发展模式，调整能源消费结构

征收碳税相当于为企业碳排放设定了一个价格，会增加那些采用化石燃料和高耗能生产方式的企业的负担，促使企业在生产过程中开发、探索和利用清洁型能源，改变企业能源消耗结构，提高能源利用效率，减少碳排放。同时，征收碳税也会刺激企业升级生产技术，积极探索低碳生产技术，淘汰传统的粗放型发展模式，放弃高耗能产品的生产，促进企业进行相关替代产品的开发，降低能源消耗，减轻企业碳排放成本负担，实现产业结构调整和经济可持续发展。

（3）征收碳税可以调节收入分配

碳税作为财政收入的一个来源，可以增加政府的收入，扩大政府投资规模。一方面，政府可以利用实施碳税政策获得的财政收入建立碳排放专项资金制度，建设绿色环保项目和新能源改造项目，为节能减排企业提供技术补贴或税收优惠，促进企业进行低碳技术的开发，实现企业低碳转型；同时政府还可以建立碳基金制度，用碳基金作为改变能源消耗结构的投资基金，调动企业节能减排的积极性，减少征收碳税对企业造成的负面影响[25]。另一方面，政府还可以把征收碳税获得的部分收入用于政府购买或福利项目建设，从而减少征收碳税给经济增长和收入分配带来的负面效应，增加社会福利[1]。由此可知，碳税政策不仅可以实现环境效益，还可以提高社会福利水平，推动生态文明建设，实现经济绿色可持续发展。

虽然政府向企业征收碳税可以实现经济和环境双重效益，但是在碳税政策的制定和执行过程中还存在一系列问题，全球不同地区的碳税税率差别极大，波兰等国不足 1 美元/吨二氧化碳，而瑞典已经高达 126 美元/吨二氧化碳[177]，我国税率应该如何制定是一大难题。当碳税税率较低时，企业直接支付的碳排放成本低于改变企业生产模式的成本，对企业产生的影响较小，不能促进企业进行碳减排；当碳税税率较高时，可能会导致企业负担过重，影响企业正常生产经营活动。所以在制定税率

时既要考虑产生的节能减排效果，还要保持企业生产积极性。

根据以上分析，在本书研究中为方便构建模型，假设政府在采取碳税政策时，主要是对碳排放量较高的新产品征收碳税，即原始制造商每卖出一个新产品，就需要缴纳一定碳税。这是因为，与新产品相比，生产再制造产品不仅节能、节材等节约成本，还可以大幅度降低对大气的污染，并且几乎不产生固体废物。严控高排企业会显著降低总碳排量且对低碳技术的实施具有良好的激励作用，而严控低排企业，虽然也能减少总碳排量，但不利于企业的低碳技术改造[59]。因此，我国碳税征收应放宽对低碳技术水平较高的再制造商的约束。

2.2.2　碳约束与碳交易政策

1. 碳约束与碳交易政策理论基础

从经济学角度来看，碳排放问题起源于公地悲剧和外部性。由于环境成本无法完全内化为经济主体的成本，市场无法有效反映环境成本，从而会引发市场失灵。政府通过强制碳约束行政手段使个人与社会边际成本相等是将外部不经济内部化的有效方式[178]。在碳约束政策下，政府为企业制定一个碳排放限额，旨在限制企业生产产品的碳排放总量，企业碳排放总量超过限额将被处以高额的罚款[2]。碳约束是碳减排目标实现的有效方式，因为企业根据政府碳约束政策制定的高额罚款，以自身损失最小化为出发点进行考虑，理性的企业会合理控制生产环节的碳排放总量。在自行再制造模式下，碳约束政策通过设定一个碳排放上限值来约束两产品碳排放量，作为碳排放量高的原始制造商的直接限制条件，当两产品碳排放量超过限额时，原始制造商将受到政府惩罚。在独立再制造模式下，再制造商不受碳约束政策的直接约束，为获取再制造收益，必然会增加旧产品回收量进行再制造，原始制造商面临碳约束政策限制和再制造商市场竞争双重困境；在授权与外包再制造模式下，虽然碳约束政策限制新产品生产，激励再制造，但是原始制造商可以通过授权与外包费用将碳成本和市场竞争损失转移给再制造商，再制造商也会受到碳约束政策的间接限制。

在碳约束政策基础上，Dales[179]将科斯定理运用到环境污染治理中，首次提出碳排放权交易。科学的碳交易制度可以积极有效发挥市场配置资源的作用。相比传统行政手段推进碳减排，在碳交易市场上，企业可以基于政府分配的碳排放额度进行碳排放权交易，它既保证了碳排放水平，具有控制碳排放总量的优势，也提供了刺激技术创新和低碳转型所需的长期市场信号，推动"高技术、高附加值、低碳排放"的战略性新兴产业发展，成为各国脱碳的首选政策工具[180]。本书考虑政府对两制造商给予相同的限额，但是碳排放限额设定高于再制造商生产再制造产品的碳排放需求，低于原始制造商生产新产品的碳排放需求，即三种再制造模式下，碳交易政策主要是约束碳排放量大的原始制造商，再制造商不仅不受碳交易政策约束，还可以在碳市场上出售生产剩余的碳配额，进一步激励再制造生产活动。在授权与外包再制造模式下，原始制造商可以调整授权与外包费用，不仅会影响再制造商的生产活动，还会影响其碳交易情况。

2. 碳交易市场设计

碳交易主要采用"上限与交易"的设计框架，其设计机制主要包括基本设置、限额设定、初始碳配额分配、交易机制及违约惩罚五个方面，碳交易市场设计的简要示意见表2.1。

表 2.1　碳交易市场设计的简要示意

市场	职能		路径	优势	劣势
一级市场	限额设定		碳总量	减排确定性高	弹性差，无法兼顾减排与发展
			碳强度	根据实际产出确定配额总量，能够较好地适应环境变化	对碳排放数据要求高，减排确定性低
	配额分配	有偿	拍卖制	公平性高，利于激励企业减排	市场建设初期推行阻力大
		无偿	历史排放法	推行阻力小，易于实施	公平性低，"鞭打快牛"，不利于激励企业减排
			基准法	公平性较高，推行也相对简单	配额计算复杂，仅适用于产品类型单一的行业

续表

市场	职能	路径		优势	劣势
二级市场	参与主体	仅履约机构		防止投机	流动性无法保证
		扩容至非履约机构及个人		流动性充裕	可能因投机而产生市场波动
	交易标的	碳配额	仅现货	产品现成，交易简单	预期管理困难，不利于价格发现
			包含衍生品	利于价格发现，便于管理预期	产品可研发性高，可能导致投机
		核证减排量		扩大参与主体	项目审核困难，大量运用可能导致碳价波动
	调节机制	设定碳价区间		直接维持碳价稳定	可能导致市场扭曲
		完善储备机制		调节市场供需	储备存在上限导致调整幅度有限
		公开市场操作		调节市场供需，总量随时调整	可能导致配额总量波动

基本设置主要指碳交易市场包含的温室气体种类、参与行业以及参与主体等。各碳交易市场一般依据政府要求、自身排放程度、减排目标等进行设置。较为常见的覆盖标的是二氧化碳、二氧化氮等温室气体；参与行业主要有电力、航空、运输、建材、造纸等高耗能行业；参与主体则包括履约机构和非履约机构及个人两类。

限额设定是指政府给予企业一周期内可排放的碳上限，主要有两种形式：一种是基于数量的形式，指碳排放上限由企业减排目标确定，该形式的减排确定性高，但是弹性较差，无法较好应对经济环境变化；另一种是基于强度的形式，指以根据单位产品排放量衡量的碳强度为基准，根据周期内实际产量确定碳上限，该形式能够较好地适应环境变化，但是对碳排放数据要求较高，减排的不确定性相对较大，不易实施。

初始碳配额分配是指将碳限额划分为单位碳配额分配给控排企业。碳配额分配方式主要有免费和有偿两种，在碳市场的初始运营阶段，免费分配碳配额可以降低企业的参与成本，减少碳交易政策的推行阻力，同时使得企业的减排更具灵活性[181]。我国碳交易市场中90%以上采取免费分配法，对尚未参与碳排放交易的企业起到了良好的示范作用。其中，较为典型的是以企业历史生产碳数据为依据设定初始总量碳配额的历史排放法和依据行业整体碳水平设定基准碳配额的基准法[182]。历史排放法对企业生产的负面影响较小，为企业减排投资提供了充足空间，而基准法则对高碳排放企业具有更强的限制，这两种初始碳配额分配方式各有优劣，在不同的国家或时期根据具体情况实施。

交易机制是指交易标的和市场调节机制的设计。一般而言，交易标的主要是碳配额的期货和现货，部分市场也把核证减排量作为交易标的。市场调节机制是调节碳价和市场流动性以维持碳交易市场稳定运行的重要工具，一般包括设定碳价区间、完善储备机制、公开市场操作等手段。

违约惩罚是指企业在一个履约周期内没有满足政府碳排放要求时需要接受的惩罚。各碳交易市场的惩罚方式和力度不一，并不断随着碳交易市场的发展而做出调整。

2.3　博弈论

2.3.1　博弈论相关概念

博弈论又称对策论，是一种运筹学方法，后来应用于经济学中解决经济问题。Stackelberg 博弈模型是德国经济学家斯塔克尔伯格提出的，可以用于分析经济学中双寡头如何进行生产决策问题。在 Stackelberg 博弈模型中，信息是完全的，根据主体行动的先后顺序，先行动的一方是博弈中的领导者，后行动的一方是博弈中的追随者。在 Stackelberg 博弈过程中，领导者首先根据自身情况做出生产决策，确定生产产品的零售价格和需求量，追随者再通过领导者的生产决策和利润最大化原则做最优决策，领导者根据预测的追随者的策略对自身的生产决策进行优化和调整，最后会形成博弈均衡，即两个博弈主体都能做出自身利润最大化的最优决策。

通过上述分析可以知道，在 Stackelberg 博弈中领导者会先行动，追随者可以根据领导者的行动进行决策，因此在 Stackelberg 博弈模型求解中可以采取逆向归纳法。它的精髓是"向前展望，向后推理"，当博弈主体博弈结束后，根据最后一步决策逐步倒推前面每个阶段的决策，以求解出博弈主体在每一步的最优决策。本书中的博弈双方是原始制造商和再制造商，在后续章节中通过构建三种再制造博弈模型，并求解出每一种再制造模型下的均衡解，进行分析。

2.3.2　博弈论理论基础

博弈论的理论基础源自数学和经济学，依赖数学工具和模型，通过均衡理论、最大化理论、博弈形式理论以及博弈解的概念来研究决策者在相互关联的决策环境中选择的策略及其结果。

本书博弈模型主要研究政府不同政策下决策者追求其个人利益或社会效益最大化时的相关决策，这种理论基于以下几个重要假设。①决策者理性。决策者被认为是理性的，它们会根据自身的利益和偏好做出合理的决策。在博弈中，决策者会评估不同策略下的预期收益或效用，并选择能够最大化自己利益的策略。②目标函数最大化。决策者在博弈中追求某种目标函数的最大化，这个目标函数可以是经济利益、效用、生存机会或其他相关因素。决策者会根据目标函数来衡量不同策略的优劣，并选择能够最大化目标函数的策略。③存在约束条件。决策者在博弈中通常会面临一些约束条件，例如资源限制、法律规定、技术制约等。这些约束条件会对决策者可行的策略空间和决策结果产生影响，从而限制最大化目标函数的范围。④依赖信息。决策者在博弈中的决策往往依赖于自身的信息和对其他参与者的推测信息。决策者会根据已知信息和推测信息来制定策略，以最大化目标函数。基于以上假设，博弈论的最大化理论认为，决策者在博弈中会追求其个人利益或社会效益的最大化。它们会通过理性决策、目标函数的优化，在考虑约束条件和信息等因素后选择最优策略，以达到最大化个人利益或社会效益的目标。

2.3.3　博弈模型构建

1. 新产品/再制造产品市场竞争函数确定

再制造产品和新产品本质上是相同的，但是单位再制造产品的售价却只有单位新产品售价的 3/5 左右，再制造产品的生产受限于回收废旧产品的量，两产品之间存在激烈的竞争关系。Yenipazarli[27]构建了存在两产品竞争关系的需求函数，具体见下文。

假设消费者购买新产品的意愿 θ（消费者对某一产品的偏好越大，消费者购买产品时，选择该产品的意愿就越大）服从 [0，1] 上的均匀分布，消费者购买新产品和再制造产品的剩余可以分别表示为 $U_n = \theta - p_n$，$U_r = \delta\theta - p_r$，当 $U_n > U_r$ 时，消费者购买新产品，否则，购买再制造产品。因此，两产品的购买意愿区间为 $\Theta_n = \{\theta: U_n \geq \max (U_r, 0)\}$、$\Theta_r = \{\theta: U_r \geq \max (U_n, 0)\}$。

当 $\delta \in \left[\dfrac{p_r}{p_n}, 1 - p_n + p_r\right]$ 时，新产品和再制造产品的市场需求量与单位产品零售价格的关系为：

$$q_n(p_n, p_r) = \frac{1 - \delta - p_n + p_r}{1 - \delta} \tag{2.1}$$

$$q_r(p_n, p_r) = \frac{\delta p_n - p_r}{\delta(1 - \delta)} \tag{2.2}$$

当 $\delta < \dfrac{p_r}{p_n}$ 时，新产品和再制造产品的市场需求量与单位产品零售价格的关系为：

$$q_n(p_n, p_r) = 1 - p_n \tag{2.3}$$
$$q_r(p_n, p_r) = 0 \tag{2.4}$$

当 $\delta > 1 - p_n + p_r$ 时，新产品和再制造产品的市场需求量与单位产品零售价格的关系为：

$$q_n(p_n, p_r) = 0 \tag{2.5}$$
$$q_r(p_n, p_r) = \frac{1 - p_r}{\delta} \tag{2.6}$$

由式（2.3）和式（2.4）可知，当 $\delta < \dfrac{p_r}{p_n}$ 时，再制造产品在市场上不存在；由式（2.5）和式（2.6）可知，当 $\delta > 1 - p_n + p_r$ 时，新产品在市场上不存在。因此，在分析新产品和再制造产品的市场关系时，不考虑 $\delta < \dfrac{p_r}{p_n}$ 和 $\delta > 1 - p_n + p_r$ 这两种情形，即两产品的市场需求量和单位产品零售价格关系为：

$$q_n = \frac{1 - \delta - p_n + p_r}{1 - \delta} \tag{2.7}$$

$$q_r = \frac{\delta p_n - p_r}{\delta(1-\delta)} \qquad (2.8)$$

消费者对两种产品的逆需求函数可以表示为：

$$p_n = 1 - q_n - \delta q_r \qquad (2.9)$$

$$p_r = \delta(1 - q_n - q_r) \qquad (2.10)$$

2. 废旧产品回收函数

在有关废旧产品回收的研究中，回收成本通常包含在生产成本中，不单独考虑废旧产品的回收成本。参考相关文献[183,184]，本书中再制造产品成本不仅包括生产再制造产品所需成本，还包括回收费用，回收费用与废旧产品回收量呈正相关关系，并且随着回收量的增加增长的速率逐渐减慢，即回收函数可以表示为 $\frac{k}{2}q_r^2$，其中，k 表示废旧产品回收规模系数（$k > 0$）。在模型求解过程中，可以获得回收率，确保能够对回收和循环再利用相关内容进行详细分析。此外，外包和授权活动不仅定义两产品市场竞争关系，还定义两制造商之间的合作与竞争关系。早期研究主要分析两产品之间的竞争关系并建立博弈模型，单位再制造产品的市场需求量是决策的主要影响因素。而本书的主要决策变量是单位废旧产品的回收率，其会限制再制造产品的生产，进而会对再制造产品需求量产生间接影响，单位新产品的售价和外包（授权）费用则会对原始制造商的生产和定价决策产生重要影响。

3. 消费者剩余和社会剩余函数

消费者剩余能够衡量消费者主观感受的额外收益，可以直接反映政府相关政策的实施效果，可以为政府完善政策提供合理的决策依据。参考 Zou 等[129] 的研究，本书的消费者剩余包含消费者购买两种产品的总剩余，且消费者剩余可以用产品价格、市场需求量和消费者效用表示，消费者剩余具体计算过程如式（2.11）所示：

$$S_{iC} = \int_{1-q_n-q_r}^{1-q_n} (\delta\theta - p_{ir})\,\mathrm{d}\theta + \int_{1-q_n}^{1} (\theta - p_{in})\,\mathrm{d}\theta$$

$$= \int_{\frac{p_r}{\delta}}^{\frac{p_n-p_r}{1-\delta}} (\delta\theta - p_{ir})\,\mathrm{d}\theta + \int_{\frac{p_n-p_r}{1-\delta}}^{1} (\theta - p_{in})\,\mathrm{d}\theta$$

$$= \frac{\delta(1-\delta)(1-p_{in})^2 + (\delta p_{in} - p_{ir})^2}{2\delta(1-\delta)}$$

$$= \frac{(q_{in} + \delta q_{ir})^2 + \delta(1-\delta)q_{ir}^2}{2}$$

(2.11)

社会剩余等于消费者剩余与其他参与者利润之和[153]。量化社会剩余可以分析政府实施相关碳减排政策带来的福利效果，为后续政府实施有效的碳减排政策提供决策依据。

第3章 碳减排政策对独立再制造影响研究

从企业实践来看，再制造商掌握更多再制造的相关技术和回收废旧产品的渠道。此外，相比生产新产品，原始制造商从事再制造生产等相关活动获得的收益相对较少，使得原始制造商参与再制造的意愿较低。相反，第三方再制造商为获取再制造利润，选择进入市场以进行废旧产品的回收与再制造活动，而不是从事新产品的生产和销售。Hauser 和 Lund 调查发现，仅有6%的再制造商是新产品制造商，其他皆为专注于再制造业务的第三方再制造商，有一些甚至是全球知名再制造商，例如卡特彼勒[10]。但是，国际上关于再制造的知识产权法律制度模糊，现实中尚存在知识产权不完善的市场，目前开展再制造业务的多为独立的第三方再制造商，即独立再制造模式[169]。

独立再制造模式下，知识产权法律制度模糊，再制造商的再制造活动不受原始制造商限制，再制造产品与新产品之间存在相互竞争关系。在政府实施碳税、碳约束、碳交易政策的条件下，碳排放量会对原始制造商和再制造商的生产进行限制，加剧两制造商之间的竞争，两制造商将根据产品单位碳排放量、单位零售价格和政府政策等进行综合考量，调整生产决策以最大化自身收益[186]。而政府三种碳减排政策对再制造产业的影响途径不一样，碳税政策是对原始制造商生产的新产品征收碳税，通过限制新产品的生产来间接促进再制造产品的生产；碳约束政策设定两种产品的碳排放上限值作为原始制造商生产活动的直接约束条件，原始制造商为避免被惩罚必然会减少新产品生产量，再制造商由于不受碳约束政策限制会增加再制造产品生产量；碳交易政策允许两制造商在碳交易市场上自由买卖碳排放权，一方面通过设置小于原始制造商碳排放量的碳限额约束新产品的生产，间接促进再制造产品的生产；另一方面允许再制造商出售剩余碳排放权，激励再制造商进行技术减排。因此，研究政府三种碳减排政策对两制造商运营决策的影响有重要意义。另外，在分散决策时,制造商谋求自身最大利益的行为往往会导致"搭便车"和"双重边际化"问题的产生。为实现低碳排放和再制造利润最大化,有必要对供应链协调机制进行研究。在此背景下,本书主要研究独立再制造模式下三种碳减排政策对制造/再制造供应链产生的影响,并基于供应链的效率损失问题设计相应的协调机制。

从当前来看,国内外针对独立再制造的研究主要是,基于原始制造商角度分析两种产品的竞争状况,发现再制造产品会蚕食新产品的市场份额和利润,再制造商的竞争会对原始制造商产生不利影响[135]。然而,有几篇文献致力于研究独立再制造模式下对原始制造商有利的因素。例如,高举红等[165,187]基于产品设计属性,研究原始制造商是如何运用不同产品的可拆卸性实现自身利润的增长并降低再制造产品的竞争优势的。夏西强等[98]分析主动再制造设计对原始制造商与再制造商竞争机理产生的影响。Huang 等[188]基于成本信息共享激励机制,研究成本信息的共享对原始制造商和独立再制造商竞争的影响,并发现当独立再制造商与原始制造商共享成本信息时,独立再制造商可避免生产过剩或不足。Ray 等[189]基于回收视角,研究低价和高价回收策略下原始制造商和独立再制造商盈利的回购策略。高鹏等[100]研究消费者后悔预期对独立再制造模式下原始制造商盈利决策产生的影响。

分析上述文献可知,国内外学者主要研究的是独立再制造模式下两制造商的竞争机制,少有学者研究政府不同碳减排政策对独立再制造模式下两制造商竞争的影响。因此,本章首先,基于不同碳减排政策,即碳税、碳约束、碳交易政策,构建独立再制造模式下的制造/再制造博弈模型,剖析三种碳减排政策对制造商和再制造商博弈结果的影响,并分析对环境和消费者剩余产生的影响;其次,针对分散决策带来的边际效率损失问题,分别基于三种碳减排政策设计合作契约,以实现供应链协调;最后,对三种碳减排政策对独立再制造的影响进行对比分析,为两种产品制造商选择最优的生产模式提供理论依据,同时也为政府设定恰当的碳税额、碳排放上限值及碳交易价格提供决策标准,助力国家持续推进绿色低碳发展,实现"双碳"目标。

3.1　碳税政策对独立再制造影响研究

3.1.1　问题描述

　　碳税是政府降低碳排放的一种有效政策工具，其具体实施情况会随市场变化而变化。碳税政策将碳排放由外部问题转化为企业内部问题，促使企业在进行生产决策时不得不考虑碳排放情况。因此，实施碳税政策能够有效引导企业降碳减排、低碳转型，并最终帮助企业构建低碳水平下的绿色生产结构体系。这一政策广泛应用于全球许多国家，例如英国、日本、荷兰、美国、新加坡等[1]。在碳税政策下，政府会对新产品征收税款，原始制造商的生产成本会增加，由于独立再制造模式下原始制造商无法约束再制造商的回收再制造活动，原始制造商为最小化损失将减少新产品生产量，再制造商也会增加再制造产品产量来获取竞争优势，而两制造商的具体决策取决于税率的高低、市场竞争程度、成本增加的幅度等多个因素。因此，有必要对政府碳税政策下两种产品制造商的决策机制进行研究，为政府完善碳税政策和两制造商在独立再制造模式下的决策提供理论依据。

　　目前国内外研究政府碳税政策对制造/再制造供应链的影响的文献主要有：陈伟达等[20]以制造/再制造混合系统为研究对象，分析碳税政策下资金存在约束的生产决策问题，研究结果表明，适当提高碳税对促进再制造产业发展有益，但碳税不宜过高，过高的碳税会减少再制造产品的产量；Wang 等[190]通过构建一个两阶段生产决策模型，研究发现政府可以通过选择合理的碳税来刺激制造商同时投资于碳减排技术和再制造；Yenipazarli[27]通过构建主从 Stackelberg 博弈模型，研究可以同时实现经济、环境、社会效益的最优碳税边界条件；王娜等[17]基于消费者对新产品和再制造产品的异质需求，探讨碳税对制造/再制造决策产生的影响，发现碳税总是抑制新产品生产，当再制造产品碳排放的强度低于一定阈值时，碳税可以促进再制造产品的生产，当碳税不超过一定的限度时，合作模式可以实现环境效益与经济效益的双赢；Ding 等[22]研究了碳税政策下制造商碳减排决策对市场竞争产生的影响；杨爱峰等[19]构建了政府的碳税决策模型，分析了再制造产品的碳减排能力和消费者偏好对最优决策以及目标函数造成的影响。虽然这些文献分析了碳税对市场竞争、社会效益、经济效益以及环境效益产生的影响，但是鲜有学者基于独立再制造模式分析碳税政策对制造/再制造的影响以及设计相应的协调机制。因此，本节基于独立再制造模式建立碳税政策下原始制造商与再制造商的博弈模型，分析碳税政策对产品零售价格、产品销售量、废旧产品回收率、两种产品制造商利润、环境以及消费者剩余的影响，为政府提供决策依据，并设计固定费用合作契约实现独立再制造供应链协调，即再制造商通过支付一定固定费用改善原始制造商在碳税政策下的不利地位，增强原始制造商与其合作的意愿。

3.1.2　模型介绍

1. 模型描述

如图 3.1 所示，基于碳税政策实施背景，本节构建包含一个原始制造商和一个独立再制造商的集中与分散决策博弈模型。其中，原始制造商从事新产品的生产销售活动，是受碳税约束的高耗能、高排放企业，政府通过对其生产的每单位新产品征收税额来限制其碳排放。再制造商

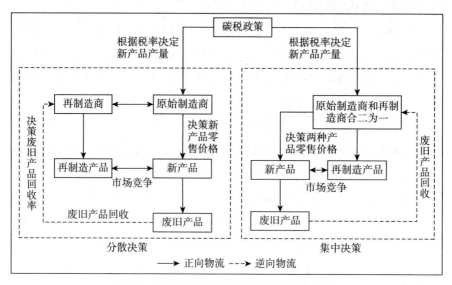

图 3.1　碳税政策下独立再制造模式博弈示意

从事废旧产品回收再制造，具有低成本和低碳排放优势，不受碳税政策的直接约束，但是政府碳税政策通过市场竞争间接影响再制造商的生产与定价决策。因此，原始制造商需要根据单位产品碳税额和两种产品市场竞争状况决策新产品的单位售价。集中决策模式下，原始制造商和再制造商完全合作，联合决策两种产品的单位售价，旨在实现供应链整体利润最大。

2. 模型函数

模型函数具体见第 2 章 2.3 节。

3. 模型假设

（1）假设 1

借鉴 Savaskan 等[5]和 Xia 等[191]的研究，在权力结构上采用了制造商作为领导者、再制造商作为跟随者的 Stackelberg 博弈模型。在决策框架方面，假设博弈参与者都是风险中性的，并且考虑到企业在"双碳"背景下的社会责任，还分析了不同再制造模式对环境的影响，旨在从环境和收益的双重视角分析最优再制造模式和碳减排政策组合。通过这种假设和决策框架，可以更全面地评估再制造供应链中各参与者的决策行为，并考虑到环境保护和社会责任的因素。

（2）假设 2

借鉴 Zou 等[129]的研究，假设两种产品在市场上并存，存在竞争关系，再制造产品数量受新产品数量的约束；再制造产品在性能和质量上与新产品无差异，但是对新旧产品产生的心理认知偏差使得消费者对再制造产品的购买意愿低于新产品，即 $0 \leqslant \delta \leqslant 1$。

4. 模型符号

本节用到的模型符号及其说明见表 3.1。

表 3.1　碳税政策下独立再制造模式相关符号及其说明

符号	说明
决策变量	
p_{in}，p_{ir}	分别表示单位新产品和再制造产品的零售价格，$i \in \{N, X, T, F\}$
q_{in}，q_{ir}	分别表示新产品和再制造产品的销售量，$i \in \{N, X, T, F\}$

符号	说明
τ_i	废旧产品回收数量与新产品销售量之比,即废旧产品回收率,由实际情况可得 $q_{ir}=\tau_i q_{in}$, $i \in \{N, X, T, F\}$
相关参数	
n, r	分别表示原始制造商、再制造商
N	表示政府不采取碳税政策时供应链生产模式
X, T	分别表示政府采取碳税政策时分散与集中决策模式
F	表示碳税政策下供应链协调模式
f	表示固定费用协调机制下,再制造商向原始制造商支付的固定费用
c_n, c_r	分别表示新产品与再制造产品的单位生产成本,且 $c_r < c_n$
e_n, e_r	分别表示单位新产品、再制造产品的碳排放量,即对环境的影响,且 $e_r < e_n$
δ	表示消费者购买再制造产品的意愿,且 $0 \leq \delta \leq 1$
s	表示政府对单位新产品收取的碳税额
E_{in}, E_{ir}	分别表示新产品、再制造产品的碳排放总量,即 $E_{in}=e_n q_{in}$, $E_{ir}=e_r q_{ir}$, $i \in \{N, X, T, F\}$
E_i	表示原始制造商和再制造商生产的新产品与再制造产品的总碳排放量,即两种产品制造商生产对环境的总影响,$i \in \{N, X, T, F\}$
π_{in}, π_{ir}	分别表示原始制造商、再制造商的利润,$i \in \{N, X, T, F\}$

3.1.3 模型建立与分析

1. 模型建立

分散决策:

$$原始制造商:\pi_{Xn} = (p_{Xn} - c_n - s) q_{Xn} \tag{3.1}$$

$$再制造商:\pi_{Xr} = (p_{Xr} - c_r) q_{Xr} - \frac{k}{2}(\tau_X q_{Xn})^2 \tag{3.2}$$

集中决策:

$$\pi_T = (p_{Tn} - c_n - s) q_{Tn} + (p_{Tr} - c_r) q_{Tr} - \frac{k}{2}(\tau_T q_{Tn})^2 \tag{3.3}$$

(3.1)式中的 $(p_{Xn} - c_n - s) q_{Xn}$ 表示原始制造商生产销售新产品并缴纳碳税后获取的总利润。(3.2)式中的 $(p_{Xr} - c_r) q_{Xr}$ 表示独立再制造商生产销售再制造产品获取的利润,$\frac{k}{2}(\tau_X q_{Xn})^2$ 表示再制造商回收废旧产品的成本支出。因此 $(p_{Xr} - c_r) q_{Xr} - \dfrac{k}{2}(\tau_X q_{Xn})^2$ 表示再制造商最后的

总利润。（3.3）式中的 $(p_{Tn} - c_n - s) q_{Tn}$ 表示集中决策模式下销售新产

品所得利润，$(p_{Tr} - c_r) q_{Tr}$ 表示销售再制造产品所得利润，$\dfrac{k}{2}(\tau_T q_{Tn})^2$ 表

示集中决策模式下废旧产品回收费用。

2. 模型求解

为求出碳税政策下模型的最优解，首先给出引理 3.1：

（ⅰ）（3.2）式中的 π_{Xr} 关于 τ_X 为凹函数，得到的最优解代入

（3.1）式，可得（3.1）式中 π_{Xn} 关于 q_{Xn} 为凹函数；

（ⅱ）（3.3）式中的 π_T 关于 q_{Tn} 和 q_{Tr} 为凹函数。

证明：将 $p_{Xr} = \delta(1 - q_{Xn} - q_{Xr})$ 和 $q_{Xr} = \tau_X q_{Xn}$ 代入（3.2）式可得：

$$\pi_{Xr} = [\delta(1 - q_{Xn} - \tau_X q_{Xn}) - c_r] \tau_X q_{Xn} - \frac{k}{2}(\tau_X q_{Xn})^2$$

对上式关于 τ_X 分别求一阶偏导和二阶偏导，可得：

$$\frac{\partial \pi_{Xr}}{\partial \tau_X} = (\delta - c_r - \delta q_{Xn}) q_{Xn} - (2\delta + k) \tau_X q_{Xn}^2$$

$$\frac{\partial^2 \pi_{Xr}}{\partial \tau_X^2} = -(2\delta + k) q_{Xn}^2$$

由 $\dfrac{\partial^2 \pi_{Xr}}{\partial \tau_X^2} = -(2\delta + k) q_{Xn}^2 < 0$ 可知，（3.2）式中 π_{Xr} 关于 τ_X 为凹函数；

由一阶导数等于 0 可得：

$$\tau_X^* = \frac{\delta - c_r - \delta q_{Xn}}{(2\delta + k) q_{Xn}}$$

将 $p_{Xn} = 1 - q_{Xn} - \delta q_{Xr}$ 和 $q_{Xr} = \tau_X^* q_{Xn}$ 代入（3.1）式，可得：

$$\pi_{Xn} = \left(1 - q_{Xn} - \delta \frac{\delta - c_r - \delta q_{Xn}}{2\delta + k} - c_n - s\right) q_{Xn}$$

对上式关于 q_{Xn} 分别求一阶偏导和二阶偏导，可得：

$$\frac{\partial \pi_{Xn}}{\partial q_{Xn}} = \frac{(2\delta + k)(1 - c_n - s) - \delta(\delta - c_r) - 2(2\delta + k - \delta^2) q_{Xn}}{2\delta + k}$$

$$\frac{\partial^2 \pi_{Xn}}{\partial q_{Xn}^2} = -\frac{2(2\delta + k - \delta^2)}{2\delta + k}$$

由 $\dfrac{\partial^2 \pi_{Xn}}{\partial q_{Xn}^2} = -\dfrac{2(2\delta + k - \delta^2)}{2\delta + k} < 0$ 可知，（3.1）式中 π_{Xn} 关于 q_{Xn} 为凹函数。

引理（i）得证，引理（ii）的证明类似。

通过引理 3.1，可得出碳税政策下的最优解，具体见结论 1。

结论 1   政府采取碳税政策时独立再制造模式下的最优解见表 3.2。

表 3.2   碳税政策下独立再制造时集中与分散决策模式的最优解

变量	X	T
q_{in}^*	$\dfrac{(2\delta + k)(1 - c_n - s) - \delta(\delta - c_r)}{2(2\delta + k - \delta^2)}$	$\dfrac{2\delta - 2\delta^2 + k - (2\delta + k)(c_n + s) + 2\delta c_r}{2(2\delta - 2\delta^2 + k)}$
q_{ir}^*	$\dfrac{(4\delta + 2k - \delta^2)(\delta - c_r) - \delta(2\delta + k)(1 - c_n - s)}{2(2\delta + k)(2\delta + k - \delta^2)}$	$\dfrac{\delta(c_n + s) - c_r}{2\delta + k - 2\delta^2}$
p_{in}^*	$\dfrac{1 + c_n + s}{2} - \dfrac{\delta(\delta - c_r)}{2(2\delta + k)}$	$\dfrac{1 + c_n + s}{2}$
p_{ir}^*	$\dfrac{\delta(3\delta + 2k + c_r)}{2(2\delta + k)} - \dfrac{\delta(1 - \delta)(\delta - c_r) + \delta(\delta + k)(1 - c_n - s)}{2(2\delta + k - \delta^2)}$	$\delta \dfrac{k(1 + c_n + s) + 2(1 - \delta)(\delta + c_r)}{2(2\delta - 2\delta^2 + k)}$
τ_i^*	$\dfrac{(4\delta + 2k - \delta^2)(\delta - c_r) - \delta(2\delta + k)(1 - c_n - s)}{(2\delta + k)[(2\delta + k)(1 - c_n - s) - \delta(\delta - c_r)]}$	$\dfrac{2(\delta - c_r) - 2\delta(1 - c_n - s)}{(2\delta + k)(1 - c_n - s) - 2\delta(\delta - c_r)}$
π_{Xn}^*	$\dfrac{[(2\delta + k)(1 - c_n - s) - \delta(\delta - c_r)]^2}{4(2\delta + k)(2\delta + k - \delta^2)}$	—
π_{Xr}^*	$\dfrac{[(4\delta + 2k - \delta^2)(\delta - c_r) - \delta(2\delta + k)(1 - c_n - s)]^2}{8(2\delta + k)(2\delta + k - \delta^2)^2}$	—
π_T^*	—	$\dfrac{(1 - c_n - s)^2}{4} + \dfrac{[\delta(c_n + s) - c_r]^2}{2(2\delta + k - 2\delta^2)}$

在表 3.2 中，令 $s = 0$ 即可得政府不采取碳税政策时的最优解，即模型 N 的最优解。

3. 模型分析

结论 2   碳税政策对新产品与再制造产品市场竞争关系的影响：

（i）当 $s \geqslant \dfrac{(2\delta + k)(1 - c_n) - \delta(\delta - c_r)}{2\delta + k}$ 时，新产品不存在于市场上；

（ ⅱ ）当 $s \leqslant \dfrac{\delta(2\delta+k)(1-c_n)-(4\delta+2k-\delta^2)(\delta-c_r)}{\delta(2\delta+k)}$ 时，再制造产

品不存在于市场上；

（ ⅲ ）当 $\dfrac{\delta(2\delta+k)(1-c_n)-(4\delta+2k-\delta^2)(\delta-c_r)}{\delta(2\delta+k)} < s <$

$\dfrac{(2\delta+k)(1-c_n)-\delta(\delta-c_r)}{2\delta+k}$ 时，新产品与再制造产品均存在于市场上。

证明： $q_{Xn}^* \leqslant 0 \Leftrightarrow s \geqslant \dfrac{(2\delta+k)(1-c_n)-\delta(\delta-c_r)}{2\delta+k}$， $q_{Tn}^* \leqslant 0 \Leftrightarrow s \geqslant$

$\dfrac{(2\delta+k)(1-c_n)-2\delta(\delta-c_r)}{2\delta+k}$，当 $s \geqslant \dfrac{(2\delta+k)(1-c_n)-\delta(\delta-c_r)}{2\delta+k}$ 时，同时

满足 $q_{Xn}^* \leqslant 0, q_{Tn}^* \leqslant 0$，此时两种决策模式下新产品不存在于市场上；同理当

$s \leqslant \dfrac{\delta(2\delta+k)(1-c_n)-(4\delta+2k-\delta^2)(\delta-c_r)}{\delta(2\delta+k)}$ 时，两种决策模式下再制造

产品不存在于市场上。

结论 2 表明，政府制定单位碳税额会对新产品和再制造产品市场竞争关系产生影响。这是因为碳税额增加会使原始制造商生产新产品的成本增加，当单位碳税额大于某一阈值时，原始制造商生产新产品的成本会增加，为了减轻负担与减少损失，原始制造商会选择大幅提高新产品价格将成本转移给消费者，价格上升会导致消费者购买新产品的积极性下降，新产品在市场上的份额逐渐减少，直至在市场上消失。当单位碳税额小于某一阈值时，碳税对原始制造商的约束较小，再制造产品竞争优势较弱，较低的再制造收益削弱再制造商回收再制造的积极性，市场竞争促使再制造产品逐渐在市场中消失。当碳税额处于一定范围内时，两种产品在市场上同时存在。

管理启示：政府可以将单位碳税额设定在一定范围，使新产品和再制造产品在市场上共存。通过适当调整单位碳税额，政府可以实现对不同产品的碳排放成本进行调控，从而达到平衡市场供需、鼓励再制造的目的。此外，政府可以引导新产品制造商与再制造商建立供应链合作关系，实现资源的共享和优化配置。

结论 3　碳税政策对废旧产品回收率的影响：

（ ⅰ ）当 $\delta > c_r$ 时， $\dfrac{\partial \tau_i^*}{\partial s} > 0$，反之， $\dfrac{\partial \tau_i^*}{\partial s} \leqslant 0$， $i \in \{X, T\}$；

（ⅱ）$\tau_X^* > \tau_N^*$。

证明：

（ⅰ）$\dfrac{\partial \tau_X^*}{\partial s} = \dfrac{(2\delta+k)\left[(1-\delta)(2\delta+k)(1-c_n-s)+(3\delta+2k-\delta^2)(\delta-c_r)\right]}{\left[(2\delta+k)(1-c_n-s)-\delta(\delta-c_r)\right]^2} > 0;$

（ⅱ）$\tau_X^* - \tau_N^* = \dfrac{(2\delta+k)s\left[\delta q_{Nn}^* + (2\delta+k)q_{Nr}^*\right]}{q_{Nn}^* q_{Xn}^*} > 0。$

结论 3 表明，当政府实施碳税政策时，单位碳税额对废旧产品回收率的影响与单位再制造产品生产成本和消费者偏好有关。当消费者对再制造产品偏好大于再制造产品生产成本时，也即再制造产品具有竞争优势和低成本优势时，再制造商生产再制造产品的积极性变高，有利于废旧产品回收。而且，政府实施碳税政策会直接增加原始制造商生产新产品的成本，从而使得原始制造商提升新产品价格降低损失。但这一决策会增加消费者购买负担，从而降低新产品的竞争优势，市场竞争下再制造产品的市场竞争优势增强，从而激励再制造商更积极地进行废旧产品回收，废旧产品回收率随之上升。

管理启示：政府实施碳税政策时需要考虑消费者偏好，当消费者对再制造产品的偏好较大时，政府采取碳税政策有利于再制造商回收废旧产品，从而促进循环经济发展，并且当消费者对再制造产品的偏好大于单位再制造产品的生产成本时，政府可以通过适当提高碳税额促进再制造业发展，从而促进循环经济发展。

结论 4 碳税政策对最优解的影响：

（ⅰ）$\dfrac{\partial p_{in}^*}{\partial s} > 0,\ \dfrac{\partial p_{ir}^*}{\partial s} > 0;$

（ⅱ）$\dfrac{\partial q_{in}^*}{\partial s} < 0,\ \dfrac{\partial q_{ir}^*}{\partial s} > 0,\ \dfrac{\partial (q_{in}^* + q_{ir}^*)}{\partial s} < 0;$

（ⅲ）$\dfrac{\partial \pi_{in}^*}{\partial s} < 0,\ \dfrac{\partial \pi_{ir}^*}{\partial s} > 0。$

证明：$\dfrac{\partial p_{Xn}^*}{\partial s} = \dfrac{1}{2} > 0,\ \dfrac{\partial p_{Xr}^*}{\partial s} = \dfrac{\delta(\delta+k)}{2(2\delta+k-\delta^2)} > 0。$

结论（ⅰ）得证，结论（ⅱ）和（ⅲ）的证明类似。

结论 4 表明，当政府对原始制造商实施碳税政策时，两种产品的单位零售价格都与单位碳税额呈正相关关系，即碳税额的增加能够促进两种产品单位零售价格的提升。这是因为，政府对原始制造商生产的新产品征收碳税，会增加原始制造商生产成本，原始制造商为获取更多利润，会提高产品价格把部分碳税成本转移给消费者。再加上两制造商之间的市场竞争关系，再制造商为增加利润，也会适当提高单位再制造产品的零售价，所以政府实施碳税政策会提高两产品的单位零售价格。

政府实施碳税政策时，两种决策模式下，新产品的销售量与单位碳税额负相关，再制造产品的销售量与单位碳税额正相关。这是因为政府实施碳税政策会提高两种产品的单位零售价格，且再制造产品与新产品相比在市场竞争中具有价格优势，因此政府实施碳税政策会使消费者倾向于减少对新产品的购买量，当市场需求处于稳定水平时，消费者会增加对再制造产品的需求。由于再制造产品销售增加量小于新产品销售减少量，市场总销售量会随着单位碳税额的增加而减少。总之，原始制造商会通过提高单位新产品零售价格来弥补碳税增加给自己带来的利益损失，转移部分成本，但是碳税额的增加和新产品销售量的减少会损害原始制造商利润，再制造商会通过较高的单位产品零售价格和销售量在碳税政策下获利。

结论 5　碳税政策对最优解影响的大小顺序：

（ⅰ）$p_{Xn}^* > p_{Nn}^*$，$p_{Xr}^* > p_{Nr}^*$；

（ⅱ）$q_{Xn}^* < q_{Nn}^*$，$q_{Nr}^* < q_{Xr}^*$，$q_{Xn}^* + q_{Xr}^* < q_{Nn}^* + q_{Nr}^*$；

（ⅲ）$\pi_{Xn}^* < \pi_{Nn}^*$，$\pi_{Xr}^* > \pi_{Nr}^*$。

证明：$p_{Xr}^* - p_{Nr}^* = \dfrac{\delta(\delta + k)s}{2(2\delta + k - \delta^2)} > 0$，$p_{Xn}^* - p_{Nn}^* = \dfrac{s}{2} > 0$，可得 $p_{Xr}^* > p_{Nr}^*$，$p_{Xn}^* > p_{Nn}^*$。

结论（ⅰ）得证，结论（ⅱ）和（ⅲ）的证明类似。

结论 5 表明，碳税政策的实施直接增加了原始制造商的生产成本，为了降低损失，原始制造商会选择提高单位新产品的零售价格将成本转移给消费者。然而，价格的提高会削弱消费者的购买积极性，从而使新产品的销售量减少，导致原始制造商利润减少。市场竞争下，再制造产品的竞争优势上升，消费者更倾向于购买再制造产品，再制造商提升再制造产品零售价格的决策使其能够获取更多利润。结合结论 4 可知，当政府制定的碳税额越来越高时，碳税政策下两制造商的利润与政府不采取碳税政策时的利润的差距会越来越大。

管理启示：政府实施碳税政策有利于增加再制造产品在市场中的份额，提升再制造产品市场竞争优势，从而促进再制造产业发展，但是碳税政策会导致消费者承担的成本增加，因此，政府应该考虑将单位产品碳税额控制在一定范围内，否则会降低消费者购买积极性。

结论 6 碳税政策对环境的影响：

（ⅰ）碳税政策对新产品碳排放总量的影响，$E_{Xn} < E_{Nn}$；

（ⅱ）碳税政策对再制造产品碳排放总量的影响，$E_{Xr} > E_{Nr}$；

（ⅲ）碳税政策对新产品和再制造产品总碳排放量的影响，$E_X < E_N$。

证明：$E_{Xn} - E_{Nn} = e_n q_{Xn}^* - e_n q_{Nn}^* = -\dfrac{(2\delta + k)s}{2(2\delta + k - \delta^2)} < 0 \Leftrightarrow E_{Xn} < E_{Nn}$。

结论（ⅰ）得证，结论（ⅱ）、（ⅲ）的证明类似。

结论 6 表明，碳税政策的实施能有效降低新产品对环境的影响、降低两种产品对环境的总影响，而增加再制造产品对环境的影响。这是由于碳税政策对环境的影响与两种产品销售量的大小以及单位产品对环境的影响相关。结合结论 5 可知，政府实施碳税政策会减少新产品销售量而增加再制造产品的销售量，促使新产品对环境的影响下降，再制造产品对环境的影响上升。同时，结合两种产品对环境总影响的表达式可知，两种产品对环境的影响不仅与两种产品的销售量有关，而且与两种产品在生产过程中的碳排放有关，即新产品销售量下降所引起的碳排放减少量大于再制造产品销售量上升所造成的碳排放增加量，因此最终两产品对环境的总影响下降。故政府实施碳税政策有助于减少两种产品对环境的总影响。

为了便于讨论，令：

$$A = 1 - c_n$$
$$B = \delta - c_r$$
$$U = (2\delta + k)(1 - c_n) - \delta(\delta - c_r)$$
$$V = \frac{2(2\delta + k)(\delta c_n - c_r)U - [\delta^2(2 + c_r + 2c_n - \delta) + k(\delta c_n - 2c_r) - 4\delta c_r](U - \delta^2 - \delta c_r)}{\delta(2\delta + k)^2}$$
$$J = \frac{e_r[2\delta^4(\delta - 3 - c_r) + \delta^3(8 - 4c_n - 6c_r - 3k) + k\delta^2(4 - 4c_n + 5c_r) + k^2\delta(1 - c_n)]}{\delta(2\delta + k)^2(e_r - e_n)} +$$
$$\frac{(2\delta^3 c_n - 4\delta^3 c_r + k\delta^2 c_n + 6\delta^2 c_r + 3k\delta c_r)(2\delta + k)e_n}{\delta(2\delta + k)^2(e_r - e_n)}$$

结论 7　碳税政策对消费者剩余和社会剩余的影响:

（ⅰ）对消费者剩余的影响,当 $s > \dfrac{2(2\delta + k - \delta^2)^2 A - 2\delta^3(1-\delta)B}{(2\delta + k)\left[(2\delta + k - \delta^2)^2 + \delta^3(1-\delta)\right]}$ 时, $S_{XC} > S_{NC}$,反之, $S_{XC} \leqslant S_{NC}$;

（ⅱ）对社会剩余的影响,当 $s > \left[2(2\delta + k - \delta^2)(6\delta + 3k - \delta^2)A - 2\delta(3\delta + k - \delta^2)B\right] / \left\{(2\delta + k)\left[(2\delta + k)^2 + (2\delta + k - \delta^2)^2 + \delta^3(1-\delta)\right]\right\}$ 时, $S_{XS} > S_{NS}$,反之, $S_{XS} \leqslant S_{NS}$。

结论 7 表明,当单位碳税额增加到某一临界值时,碳税政策的实施会增加消费者剩余和社会剩余。这是因为消费者剩余主要与两种产品的销售量和消费者偏好有关,由于政府实施碳税政策会提高新产品单位零售价格,降低消费者购买新产品的意愿,市场竞争下消费者购买再制造产品的意愿会增加,再制造产品销售量也会随之上升。单位碳税额越大,也即原始制造商生产单位新产品的成本越大,再制造产品的竞争优势就越大,消费者从购买再制造产品中获得的剩余就越多,当单位碳税额大于某一阈值时,消费者从购买再制造产品中获得的消费者剩余增量大于从购买新产品中损失的消费者剩余量。社会剩余包括消费者剩余和生产者剩余两部分,虽然政府实施碳税政策会减少原始制造商利润而增加再制造商利润,但是再制造商利润增加量大于原始制造商利润损失量。因此,当单位碳税额大于某一阈值时会增加社会剩余。

管理启示:当单位产品碳税额大于某一阈值时,政府实施碳税政策不仅有利于环境保护,还有助于增加消费者剩余和社会剩余。为提升社会福利,兼顾环境和经济效益,政府采取碳税政策时应适当提高单位碳税额。

结论 8　碳税政策下集中决策与分散决策模式对废旧产品回收率、利润、环境的影响的大小顺序:

（ⅰ）对废旧产品回收率影响,当 $s^2 + \dfrac{\delta^2 - 4\delta - \delta c_r + 4\delta c_n - 2k + 2k c_n}{2\delta + k}s < V$ 时, $\tau_T^* > \tau_X^*$,反之, $\tau_T^* \leqslant \tau_X^*$;

（ⅱ）对利润影响, $\pi_T^* > \pi_{Xn}^* + \pi_{Xr}^*$;

（ⅲ）对环境影响,当 $s > J$ 时, $E_T^* < E_X^*$,否则, $E_T^* \geqslant E_X^*$。

证明：

$$\tau_X^* - \tau_T^* = \frac{[\delta^2(2+c_r+2c_n-\delta)+k(\delta c_n-2c_r)-4\delta c_r](U-\delta^2-\delta c_r)-2(2\delta+k)(\delta c_n-c_r)U}{(2\delta+k)[(2\delta+k)(1-c_n-s)-\delta(\delta-c_r)][(2\delta+k)(1-c_n-s)-2\delta(\delta-c_r)]} +$$

$$\frac{\delta(2\delta+k)[(2\delta+k)s^2+(\delta^2-4\delta-\delta c_r+4\delta c_n-2k+2kc_n)s]}{(2\delta+k)[(2\delta+k)(1-c_n-s)-\delta(\delta-c_r)][(2\delta+k)(1-c_n-s)-2\delta(\delta-c_r)]}$$

当 $s^2 + \dfrac{\delta^2-4\delta-\delta c_r+4\delta c_n-2k+2kc_n}{2\delta+k}s < V$ 时，$\tau_T^* > \tau_X^*$；反之，$\tau_T^* \leq \tau_X^*$。

结论（ⅰ）得证，结论（ⅱ）和（ⅲ）的证明类似。

结论 8 表明，理想生产模式下的集中决策能够有效避免两制造商间的博弈行为并促进其协调合作，此外，单位碳税额满足一定条件时，该模式还有助于提高废旧产品回收率、降低环境影响以及提升供应链整体利润水平，也即相比分散决策，集中决策模式更有利于提高供应链效率。同时结合结论 5 可知，碳税政策的实施会降低原始制造商在市场中的竞争优势，导致其产生较大的利润损失。因此，有必要设计协调契约以实现独立再制造模式下两制造商间的协调合作。

3.1.4 协调机制

根据上述分析可知，政府采取碳税政策能够有效帮助独立再制造商增加再制造产品销售量和利润、提升再制造产品的市场竞争优势，从而促进再制造业的进一步发展。但是相应地，再制造产品会侵占新产品市场份额，降低原始制造商竞争优势，减少原始制造商利润，从而削弱原始制造商的生产积极性，导致由新产品派生出来的废旧产品减少，从而影响再制造商的回收再制造行为，不利于环境的保护。但是，考虑到目前独立再制造模式是一个普遍的模式，相关知识产权法律制度模糊，有必要基于碳税政策研究独立再制造模式下两制造商的有效合作模式，实现独立再制造模式下供应链的协调。本节设计了固定费用的协调机制，也即再制造商可以通过支付一定的固定费用 f 给原始制造商，激励原始制造商生产新产品。加之目前专利产权纠纷案件日益增多，处于不利地位的原始制造商会通过法律来维护自己的利润，再制造商支付一定的固定费用有利于增强原始制造商与其合作的意愿。通过固定费用协调后两种产品制造商的利润函数如（3.4）式和（3.5）式所示：

$$原始制造商：\pi_{Fn} = (p_{Fn} - c_n - s)q_{Fn} + f \tag{3.4}$$

$$再制造商：\pi_{Fr} = (p_{Fr} - c_r)q_{Fr} - \frac{k}{2}(\tau_F q_{Fn})^2 - f \tag{3.5}$$

为便于论述，记：

$$M = \frac{[(2\delta + k)(1 - c_n - s) - \delta(\delta - c_r)]^2}{4(2\delta + k)(2\delta + k - \delta^2)} + \frac{(\delta - c_r)^2}{4(2\delta + k)} - \frac{(1 - c_n - s)^2}{4} - \frac{(\delta c_n + \delta s - c_r)^2}{4(2\delta - \delta^2 + k)}$$

$$Q = \frac{(2\delta + k)[\delta(c_n + s) - c_r]^2}{8(2\delta - \delta^2 + k)^2} - \frac{[(4\delta + 2k - \delta^2)(\delta - c_r) - \delta(2\delta + k)(1 - c_n - s)]^2}{8(2\delta + k)(2\delta + k - \delta^2)^2} +$$

$$\frac{2c_r^2 + (c_n + s)(2\delta^2 - c_r)}{8(2\delta - \delta^2 + k)} - \frac{\delta k c_r(c_n + s)}{4(2\delta - \delta^2 + k)(2\delta + k)} + \frac{(c_r - \delta)^2}{8(2\delta + k)}$$

结论 9　固定费用协调契约最优解见表 3.3。

表 3.3　碳税政策下独立再制造时固定费用协调契约的最优解

变量	最优解	变量	最优解
p_{Fn}^*	$\dfrac{1 + c_n + s}{2} - \dfrac{\delta^2 - \delta c_r}{2(2\delta + k)}$	p_{Fr}^*	$\delta\left[\dfrac{\delta + k + c_r}{2(2\delta + k)} + \dfrac{(1 - \delta)c_r + (\delta + k)(c_n + s)}{2(2\delta - \delta^2 + k)}\right]$
q_{Fn}^*	$\dfrac{(2\delta + k)(1 - c_n - s) - \delta(\delta - c_r)}{2(2\delta - \delta^2 + k)}$	q_{Fr}^*	$\dfrac{(\delta - c_r)(4\delta - \delta^2 + 2k) - \delta(2\delta + k)(1 - c_n - s)}{2(2\delta - \delta^2 + k)(2\delta + k)}$
τ_F^*	$\dfrac{(\delta - c_r)(4\delta - \delta^2 + 2k) - \delta(2\delta + k)(1 - c_n - s)}{(2\delta + k)^2(1 - c_n - s) - \delta(2\delta + k)(\delta - c_r)}$	π_{Fn}^*	$\dfrac{(1 - c_n - s)^2}{4} + \dfrac{(\delta c_n + \delta s - c_r)^2}{4(2\delta - \delta^2 + k)} - \dfrac{(\delta - c_r)^2}{4(2\delta + k)} + f$
π_{Fr}^*	$\dfrac{2c_r^2 + (c_n + s)(2\delta^2 - c_r)}{8(2\delta - \delta^2 + k)} - \dfrac{\delta k c_r(c_n + s)}{4(2\delta - \delta^2 + k)(2\delta + k)} + \dfrac{(c_r - \delta)^2}{8(2\delta + k)} + \dfrac{(2\delta + k)[\delta(c_n + s) - c_r]^2}{8(2\delta - \delta^2 + k)^2} - f$		

结论 10　固定费用协调效果分析：当 $M \leq f \leq Q$ 时，$\pi_{Fn}^* > \pi_{Xn}^*$，$\pi_{Fr}^* > \pi_{Xr}^*$。

通过结论 10 可知，存在固定费用为 f 的协调机制，使得原始制造商与再制造商能够进行契约合作，当 f 满足 $M \leq f \leq Q$ 时，契约合作下制造商的利润大于分散决策利润，两制造商的利润均增加，使得供应链的整体利润达到最大。

3.1.5　实例研究

政府对原始制造商生产的新产品征收碳税，以"有形的手"控制碳排放量。为验证上文所得到的一系列结论，并进一步分析消费者偏好对制造/再制造的影响，本节以斯太尔再制造发动机为例，参考中国汽车工业协会发布的汽车零部件再制造数据进行分析。与生产单位新产品相比，生产单位再制造产品不仅可以降低80%的环境影响，还能节约50%的成本、60%的能源、70%的原材料。借鉴 Oersdemir 等[184]的研究，取相关参数：$c_n = 0.2$，$c_r = 0.1$，$e_n = 1$，$e_r = 0.2$，$k = 1.1$。

1. 消费者偏好和碳税额对废旧产品回收率的影响

由图3.2可知，当消费者偏好一定时，废旧产品回收率与单位碳税额正相关。这是因为，政府对原始制造商征收较大碳税额，会增加原始制造商生产单位新产品的成本，成本的上升会使原始制造商提升新产品价格以弥补自身损失，而提高的单位新产品零售价格会使消费者负担一部分原始制造商的成本，这无疑会削弱消费者对新产品的购买欲望，进而刺激消费者购买再制造产品，最终提升再制造商回收废旧产品的积极性。此外，当单位碳税额和消费者偏好均较大时，集中决策模式下的废旧产品回收率最大。这是因为，较大的碳税额和消费者偏好会进一步降低原始制造商的竞争优势，而提升再制造商的竞争优势，在此背景下，更能有效地提升再制造商回收再制造的积极性，从而大幅提升废旧产品的回收率。

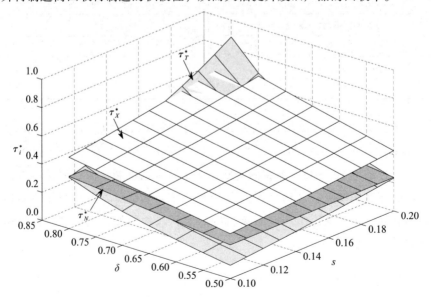

图3.2　碳税政策下 δ 和 s 对独立再制造时废旧产品回收率的影响

推论1 消费者偏好对废旧产品回收率的影响：$\frac{\partial \tau_i^*}{\partial \delta} > 0$，$i \in \{N, X, T\}$。

由推论1可知，当政府碳税额一定时，消费者偏好增大能促进废旧产品回收率提升。这是因为，偏好增加意味着消费者对再制造产品的购买积极性提高，能促使再制造商更加频繁地进行回收再制造以满足消费者的需求，故回收率随之上升。

2. 消费者偏好和碳税额对单位产品零售价格的影响

由图3.3可知，当消费者偏好一定时，单位碳税额与两种产品的单位零售价格正相关，即新产品和再制造产品的单位零售价格会随碳税额的增加而提高。这是因为，碳税政策的实施会使原始制造商生产新产品的单位成本增加，在成本增加的情况下，原始制造商会通过提高单位新产品的价格将部分成本转移给消费者，市场竞争也会促使再制造商提高单位再制造产品零售价格来获取利润。在分散决策模式下，两制造商处于完全竞争状态，激烈的竞争促使两制造商降低价格以增强竞争优势。而在集中决策模式下，两制造商以整个供应链利润最大化为目标决策价格，不存在针对彼此的博弈行为，故两种产品的单位零售价格均较高。

推论2 消费者偏好对两种产品单位零售价格的影响：

（ⅰ）$\frac{\partial p_{Xn}^*}{\partial \delta} < 0$，$i \in \{N, X, T\}$；

（ⅱ）$\frac{\partial p_{Xr}^*}{\partial \delta} > 0$，$i \in \{N, X, T\}$。

由推论2可知，新产品单位零售价格与消费者偏好呈反方向变化。这是因为，偏好的增加意味着消费者对再制造产品的购买意愿上升，即消费者更愿意选择再制造产品而非新产品，导致新产品竞争优势下降而再制造产品竞争优势上升，原始制造商为了减少损失，试图通过降低新产品的零售价格来增加新产品的竞争优势。而对于再制造商而言，其为了获取更多收益则更愿意提升再制造产品的零售价格。

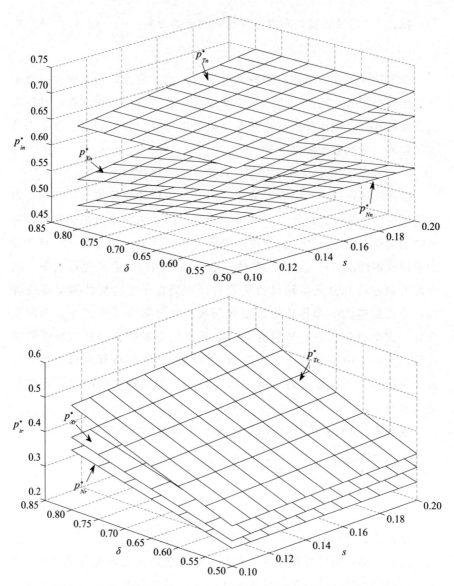

图3.3　碳税政策下 δ 和 s 对独立再制造时单位产品零售价格的影响

3. 消费者偏好和碳税额对产品销售量的影响

由图3.4可知，新产品销售量与单位碳税额负相关，再制造产品销售量与单位碳税额正相关。这是因为，随着碳税额增加，原始制造商生产单位新产品的成本增加，成本增加会使原始制造商提升新产品价格，价格上升会降低消费者购买意愿，从而刺激消费者购买再制造产品，增加再制造产品销售量。同时，碳税额的增加也会吸引再制造商通过减少碳排放和扩大生产来获取更多利润，因而碳税能够促进再制造产品的销售，降低新产品的销售。集中决策模式下两种产品销售量小于分散决策模式，这是由于该模式下两种产品价格较高，但是当消费者偏好和单位碳税额大于某一阈值时，集中决策模式下再制造产品销售量最大。

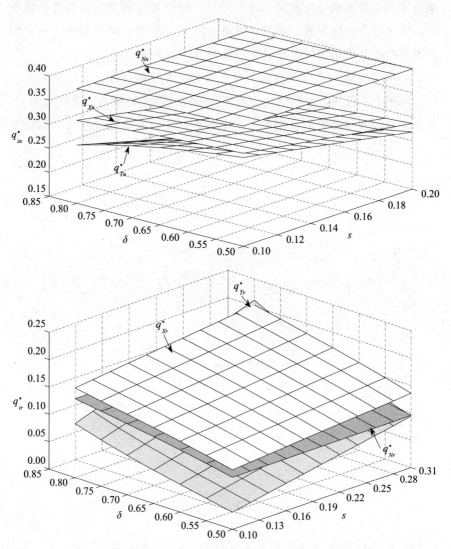

图 3.4　碳税政策下 δ 和 s 对独立再制造时产品销售量的影响

推论3   消费者偏好对两种产品销售量的影响：

（ⅰ）$\dfrac{\partial q_{in}^{*}}{\partial \delta}<0$, $i\in\{N,\ X,\ T\}$；

（ⅱ）$\dfrac{\partial q_{ir}^{*}}{\partial \delta}>0$, $i\in\{N,\ X,\ T\}$。

由推论3可知，新产品销售量和消费者偏好负相关，而再制造产品销售量和消费者偏好正相关。这是因为，随着偏好增加，再制造产品在市场中的竞争优势增强，消费者更愿意购买再制造产品而非新产品，因此再制造产品的销售量上升而新产品的销售量下降。

4. 消费者偏好和碳税额对两种产品制造商利润的影响

由图3.5可知，原始制造商利润和供应链整体利润与碳税额负相关，再制造商利润与碳税额正相关。这是因为，政府采取碳税政策会直接增

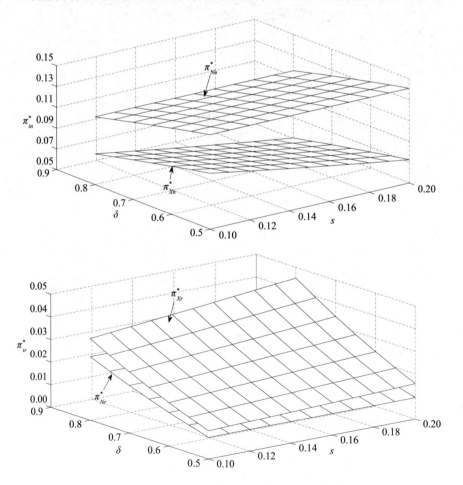

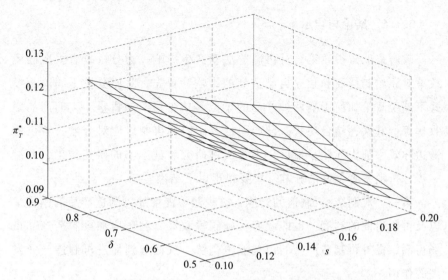

图 3.5 碳税政策下 δ 和 s 对独立再制造时制造商利润的影响

加原始制造商生产成本，减少新产品销售量，使原始制造商利润减少，而市场竞争促使再制造产品单位零售价格提高、销售量增加，使再制造商利润增加。

推论 4 消费者偏好对制造商利润的影响：

（ⅰ） $\dfrac{\partial \pi_{in}^{*}}{\partial \delta} < 0$，$i \in \{N, X\}$；

（ⅱ） $\dfrac{\partial \pi_{ir}^{*}}{\partial \delta} > 0$，$i \in \{N, X\}$；

（ⅲ） $\dfrac{\partial \pi_{T}^{*}}{\partial \delta} > 0$。

推论 4 表明，消费者偏好的提升有助于提升再制造商、供应链整体利润而降低原始制造商利润。结合结论 3 可知，偏好的提升能够有效抑制原始制造商的生产、促进再制造业发展、扩大再制造产品市场规模，从而激励再制造商回收再制造的积极性。基于整个供应链而言，尽管偏好的提升会增加再制造商利润而降低原始制造商利润，但是再制造商利润的增加量大于原始制造商利润的减少量，即碳税政策的实施不仅能够有效促进再制造业的发展，还能够有效带动供应链整体效益的增加。

3.1.6　结论与启示

政府采取碳税政策会对再制造活动产生影响，为分析政府采取碳税政策对原始制造商和独立再制造商的影响，首先，对比分析不同决策模式下碳税政策如何影响两种产品的单位零售价格、销售量、废旧产品回收率等；其次，结合现状，设计固定费用协调机制以应对分散决策供应链边际效率损失问题；最后，进行实例研究验证本书的研究结果，并进一步分析消费者偏好的影响。主要得出以下结论。

第一，对制造/再制造的影响：碳税政策能增加再制造产品的销售量以及再制造商的利润，也即政府实施碳税政策有利于增加再制造产品市场份额，提升再制造产品的市场竞争优势，从而起到促进再制造产业发展的作用。

第二，对环境的影响：当消费者对再制造产品的偏好较大且大于再制造产品生产成本时，废旧产品回收数量因政府碳税政策的实施而增多；碳税政策总是减少新产品对环境的影响，增加再制造产品对环境的影响，减少两种产品对环境的总影响，促进低碳减排。

第三，对社会效益的影响：当单位碳税额大于某一阈值时，政府实施碳税政策不仅能够增加消费者剩余，还有助于增加社会剩余。

第四，制造/再制造合作模式：针对分散决策模式下废旧产品回收数量较少，环境影响较大，且原始制造商处于不利地位，不利于再制造商回收更多废旧产品，设计固定费用协调机制，通过再制造商向原始制造商支付一定的费用来加强再制造商与原始制造商的合作，当固定费用处于一定范围时，供应链实现协调。

3.2　碳约束政策对独立再制造影响研究

3.2.1　问题描述

碳约束政策是政府为限制企业碳排放总量制定的限制性政策，即政府根据环保指标、企业规模、产品生产模式等设定企业生产的碳排放上限值，超过该上限值即视为碳排放过量，将受到高额的处罚[7]。政府采取碳约束政策时，碳排放上限值是对原始制造商和再制造商生产进行约束的条件，尤其是碳排放量较多的新产品的生产将受到较大约束，原始制造商为避免受到处罚必然调整自身生产策略，使产品的碳排放总量不超过上限值。再制造商不承受超额排放的处罚且独立再制造时原始制造商无法约束再制造商的生产活动，因此再制造商必然会增加再制造产量以充分发挥再制造产品低生产成本和低碳排放的竞争优势。但是，两制造商的决策受碳排放上限值的高低、市场竞争程度、整改成本等多个因素影响。因此，有必要对政府碳约束政策下两种产品制造商的决策机制进行研究，为政府完善碳约束政策和两制造商决策提供理论依据。

目前国内外学者针对政府碳约束政策对制造/再制造供应链的影响进行了大量研究：朱慧赟等[192]基于碳约束与碳交易政策构建寡头垄断制造商两期生产决策模型，探究碳排放上限值与碳交易价格对制造商生产定价策略的影响；Du 等[193]研究设定碳排放上限这一政策对制造商和排放许可证供应商组成的依赖型供应链的决策和社会福利公平分配的影响，研究发现，双方可以协调供应链以获得更多利润；Shu 等[194]拓展传统 EOQ 模型，建立了包含碳约束的 EOQ 模型，考虑制造、再制造、运输过程中的碳排放情况，并探究有无碳约束政策时制造、再制造的最优产量，研究发现，有碳约束时，原始制造商与第三方再制造商的总成本和碳排放量比没有约束时要少。

上述文献主要是研究碳约束政策对制造商生产决策、定价决策和环境的影响，鲜有学者基于独立再制造模式分析碳约束政策对制造/再制造的影响并设计相应的协调机制。因此，本节基于独立再制造模式建立碳约束政策下两制造商的博弈模型，考察政府碳约束政策对制造商单位产品零售价格、销售量、废旧产品回收率、利润以及环境的影响，为政府设置碳约束上限值提供决策依据，并设计合作契约以实现碳约束政策下独立再制造供应链协调。

3.2.2　模型介绍

1. 模型描述

本书基于政府碳约束政策建立一个集中与分散决策博弈模型，在该模型中有两个制造商参与，即一个原始制造商和一个再制造商，具体见图3.6。其中，新产品的生产与销售活动由原始制造商负责，原始制造商属于高耗能、高排放的制造企业，直接受政府碳约束政策约束，政府通过对制造商超过碳约束上限值的碳排放部分收取罚金来限制新产品的碳排放。再制造商回收废旧产品进行再制造，再制造技术先进，碳排放较少，碳减排成本较低，不受碳约束政策的直接影响，但是政府碳约束政策通过市场竞争间接影响其生产决策。博弈模型中双方决策顺序为：原始制造商为供应链的领导者，首先决策新产品的单位零售价格，根据新产品的单位零售价格，再制造商进一步决策再制造产品的单位零售价格。

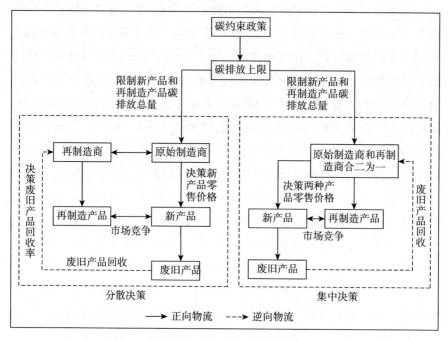

图3.6　碳约束政策下独立再制造模式博弈示意

2. 模型符号

本节用到的相关符号及其说明具体见表3.4

表 3.4　碳约束政策下独立再制造模式相关符号及其说明

符号	说明
决策变量	
p_{in}, p_{ir}	分别表示单位新产品和再制造产品的零售价格，$i \in \{N, O, U, V\}$
q_{in}, q_{ir}	分别表示新产品和再制造产品的销售量，$i \in \{N, O, U, V\}$
τ_i	再制造商第二周期回收的废旧产品的数量与第一周期新产品销售量之比，即废旧产品回收率，由实际情况可知 $q_{ir} = \tau_i q_{in}$，$i \in \{N, O, U, V\}$
相关参数	
n, r	分别表示原始制造商、再制造商
N, O	分别表示分散决策下政府不采取碳约束政策和采取碳约束政策
U, V	分别表示集中决策和协调决策下政府采取碳约束政策
u	表示协调模式下再制造商支付给原始制造商的固定费用
c_n, c_r	分别表示单位新产品、再制造产品的生产成本，且 $c_r < c_n$
T	表示碳约束政策下政府制定的碳排放上限值
e_n, e_r	分别表示单位新产品与再制造产品的碳排放量，即对环境的影响，且 $e_r < e_n$
δ	表示消费者对再制造产品的购买意愿，且 $0 \leqslant \delta \leqslant 1$
E_{in}, E_{ir}	分别表示新产品、再制造产品的碳排放总量，即 $E_{in} = e_n q_{in}$，$E_{ir} = e_r q_{ir}$，$i \in \{N, O, U, V\}$
E_i	表示原始制造商和再制造商生产的新产品与再制造产品的总碳排放量，即两种产品制造商生产对环境的总影响，$i \in \{N, O, U, V\}$
π_{in}, π_{ir}	分别表示原始制造商、再制造商的利润，$i \in \{N, O, U, V\}$

3. 模型函数

本节中用到的模型函数具体见第 2 章 2.3 节。

3.2.3　模型建立与分析

1. 模型建立

分散决策：

$$\text{原始制造商：} \begin{cases} \max \pi_{On}(q_{On}) = (p_{On} - c_n) q_{On} \\ \text{s. t. } e_n q_{On} + e_r q_{Or} = T \end{cases} \tag{3.6}$$

$$\text{再制造商：} \pi_{Or} = (p_{Or} - c_r) q_{Or} - \frac{k}{2} (\tau_O q_{On})^2 \tag{3.7}$$

集中决策：

$$\begin{cases} \max \pi_U = (p_{Un} - c_n)q_{Un} + (p_{Ur} - c_r)q_{Ur} - \dfrac{k}{2}(q_{Ur})^2 \\ \text{s. t.} \ \ e_n q_{Un} + e_r q_{Ur} = T \end{cases} \tag{3.8}$$

（3.6）式中的 $(p_{On} - c_n)q_{On}$ 表示原始制造商销售新产品所获利润，$e_n q_{On} + e_r q_{Or} = T$ 表示两制造商生产产品时的碳排放限制。（3.7）式中的 $(p_{Or} - c_r)q_{Or}$ 表示再制造商生产销售再制造产品获取的利润，$\dfrac{k}{2}(\tau_0 q_{On})^2$ 表示其回收废旧产品的支出。因此，$(p_{Or} - c_r)q_{Or} - \dfrac{k}{2}(\tau_0 q_{On})^2$ 表示再制造商最后的总利润。（3.8）式中的 $(p_{Un} - c_n)q_{Un}$ 表示集中决策模式下销售新产品所得利润，$(p_{Ur} - c_r)q_{Ur}$ 表示集中决策模式下销售再制造产品所获得的利润，$\dfrac{k}{2}(q_{Ur})^2$ 表示集中决策模式下废旧产品回收费用。

2. 模型求解

为求得碳约束政策下模型的最优解，首先给出引理3.2：

（i）（3.7）式中的 π_{Or} 关于 τ_0 为凹函数，将得到的最优解代入（3.6）式，可得（3.6）式中 π_{On} 关于 q_{On} 为凹函数；

（ii）（3.8）式中的 π_U 关于 q_{Un} 和 q_{Ur} 为凹函数。

证明：将 $p_{Or} = \delta(1 - q_{On} - q_{Or})$ 和 $q_{Or} = \tau_0 q_{On}$ 代入（3.7）式可得：

$$\pi_{Or} = [\delta(1 - q_{On} - \tau_0 q_{On}) - c_r]\tau_0 q_{On} - \frac{k}{2}(\tau_0 q_{On})^2$$

对上式关于 τ_0 分别求一阶偏导与二阶偏导，可得：

$$\frac{\partial \pi_{Or}}{\partial \tau_0} = (\delta - c_r - \delta q_{On})q_{On} - (2\delta + k)\tau_0 q_{On}^2$$

$$\frac{\partial^2 \pi_{Or}}{\partial \tau_0^2} = -(2\delta + k)q_{On}^2$$

由 $\dfrac{\partial^2 \pi_{Or}}{\partial \tau_0^2} = -(2\delta + k)q_{On}^2 < 0$ 可知，（3.7）式中 π_{Or} 关于 τ_0 为凹函数；由一阶导数等于0可得：

$$\tau_0^* = \frac{\delta - c_r - \delta q_{On}}{(2\delta + k)q_{On}}$$

将 $p_{On} = 1 - q_{On} - \delta q_{Or}$ 和 $q_{Or} = \tau_o^* q_{On}$ 代入（3.6）式可得：

$$\pi_{On} = \left(1 - q_{On} - \delta \frac{\delta - c_r - \delta q_{On}}{2\delta + k} - c_n \right) q_{On}$$

对上式关于 q_{On} 分别求一阶偏导和二阶偏导，可得：

$$\frac{\partial \pi_{On}}{\partial q_{On}} = \frac{(2\delta + k)(1 - c_n) - \delta(\delta - c_r) - 2(2\delta + k - \delta^2)q_{On}}{2\delta + k}$$

$$\frac{\partial^2 \pi_{On}}{\partial q_{On}^2} = -\frac{2(2\delta + k - \delta^2)}{2\delta + k}$$

由 $\dfrac{\partial^2 \pi_{On}}{\partial q_{On}^2} = -\dfrac{2(2\delta + k - \delta^2)}{2\delta + k} < 0$ 可知，（3.6）式中 π_{On} 关于 q_{On} 为凹函数。

引理（ⅰ）得证，引理（ⅱ）的证明类似。

根据非线性规划理论，本书引入广义拉格朗日因子 λ，原始制造商收益函数可表示为：

$$L = \left(1 - q_{On} - \delta \frac{\delta - c_r - \delta q_{On}}{2\delta + k} - c_n \right) q_{On} + \left(\lambda T - e_n q_{On} - e_r \frac{\delta - c_r - \delta q_{On}}{2\delta + k} \right)$$

则该问题的 K - T 条件如下所示：

$$\begin{cases} 1 - 2q_{On} - \delta \dfrac{\delta - c_r - 2\delta q_{On} - \lambda \delta e_r}{2\delta + k} - c_n - \lambda e_n = 0 \\ \lambda \left(T - e_n q_{On} - e_r \dfrac{\delta - c_r - \delta q_{On}}{2\delta + k} \right) = 0 \end{cases}$$

依据上式解得碳约束政策下的最优解，具体见结论 1。

结论 1　政府采取碳约束政策时分散决策和集中决策的最优解。

分散决策的最优解见表 3.5。

表 3.5　碳约束政策下独立再制造时分散决策模式的最优解

变量	最优解
p_{On}^*	$\dfrac{(\delta e_n - e_r)c_r + (2\delta + k - \delta^2)(e_n - T)}{(2\delta + k)e_n - \delta e_r}$
p_{Or}^*	$\dfrac{\delta(e_n - e_r)c_r + \delta(\delta + k)(e_n - T)}{(2\delta + k)e_n - \delta e_r}$

变量	最优解
q_{On}^*	$\dfrac{(2\delta + k)T - e_r(\delta - c_r)}{(2\delta + k)e_n - \delta e_r}$
q_{Or}^*	$\dfrac{(\delta - c_r)e_n - \delta T}{(2\delta + k)e_n - \delta e_r}$
τ_O^*	$\dfrac{(\delta - c_r)e_n - \delta T}{(2\delta + k)T - e_r(\delta - c_r)}$
π_{On}^*	$\dfrac{\{(2\delta + k - \delta^2)(e_n - T) - [(2\delta + k)c_n - \delta c_r]e_n + (\delta c_n - c_r)e_r\}[(2\delta + k)T - e_r(\delta - c_r)]}{[(2\delta + k)e_n - \delta e_r]^2}$
π_{Or}^*	$\dfrac{(2\delta + k)[(\delta - c_r)e_n - \delta T]^2}{2[(2\delta + k)e_n - \delta e_r]^2}$

集中决策的最优解：

$$q_{Un}^* = \frac{2\delta T e_r - (k + 2\delta)T e_n + \delta e_n e_r - c_r e_n e_r - e_r^2 + c_n e_r^2}{4\delta e_n e_r - k e_n^2 - 2\delta e_n^2 - 2e_r^2}$$

$$q_{Ur}^* = \frac{2\delta T e_n - 2T e_r + e_n e_r - c_n e_n e_r - \delta e_n^2 + c_r e_n^2}{4\delta e_n e_r - k e_n^2 - 2\delta e_n^2 - 2e_r^2}$$

$$p_{Un}^* = \frac{[(2\delta + k)e_n - \delta(\delta - c_r)e_n - (2\delta + k - 2\delta^2)T]e_n - (c_r + 2\delta + \delta c_n)e_n e_r + (1 + c_n)e_r^2}{2\delta e_n^2 + k e_n + 2e_r^2 - 4\delta e_n e_r}$$

$$p_{Ur}^* = \delta \frac{(3\delta + c_r + c_n - 1)e_n e_r - (c_r + \delta + k)e_n^2 - (c_n + 1)e_r^2 + Tk e_n + 2(1 - \delta)T e_r}{4\delta e_n e_r - k e_n^2 - 2\delta e_n^2 - 2e_r^2}$$

$$\tau_U^* = \frac{2\delta T e_n - 2T e_r + e_n e_r - c_n e_n e_r - \delta e_n^2 + c_r e_n^2}{2\delta T e_r - (k + 2\delta)T e_n + \delta e_n e_r - c_r e_n e_r - e_r^2 + c_n e_r^2}$$

3. 模型分析

结论 2　碳约束政策对环境的影响：

（i）不存在碳约束时，新产品的碳排放量 $E_{Nn} = e_n q_{Nn}^* = \dfrac{(2\delta + k)(1 - c_n)e_n - \delta(\delta - c_r)e_n}{2(2\delta + k - \delta^2)}$，再制造产品的碳排放量 $E_{Nr} = e_r q_{Nr}^* = \dfrac{(4\delta + 2k - \delta^2)(\delta - c_r)e_r - \delta(2\delta + k)(1 - c_n)e_r}{2(2\delta + k)(2\delta + k - \delta^2)}$，二者总碳排放量 $E_N = \dfrac{[(4\delta + 2k - \delta^2)e_r - \delta(2\delta + k)e_n](\delta - c_r) + (2\delta + k)[(2\delta + k)e_n - \delta e_r](1 - c_n)}{2(2\delta + k)(2\delta + k - \delta^2)}$；

（ⅱ）存在碳约束时，新产品的碳排放量 $E_{On} = e_n q_{On}^* = \dfrac{(2\delta + k)Te_n - (\delta - c_r)e_n e_r}{(2\delta + k)e_n - \delta e_r}$，再制造产品的碳排放量 $E_{Or} = e_r q_{Or}^* = \dfrac{(\delta - c_r)e_n e_r - \delta T}{(2\delta + k)e_n - \delta e_r}$，二者总碳排放量 $E_O = T$。

当 $T \geqslant \dfrac{[(4\delta + 2k - \delta^2)e_r - \delta(2\delta + k)e_n](\delta - c_r) + (2\delta + k)[(2\delta + k)e_n - \delta e_r](1 - c_n)}{2(2\delta + k)(2\delta + k - \delta^2)}$

时，即 $E_O \geqslant E_N$ 时，原始制造商和再制造商根据最优决策的产量进行生产的总碳排放量小于等于政府设定的碳排放上限，此时，碳约束政策对两制造商的生产决策没有任何影响。

当 $T < \dfrac{[(4\delta + 2k - \delta^2)e_r - \delta(2\delta + k)e_n](\delta - c_r) + (2\delta + k)[(2\delta + k)e_n - \delta e_r](1 - c_n)}{2(2\delta + k)(2\delta + k - \delta^2)}$

时，即 $E_O < E_N$ 时，两制造商根据最优决策进行生产而产生的碳排放量大于政府设定的碳排放上限，碳约束政策对两制造商的生产决策产生影响，超过碳排放上限的生产活动将受到政府惩罚，因而两制造商将依据碳排放上限 T 进行决策。

由结论 2 可知，碳排放上限值超过一定数值对两制造商的生产决策不会造成影响，此时实施碳约束政策无意义，因此本书研究碳约束政策对独立再制造的影响时，需要在以下假设下完成。

假设 1：政府实施碳约束政策时，碳排放上限值的取值范围应满足 $T < \dfrac{[(4\delta + 2k - \delta^2)e_r - \delta(2\delta + k)e_n](\delta - c_r) + (2\delta + k)[(2\delta + k)e_n - \delta e_r](1 - c_n)}{2(2\delta + k)(2\delta + k - \delta^2)}$，

否则实施碳约束政策不会对两制造商原有生产行为产生任何作用。

由结论 2 可得，存在碳约束政策时，新产品与再制造产品环境友好度的大小比较为，当 $T > \dfrac{2(\delta - c_r)e_n e_r}{(2\delta + k)e_n + \delta e_r}$ 时，$E_{On} > E_{Or}$；否则，$E_{On} \leqslant E_{Or}$。

这说明，存在碳约束政策时，再制造产品并不总是对环境友好，其取决于碳排放上限值，只有当碳排放上限值大于某一阈值时，再制造产品的碳排放量才会小于新产品的碳排放量，从而再制造产品对环境会更加友好。

结论 3　碳约束政策对产品单位零售价格和销售量的影响：

（ i ） $\dfrac{\partial q_{On}^*}{\partial T} > 0$，$\dfrac{\partial q_{Or}^*}{\partial T} < 0$，$\dfrac{\partial \tau_0^*}{\partial T} < 0$；

（ ii ） $\dfrac{\partial p_{On}^*}{\partial T} < 0$，$\dfrac{\partial p_{Or}^*}{\partial T} < 0$。

证明：$\dfrac{\partial q_{On}^*}{\partial T} = \dfrac{(2\delta + k)}{(2\delta + k)e_n - \delta e_r} > 0$，$\dfrac{\partial q_{Or}^*}{\partial T} = \dfrac{-\delta}{(2\delta + k)e_n - \delta e_r} < 0$，$\dfrac{\partial \tau_0^*}{\partial T} =$

$\dfrac{-\delta}{(2\delta + k)T - e_r(\delta - c_r)} < 0$。

结论（ i ）得证，结论（ ii ）的证明类似。

根据结论 3 可知，两种产品单位零售价格以及再制造产品销售量与碳约束上限值存在负相关的关系，新产品销售量与碳约束上限值正相关。该结论说明，当存在碳约束时，制造商的生产与定价决策与政府设定的碳排放上限值有关。对于原始制造商而言，政府设定的碳排放上限值提高意味着其可以生产更多的新产品，在此情况下，原始制造商倾向于秉持"薄利多销"的原则，以较低的零售价格刺激消费者购买较多的新产品。消费者在增加新产品购买量时，市场竞争会使得再制造产品的销售量减少，抑制再制造商对废旧产品回收的积极性，其通过降低单位再制造产品零售价格来获取竞争优势。

管理启示：碳排放上限值的变动影响两种产品制造商的决策，间接影响消费者行为，为更好地实现低碳生产，政府可以通过宣传再制造产品等措施直接激励消费者购买再制造产品或者对购买再制造产品的消费者给予补贴。

为了便于讨论，令：

$$\zeta = \dfrac{2(2\delta + k)\left[(\delta e_n - e_r)c_r + (2\delta + k - \delta^2)e_n\right] - \left[(2\delta + k)(1 + c_n) - \delta(\delta - c_r)\right]\left[(2\delta + k)e_n - \delta e_r\right]}{2(2\delta + k - \delta^2)^2}$$

$$\psi = \dfrac{-\left[(2\delta + k)e_n - \delta e_r\right]\{\delta(2\delta + k - \delta^2)(3\delta + 2k + c_r) - (2\delta + k)[\delta(\delta + k)(1 - c_n) + \delta(1 - \delta)(\delta - c_r)]\}}{2\delta(\delta + k)(2\delta + k)(2\delta + k - \delta^2)} +$$

$$\dfrac{2(2\delta + k)(2\delta + k - \delta^2)\left[\delta(e_n - e_r)c_r + \delta(\delta + k)e_n\right]}{2\delta(\delta + k)(2\delta + k)(2\delta + k - \delta^2)}$$

$$\mu = \dfrac{2(2\delta + k - \delta^2)(\delta - c_r)e_r - \left[(2\delta + k)e_n - \delta e_r\right]\left[(2\delta + k)(1 - c_n) - \delta(\delta - c_r)\right]}{2(2\delta + k)(2\delta + k - \delta^2)}$$

$$\nu = \dfrac{2(2\delta + k)(2\delta + k - \delta^2)(\delta - c_r)e_n - \left[(2\delta + k)e_n - \delta e_r\right]\left[(4\delta + 2k - \delta^2)(\delta - c_r) - \delta(2\delta + k)(1 - c_n)\right]}{2\delta(2\delta + k)(2\delta + k - \delta^2)}$$

$$\theta = \frac{(2\delta+k)\{(2\delta+k-\delta^2)e_n - [(2\delta+k)c_n - \delta c_r]e_n + (\delta c_n - c_r)e_r\} + (2\delta+k-\delta^2)(\delta-c_r)e_r}{2(2\delta+k)(2\delta+k-\delta^2)}$$

结论 4 碳约束政策对两种产品单位零售价格以及销售量的影响：

（ⅰ）当 $T < \min\{\zeta, \psi\}$ 时，$p_{On}^* > p_{Nn}^*$，$p_{Or}^* > p_{Nr}^*$；

（ⅱ）当 $T < \min\{\mu, \nu\}$ 时，$q_{On}^* < q_{Nn}^*$，$q_{Or}^* > q_{Nr}^*$。

证明：$p_{On}^* - p_{Nn}^* = \dfrac{2(2\delta+k)[(\delta e_n - e_r)c_r + (2\delta+k-\delta^2)(e_n - T)]}{2(2\delta+k)[(2\delta+k)e_n - \delta e_r]} - $

$\dfrac{[(1+c_n)(2\delta+k) - \delta(\delta-c_r)][(2\delta+k)e_n - \delta e_r]}{2(2\delta+k)[(2\delta+k)e_n - \delta e_r]}$，当 $T < \zeta$ 时，$p_{On}^* > p_{Nn}^*$；

类似可证当 $T < \psi$ 时，$p_{Or}^* > p_{Nr}^*$；因此，当 $T < \min\{\zeta, \psi\}$ 时，$p_{On}^* > p_{Nn}^*$，

$p_{Or}^* > p_{Nr}^*$。

结论（ⅰ）得证，结论（ⅱ）的证明类似。

结论 4 表明，碳约束政策会限制两种产品的产量，当碳约束上限值小于某一阈值时，较为严格的碳约束政策会限制原始制造商的产量，为弥补产量限制产生的损失，原始制造商会适当提高单位新产品零售价格以降低销售量，市场竞争下再制造产品销售量会增加，为获取更多利润，再制造商也会选择提高再制造产品单位零售价格。反之，当碳约束上限值大于某一阈值时，较为宽松的碳约束政策给予原始制造商更大的产量空间，原始制造商会以"薄利多销"的方式增加新产品销售量，市场竞争促使再制造产品的市场份额减少，再制造商为了获取竞争优势，不得不降低单位再制造产品的零售价格。碳约束上限值是两种产品制造商生产与定价决策的关键，较严格的碳约束政策会减少碳排放量较大的新产品的销售量，提高两种产品的单位零售价格，但是会增加再制造产品的销售量。

管理启示：为实现绿色化生产，政府需考虑如何实现消费者偏好提升与再制造产品排放量降低的双重目标，一方面考虑对购买再制造产品的消费者给予补贴，以刺激消费者购买再制造产品；另一方面还可以通过采购和补贴激励再制造商进行技术研发和资金投入，从而加大再制造产品的低碳优势和成本优势。

结论 5 碳约束政策对原始制造商与再制造商利润的影响：

（ⅰ）$\dfrac{\partial \pi_{Or}^*}{\partial T} < 0$；

（ⅱ）当 $T < \theta$ 时，$\dfrac{\partial \pi_{On}^{*}}{\partial T} > 0$，否则 $\dfrac{\partial \pi_{On}^{*}}{\partial T} \leq 0$。

证明：$\dfrac{\partial \pi_{Or}^{*}}{\partial T} = \dfrac{-2\delta(2\delta + k)\left[(\delta - c_r)e_n - \delta T\right]}{2\left[(2\delta + k)e_n - \delta e_r\right]^2} > 0$。

结论（ⅰ）得证，结论（ⅱ）的证明类似。

结论 5 表明，当政府采取碳约束政策时，虽然两种产品制造商会通过调整产量和价格来维持自身利润，但是碳约束政策并不总是对两种产品制造商有利。对于原始制造商而言，当碳排放上限值小于某一阈值时，其利润与碳排放上限值正相关。这是因为较低的碳排放上限值对制造商生产限制较大，碳排放上限值的提升能较大幅度地提高新产品的销售量，产量提升带来的利润能够弥补产品单位零售价格降低带来的损失，进而促进原始制造商利润增加。随着碳排放临界值的改变，当碳排放上限值提高至大于此阈值时，碳约束对制造商生产限制较小，此时产量对碳排放上限值的提升并不敏感，产量提升给原始制造商带来的利润并不能弥补产品单位零售价格降低带来的损失。因此，原始制造商在碳排放上限值等于此阈值时利润达到最大。对于再制造商而言，碳排放上限值的提升会降低再制造产品的单位零售价格与销售量，因此其利润会减少。在碳约束政策下，碳排放上限值是影响原始制造商和再制造商利润的关键，两种产品制造商将根据碳排放上限值的大小调整自身的生产行为，从而实现自身利润最大化。

管理启示：政府在设置碳排放上限值时，不宜设置过低或过高，会破坏两制造商的生产积极性，应充分考虑两制造商在不同的碳排放上限值下的生产决策及利润大小，使两制造商既能够实现低碳生产，所获利润又不会受到较大冲击。

为了便于讨论，令：

$$W = e_n e_r \left(-3\delta^2 - 2\delta c_n + 3\delta c_r + 2\delta + k - kc_n\right) + \left(\delta + \delta c_n - 2c_r\right)e_r^2$$

$$Y = 2\delta^2 (e_n + e_r) + k\delta e_n - 4\delta e_r - 2ke_r$$

结论 6　碳约束政策下分散与集中决策模式对最优解影响的大小顺序：

（ⅰ）对废旧产品回收率的影响，当 $YT^2 + WT < c_n e_n e_r^{2}(c - 1_r)$ 时，$\tau_U^{*} > \tau_O^{*}$，反之，$\tau_U^{*} \leq \tau_O^{*}$；

（ⅱ）对利润的影响，$\pi_U^{*} > \pi_{On}^{*} + \pi_{Or}^{*}$。

结论 6 表明，碳约束政策下，与分散决策模式相比，当碳排放上限值满足一定条件时，集中决策模式不仅有助于提高废旧产品回收率，实现同等环境影响下回收更多废旧产品，还有利于提高供应链整体利润，即有利于提高供应链效率。同时，政府实施强制碳约束政策会削弱原始制造商与再制造商合作的意愿。因此，有必要设计协调契约以实现碳约束政策下独立再制造供应链协调。

3.2.4　协调机制

基于碳约束政策的实施背景，为进一步分析独立再制造模式下两制造商的有效合作模式并实现供应链协调，本小节设计了固定费用的协调机制，也即再制造商可以通过支付一定的固定费用 u 给原始制造商，增强原始制造商与其合作的意愿。固定费用协调后两种产品制造商的利润函数如（3.9）式和（3.10）式所示：

$$原始制造：\begin{cases} \max \pi_{Vn}(q_{Vn}) = (p_{Vn} - c_n)q_{Vn} + u \\ s.t.\ e_n q_{Vn} + e_r q_{Vr} = T \end{cases} \tag{3.9}$$

$$再制造商：\pi_{Vr} = (p_{Vr} - c_r)q_{Vr} - \frac{k}{2}(\tau_V q_{Vn})^2 - u \tag{3.10}$$

为便于论述，记：

$$\gamma = \frac{(c_r + 2\delta - 3\delta c_n)e_n e_r + (1 - c_n)e_r^2 - \left[(2\delta + k)e_n - \delta(\delta - c_r)e_n - (2\delta + k - 2\delta^2)T - 2\delta e_n c_n - kc_n\right]}{(4\delta e_n e_r - 2\delta e_n^2 - ke_n - 2e_r^2)^2} \times$$
$$\left[2\delta Te_r - (k + 2\delta)Te_n + \delta e_n e_r - c_r e_n e_r - e_r^2 + c_n e_r^2\right]$$

$$v = \frac{\left[\delta(3\delta - 3c_r + c_n - 1)e_n e_r - (c_r + \delta + k - kc_r)e_n^2 + (2\delta e_n^2 + 2e_r^2)c_r\right](4\delta e_n e_r - ke_n^2 - 2\delta e_n^2 - 2e_r^2)}{2(4\delta e_n e_r - ke_n^2 - 2\delta e_n^2 - 2e_r^2)^2} -$$
$$\frac{k\left[2\delta Te_r - (k + 2\delta)Te_n + \delta e_n e_r - c_r e_n e_r - e_r^2 + c_n e_r^2\right]^2}{2(4\delta e_n e_r - ke_n^2 - 2\delta e_n^2 - 2e_r^2)^2}$$

结论 7　固定费用协调契约最优解见表 3.6：

表 3.6　碳约束政策下独立再制造时固定费用协调契约的最优解

变量	最优解
p_{Vn}^*	$\dfrac{\left[(2\delta + k)e_n - \delta(\delta - c_r)e_n - (2\delta + k - 2\delta^2)T\right]e_n - (c_r + 2\delta + \delta c_n)e_n e_r + (1 + c_n)e_r^2}{2\delta e_n^2 + ke_n + 2e_r^2 - 4\delta e_n e_r}$

续表

变量	最优解
p_{Vr}^*	$\delta \dfrac{(3\delta + c_r + c_n - 1)e_n e_r - (c_r + \delta + k)e_n^2 - (c_n + 1)e_r^2 + Tke_n + 2(1-\delta)Te_r}{4\delta e_n e_r - ke_n^2 - 2\delta e_n^2 - 2e_r^2}$
q_{Vn}^*	$\dfrac{2\delta Te_r - (k+2\delta)Te_n + \delta e_n e_r - c_r e_n e_r - e_r^2 + c_n e_r^2}{4\delta e_n e_r - ke_n^2 - 2\delta e_n^2 - 2e_r^2}$
q_{Vr}^*	$\dfrac{2\delta Te_n - 2Te_r + e_n e_r - c_n e_n e_r - \delta e_n^2 + c_r e_n^2}{4\delta e_n e_r - ke_n^2 - 2\delta e_n^2 - 2e_r^2}$
π_{Vn}^*	$\gamma + u$
π_{Vr}^*	$v - u$

为便于论述，记：

$$M = \frac{\{(2\delta + k - \delta^2)(e_n - T) - [(2\delta + k)c_n - \delta c_r]e_n + (\delta c_n - c_r)e_r\}[(2\delta + k)T - e_r(\delta - c_r)]}{[(2\delta + k)e_n - \delta e_r]^2} - \gamma$$

$$Q = v - \frac{(2\delta + k)[(\delta - c_r)e_n - \delta T]^2}{2[(2\delta + k)e_n - \delta e_r]^2}$$

结论 8 固定费用协调效果分析：当 $M \leqslant u \leqslant Q$ 时，$\pi_{Vn}^* > \pi_{On}^*$，$\pi_{Vr}^* > \pi_{Or}^*$。

通过结论 8 可知，通过签订固定费用为 u 的契约，原始制造商与再制造商达成合作，当 u 满足 $M \leqslant u \leqslant Q$ 时，分散决策下两制造商的利润均低于协调后，契约协作使得供应链的整体利润最优，总利润增加，供应链得以协调。

3.2.5 实例研究

消费者会根据自己的偏好和商品质量选择产品，这会影响两制造商的决策。例如，为迎合消费者偏好，苹果在生产新手机之前会针对消费者对新产品或再制造产品的需求进行调查。因此，为进一步研究碳约束政策下消费者偏好对制造/再制造的影响，本节以斯太尔再制造发动机为例，参考中国汽车工业协会发布的汽车零部件再制造数据进行分析。与生产单位新产品相比，生产单位再制造产品不仅可以降低 80% 的环境影响，还能节约 50% 的成本、60% 的能源、70% 的原材料。借鉴 Oersdemir 等[184]的研究，取相关参数：$c_n = 0.2$，$c_r = 0.1$，$e_n = 1$，$e_r = 0.2$，$k = 1.1$。

1. 碳排放上限值和消费者偏好对单位产品零售价格的影响

由图 3.7 可知，分散决策模式下，两种产品单位零售价格与碳排放上限值均呈负相关，即随着碳排放上限值提升，单位新产品和再制造产品零售价格下降。这是由于政府设定的碳排放上限值提升时，宽松的碳约束政策对原始制造商产量限制逐渐减小，原始制造商倾向于降低单位产品零售价格增加新产品产量，再制造商为获取竞争优势也会降低单位再制造产品零售价格。在集中决策模式下，单位再制造产品零售价格达到最大值，但是单位新产品零售价格为最小值，这是因为相较于分散决

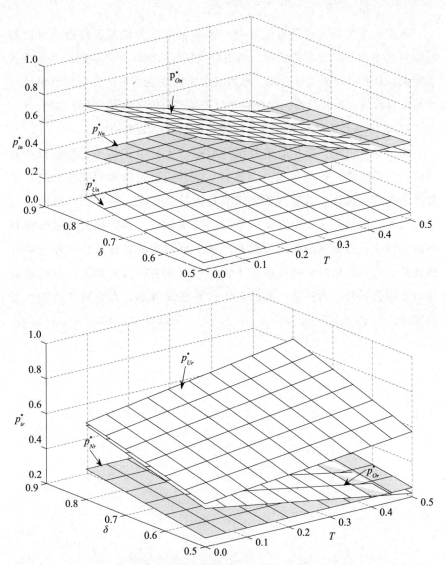

图 3.7　碳约束政策下 T 和 δ 对独立再制造时单位产品零售价格的影响

策模式，集中决策模式下碳约束对原始制造商约束较小，原始制造商会通过降低产品价格来增加产量。

推论 1　消费者偏好对两种产品单位零售价格的影响：

（ⅰ）$\dfrac{\partial p_{in}^{*}}{\partial \delta} < 0$，$i \in \{N, O, U\}$；

（ⅱ）$\dfrac{\partial p_{ir}^{*}}{\partial \delta} > 0$，$i \in \{N, O, U\}$。

由推论 1 可知，消费者偏好负向影响新产品单位零售价格，而正向影响再制造产品单位零售价格。当消费者偏好增加时，再制造产品竞争优势变大，新产品处于劣势地位，原始制造商为改变不利地位会降低单位新产品零售价格，再制造商也会提高单位产品零售价格以谋求更多利润。

2. 碳排放上限值和消费者偏好对产品销售量的影响

由图 3.8 可知，新产品销售量与碳排放上限值正相关，再制造产品销售量与碳排放上限值负相关。政府实施碳约束政策限制碳排放时，两种产品制造商会改变其生产策略来满足碳排放要求，由于新产品的碳排放量较大，原始制造商会降低产量以降低碳排放，而碳排放上限值提升时约束较小，原始制造商则会提升产量。再制造商具有低成本和低碳排放优势，在较严格的碳约束政策下仍然可以拥有较大的产量，但随着碳排放上限值提升，再制造产品的竞争优势逐渐减弱，再制造产品销售量会减少。

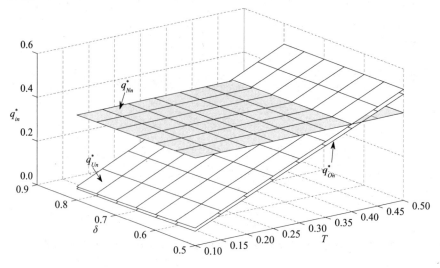

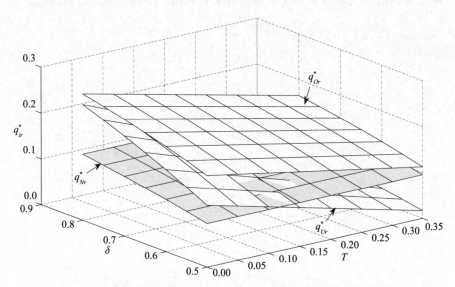

图 3.8　碳约束政策下 T 和 δ 对独立再制造时产品销售量的影响

推论 2　消费者偏好对两种产品销售量的影响：

（ⅰ）$\dfrac{\partial q_{in}{}^{*}}{\partial \delta} < 0$，$i \in \{N,\ O,\ U\}$；

（ⅱ）$\dfrac{\partial q_{ir}{}^{*}}{\partial \delta} > 0$，$i \in \{N,\ O,\ U\}$。

由推论 2 可知，新产品销售量与消费者偏好负相关，再制造产品销售量与消费者偏好正相关。当消费者更偏好于再制造产品时，两种产品制造商会根据消费者需要和市场供需关系变化来调整生产，再制造产品的市场份额会增加，市场竞争会使新产品销售量减少。

3. 碳排放上限值和消费者偏好对原始制造商和再制造商利润的影响

由图 3.9 可知，原始制造商的利润随着碳排放上限值提升呈现先增加后减少的趋势，再制造商的利润随着碳排放上限值的提升呈现减少的趋势。这主要是因为，当碳排放上限值比较小时，碳约束政策对原始制造商生产限制较大，碳排放上限值的提高能够有效促进新产品产量的提升，进而使得原始制造商利润增加，当碳排放上限值比较高时则反之。就再制造商而言，随着碳排放上限值提高，原始制造商竞争优势增强，再制造产品销售量对碳排放上限值变动较为敏感，再制造产品的销售量降低带来的损失超过回收成本降低带来的利润，使得再制造商利润减少。

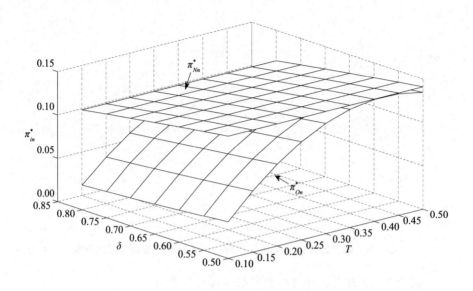

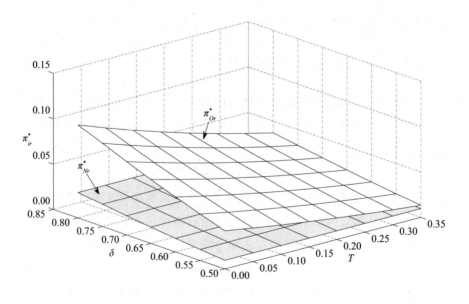

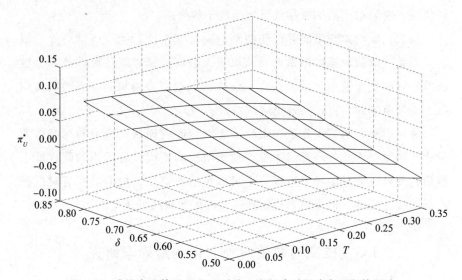

图 3.9　碳约束政策下 T 和 δ 对独立再制造时制造商利润的影响

推论 3　消费者偏好对利润的影响：

（ⅰ）$\dfrac{\partial \pi_{Nn}^{*}}{\partial \delta} < 0$，$\dfrac{\partial \pi_{On}^{*}}{\partial \delta} < 0$；

（ⅱ）$\dfrac{\partial \pi_{Nr}^{*}}{\partial \delta} > 0$，$\dfrac{\partial \pi_{Or}^{*}}{\partial \delta} > 0$；

（ⅲ）$\dfrac{\partial \pi_{U}^{*}}{\partial \delta} > 0$。

由推论 3 可知，原始制造商利润与消费者偏好负相关，再制造商利润与消费者偏好正相关。当政府实施碳约束政策后，消费者对再制造产品的偏好和购买需求不断增加，会刺激再制造商扩大生产，再制造商利润随之增加，再制造产品侵占新产品市场份额，原始制造商利润减少。

3.2.6　结论与启示

为研究政府碳约束政策对独立再制造的影响，本小节基于碳约束政策实施背景，构建由原始制造商和独立再制造商组成的博弈模型。通过对比分析碳约束政策对两制造商生产决策及利润的影响，得出以下主要结论和管理启示。

第一，碳约束政策的实施会提高两产品的单位零售价格，减少新品的销售量，增加再制造产品销售量，但是只有当碳排放上限值大于某一阈值时，再制造产品的碳排放量才会低于新产品。

第二，碳约束政策能够促使两制造商转变生产行为，当碳排放上限值达到某一阈值时原始制造商可获取最大利润。针对碳约束政策下分散决策导致的供应链边际效率损失，设计固定费用协调机制，当固定费用处于一定范围时，可以实现供应链协调。

管理启示：政府实施碳约束政策无疑会改变原始制造商和再制造商的生产决策，因此政府部门需根据现实情况的不同设置适当的碳排放上限值；此外应通过多种渠道提升全民绿色消费意识，提升消费者对低碳产品的接受程度，促进再制造闭环供应链体系持续低碳生产。

3.3　碳交易政策对独立再制造影响研究

3.3.1　问题描述

碳交易政策是基于总量控制与交易原则，以碳排放权为标的资产，政府首先给予企业一定数量的碳排放配额，代表单一周期内能够无偿排放的碳上限，当企业生产所需碳排放超过限额时，企业需在碳交易市场上购买短缺的那部分碳配额或者加大减排投资，以完成政府下达的减排目标；反之，当企业生产所需的碳排放小于限额时，企业可以在碳交易市场上出售剩余碳配额以获取额外收益[2]。碳交易促使碳排放与企业经营成本有效结合，减少碳排放量的同时，改变企业的盈利模式。因此，碳交易政策会影响企业的生产决策，迫使企业回收再制造，以最大限度地提高其效益。由于新产品和再制造产品是同质量不同类别的产品，因此本书给予两制造商相同的碳排放配额，但是为减少碳排放量，该额度小于原始制造商生产新产品的碳排放需求，大于再制造商生产低碳再制造产品的碳排放需求。因此，碳交易政策下，再制造商不仅可以增加再制造产量以获取利润，还可以在碳交易市场上出售剩余额度获利。但是，两制造商决策以及碳减排效果与政府碳交易价格和碳配额设置有关，因此，有必要研究独立再制造时碳交易政策对两制造商运营决策以及环境的影响，为政府完善碳交易政策和制造商决策提供理论依据。

目前国内外有关政府碳交易政策对制造/再制造供应链影响的研究主

要有：陈伟达等[195]基于碳交易政策研究渠道拓展对制造/再制造生产决策的影响，发现只有碳价格适当才能促进再制造生产，线上销售再制造产品与线下销售新产品两种方式能够实现企业与环境的双赢；进一步，陈伟达等[196]考虑资金约束情况下的再制造企业，研究再制造生产决策如何受到碳配额回购融资的影响，发现当初始生产资金较少时，再制造企业选择碳配额回购融资会提高新品产量和总产量；Turki 等[197]考虑新产品和再制造产品的差异，分析碳交易价格、碳排放上限值和废旧产品回收率对碳排放的影响，研究发现，较高的碳交易价格或较低的碳排放上限值会促进废旧产品再制造，并抑制碳排放；丁军飞等[35]考虑碳价格波动时的企业生产行为，研究企业在规避风险的同时如何进行最优生产；Xia 等[198]分析不同生产模式下碳交易对低碳供应链的影响，发现产品的单位环境影响和碳交易价格是影响制造商生产模式选择的关键因素；Liu 等[199]研究碳交易机制下制造商面对三种减排模式（制造商减排、零售商减排、联合减排）时，如何做出最优选择和最优决策。

综上所述，国内外已有研究从多个角度分析了碳交易政策实施背景下制造/再制造供应链的运营管理。当然，也有部分学者分析了碳交易政策对制造/再制造定价机制的影响，但是较少有学者关注到碳交易政策对独立再制造商决策的影响以及与这些决策相关的对比研究。本节建立了碳交易政策下原始制造商与独立再制造商的博弈模型，分析了碳交易价格对供应链参与者所生产产品销售量、价格、利润等的影响。此外，还分析了碳交易政策是如何影响原始制造商和再制造商的生产决策机制的。另外，分散决策下制造商是基于各自利润最大化做出决策的，这会导致"搭便车"和"双重边际化"等问题。因此，研究供应链协调机制有其实际意义，能实现企业降碳减排与再制造商收益提升的双重目标。基于以上论述，本节基于独立再制造研究政府碳交易政策的实施对制造/再制造供应链的影响，并进一步设计供应链协调机制以实现供应链整体利益最大。

本节主要回答以下问题：在独立再制造的条件下，碳交易政策对制造/再制造活动有何影响，如两种产品的价格和需求、制造商收益、环境以及消费者剩余？促进再制造业发展的政策条件是什么？

3.3.2 模型介绍

1. 模型描述

基于碳交易政策实施背景，本节构建包含单一原始制造商和单一独立再制造商的集中与分散决策博弈模型，具体见图3.10。其中，原始制造商面临碳配额约束，且由于缺乏再制造设备和专业技能，专注于其核心业务；再制造商为获取再制造收益，从事废旧产品回收再制造活动。再制造产品会抢占新产品的市场份额，这意味着如果再制造商进入市场，原始制造商将面临与再制造商的竞争，并且再制造商具有低成本和低碳排放优势，碳交易政策下"搭便车"行为明显。

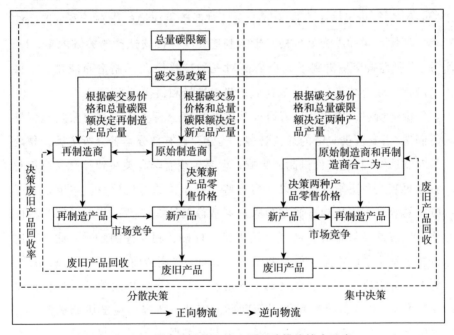

图 3.10　碳交易政策下独立再制造模式博弈示意

2. 模型符号

本节相关模型符号及其说明见表3.7。

3. 模型函数

本节中用到的需求函数见第2章2.3节。

表 3.7 碳交易政策下独立再制造模式相关符号及其说明

符号	说明
	决策变量
q_{in}, q_{ir}	分别表示新产品与再制造产品的销售量，$i \in \{D, L, W, Z\}$
p_{in}, p_{ir}	分别表示单位新产品、再制造产品的零售价格，$i \in \{D, L, W, Z\}$
z	表示协调模式下再制造商向原始制造商支付的固定费用
τ_i	表示废旧产品回收率，为再制造商废旧产品回收量与新产品销售量的比值，$i \in \{D, L, W, Z\}$
	相关参数
D, L	分别表示分散决策下不实施碳交易政策与实施碳交易政策
W, Z	分别表示集中决策和协调决策下政府采取碳交易政策
n, r	分别表示原始制造商、再制造商
c_n, c_r	分别表示单位新产品和再制造产品的生产成本，且 $c_n > c_r$
T, Q	分别表示政府设定的碳排放约束限额和碳交易价格
e_n, e_r	分别表示生产单位新产品、再制造产品的碳排放量，且 $e_n > e_r$
E_{in}, E_{ir}, E_i	分别表示新产品和再制造产品的碳排放量以及两种产品总的碳排放量，$i \in \{D, L, W, Z\}$
δ	表示消费者购买再制造产品的意愿，且 $0 \leqslant \delta \leqslant 1$
π_{in}, π_{ir}	分别表示原始制造商、再制造商的利润，$i \in \{D, L, W, Z\}$
S_{iC}, S_{iS}	分别表示消费者剩余和社会剩余，$i \in \{D, L, W\}$

4. 模型假设

（1）假设 1

借鉴陈玉玉等[40]的研究，再制造产品和新产品均存在于市场上，具有相同的功能，单位再制造产品的碳排放量小于单位新产品。本书假设碳交易政策下，两制造商能获得相同的免费碳配额，不仅能够促进原始制造商增加减排技术投资，还能够实现整个行业碳减排技术的提升。

（2）假设 2

借鉴 Lin 等[200]的研究，制造商只有在实际碳排放量大于政府规定的限额时，才会在碳市场上买入碳排放权，否则制造商不需要在碳市场上购买碳排放权。

（3）假设 3

碳交易政策下，当原始制造商和再制造商的碳排放总量超过政府给予的碳排放限额时，其需要在碳交易市场上买卖碳配额以满足政府碳排放约束要求。借鉴邹清明等[38]的研究，假设碳交易市场近似为一个完全竞争市场，碳价格采用历史年度均价，单个控排企业的碳配额供需波动对碳交易价格影响很小，不考虑碳配额购入和出售时的差价。

（4）假设4

借鉴 Zou 等[129]的研究，考虑新产品和再制造产品的生命周期为一个稳定周期，本期退回的二手产品是基于上期销售的新产品，而再制造产品不具有重复再制造的价值。因此，废旧产品的回收量取决于废旧产品回收率 τ_i 和稳定的新产品销售量 q_{in}。此外，假设所有使用过的产品都将投入再制造，并且为了避免琐碎的情况和简化计算，没有考虑再制造的失效。因此，再制造数量 $q_{ir} = \tau_i q_{in}$。

3.3.3 模型建立与分析

1. 模型建立

分散决策：

$$原始制造商：\pi_{Ln} = (p_{Ln} - c_n)q_{Ln} - (e_n q_{Ln} - T)Q \qquad (3.11)$$

$$再制造商：\pi_{Lr} = (p_{Lr} - c_r)q_{Lr} - \frac{k}{2}(\tau_L q_{Ln})^2 + (T - e_r q_{Lr})Q \qquad (3.12)$$

集中决策：

$$\pi_W = (p_{Wn} - c_n)q_{Wn} + (p_{Wr} - c_r)q_{Wr} - \frac{k}{2}(\tau_W q_{Wn})^2 + 2TQ - e_r q_{Wr}Q - e_n q_{Wn}Q \qquad (3.13)$$

（3.11）式中的 $e_n q_{Ln}$ 表示原始制造商生产新产品的碳排放量，当 $e_n q_{Ln} < T$ 时，$-(e_n q_{Ln} - T)Q$ 表示原始制造商出售额外碳配额获得的收益；反之，当 $e_n q_{Ln} > T$ 时，$(e_n q_{Ln} - T)Q$ 表示原始制造商购买生产短缺的碳配额所花费的支出。（3.12）式中的 $-(e_r q_{Lr} - T)Q$ 表示再制造商的碳交易情况。因此，$(p_{Ln} - c_n)q_{Ln} - (e_n q_{Ln} - T)Q$ 表示原始制造商在碳交易政策下通过生产销售与碳交易所获得的总利润；$(p_{Lr} - c_r)q_{Lr} - \frac{k}{2}(\tau_L q_{Ln})^2 + (T - e_r q_{Lr})Q$ 表示再制造商在碳交易政策下通过生产销售与碳交易所获得的总利润。

（3.13）式中，$(p_{Wn} - c_n)q_n + (p_{Wr} - c_r)q_{Wr}$ 表示销售两产品所得总利

润，$\dfrac{k}{2}(\tau_W q_{Wn})^2$ 表示废旧产品回收费用，$2TQ - e_r q_{Wr} Q - e_n q_{Wn} Q$ 表示给予两制造商的碳排放额度为 T 时，制造商出售剩余额度（购买超额碳排放额度）所获得的收益（付出的成本）。

2. 模型求解

为求得碳交易政策下模型最优解，首先给出引理 3.3：

（i）（3.12）式中的 π_{Lr} 关于 τ_L 为凹函数，将求得的最优解代入（3.11）式，可得（3.11）式中的 π_{Ln} 关于 q_{Ln} 为凹函数；

（ii）（3.13）式中的 π_W 关于 q_{Wn} 和 q_{Wr} 为凹函数。

证明：将 $p_{Lr} = \delta(1 - q_{Ln} - q_{Lr})$ 和 $q_{Lr} = \tau_L q_{Ln}$ 代入（3.12）式可得：

$$\pi_{Lr} = \left[\delta(1 - q_{Ln} - \tau_L q_{Ln}) - c_r\right]\tau_L q_{Ln} - \frac{k}{2}(\tau_L q_{Ln})^2 + (T - e_r \tau_L q_{Ln})Q$$

对上式关于 τ_L 求一阶偏导和二阶偏导，可得：

$$\frac{\partial \pi_{Lr}}{\partial \tau_L} = (\delta - c_r - e_r Q - \delta q_{Ln})q_{Ln} - (2\delta + k)\tau_L q_{Ln}^2$$

$$\frac{\partial^2 \pi_{Lr}}{\partial \tau_L^2} = -(2\delta + k)q_{Ln}^2$$

由 $\dfrac{\partial^2 \pi_{Lr}}{\partial \tau_L^2} = -(2\delta + k)q_{Ln}^2 < 0$ 可知，（3.12）式中 π_{Lr} 关于 τ_L 为凹函数；由一阶导数等于 0 可得：

$$\tau_L^* = \frac{\delta - c_r - e_r Q - \delta q_{Ln}}{(2\delta + k)q_{Ln}}$$

将 $p_{Ln} = 1 - q_{Ln} - \delta q_{Lr}$ 和 $q_{Lr} = \tau_L^* q_{Ln}$ 代入式（3.11）可得：

$$\pi_{Ln} = \left(1 - q_{Ln} - \delta \frac{\delta - c_r - e_r Q - \delta q_{Ln}}{2\delta + k} - c_n\right)q_{Ln} - (e_n q_{Ln} - T)Q$$

对上式关于 q_{Ln} 求一阶偏导和二阶偏导，可得：

$$\frac{\partial \pi_{Ln}}{\partial q_{Ln}} = \frac{(2\delta + k)(1 - c_n - e_n Q) - \delta(\delta - c_r) - 2(2\delta + k - \delta^2)q_{Ln}}{2\delta + k}$$

$$\frac{\partial^2 \pi_{Ln}}{\partial q_{Ln}^2} = -\frac{2(2\delta + k - \delta^2)}{2\delta + k} < 0$$

由二阶偏导小于 0 可知，（3.11）式中 π_{Ln} 关于 q_{Ln} 为凹函数。

引理（ⅰ）得证，引理（ⅱ）的证明类似。

结论 1　政府采取碳交易政策时独立再制造模式下的最优解见表 3.8。

表 3.8　碳交易政策下独立再制造时集中与分散决策模式的最优解

变量	最优解
p_{Ln}^{*}	$\dfrac{1 + c_n + e_n Q}{2} - \dfrac{\delta(\delta - c_r - e_r Q)}{2(2\delta + k)}$
p_{Wn}^{*}	$\dfrac{1 + c_n + e_n Q}{2}$
p_{Lr}^{*}	$-\dfrac{\delta(\delta + k)(1 - c_n - e_n Q) + \delta(1 - \delta)(\delta - c_r - e_r Q)}{2(2\delta + k - \delta^2)} + \dfrac{\delta(3\delta + 2k + c_r + e_r Q)}{2(2\delta + k)}$
p_{Wr}^{*}	$\delta\left[\dfrac{1}{2} + \dfrac{2(1 - \delta)(c_r + e_r Q) + k(c_n + e_n Q)}{2(2\delta + k - 2\delta^2)}\right]$
q_{Ln}^{*}	$\dfrac{(2\delta + k)(1 - c_n - e_n Q) - \delta(\delta - c_r - e_r Q)}{2(2\delta + k - \delta^2)}$
q_{Wn}^{*}	$\dfrac{1}{2} - \dfrac{(2\delta + k)(c_n + e_n Q) - 2\delta(c_r + e_r Q)}{2(2\delta + k - 2\delta^2)}$
q_{Lr}^{*}	$\dfrac{(4\delta + 2k - \delta^2)(\delta - c_r - e_r Q) - \delta(2\delta + k)(1 - c_n - e_n Q)}{2(2\delta + k)(2\delta + k - \delta^2)}$
q_{Wr}^{*}	$\dfrac{\delta(c_n + e_n Q) - (c_r + e_r Q)}{2\delta + k - 2\delta^2}$
π_{Ln}^{*}	$\dfrac{[(2\delta + k)(1 - c_n - e_n Q) - \delta(\delta - c_r - e_r Q)]^2}{4(2\delta + k)(2\delta + k - \delta^2)} + TQ$
π_{Lr}^{*}	$\dfrac{[(4\delta + 2k - \delta^2)(\delta - c_r - e_r Q) - \delta(2\delta + k)(1 - c_n - e_n Q)]^2}{8(2\delta + k)(2\delta + k - \delta^2)^2} + TQ$
π_{W}^{*}	$\dfrac{(1 - c_n - e_n Q)^2}{4} + \dfrac{[\delta(c_n + e_n Q) - (c_r + e_r Q)]^2}{2(2\delta + k - 2\delta^2)} + 2TQ$
τ_{L}^{*}	$\dfrac{(4\delta + 2k - \delta^2)(\delta - c_r - e_r Q) - \delta(2\delta + k)(1 - c_n - e_n Q)}{(2\delta + k)[(2\delta + k)(1 - c_n - e_n Q) - \delta(\delta - c_r - e_r Q)]}$
τ_{W}^{*}	$\dfrac{2[\delta(c_n + e_n Q) - (c_r + e_r Q)]}{2\delta - 2\delta^2 + k + 2\delta(c_r + e_r Q) - (2\delta + k)(c_n + e_n Q)}$

3. 模型分析

推论 1　碳交易政策下再制造启动条件：当 $\frac{e_r}{e_n} < \frac{\delta - c_r}{1 - c_n}$，$Q >$

$\frac{(4\delta + 2k - \delta^2)(\delta - c_r) - \delta(2\delta + k)(1 - c_n)}{(4\delta + 2k - \delta^2)e_r - \delta(2\delta + k)e_n}$ 时，或当 $\frac{e_r}{e_n} > \frac{\delta - c_r}{1 - c_n}$，$Q <$

$\frac{(4\delta + 2k - \delta^2)(\delta - c_r) - \delta(2\delta + k)(1 - c_n)}{(4\delta + 2k - \delta^2)e_r - \delta(2\delta + k)e_n}$ 时，再制造商才会愿意回收废旧产品来生产再制造产品。

推论 1 表明，单位再制造产品与单位新产品的环境影响比、消费者偏好和碳交易的价格是影响再制造商生产决策的关键因素。当再制造产品具有低碳排放和低成本优势且消费者对再制造产品偏好较大时，碳交易政策下再制造产品竞争优势较大，较高的碳交易价格会增加原始制造商生产负担，市场竞争下再制造商能销售更多再制造产品，其回收再制造意愿随之增加。然而，当再制造产品的低碳排放和低成本优势较弱时，碳交易政策下再制造产品竞争优势较小，较高的碳交易价格会提高再制造行业的进入门槛。

管理启示：政府采取碳交易政策会影响再制造启动条件，当再制造产品低碳排放和低成本优势较明显时，政府可以适当提高碳交易价格来激励再制造商回收废旧产品进行再制造；反之，当再制造产品不具备低碳排放和低成本优势时，政府需降低碳交易价格以降低再制造商进入门槛。

结论 2　碳交易政策对废旧产品回收率的影响：当 $\frac{e_r}{e_n} < \frac{\delta - c_r}{1 - c_n}$ 时，$\frac{\partial \tau_L^*}{\partial Q} >$

0；反之，当 $\frac{e_r}{e_n} \geq \frac{\delta - c_r}{1 - c_n}$ 时，$\frac{\partial \tau_L^*}{\partial Q} \leq 0$。

结论 2 表明，再制造产品具有低成本和低碳排放优势，这种优势越大，碳交易政策下再制造商回收废旧产品的积极性越高。造成这一现象的主要原因是：两产品单位碳排放量之比越小，意味着再制造产品低碳排放优势越明显，再制造商获取的碳交易收益越大，再制造商回收废旧产品积极性越高，废旧产品回收率对碳交易价格越敏感；当两产品的单位碳排放量比值不变时，消费者偏好越大，再制造产品的生产成本越小，即再制造产品的成本优势越明显，再制造商再制造的积极性就越高，这间接增加了废旧产品回收量。

管理启示：政府采取碳交易政策，可以有效影响废旧产品回收率，政府可以适当提高碳交易价格来提升再制造商回收废旧产品的积极性，从而减少其对环境的影响。政府还应考虑如何提高消费者偏好和减少两产品对环境的影响，尤其是再制造产品。比如，一方面，政府可以通过出台一些合适的购买再制造产品所享受的优惠政策，鼓励消费者购买再制造产品；另一方面，政府可以通过采购和补贴等政策来激励再制造商进行技术研发，从而提升再制造产品的低碳优势和成本优势。

结论3 碳交易政策对最优解的影响：

（i）$\frac{\partial p_{Ln}^*}{\partial Q} > 0$，$\frac{\partial p_{Lr}^*}{\partial Q} > 0$；

（ii）$\frac{\partial q_{Ln}^*}{\partial Q} < 0$，当 $\frac{e_r}{e_n} < \frac{\delta(2\delta+k)}{4\delta+2k-\delta^2}$ 时，$\frac{\partial q_{Lr}^*}{\partial Q} > 0$，$\frac{\partial(q_{Ln}^*+q_{Lr}^*)}{\partial Q} < 0$；

（iii）$\frac{\partial \pi_{Ln}^*}{\partial Q} < 0$，当 $\frac{e_r}{e_n} < \frac{\delta(2\delta+k)}{4\delta+2k-\delta^2}$ 时，$\frac{\partial \pi_{Lr}^*}{\partial Q} > 0$。

结论3表明，政府采取碳交易政策旨在将环境影响内化为制造商的生产成本。碳交易价格的提高意味着制造商在碳排放权不足时通过碳交易所产生的每单位碳排放支出会增加，而当制造商碳排放权出现剩余时其通过碳交易所获取的每单位碳排放收益也会增加，促使两种产品制造商在技术改进方面加大投资，减少碳排放量。此外，迫于成本压力，两种产品制造商还会提高产品单位零售价格。由于新产品在成本和碳减排方面不具备优势，所以原始制造商会通过减少新产品产量来达到降低成本和碳排放的目的。

政府碳交易政策对再制造产品销售量的影响与两种产品的碳排放量之比有关。当单位再制造产品碳排放量低于单位新产品碳排放量时，即再制造商具有低碳排放优势时，再制造商通过碳交易所能获取的收益较大，并且消费者还会增加对再制造产品的需求，促使再制造商扩大再制造规模以获取更多利润。由于碳交易对新产品销售量影响较大，所以两种产品的总销售量会随着碳交易价格的提高而减少。

当政府采取碳交易政策时，虽然两制造商会通过调整产量和价格来维持自身利润，但是碳交易政策并不总是对两种产品制造商有利。在碳交易政策下，原始制造商不具备较强的竞争优势，即由新产品销售所带来的利润不能完全弥补碳交易产生的成本，导致原始制造商的利润减少。而对于再制造商而言，虽然再制造产品具有低碳排放和低成本优势，但是较低的碳交易价格对再制造商的影响较小，并不能激励再制造商低碳减排以获得更多的碳交易收益，即碳交易收益小于再制造成本。再制造商若面临碳排放权短缺的情况，只能选择在碳交易市场上购买碳排放权或改进减排技术，当碳交易价格提高时，显然后者的投入成本低于前者，权衡利弊，再制造商更愿意增加回收数量和再制造减排技术投入，以较低的成本获取利润。此外，再制造商还可以将多余的碳排放权进行出售，以获取出售碳排放权的收益。

管理启示：碳交易政策有利于促进两种产品制造商减少其产品的生产成本和碳排放量，因此为促进再制造产业的发展，政府应根据现实情况制定合理的碳交易价格，管理好碳交易市场的秩序；同时，再制造商应充分发挥其再制造产品所具有的低碳排放和低成本优势，加大技术投资和研发力度以提高再制造产品产出率，这样不仅能减少无效的碳排放，还能增加其利润；当碳交易价格上升时，原始制造商通过提升新产品零售价格转移成本，虽然这会导致销售量的下降，但原始制造商作为博弈模型中的主导者，可以基于知识产权保护选择合适的再制造模式以增加自身的利润。

为了便于讨论，记：

$$\lambda = \frac{[(2\delta+k)e_n - \delta e_r]\{2[(2\delta+k)(1-c_n) - \delta(\delta-c_r)] - [(2\delta+k)e_n - \delta e_r]Q\}}{4(2\delta+k)(2\delta+k-\delta^2)}$$

$$\gamma = \frac{[(4\delta+2k-\delta^2)e_r - \delta(2\delta+k)e_n][2(4\delta+2k-\delta^2)(\delta-c_r) - 2\delta(2\delta+k)(1-c_n)]}{8(2\delta+k)(2\delta+k-\delta^2)^2} -$$

$$\frac{[(4\delta+2k-\delta^2)e_r - \delta(2\delta+k)e_n]^2 Q}{8(2\delta+k)(2\delta+k-\delta^2)^2}$$

$$\varphi = \frac{2[(2\delta+k)e_n - \delta e_r][(2\delta+k)(1-c_n) - \delta(\delta-c_r)] - 4(2\delta+k)(2\delta+k-\delta^2)T}{[(2\delta+k)e_n - \delta e_r]^2}$$

$$\Phi = \frac{2[(4\delta+2k-\delta^2)e_r - \delta(2\delta+k)e_n][(4\delta+2k-\delta^2)(\delta-c_r) - \delta(2\delta+k)(1-c_n)]}{[(4\delta+2k-\delta^2)e_r - \delta(2\delta+k)e_n]^2} -$$

$$\frac{8(2\delta+k)(2\delta+k-\delta^2)^2 T}{[(4\delta+2k-\delta^2)e_r - \delta(2\delta+k)e_n]^2}$$

结论4 碳交易政策对最优解影响的大小顺序：

（ⅰ）$p_{Ln}^* > p_{Dn}^*$，$p_{Lr}^* > p_{Dr}^*$；

（ⅱ）$q_{Ln}^* < q_{Dn}^*$，当 $\delta > \dfrac{(4\delta + 2k - \delta^2)e_r}{(2\delta + k)e_n}$ 时，$q_{Lr}^* > q_{Dr}^*$，$q_{Ln}^* + q_{Lr}^* < q_{Dn}^* + q_{Dr}^*$；

（ⅲ）当 $T > \max \{\lambda, \gamma\}$ 或者 $Q > \max \{\varphi, \Phi\}$ 时，$\pi_{Ln}^* > \pi_{Dn}^*$，$\pi_{Lr}^* > \pi_{Dr}^*$。

结论4说明，碳交易政策会提高新产品与再制造产品的单位零售价格。这是因为，结合结论3可知，碳交易政策会促使原始制造商提高单位新产品的零售价格，从而将生产成本转移给消费者，这在一定程度上降低了消费者的购买意愿，即政府实施碳交易政策能够降低新产品的销售量，损害原始制造商的利益，使原始制造商处于不利地位。由于再制造产品和新产品互为替代品，两者之间存在一定程度的竞争关系，再制造商为获取更多利润也会提高再制造产品的单位零售价格。

碳交易政策的出现使再制造产品销售量的增加存在一定的条件，当消费者偏好大于某一阈值时，消费者对于再制造产品的偏好与政府碳交易政策的实施最终会使再制造产品的销售量增加，但是碳交易政策下市场总销售量小于无碳交易政策时市场总销售量。这是因为，当消费者对再制造产品的偏好较大时，再制造产品的产量增加，再制造商意识到降低单位再制造产品碳排放不仅对环境有利，而且能给自身带来更多利润，同时还能响应政府降碳减排的政策，再制造商会选择增加减排投资并改善自身再制造减排技术，以降低再制造产品对环境产生的影响。而随着政府实施碳交易政策和消费者环保意识的增强，消费者会用再制造产品替代新产品，因此再制造产品销售量增加，但因为消费者对再制造产品仍存在接受度较低的问题，新产品销售的减少量大于再制造产品销售的增加量，故市场的总销售量减少。

当碳排放上限值大于某一阈值或者碳交易价格大于某一阈值时，碳交易政策会使两种产品制造商利润增加。这是因为，当碳排放上限值大于某一阈值时，也即碳交易政策较为宽松时，对两种产品制造商的约束较小，制造商通过适当减少产量或者购买少量的碳排放权即可将企业碳排放量控制在合理范围之内；当碳交易价格大于某一阈值时，制造商在碳交易市场上购买单位碳排放权的成本增加，促使两种产品制造商通过出售剩余的碳排放权获取收益。

综上所述，政府采取碳交易政策能够限制较高碳排放量的新产品的生产，但也会促进新产品和再制造产品的价格提升，再制造产品的销售量是否增加与消费者的偏好和两种产品单位碳排放量之比有关。

管理启示：为实现低碳绿色生产，政府应继续采取措施增强消费者偏好，引导其合理选择和购买再制造产品，促使再制造商扩大生产规模，进一步改进再制造产品生产技术，从而更加有效地降低生产成本、回收成本、产品碳排放量，进而降低产品价格，刺激消费者购买更多低碳产品，以此形成一个良性循环。

为了便于讨论，记：

$$\Delta = (4\delta + 2k - \delta^2)[\delta^2(4\delta + 2k - \delta^2) - 4(2\delta + k)(2\delta + k - \delta^2)]$$

结论 5   碳交易政策对环境的影响：

（ⅰ）$E_{Ln} < E_{Dn}$，当 $\dfrac{e_r}{e_n} > \dfrac{\delta(2\delta + k)}{4\delta + 2k - \delta^2}$ 时，$E_{Lr} < E_{Dr}$；

（ⅱ）当 $\Delta < 0$ 时，$E_L < E_D$；

（ⅲ）当 $\Delta \geqslant 0$ 且 $0 < \dfrac{e_r}{e_n} < \dfrac{\delta(4\delta + 2k - \delta^2) - \sqrt{\Delta}}{2(4\delta + 2k - \delta^2)}$ 或 $\dfrac{\delta(4\delta + 2k - \delta^2) + \sqrt{\Delta}}{2(4\delta + 2k - \delta^2)} <$

$\dfrac{e_r}{e_n} < 1$ 时，$E_L < E_D$；

（ⅳ）当 $\Delta \geqslant 0$ 且 $\dfrac{\delta(4\delta + 2k - \delta^2) - \sqrt{\Delta}}{2(4\delta + 2k - \delta^2)} \leqslant \dfrac{e_r}{e_n} \leqslant \dfrac{\delta(4\delta + 2k - \delta^2) + \sqrt{\Delta}}{2(4\delta + 2k - \delta^2)}$ 时，

$E_L \geqslant E_D$。

结论 5 表明，政府采取碳交易政策时，会限制新产品的销售，从而降低新产品对环境的影响。而再制造产品对环境的影响与两种产品单位碳排放量之比相关，当再制造产品具有低碳排放的优势时，也即单位再制造产品的碳排放量与新产品相比较低时，再制造产品销量增加，因此再制造产品对环境的影响增大。当消费者偏好和废旧产品回收规模系数满足一定条件，且两种产品环境影响比处于一定范围时，两种产品对环境的总影响减小，也即一定条件下政府采取碳交易政策有利于减少制造商对环境的污染。

管理启示：政府应该合理制定碳交易政策以大力推进碳交易市场的

建设，监督并促进制造商进行低碳绿色生产，同时对节能减排方面表现突出的制造商给予鼓励，有效提高制造商在减少碳排放方面的积极性并降低其生产活动对环境的影响；另外，政府应加大低碳环保宣传力度，提高消费者的大众环保意识，树立绿色消费观念，从而引导消费者购买更低碳环保的产品。

为了便于讨论，令：

$$\psi = 2\delta(2\delta+k)\left[(2\delta+k-\delta^2)^2 - \delta(1-\delta)(4\delta+2k-\delta^2)\right]e_n e_r + \delta^2(2\delta+k-\delta^2)e_r^2 +$$
$$(2\delta+k)^2\left[(2\delta+k-\delta^2)^2 + \delta^3(1-\delta)\right]e_n^2 + \delta(1-\delta)(4\delta+2k-\delta^2)e_r^2$$

$$\zeta = \frac{2\delta(1-\delta)\left[\delta(2\delta+k)e_n - (4\delta+2k-\delta^2)e_r\right]\left[(4\delta+2k-\delta^2)(\delta-c_r) - \delta(2\delta+k)(1-c_n)\right]}{\psi} +$$
$$\frac{2(2\delta+k-\delta^2)^2\left[(2\delta+k)e_n + \delta e_r\right]\left[(2\delta+k)(1-c_n) + \delta(\delta-c_r)\right]}{\psi}$$

结论 6 碳交易政策对消费者剩余的影响：当 $Q > \zeta$ 时，$S_{LC} > S_{DC}$；反之，$S_{LC} \leq S_{DC}$。

结论 6 表明，碳交易政策并不总是可以增加消费者剩余。只有当碳交易价格大于某一阈值时，政府实施碳交易政策的消费者剩余才大于不实施碳交易政策，此时碳交易政策更有利于保护消费者剩余。政府适当提高碳交易价格有利于提升消费者购买产品的积极性，当碳交易价格上升到某一阈值后，两种产品制造商将通过减排技术降低生产产品的碳排放，并通过平衡销售收入和出售剩余碳排放权收入获利。

管理启示：政府可以通过设置合理的碳交易价格来增加消费者剩余，从而保护消费者的利益；同时，在一定的市场机制作用下，政府的碳交易政策能使消费者在市场交易中获得更多的好处，从而能够激发消费者持续参与市场活动的兴趣，保持市场活力，促进产品市场长期发展。

为了便于讨论，令：

$$\omega = \frac{(2\delta+k)\left[(\delta c_n - c_r)(e_r - \delta e_n) - \delta e_r(1-c_n)(2\delta+k-2\delta^2)\right]}{(e_r - \delta e_n)^2 - \delta e_r^2(2\delta+k)(2\delta+k-2\delta^2)}$$

结论 7 碳交易政策下集中决策与分散决策模式对废旧产品回收率、利润、环境影响的大小顺序：

（i）对废旧产品回收率的影响，$\tau_W > \tau_L$；

（ⅱ）对利润的影响，$\pi_W^* > \pi_{Ln}^* + \pi_{Lr}^*$；

（ⅲ）对环境的影响，当 $Q > \omega$ 时，$E_W^* < E_L^*$，否则 $E_W^* \geqslant E_L^*$。

证明：

$$E_w^* - E_L^* = \frac{(2\delta + k)[(\delta c_n - c_r)(e_r - \delta e_n) - \delta e_r(1 - c_n)(2\delta + k - 2\delta^2)] + [(e_r - \delta e_n)^2 - \delta e_r^2(2\delta + k)(2\delta + k - 2\delta^2)]Q}{2(2\delta + k - \delta^2)(2\delta + k - 2\delta^2)}$$

当 $Q > \omega$ 时，$E_W^* < E_L^*$；否则，$E_W^* \geqslant E_L^*$。

结论 7 表明，碳交易政策下，与分散决策模式相比，当碳交易价格大于某一阈值时，集中决策模式不仅有助于提高废旧产品回收率，降低对环境的影响，而且有利于增加供应链整体利润，也即集中决策模式更有利于提高供应链效率。因此，有必要设计协调契约增强两制造商合作意愿，实现独立再制造供应链协调。

3.3.4　协调机制

本小节设计了固定费用的协调机制，也即再制造商可以通过支付一定的固定费用给原始制造商，激励原始制造商生产新产品。目前专利产权纠纷案件日益增多，处于不利地位的原始制造商会通过法律来维护自己的利益，再制造商支付一定的固定费用有利于增强原始制造商与其合作的意愿。固定费用协调后两种产品制造商的利润函数为：

$$原始制造商：\pi_{Zn} = (p_{Zn} - c_n)q_{Zn} - (e_n q_{Zn} - T)Q + z \tag{3.14}$$

$$再制造商：\pi_{Zr} = (p_{Zr} - c_r)q_{Zr} - \frac{k}{2}(\tau_z q_{Zn})^2 + (T - e_r q_{Zn})Q - z \tag{3.15}$$

结论 8　固定费用协调后模型的最优解见表 3.9。

表 3.9　碳交易政策下独立再制造时固定费用协调契约的最优解

变量	最优解
p_{Zn}^*	$\dfrac{1 + c_n + e_n Q}{2}$
p_{Zr}^*	$\delta\left[\dfrac{1}{2} + \dfrac{2(1 - \delta)(c_r + e_r Q) + k(c_n + e_n Q)}{2(2\delta - 2\delta^2 + k)}\right]$
q_{Zn}^*	$\dfrac{1}{2} + \dfrac{2\delta(c_r + e_r Q) - (2\delta + k)(c_n + e_n Q)}{2(2\delta - 2\delta^2 + k)}$

变量	最优解
q_{Zr}^*	$$\frac{\delta(c_n + e_nQ) - (c_r + e_rQ)}{2\delta - 2\delta^2 + k}$$
τ_Z^*	$$\frac{(\delta - c_r)(4\delta - \delta^2 + 2k) - \delta(2\delta + k)(1 - c_n - s)}{(2\delta + k)^2(1 - c_n - s) - \delta(2\delta + k)(\delta - c_r)}$$
π_{Zr}^*	$$\frac{[\delta - (c_r + e_rQ)][\delta(c_n + e_nQ) - (c_r + e_rQ)]}{(2\delta - 2\delta^2 + k)^2} + TQ - z$$
π_{Zn}^*	$$\frac{[1 - (c_n + e_nQ)]^2}{4} - \frac{\delta[1 - (c_n + e_nQ)][\delta(c_n + e_nQ) - (c_r + e_rQ)]}{2(2\delta - 2\delta^2 + k)} + TQ + z$$

为了便于讨论，记：

$$C = \frac{[(2\delta + k)(1 - c_n - e_nQ) - \delta(\delta - c_r - e_rQ)]^2}{4(2\delta + k)(2\delta + k - \delta^2)} +$$

$$\frac{\delta[1 - (c_n + e_nQ)][\delta(c_n + e_nQ) - (c_r + e_rQ)]}{2(2\delta - 2\delta^2 + k)} -$$

$$\frac{[1 - (c_n + e_nQ)]^2}{4}$$

$$F = \frac{[\delta - (c_r + e_rQ)][\delta(c_n + e_nQ) - (c_r + e_rQ)]}{(2\delta - 2\delta^2 + k)^2} -$$

$$\frac{[(4\delta + 2k - \delta^2)(\delta - c_r - e_rQ) - \delta(2\delta + k)(1 - c_n - e_nQ)]^2}{8(2\delta + k)(2\delta + k - \delta^2)^2}$$

结论 9 固定费用协调效果分析：当 $C < z < F$ 时，$\pi_{Zn}^* > \pi_{Ln}^*$，$\pi_{Zr}^* > \pi_{Lr}^*$。

证明：

$$\pi_{Zn}^* - \pi_{Ln}^* =$$

$$\frac{[1 - (c_n + e_nQ)]^2}{4} - \frac{\delta[1 - (c_n + e_nQ)][\delta(c_n + e_nQ) - (c_r + e_rQ)]}{2(2\delta - 2\delta^2 + k)} +$$

$$z - \frac{[(2\delta + k)(1 - c_n - e_nQ) - \delta(\delta - c_r - e_rQ)]^2}{4(2\delta + k)(2\delta + k - \delta^2)}$$

当 $z > C$ 时，$\pi_{Zn}^* > \pi_{Ln}^*$；同理可得，当 $z < F$ 时，$\pi_{Zr}^* > \pi_{Lr}^*$。

由结论 9 可知，通过签订固定费用为 z 的契约，原始制造商与再制造商相互协调配合，并且当 z 满足 $C < z < F$ 时，两制造商均能获取高于分散决策时的利润，即此协调模式是优于分散决策模式的，不仅使两制造商的利润增加，而且实现了供应链整体利润最大。

3.3.5　实例研究

为验证上述结论，分析消费者的偏好对供应链各个部分产生的影响，以斯太尔再制造发动机为例，并参考 Xia 等[191]的研究，取相关参数$c_n = 0.2$，$c_r = 0.1$，$e_n = 1$，$e_r = 0.2$，$k = 1.1$，$T = 2$。

1. 碳交易价格和消费者偏好对单位产品零售价格的影响

由图 3.11 可知，碳交易政策能促进两种产品单位零售价格提升。这是由于碳交易政策的实施，直接增加了新产品与再制造产品的生产成本，为了减轻成本压力，两制造商均通过提升产品价格将新增的成本转移给消费者。

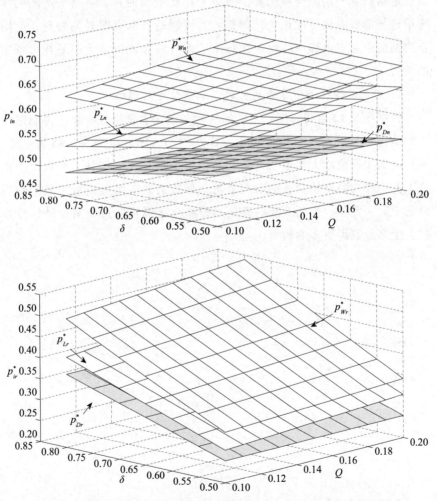

图 3.11　碳交易政策下 Q 和 δ 对独立再制造时单位产品零售价格的影响

推论2   消费者偏好对单位产品零售价格的影响：

（ⅰ）$\dfrac{\partial p_{in}^{*}}{\partial \delta}<0$，$i\in\{D,\ L,\ W\}$；

（ⅱ）$\dfrac{\partial p_{ir}^{*}}{\partial \delta}>0$，$i\in\{D,\ L,\ W\}$。

理论上，新产品的单位零售价格不受消费者偏好的影响。但是，当消费者对再制造产品有明显偏好时，其会增加对再制造产品的购买，减少对新产品的购买，原始制造商在碳交易政策下面临潜在的利润损失。为了弥补这种潜在损失，原始制造商试图通过降低新产品的单位零售价格以重新获取一定的竞争优势。而对于再制造商而言，再制造产品的零售单价与消费者偏好成正比，消费者对再制造产品有明显偏好时，会增强再制造产品在市场中的竞争优势，从而有效促进再制造产品在市场中的销售。

2. 碳交易价格和消费者偏好对产品销售量的影响

根据图3.12可得，新产品的销售量与碳交易价格成反比，再制造产品的销售量与碳交易价格成正比。这是因为，随着碳交易价格的上涨，新产品的生产成本大幅增加，新产品销售价格将大幅提升，然而产品价格上升会相应降低消费者的购买意愿，导致消费者对再制造产品的购买意愿上升。此外，不断上涨的碳交易价格会吸引再制造商减少碳排放并扩大生产以获得更多的利润。

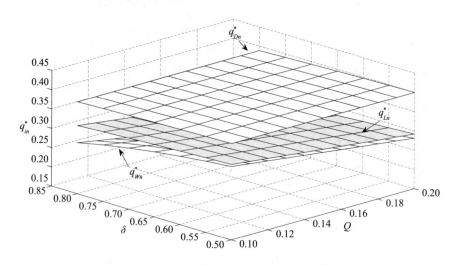

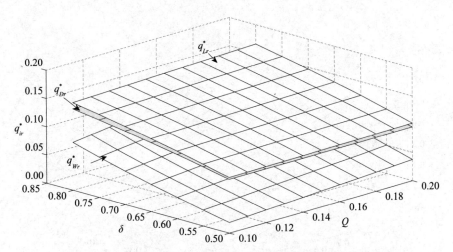

图 3.12　碳交易政策下 Q 和 δ 对独立再制造时产品销售量的影响

推论 3　消费者偏好对两种产品销售量的影响：

（ⅰ）$\dfrac{\partial q_{in}^{*}}{\partial \delta} < 0$，$i \in \{D, L, W\}$；

（ⅱ）$\dfrac{\partial q_{ir}^{*}}{\partial \delta} > 0$，$i \in \{D, L, W\}$。

新产品销售量和消费者的偏好成反比，再制造产品销售量与消费者的偏好成正比。这是因为，随着消费者偏好的提升，再制造产品的市场前景有了很大改善，再制造产品的市场份额增加，并挤占新产品的市场份额。

3. 碳交易价格和消费者偏好对废旧产品回收率的影响

根据图 3.13 可知，废旧产品回收率与碳交易价格成正比。这是由于，碳交易政策的实施会使再制造产品的销售量增加，为扩大生产规模，再制造商将加大对废旧产品的回收力度。

推论 4　消费者偏好对废旧产品回收率的影响：$\dfrac{\partial \tau_{i}^{*}}{\partial \delta} > 0$，$i \in \{D, L, W\}$。

根据推论 4 可知，消费者对再制造产品偏好的增加将会提高废旧产品回收率。这是因为，偏好的增加意味着消费者对再制造产品的购买意愿增强，此时再制造商进行回收再制造的积极性提高，从而再制造商倾向于增加对废旧产品的回收以满足市场需求。

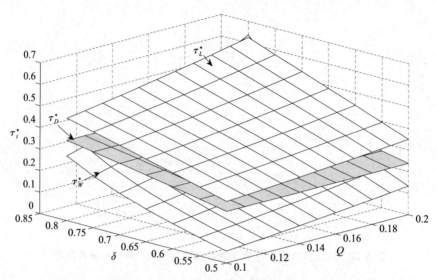

图 3.13　碳交易政策下 Q 和 δ 对独立再制造时废旧产品回收率的影响

4. 碳交易价格和消费者偏好对制造商利润的影响

根据图 3.14 可知，原始制造商利润和再制造商利润均与碳交易价格成正比。这是由于随着碳交易价格上涨，再制造商具有低碳排放和低成本优势，再制造产品的单位零售价格提高、销量增加，从而带动再制造商的收入增加。对于原始制造商来说，碳交易价格上涨会促使原始制造商减少新产品的生产量，以降低其碳交易成本。此外，原始制造商会通

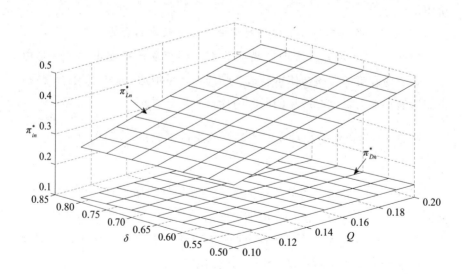

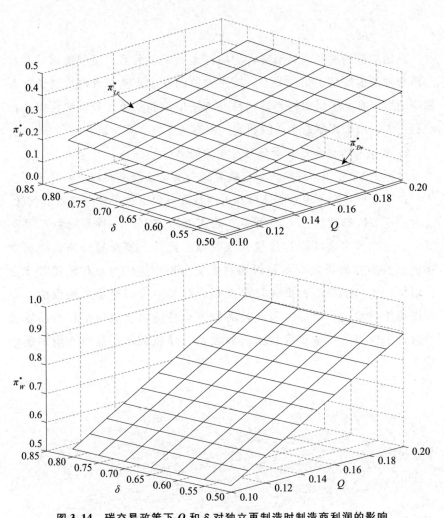

图 3.14　碳交易政策下 Q 和 δ 对独立再制造时制造商利润的影响

过提升新产品的单位零售价格来转嫁部分碳交易成本，虽然这会使其产品销售量下降，但价格上涨所获得的利润足以弥补销量下降造成的损失，从而原始制造商利润增加。

推论 5　消费者偏好对制造商利润的影响：

（ i ）$\dfrac{\partial \pi_{in}^{*}}{\partial \delta} < 0$，$i \in \{D, L\}$；

（ ii ）$\dfrac{\partial \pi_{ir}^{*}}{\partial \delta} > 0$，$i \in \{D, L\}$；

（ⅲ）$\dfrac{\partial \pi_W^*}{\partial \delta} > 0$。

原始制造商的利润与消费者的偏好呈负相关关系，再制造商的利润与消费者的偏好呈正相关关系。其主要原因在于，消费者对再制造产品偏好的增加有助于增加再制造产品的市场份额和竞争优势，使再制造商获利更多，增加再制造企业的利润，而市场竞争会减少新产品利润。

5. 碳交易价格和消费者偏好对环境的影响

由图 3.15 可知，环境影响会随着碳交易价格提高而减小。其原因在于，在碳交易政策下原始制造商和再制造商可以通过两种方式获取利润，一种是购买碳排放权，生产更多产品来获取利润，一种是降低产品产量，通过出售多余的碳排放权获取收益。此外，碳交易价格的提高意味着制造商在碳排放权不足时通过碳交易所产生的每单位碳排放支出会增加，而当制造商碳排放权出现剩余时其通过碳交易所获取的每单位碳排放收益也会增加，因此较高的碳交易价格会促使两种产品制造商通过出售剩余的碳排放权来获取收益，导致两种产品对环境的影响减小。

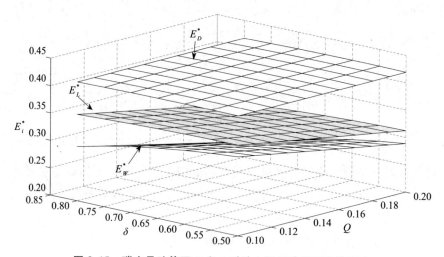

图 3.15　碳交易政策下 Q 和 δ 对独立再制造时环境的影响

推论 6　消费者偏好对环境的影响：$\dfrac{\partial E_i}{\partial \delta} < 0$，$i \in \{D, L, W\}$。

推论 6 表明，消费者偏好会负向影响产品对环境的影响。造成这种

现象的原因是，随着消费者偏好增加，消费者购买再制造产品的积极性
会提高，市场竞争下新产品销售量会减少。此外，由于单位再制造产品
的碳排放量较少，所以由再制造产品销售量增加带来的环境影响增加量
小于新产品销售量下降所引起的环境影响减少量，故两种产品对环境的
总影响减少。

　　6. 碳交易价格和消费者偏好对消费者剩余和社会剩余的影响

　　由图 3.16 可知，消费者剩余与碳交易价格呈负相关，社会剩余与碳
交易价格呈正相关。这是由于，随着碳交易价格提高，两种产品制造商

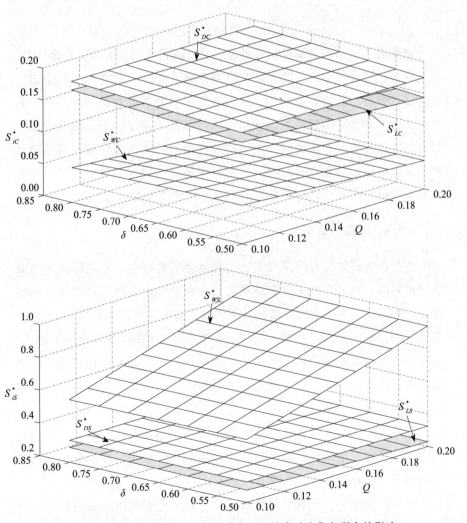

图 3.16　碳交易政策下 Q 和 δ 对独立再制造时消费者剩余的影响

不会让利于消费者，而是选择提高产品的单位零售价格来获得多余的消费者剩余，损害消费者的利益。社会剩余由消费者剩余和两制造商利润组成。碳交易价格的提高会同时增加两制造商的利润，并且利润的增加量足以弥补消费者剩余的减少量，因而，社会剩余随碳交易价格的提高而增加。

推论7　消费者偏好对消费者剩余和社会剩余的影响：

（ⅰ）$\dfrac{\partial S_{iC}}{\partial \delta} > 0$, $i \in \{D,\ L,\ W\}$；

（ⅱ）$\dfrac{\partial S_{iS}}{\partial \delta} > 0$, $i \in \{D,\ L,\ W\}$。

由推论7可知，消费者偏好增强会促进消费者剩余和社会剩余增加。这是因为，结合推论3，当消费者购买再制造产品的意愿增加时会进一步促进再制造产品销售量增加，从而有利于消费者剩余的增加。社会剩余由消费者剩余和两制造商利润组成。在消费者剩余方面，消费者偏好增强会促进其增加；在利润方面，消费者偏好的增强会增加再制造商的利润，减少原始制造商的利润，但是供应链整体的利润的增量足以弥补其利润减量。因而，社会剩余随消费者偏好的增强而增加。

3.3.6　结论与启示

为分析政府碳交易政策对两制造商运营管理决策、环境以及消费者剩余的影响，首先，基于碳交易政策实施背景构建由两制造商组成的博弈模型；其次，针对不同决策模式下两种产品的单位零售价格、销售量、利润等进行对比分析；再次，针对分散决策模式下供应链效率损失问题，设置固定费用协调契约以实现供应链协调；最后，进行实例研究以验证本书的研究结论并进一步分析消费者偏好的影响。本节主要得到以下结论和管理启示。

第一，碳交易政策有时也会损害两种产品制造商的利益，若单位再制造产品碳排放量与单位新产品碳排放量的比值较大，则原始制造商和再制造商利润随碳交易价格提升而减少。

第二，相较于不采取碳交易政策，政府采取碳交易政策会提高两种产品的单位零售价格，减少新产品的销售量。当消费者的偏好大于某一阈值时，再制造产品的销售量增加，但是市场的总销售量减少。

第三，针对分散决策模式下制造商对环境影响较大，且不利于再制造商回收更多废旧产品，设计固定费用协调机制，通过再制造商向原始制造商支付一定的费用来加强再制造商与原始制造商的合作，当固定费用处于一定范围时，供应链实现协调。

第四，碳交易政策并不能总是降低环境影响，当两种产品环境影响比、消费者偏好和废旧产品回收规模系数处于一定范围内时，两种产品对环境的总影响减小，且在碳交易价格大于某一阈值时，碳交易政策还能有效降低环境影响与增加消费者剩余。

第五，通过实例研究可知，消费者偏好也会对制造/再制造产生影响，其可以通过影响两产品零售价格和销售量、废旧产品回收率与制造商利润来影响制造商的决策。因此，政府应积极倡导再制造，加大对再制造的补贴力度，企业应加大对再制造技术的投资力度，通过提升再制造产品的低碳排放、低成本优势获取消费者对再制造产品的认可，从而实现再制造产业的进一步发展。

管理启示：市场竞争受多种因素的影响，本节研究指出碳交易价格、消费者偏好以及产品单位碳排放量等均是影响企业决策的关键因素，当再制造产品与新产品对环境的影响较小时，整个供应链应加强内部协调，以合作谋利益，以合作促发展。对于政府而言，可以通过制定适当的碳交易价格、增加对再制造业的补贴和加大宣传力度，激励再制造商加大减排力度，提升消费者对再制造产品的认可度、满意度和偏好，促进低碳产业发展。

3.4　碳减排政策对独立再制造影响对比分析

3.4.1　问题描述

在政府实施碳税、碳约束与碳交易政策的条件下，原始制造商与再制造商的生产受到限制，因此，两种产品制造商将根据单位产品碳排放量、单位产品零售价格、政府政策等因素进行综合考量，调整运营决策以最大化自身收益。当政府实施碳税政策时，原始制造商的生产成本会增加，原始制造商为最小化损失将调整自身生产策略；当政府实施碳约束政策时，碳排放上限值成为两种产品制造商生产的约束条件，尤其是碳排放量较多的新产品将受到较大约束，原始制造商不得不改变生产决策避免碳排放量超额而受到政府惩罚；当政府实施碳交易政策时，即在碳约束政策下建立碳交易市场，允许企业间进行碳排放权交易时，市场灵活性可为两制造商生产决策提供更多选择。但哪种政策是最有效的碳减排政策仍需进一步讨论，如哪种政策最有利于再制造产品的生产？哪种政策最有利于增加两种产品制造商的利润？三种政策下两种产品对环境影响的大小如何？基于对上述问题的思考，有必要对三种不同政策下的独立再制造模式进行比较研究。

国内外学者关于不同碳减排政策之间的对比研究主要有：申成然等[7]通过对比研究来探讨两种不同的碳减排政策（碳交易和碳约束政策）对制造商进行再制造决策的影响，发现碳交易政策对制造商更有利；柏庆国等[72]进一步将碳约束和碳交易政策下的分布式鲁棒优化模型分别与无碳约束的情形进行比较研究，发现在两类碳减排政策下减排投资都有利于制造商获取更高的利润，与碳约束政策相比，碳交易政策更有利于制造商实现高利润、低碳排放；Bai 等[74]对比分析了碳税和碳约束政策对制造商最优生产决策产生的影响，研究发现，碳税政策比碳约束政策更有助于减少制造商对环境的影响，但是在碳排放上限值较大的情况下，制造商可以获得较高的利润；刁心薇等[201,202]考虑政策重叠情况，研究碳税和碳交易混合政策对供应链企业的最优定价策略和最优减排决策的影响，并针对传统的收益共享契约做出改进以实现供应链帕累托改进。

上述文献对不同政府政策进行了对比分析，但是鲜有学者基于独立再制造模式对比分析三种碳减排政策。因此，本节基于独立再制造对比分析三种碳减排政策对两种产品制造商博弈关系的影响，博弈模型见图3.16。研究独立再制造模式下政府有效实施三种碳减排政策的边界条件，可为政府设定恰当的碳税额、碳排放上限值及碳交易价格提供决策依据，助力国家持续推进低碳环保建设，实现"双碳"目标。

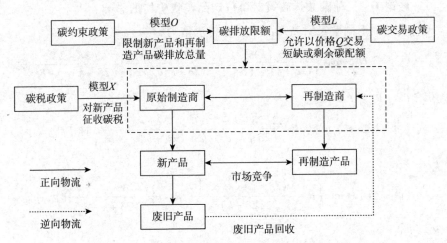

图 3.17　独立再制造时三种碳减排政策下的博弈模型

3.4.2　对比分析

当政府设定的碳排放上限值过高时，碳减排政策不会对制造商的生产行为造成影响，因而本书下述所有分析均在如下条件下进行：

$$T < \frac{[(4\delta + 2k - \delta^2)e_r - \delta(2\delta + k)e_n](\delta - c_r) + (2\delta + k)[(2\delta + k)e_n - \delta e_r](1 - c_n)}{2(2\delta + k)(2\delta + k - \delta^2)}$$

若政府设定的碳排放上限值 T 不满足上述条件，则政府实施碳约束与碳交易政策将不会改变两制造商的生产决策。

为了便于讨论，记：

$$R = \frac{2(\delta e_n - e_r)c_r + 2(2\delta + k - \delta^2)e_n}{(2\delta + k)e_n - \delta e_r} - \frac{(2\delta + k)(1 + c_n) - \delta(\delta - c_r)}{2\delta + k}$$

$$G = \frac{2(\delta + k)(2\delta + k)(2\delta + k - \delta^2)}{\{[(2 - \delta)(2\delta + k) - \delta^2]e_r + (\delta + k)(2\delta + k)e_n\}[(2\delta + k)e_n - \delta e_r]}$$

$$Y = \frac{[(\delta + k)(1 - c_n) + (1 - \delta)(\delta - c_r)]}{\delta + k} - \frac{(2\delta + k - \delta^2)(3\delta + 2k + c_r)}{(\delta + k)(2\delta + k)} +$$

$$\frac{2(2\delta + k - \delta^2)[(e_n - e_r)c_r + (\delta + k)e_n]}{(\delta + k)[(2\delta + k)e_n - \delta e_r]} \cdot$$

$$\rho = \frac{(\delta + k)(2\delta + k)s}{(\delta + k)(2\delta + k)e_n + [(2 - \delta)(\delta + k) - \delta^2]e_r}$$

结论1 三种碳减排政策对单位产品零售价格的影响。

第一，不同政策对新产品单位零售价格的影响：

（ i ） 当 $Q > \max\left\{\dfrac{(2\delta+k)s}{(2\delta+k)e_n+\delta e_r}, R - \dfrac{2(2\delta+k-\delta^2)T}{(2\delta+k)e_n-\delta e_r}\right\}\dfrac{(2\delta+k)}{(2\delta+k)e_n+\delta e_r}$ 时，

$p_{Ln}^* > p_{Xn}^*$，$p_{Ln}^* > p_{On}^*$；

（ ii ） 当 $s > \max\left\{R - \dfrac{2(2\delta+k-\delta^2)T}{(2\delta+k)e_n-\delta e_r}, \dfrac{(2\delta+k)Q}{(2\delta+k)e_n+\delta e_r}\right\}$ 时，$p_{Xn}^* > p_{On}^*$，

$p_{Xn}^* > p_{Ln}^*$；

（iii） 当 $T < \min\left\{R - \dfrac{[(2\delta+k)e_n+\delta e_r]Q}{(2\delta+k)}, R-s\right\}\dfrac{(2\delta+k)e_n-\delta e_r}{2(2\delta+k-\delta^2)}$ 时，$p_{On}^* >$

p_{Ln}^*，$p_{On}^* > p_{Xn}^*$。

第二，不同政策对再制造产品单位零售价格的影响：

（ i ） 当 $Q > \max\left\{\rho, \left[\dfrac{(2\delta+k)e_n-\delta e_r}{2(2\delta+k-\delta^2)}Y - T\right]G\right\}$ 时，$p_{Lr}^* > p_{Xr}^*$，$p_{Lr}^* > p_{Or}^*$；

（ ii ） 当 $s > \max\left\{Y - \dfrac{2(2\delta+k-\delta^2)T}{(2\delta+k)e_n-\delta e_r}, \dfrac{(\delta+k)(2\delta+k)e_n+[(2-\delta)(\delta+k)-\delta^2]Q}{(\delta+k)(2\delta+k)}\right\}$

时，$p_{Xr}^* > p_{Or}^*$，$p_{Xr}^* > p_{Lr}^*$；

（iii） 当 $T < \min\left\{\dfrac{[(2\delta+k)e_n-\delta e_r]Y}{2(2\delta+k-\delta^2)} - \dfrac{Q}{G}, \dfrac{[(2\delta+k)e_n-\delta e_r](Y-s)}{2(2\delta+k-\delta^2)}\right\}$ 时，

$p_{Or}^* > p_{Lr}^*$，$p_{Or}^* > p_{Xr}^*$。

结论1说明，不同政策对新产品和再制造产品的单位零售价格的影响取决于政府所确定的相关决策变量的大小，即碳税政策下的新产品单位碳税额、碳约束政策下的碳排放上限值以及碳交易政策下的碳交易价格。

相较于给定的新产品的单位碳税额和碳约束上限值，当碳交易价格大于某一阈值时，也即政府采取较为严格的碳交易政策时，原始制造商在碳交易政策下面临的限制最大，其倾向于通过大幅度提高单位新产品零售价格来弥补成本增加带来的利润损失；类似地，当碳税额大于某一阈值或碳约束上限值小于某一阈值时，也即当政府采取较为严格的碳税或碳约束政策时，原始制造商在该减排政策下也会最大限度地提高单位产品零售价格。再制造商作为博弈跟随者，为了维持自身利润，也会选择提高单位再制造产品的零售价格。总之，三种减排政策下，最严格的

碳减排政策促使两种产品制造商较大幅度提高产品零售价格。

管理启示：政府制定的政策会对市场现状产生影响，并直接影响原始制造商的价格决策，虽然三种政策都有利于政府对厂商生产活动进行有效干预，但为促进产业均衡协调发展，政府应该依据产业发展目标选择合适的策略组合。比如，为促进再制造业发展，增加再制造产品市场份额，政府应该在充分考虑产品的碳排放量以及消费者偏好的基础上，制定科学合理的碳税政策并设定较低的碳排放上限值，通过影响原始制造商决策来间接降低单位再制造产品零售价格，从而增加再制造产品价格优势与提高消费者购买积极性。

为了便于讨论，记：

$$Z = \frac{[(2\delta+k)e_n - \delta e_r][(2\delta+k)(1-c_n) - \delta(\delta-c_r)] + 2(2\delta+k-\delta^2)(\delta-c_r)e_r}{(2\delta+k)[(2\delta+k)e_n - \delta e_r]}$$

$$U = \frac{\delta(2\delta+k)(1-c_n) - (4\delta+2k-\delta^2)(\delta-c_r)}{\delta(2\delta+k)} + \frac{2(2\delta+k-\delta^2)(\delta-c_r)e_n}{\delta[(2\delta+k)e_n - \delta e_r]}$$

结论 2　三种碳减排政策对产品销售量的影响。

第一，三种碳减排政策对新产品销售量的影响：

（ⅰ）当 $Q < \min\left\{\dfrac{(2\delta+k)s}{(2\delta+k)e_n - \delta e_r}, \dfrac{(2\delta+k)Z}{[(2\delta+k)e_n + \delta e_r]} - \dfrac{2(2\delta+k)(2\delta+k-\delta^2)}{(2\delta+k)^2 e_n^2 - \delta^2 e_r^2}T\right\}$ 时，$q_{Ln}^* > q_{Xn}^*$，$q_{Ln}^* > q_{On}^*$；

（ⅱ）当 $s < \min\left\{Z - \dfrac{2(2\delta+k-\delta^2)T}{(2\delta+k)e_n - \delta e_r}, \dfrac{(2\delta+k)e_n - \delta e_r}{(2\delta+k)}Q\right\}$ 时，$q_{Xn}^* > q_{On}^*$，$q_{Xn}^* > q_{Ln}^*$；

（ⅲ）当 $T > \max\left\{Z - \dfrac{[(2\delta+k)e_n + \delta e_r]Q}{(2\delta+k)}, Z - s\right\}\dfrac{(2\delta+k)e_n - \delta e_r}{2(2\delta+k-\delta^2)}$ 时，$q_{On}^* > q_{Ln}^*$，$q_{On}^* > q_{Xn}^*$。

第二，三种碳减排政策对再制造产品销售量的影响：

（ⅰ）当 $Q > \max\left\{s, U - \dfrac{(2\delta+k-\delta^2)T}{[(2\delta+k)e_n - \delta e_r]}\right\}\dfrac{\delta(2\delta+k)}{\delta(2\delta+k)e_n - (4\delta+2k-\delta^2)e_r}$ 时，$q_{Lr}^* > q_{Xr}^*$，$q_{Lr}^* > q_{Or}^*$；

（ⅱ）当 $s > \max\left\{U - \dfrac{2(2\delta+k-\delta^2)T}{(2\delta+k)e_n - \delta e_r}, \dfrac{\delta(2\delta+k)e_n - (4\delta+2k-\delta^2)e_r}{\delta(2\delta+k)}Q\right\}$ 时，$q_{Xr}^* > q_{Or}^*$，$q_{Xr}^* > q_{Lr}^*$；

（ⅲ）当 $T < \min\left\{ U - \dfrac{[\delta(2\delta+k)e_n - (4\delta+2k-\delta^2)e_r]Q}{\delta(2\delta+k)}, U-s \right\} \times$

$\dfrac{[(2\delta+k)e_n - \delta e_r]}{2(2\delta+k-\delta^2)}$ 时，$q_{Or}^* > q_{Lr}^*$，$q_{Or}^* > q_{Xr}^*$。

　　结论 2 表明，三种碳减排政策均会影响两种产品的销售量，且参考结论 1，销售量的变化主要通过影响两种产品制造商的单位零售价格决策来实现。在最严格的碳减排政策下，即政府对原始制造商生产限制最大时，新产品的单位零售价格最高，因此该政策下新产品销售量最低，而市场竞争使得再制造产品销量最大；反之，在最宽松的碳减排政策下，即政府对原始制造商生产限制较小时，新产品单位零售价格最低、销售量最高，市场竞争促使再制造产品的销售量也最大。三种政策的实施都将减少生产过程中的碳排放，但对不同产品的销售量会产生不同影响。产品销量直接与产品本身单位零售价格相关。

　　管理启示：政府在实施碳减排政策干预制造商调整生产决策的同时，应积极宣扬低碳减排、回收利用的环保理念，增强消费者的绿色消费意识，依据不同的市场消费环境制定政策。一方面有利于促进产业结构调整和再制造模式优化；另一方面也有利于提高消费者购买积极性，促进回收再制造，实现低碳绿色发展。

　　为了便于讨论，记：

$$H = \min\left\{ \frac{(2\delta+k)s}{(2\delta+k)e_n - \delta e_r}, \frac{(2\delta+k)Z}{[(2\delta+k)e_n + \delta e_r]} - \frac{2(2\delta+k)(2\delta+k-\delta^2)}{(2\delta+k)^2 e_n^2 - \delta^2 e_r^2}T \right\}$$

$$I = \min\left\{ Z - \frac{2(2\delta+k-\delta^2)T}{(2\delta+k)e_n - \delta e_r}, \frac{(2\delta+k)e_n - \delta e_r}{2\delta+k}Q \right\}$$

$$J = \max\left\{ Z - \frac{[(2\delta+k)e_n + \delta e_r]Q}{2\delta+k}, Z-s \right\}\frac{(2\delta+k)e_n - \delta e_r}{2(2\delta+k-\delta^2)}$$

$$K = \max\left\{ s, U - \frac{(2\delta+k-\delta^2)T}{[(2\delta+k)e_n - \delta e_r]} \right\}\frac{\delta(2\delta+k)}{\delta(2\delta+k)e_n - (4\delta+2k-\delta^2)e_r}$$

$$M = \max\left\{ U - \frac{2(2\delta+k-\delta^2)T}{(2\delta+k)e_n - \delta e_r}, \frac{(2\delta+k)e_n - (4\delta+2k-\delta^2)e_r}{\delta(2\delta+k)}Q \right\}$$

$$V = \min\left\{ U - \frac{[\delta(2\delta+k)e_n - (4\delta+2k-\delta^2)e_r]Q}{\delta(2\delta+k)}, U-s \right\}\frac{(2\delta+k)e_n - \delta e_r}{2(2\delta+k-\delta^2)}$$

$$\theta = \frac{[(2\delta+k)e_n - \delta e_r]Y}{2(2\delta+k-\delta^2)} - \frac{[\delta(2\delta+k)e_n - (4\delta+2k-\delta^2)e_r][(2\delta+k)e_n - \delta e_r]}{2\delta(2\delta+k)(2\delta+k-\delta^2)}Q$$

结论 3　三种碳减排政策对环境的影响。

第一，政府采取不同政策时，新产品对环境的影响：

（i）当 $Q < H$ 且 $s < Z - \dfrac{2(2\delta + k - \delta^2)T}{(2\delta + k)e_n - \delta e_r}$ 时，$E_{Ln} > E_{Xn} > E_{On}$；

（ii）当 $Q < H$ 且 $s > Z - \dfrac{2(2\delta + k - \delta^2)T}{(2\delta + k)e_n - \delta e_r}$ 时，$E_{Ln} > E_{On} > E_{Xn}$；

（iii）当 $s < I$ 且 $T > \left\{ Z - \dfrac{[(2\delta + k)e_n + \delta e_r]Q}{(2\delta + k)} \right\}\dfrac{(2\delta + k)e_n - \delta e_r}{2(2\delta + k - \delta^2)}$ 时，$E_{Xn} > E_{On} > E_{Ln}$；

（iv）当 $s < I$ 且 $T < \left\{ Z - \dfrac{[(2\delta + k)e_n + \delta e_r]Q}{(2\delta + k)} \right\}\dfrac{(2\delta + k)e_n - \delta e_r}{2(2\delta + k - \delta^2)}$ 时，$E_{Xn} > E_{Ln} > E_{On}$；

（v）当 $T > J$ 且 $Q < \dfrac{(2\delta + k)s}{(2\delta + k)e_n - \delta e_r}$ 时，$E_{On} > E_{Ln} > E_{Xn}$；

（vi）当 $T > J$ 且 $Q > \dfrac{(2\delta + k)s}{(2\delta + k)e_n - \delta e_r}$ 时，$E_{On} > E_{Xn} > E_{Ln}$。

第二，政府采取不同政策时，再制造产品对环境的影响：

（i）当 $Q > K$ 且 $s > U - \dfrac{2(2\delta + k - \delta^2)T}{(2\delta + k)e_n - \delta e_r}$ 时，$E_{Lr} > E_{Xr} > E_{Or}$；

（ii）当 $Q > K$ 且 $s < U - \dfrac{2(2\delta + k - \delta^2)T}{(2\delta + k)e_n - \delta e_r}$ 时，$E_{Lr} > E_{Or} > E_{Xr}$；

（iii）当 $s > M$ 且 $T < \theta$ 时，$E_{Xr} > E_{Or} > E_{Lr}$；

（iv）当 $s > M$ 且 $T > \theta$ 时，$E_{Xr} > E_{Lr} > E_{Or}$；

（v）当 $T < V$ 且 $Q > \dfrac{\delta(2\delta + k)s}{\delta(2\delta + k)e_n - (4\delta + 2k - \delta^2)e_r}$ 时，$E_{Or} > E_{Lr} > E_{Xr}$；

（vi）当 $T < V$ 且 $Q > \dfrac{\delta(2\delta + k)s}{\delta(2\delta + k)e_n - (4\delta + 2k - \delta^2)e_r}$ 时，$E_{Or} > E_{Xr} > E_{Lr}$。

第三，政府采取不同政策时两种产品对环境的总影响：

（i）当 $K < Q < H$ 且 $U - \dfrac{2(2\delta + k - \delta^2)T}{(2\delta + k)e_n - \delta e_r} < s < Z - \dfrac{2(2\delta + k - \delta^2)T}{(2\delta + k)e_n - \delta e_r}$ 时，$E_L > E_X > E_O$；

（ii）当 $M < s < I$ 且 $\left\{ Z - \dfrac{[(2\delta + k)e_n + \delta e_r]Q}{(2\delta + k)} \right\}\dfrac{(2\delta + k)e_n - \delta e_r}{2(2\delta + k - \delta^2)} < T < \theta$ 时，$E_X > E_O > E_L$；

（iii）当 $J < T < V$ 且 $\dfrac{\delta(2\delta+k)s}{\delta(2\delta+k)e_n-(4\delta+2k-\delta^2)e_r} < Q < \dfrac{(2\delta+k)s}{(2\delta+k)e_n-\delta e_r}$

时，$E_O > E_L > E_X$。

结论 3 表明，对原始制造商而言，其对环境的影响和新产品销量呈正相关。结合结论 2 可知，当碳税额和碳排放上限值不变，碳交易价格小于某一阈值时，碳交易价格下新产品销售量最大，该模式下新产品对环境影响最大；同样，当碳税额小于某一阈值或者碳排放上限值大于某一阈值时，碳税或碳约束政策下新产品销售量最大，新产品对环境影响最大。最为宽松的碳减排政策对原始制造商的生产限制最小，新产品对环境的影响最大；反之，在最严格的碳减排政策下，即政府对原始制造商生产限制较大时，新产品的单位零售价格最高，新产品的销售量最低，新产品对环境的影响最小。

对再制造商而言，其对环境的影响和再制造产品销量呈正相关。当碳减排政策最严格时，新产品销售量减少最多，此时市场竞争下消费者对再制造产品购买需求最大，导致再制造产品销售量增加最多，对环境的影响最大。因而，当碳税额和碳排放上限值不变时，碳交易价格大于某一阈值时，碳交易政策下再制造产品对环境影响最大；当碳交易价格和碳排放上限值不变时，碳税额大于某一阈值时，碳税政策下再制造产品对环境的影响最大；当碳税额和碳交易价格不变时，碳排放上限值小于某一阈值时，碳约束政策下再制造产品对环境的影响最大。

三种不同政策下，两种产品对环境的总影响与两种产品单位碳排放量和销售量有关。当碳税额和碳排放上限值不变时，碳交易价格处于一定范围内时，碳交易政策下再制造产品和新产品销售量都最大，此时该模式下两种产品对环境的影响最大；同理，当碳税额或碳排放上限值处于一定范围内时，碳税政策或碳约束政策下两种产品对环境的影响最大。

管理启示：政府可根据单位碳税额、碳交易价格以及碳排放上限值的大小来选择最适合的政策以最大限度地降低企业生产对环境的影响；此外，两制造商也应意识到生产活动对环境造成的不良影响，积极改进生产技术，降低生产碳排放量。

3.4.3　实例研究

为进一步验证所得结论，探究碳税、碳交易、碳约束政策对独立再制造的影响，本书以斯太尔再制造发动机为例，同时参考 Xia 等[191] 的研究，取 $e_n = 1$，$e_r = 0.2$，$c_n = 0.2$，$c_r = 0.1$，$k = 1.1$，$\delta = 0.6$，$T = 0.3$。根据各变量假设值可确定 $\delta > \dfrac{e_r}{e_n}$，即消费者对再制造产品存在较强偏好。

1. 三种碳减排政策对单位产品零售价格的影响

由图 3.18 可知，碳交易政策下，两种产品单位零售价格随碳交易价格提高而提高；碳税政策下，两种产品单位零售价格随单位碳税额提高而提高。这是因为，随着碳税额与碳交易价格的提高，原始制造商的生产成本增加，为保证自身有充足的获利空间，避免利益损失，原始制造商将提高产品的单位零售价格；为获得更多利润，再制造商也会提高产品的单位零售价格。

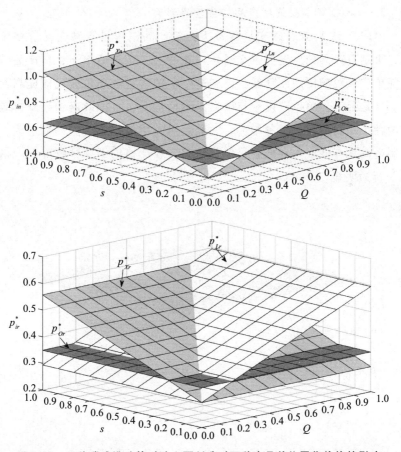

图 3.18　三种碳减排政策对独立再制造时两种产品单位零售价格的影响

当单位碳税额与碳交易价格比值高于一定阈值时，新产品和再制造产品的单位零售价格在碳税政策下较高，在碳交易政策下较低。当单位碳税额与碳交易价格比值低于一定阈值时，两产品的单位零售价格在碳交易政策下较高，在碳税政策下较低。此外，当单位碳税额与碳交易价格均较低时，碳约束政策下新产品及再制造产品单位零售价格最高；当单位碳税额与碳交易价格均较高时，碳约束政策下新产品及再制造产品单位零售价格最低。这是因为单位碳税额与碳交易价格比值大于一定阈值时，碳税政策对原始制造商的生产限制更大，因此碳税政策下两种产品的单位零售价格更高。当单位碳税额及碳交易价格均较低时，碳约束政策对生产商的限制最大，因而碳约束政策下两产品单位零售价格最高，单位碳税额及碳交易价格均较高时则反之。

2. 三种碳减排政策对产品销售量的影响

由图 3.19 可知，碳交易政策下，新产品销售量与碳交易价格负相关，再制造产品销售量与碳交易价格正相关；碳税政策下，新产品销售量随单位碳税额提高而降低，再制造产品销售量随单位碳税额提高而增加。这是因为，单位碳税额与碳交易价格提升，也即政府的碳减排政策对两种产品制造商的限制增大，尤其是对碳排放较大的原始制造商，而再制造商具有低成本和低碳排放优势时，较严格的碳减排政策下"搭便车"行为明显。

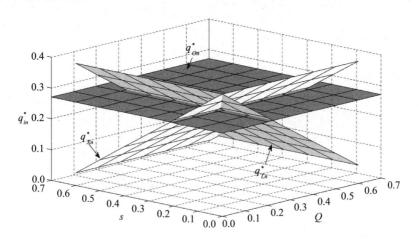

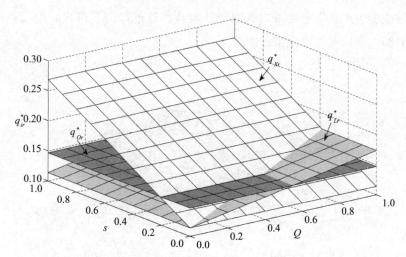

图 3.19　三种碳减排政策对独立再制造时两种产品销售量的影响

当单位碳税额与碳交易价格比值高于一定阈值时，新产品销售量在碳交易政策下较高，再制造产品销售量在碳税政策下较高。当单位碳税额与碳交易价格比值低于一定阈值时，新产品销售量在碳税政策下较高，再制造产品销售量在碳交易政策下较高。此外，当单位碳税额与碳交易价格均较低时，碳约束政策下新产品销售量最低，当单位碳税额与碳交易价格均较高时，碳约束政策下新产品销售量最高；再制造产品销售量则反之。这是因为单位碳税额与碳交易价格比值大于一定阈值时，碳税政策对原始制造商的生产限制更大，其将刺激再制造商生产再制造产品，所以碳税政策下新产品销量较低，而再制造产品销量更高。当单位碳税额及碳交易价格均较低时，碳约束政策对生产商的限制最大，因而此政策下新产品销售量最低。

3. 三种碳减排政策对两种产品制造商利润的影响

由图 3.20 可知，碳交易政策下，碳交易价格的变动会间接影响原始制造商的利润，碳交易价格的上升会使其利润减少，再制造商利润则与碳交易价格正相关；碳税政策下，原始制造商利润与单位碳税额负相关，再制造商利润与单位碳税额正相关。当政府没有实施碳减排政策时，原始制造商作为供应链的领导者，产量和利润均高于再制造商，减弱了原始制造商减排的动力。当政府实施碳减排政策约束原始制造商的生产决策时，再制造商由于低碳排放和低成本优势，可以通过政府的碳交易政策来改变生产和定价决策以获取额外收益，双重打击下损害原始制造商的利润，影响其生产决策。

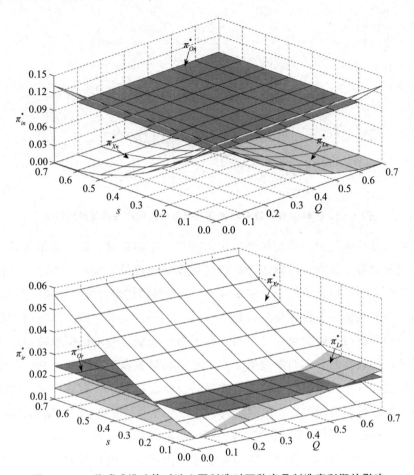

图 3.20　三种碳减排政策对独立再制造时两种产品制造商利润的影响

当单位碳税额与碳交易价格比值高于一定阈值时，碳交易政策下原始制造商利润最大，再制造商利润最小，碳约束政策次之，碳税政策下原始制造商利润最小，再制造商利润最大；当碳交易价格与单位碳税额比值高于一定阈值时，碳税政策下原始制造商利润最大，再制造商利润最小，碳约束政策次之，碳交易政策下原始制造商利润最小，再制造商利润最大；当单位碳税额和碳交易价格均较小时，碳约束政策下原始制造商利润最小，再制造商利润最大。

3.5　本章总结

本章基于独立再制造分别建立碳税、碳约束以及碳交易政策下的博弈模型，讨论三种碳减排政策对两种产品制造商博弈结果的影响，并分析其对环境和消费者剩余的影响，最后通过对三种碳减排政策进行对比分析，为两种产品制造商选择最优生产模式提供理论依据，同时也为政府设定恰当的碳税额、碳排放上限值及碳交易价格提供决策依据，助力国家持续推进低碳环保建设，实现"双碳"目标。本章主要得到以下研究结论和管理启示。

第一，对制造/再制造的影响：政府实施三种碳减排政策会提高两种产品的单位零售价格，减少新产品的销售量，当单位再制造产品的碳排放量和单位新产品的碳排放量之比较小时，再制造产品销售量增加，也即政府实施三种碳减排政策可以起到促进再制造产业发展的作用，并且最为严格的碳减排政策下再制造产品的销售量最大。

第二，对两种产品制造商利润的影响：碳税政策会增加再制造商的利润以及减少原始制造商的利润；碳约束和碳交易政策对两种产品制造商利润的影响与碳排放上限值和碳交易价格有关，较高的碳排放上限值和碳交易价格有利于增加两种产品制造商的利润。

第三，对环境的影响：三种碳减排政策并不总是降低环境影响，当消费者偏好大于某一阈值，且两种产品环境影响比满足一定条件时，两种产品对环境的总影响减小，并且哪种政策对环境影响最小与碳排放上限值、单位碳税额、碳交易价格有关。

第四，对比分析三种碳减排政策：新产品与再制造产品单位零售价格和销售量在政府实施三种不同政策下的大小受单位碳税额、碳交易价格及碳排放上限值影响，当单位碳交易价格与单位碳税额（或碳排放上限值）之比大于某一阈值时，碳交易政策下两种产品单位零售价格最高，新产品销售量最小，再制造产品的销售量最大；当单位碳税额与碳排放上限值（或碳交易价格）之比大于某一阈值时，碳税政策下两种产品的单位零售价格最高，但是新产品的销售量最小，再制造产品销售量最大；当碳排放上限值与单位碳税额（或碳交易价格）之比小于某一阈值时，碳约束政策下新产品和再制造产品的单位零售价格最高，新产品销售量最小，再制造产品销售量最大。

第五，通过实例研究可知，消费者偏好也会对制造/再制造的生产和竞争产生影响，其可以通过影响单位再制造产品零售价格、销售量、废旧产品回收率和利润对两制造商和整个供应链产生影响。政府应积极倡导再制造，加大对再制造的补贴力度，于潜移默化中提高消费者对再制造产品的认可度、满意度和偏好，促进再制造产业的发展；企业应加大再制造技术投资力度，实现低碳转型和绿色发展。

管理启示：在独立再制造模式下，政府的三种碳减排政策虽然可以促进再制造产业的发展，但也会给原始制造商带来碳减排和市场竞争压力。原始制造商的生产动机可能会被削弱，不利于经济的长期发展。同时，市场竞争也可能促使原始制造商积极维护自身的知识产权，导致产权纠纷事件增多。例如，2015年，美国通用汽车（GM）指控奥达科（Autocraft）在未经批准的情况下使用了GM的专有技术和图纸，将废旧发动机转化为二手发动机进行销售，与GM产生了直接竞争。因此，政府应当加强对知识产权的保护，以促进再制造产业的发展。然而，建立有效的知识产权市场体系需要时间，目前而言，独立再制造仍然是较为常见的第三方再制造模式。对此，原始制造商应当增加技术研发投入，以满足碳排放要求。

第4章　碳减排政策对授权再制造影响研究

近年来，极端天气频发、温室气体排放剧增等生态环境问题已经受到各国政府及国际组织的广泛关注，各国政府明确认识到降低碳排放量、实现低碳发展的重要性，纷纷将推动低碳减排、优化能源结构纳入国家发展规划。例如，美国各州积极设定清洁能源利用目标，据美国能源信息署统计，截至 2021 年底，美国已有 31 个州及华盛顿哥伦比亚特区制定了清洁能源标准或可再生能源组合标准。日本已于 2020 年 12 月颁发《2050 年碳中和绿色增长战略》，为实现碳中和目标指明产业发展方向。我国也积极开展碳减排工作，提出"力争于 2030 年前实现碳达峰，努力争取 2060 年前实现碳中和"的发展目标。为实现碳减排目标，政府不断进行实践，试图利用法律的强制规范作用来约束社会各界的碳排放行为，提出了碳税、碳约束、碳交易等政策。欧盟早在 2005 年便开始建立碳交易市场，拥有当今规模最大、建立最早的碳交易市场。学术界也在不断探究在政府各种政策条件下企业的最优生产模式，以期为企业的生产运营决策提供理论支持。

与此同时，在环境状况与政策制度的双重压力下，企业试图寻求一种崭新的生产模式与更先进的生产技术以实现低碳生产。例如，在废旧产品较多的金属行业，金属材料复合再制造技术促进了金属零部件的免回炉修复，既提高了废旧金属利用率，又节省了 90% 的能耗，减少了碳排放。金属材料复合再制造技术的成功运用为制造行业应对碳约束、碳交易政策提供了新方法——废旧产品回收再制造。与新产品生产相比，再制造能够对低碳生产与循环经济发展做出重要贡献，再制造能够节省 70% 的材料、50% 的成本，减少 80% 以上的污染排放。此外，再制造还能推动废旧产品剩余价值的充分利用，有利于企业良好形象的树立，促进产品竞争力的提升，帮助企业获得经济与环境的双重收益，如苹果、惠普和戴尔等公司[53]。然而，在实际中，许多中小型制造商的回收再制造仍受到诸多因素制约，包括再制造产品需求的不确定性、资金与技术投资支出巨大等。授权再制造成为制造商应对上述困难的典型模式，即第三方再制造商向原始制造商支付授权费用，获取专利授权开展再制造业务，最终独立进行再制造产品的售卖工作[110]。授权再制造的产生提高了原始制造商与再制造商参与再制造的积极性，一方面原始制造商能够通过收取授权费用获得更多利润；另一方面再制造商能够通过优化配置自身资源以及提升生产技术等方式不断优化再制造产品生产，增强再制造产品低碳优势，从而促进消费者购买。

但是，政府碳减排政策的实施、市场上的产品竞争也使得原始制造商与再制造商之间原本就存在的竞争关系进一步加剧。政府为了促进碳减排，制定并实施了碳税、碳约束与碳交易等不同政策。在实施这些政策时，两产品制造商的生产均受到碳排放量的限制，两制造商将根据碳排放量、产品单位零售价格、授权费用、政府政策等进行综合考量，以使自身利润最大化。但是，三种碳减排政策对授权再制造模式的作用机制不同，碳税政策通过对新产品征收碳排放税的方式直接增加新产品的生产成本，原始制造商将调整自身生产决策以及通过授权费用影响再制造商决策；而碳约束政策限制了两制造商生产活动的碳排放，尤其是碳排放量较多的新产品将受到较大约束；碳交易市场的建立则为两制造商的生产行为与获取利润的途径提供了更多的可能性。但哪种政策最有效仍需进一步讨论，如哪种政策最有利于再制造产品的生产？哪种政策最有利于原始制造商的授权决策？三种政策下两种产品对环境的影响大小如何？因此，基于授权再制造研究政府三种碳减排政策对制造/再制造的影响，从而确立最优的碳减排政策具有重要现实意义。另外，三种碳减排政策下，原始制造商与授权再制造商分散决策会造成供应链边际效率损失，研究如何基于三种碳减排政策设计再制造合作契约以实现碳减排与收益双赢具有重要现实意义。基于对上述问题的思考，有必要对三种不同碳减排政策下的授权再制造模式进行比较研究，并设计实现碳减排与收益双重目标的协调机制。

因此，本章基于授权再制造构建碳税政策、碳约束政策、碳交易政策下的原始制造商、授权再制造商的博弈模型，研究不同碳减排政策对供应链各参与方单位产品零售价格和销售量、单位授权费用以及环境的影响，从而对比分析不同碳减排政策对两种产品制造商决策的作用效果，并设计固定授权费用协调机制以实现供应链协调，为原始制造商和再制造商在政府推动低碳发展的背景下，选择各方收益最大的再制造合作模式提供参考依据。同时，也为政府设定恰当的碳税额、碳排放上限值及碳交易价格提供决策依据，助力国家持续推进低碳环保建设，实现"双碳"目标。

目前国内外关于授权再制造模式的研究主要有以下几个。黄宗盛等[107]研究专利保护背景下原始制造商最优再制造模式选择问题，发现相对于授权零售商从事再制造，授权第三方再制造对制造商更有利。申成然等[106]考虑再制造成本差异和消费者异质情况，发现原始制造商主要通过收取专利授权费来转移再制造收益。孙浩等[144]进一步考虑原始制造商与授权再制造商的合作模式，发现当原始制造商可以利用专利授权机制保障自身利益时，其并无动机与再制造商进行合作。Zhou 等[110]的进一步研究表明，原始制造商采取授权策略的关键是，授权的间接收益（例如授权费）超过翻新产品销售对新产品销售的蚕食效应。赵晓敏等[118]进一步从长期演化角度进行分析，发现系统演化的均衡结果受再制造授权费的影响。在此基础上，Sarmah 等[113]进一步研究授权费用决策如何影响制造商的初始产品研发投入。曹柬等[119]的研究表明，只有当再制造产业成熟时制造商才可能获得显著收益。

综上可知，上述学者对授权再制造模式的具体形式与影响因素以及不同再制造模式的对比等展开了多角度分析，并取得了一定的成果。但是，授权再制造是解决知识产权纠纷较为有效的再制造模式，随着碳减排政策推进，有必要进一步分析不同碳减排政策对授权再制造模式的影响。因此，本章首先基于授权再制造模式分别建立碳税、碳约束以及碳交易政策下的博弈模型，探讨三种碳减排政策对制造商和授权再制造商博弈结果的影响，并讨论其对环境的影响；其次对比分析政府三种碳减排政策的影响效果，求解政府不同政策的边界条件，并设计固定授权费用协调机制协调供应链，实现碳减排与收益双重目标；最后利用实例进一步研究消费者偏好和单位产品碳排放量在三种碳减排政策下对供应链各方利润的影响，探究原始制造商和再制造商在授权再制造模式下怎样进行运营决策。

4.1　碳税政策对授权再制造影响研究

4.1.1　问题描述

授权再制造时，碳税政策通过对新产品征收碳排放税的方式直接增加新产品的生产成本，原始制造商通过调整新产品生产和授权费用影响再制造商决策，再制造商也会通过调整废旧产品回收率和再制造产品价格来获取竞争优势，但两种产品制造商的决策取决于碳税额、市场竞争程度等多个因素。因此，有必要基于授权再制造模式对政府碳税政策下两种产品制造商的决策机制进行研究，同时针对碳税政策下原始制造商和授权再制造商分散决策导致的效率损失问题设计协调机制，为政府和两种产品制造商的决策提供理论依据。

国内外学者在碳税政策对制造和再制造活动影响方面主要进行了以下研究。部分学者将碳税政策与其他政策进行对比分析，Zhang 等[154]通过 Stackelberg 博弈模型对比分析税收、补贴、税收补贴结合三种政策，得出大多数情况下，监管政策有助于实现最佳环境绩效和最大社会福利，但会增加环境负担。Zhu 等[204]通过构建一个垄断公司模型，对比补贴与碳税政策对再制造产品的消费需求、企业收益、社会福利等的影响。Dou 等[205]衡量了碳税监管下三个不同闭环供应链的经济与环境绩效，发现政府制定的两个补贴税率中，较高的补贴税率能够促进环境的可持续发展。除此之外，还有众多学者探究碳税政策对再制造经济及社会效益的影响。Dou 等[206]通过建立碳税管制下第一阶段仅生产新产品、第二阶段同时生产新产品和再制造产品的两阶段模型，提出监管机构可以在考虑制造商生产决策与再制造特点的基础上，有选择地提高税率控制碳排放。Wang 等[207]通过构建一个两阶段生产决策模型，发现制定合理的碳税政策能够刺激制造商同时投资碳减排技术和再制造。Yenipazarli[27]通过构建主从 Stackelberg 博弈模型研究发现，征收碳税可以使再制造实现经济、环境和社会三个方面的效益。

虽然上述文献对比分析了碳税政策与其他政策对环境的影响，发现碳税政策能够促进环境的可持续发展，并进一步分析了碳税政策对市场

竞争、社会效益、经济效益以及环境效益的影响，发现征收碳税可以使
再制造实现经济、环境和社会三个方面的效益，但是鲜有文献基于授权
再制造模式分析碳税政策对原始制造商和授权再制造商运营决策的影响
并设计相应的协调机制。因此，本节在实施碳税政策的背景下，考虑在
授权再制造模式下，构建原始制造商和再制造商的博弈模型，分析两种
产品单位零售价格和销售量、废旧产品回收率、单位授权费用、两种产
品制造商利润以及环境在政府实施碳税政策下会发生怎样的变化，并进
一步设计固定授权费用协调机制以实现供应链协调。

4.1.2　模型介绍

1. 模型描述

在专利市场中，新产品的知识产权归原始制造商所有，这意味着其
他厂商想要进行专利产品的回收再制造必须得到知识产权所有者的授权。
原始制造商缺乏再制造的专有设备及技术，在授权再制造模式下，原始
制造商会向再制造商收取一定的专利授权费用，再制造商由此获得生产
和销售再制造产品的权利。原始制造商生产新产品的成本会因为政府收
取碳税而增加，这实现了资源的合理配置。因此，基于授权再制造模式，
在政府实施碳税政策的背景下，本书构建了原始制造商与再制造商之间
进行集中决策与分散决策的博弈模型，进而研究政府实施碳税政策对两
产品制造商竞争机制与供应链利润的影响。在授权再制造模式下，原始
制造商是废旧产品知识产权的所有者，可以通过授权再制造商参与再制
造业务。在这个过程中，原始制造商和再制造商都会进行运营决策，从
而追求自身利润最大化。在博弈模型中，原始制造商处于主导地位，其
决策单位新产品的零售价格和单位再制造产品的授权费用。再制造商在
获得原始制造商的授权以后，需向原始制造商支付固定的授权费用，进
而对废旧产品进行回收并负责再制造产品的生产销售，其决策废旧产品
回收率和单位再制造产品零售价格。图 4.1 即为碳税政策下原始制造商
与授权再制造商的博弈模型。

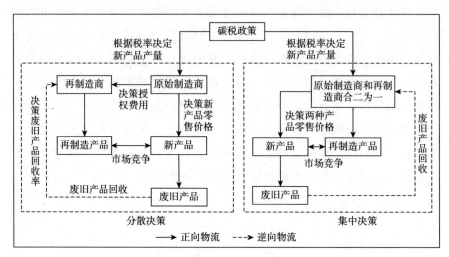

图 4.1 碳税政策下授权再制造模式博弈示意

2. 模型符号

与本节相关的符号及其说明具体见表 4.1。

表 4.1 碳税政策下授权再制造模式相关符号及其说明

符号	说明
决策变量	
q_{in}, q_{ir}	分别表示新产品与再制造产品的销售量，$i \in \{X, D, T, F\}$
p_{in}, p_{ir}	分别代表新产品和再制造产品的单位零售价格，$i \in \{X, D, T, F\}$
z	表示再制造商生产单位再制造产品需向原始制造商支付的授权费用
τ_i	表示再制造商回收废旧产品的数量与新产品销售量之比，即废旧产品回收率，$i \in \{X, D, T, F\}$
相关参数	
D, X	分别表示分散决策模式下政府不实施碳税政策和实施碳税政策时原始制造商及再制造商的生产模式
T, F	分别表示政府采取碳税政策时供应链在集中决策和协调决策下的生产模式
n, r	分别代表原始制造商和再制造商
c_n, c_r	分别代表新产品和再制造产品的单位生产成本，且 $c_n > c_r$
s	代表政府对单位新产品收取的碳税额
e_n, e_r	分别代表生产单位新产品、再制造产品的碳排放量，且 $e_n > e_r$
E_{in}, E_{ir}, E_i	分别代表政府采取 i 政策时，新产品和再制造产品的碳排放量以及两种产品总的碳排放量，$i \in \{X, D, T, F\}$

符号	说明
δ	代表单位再制造产品和新产品零售价格之比，代表消费者对再制造产品的偏好，且 $0 \leqslant \delta \leqslant 1$
π_{in}，π_{ir}	分别代表政府采取 i 政策时，原始制造商、再制造商的利润，$i \in \{X, D, T, F\}$

3. 模型函数

模型函数具体见第 2 章 2.3 节。

4.1.3　模型建立与分析

1. 模型建立

分散决策：

$$原始制造商：\pi_{Xn} = (p_{Xn} - c_n) q_{Xn} - s q_{Xn} + z_X q_{Xr} \tag{4.1}$$

$$再制造商：\pi_{Xr} = (p_{Xr} - c_r - z_X) q_{Xr} - \frac{k}{2}(\tau_X q_{Xn})^2 \tag{4.2}$$

集中决策：

$$\pi_T = (p_{Tn} - c_n - s) q_{Tn} + (p_{Tr} - c_r) q_{Tr} - \frac{k}{2}(\tau_T q_{Tn})^2 \tag{4.3}$$

（4.1）式中的 $(p_{Xn} - c_n) q_{Xn}$ 表示原始制造商通过生产销售新产品所获得的利润，$s q_{Xn}$ 表示碳税政策下政府向原始制造商收取的税款，$z_X q_{Xr}$ 表示授权再制造模式中，再制造商向原始制造商支付的总授权费用。（4.2）式中的 $(p_{Xr} - c_r - z_X) q_{Xr}$ 表示再制造商通过生产销售再制造产品获得的总利润，$\frac{k}{2}(\tau_X q_{Xn})^2$ 表示废旧产品的回收成本。（4.3）式中的 $(p_{Tn} - c_n - s)$ q_{Tn} 表示集中决策模式下销售新产品所得的全部利润，$(p_{Tr} - c_r) q_{Tr}$ 表示集中决策模式下销售再制造产品所得的全部利润，$\frac{k}{2}(\tau_T q_{Tn})^2$ 表示集中决策模式下对废旧产品进行回收的费用。

2. 模型求解

为求得碳税政策下的最优解，首先给出引理 4.1：

（i）（4.2）式中的 π_{Xr} 关于 τ_X 为凹函数，（4.1）式中的 π_{Xn} 关于 q_{Xn}、z_X 为凹函数；

（ⅱ）（4.3）式中的 π_T 关于 q_{Tn} 和 q_{Tr} 是凹函数。

证明：将 $q_{Xr} = \tau_X q_{Xn}$ 和 $p_{Xr} = \delta(1 - q_{Xn} - q_{Xr})$ 代入（4.2）式可得：

$$\pi_{Xr} = (\delta - \delta q_{Xn} - \delta\tau_X q_{Xn} - c_r - z_X)\tau_X q_{Xn} - \frac{k}{2}(\tau_X q_{Xn})^2 \qquad (4.4)$$

对（4.4）式关于 τ_X 求一阶偏导和二阶偏导可得：

$$\frac{\partial \pi_{Xr}}{\partial \tau_X} = (\delta - \delta q_{Xn} - c_r - z_X)q_{Xn} - 2\delta\tau_X q_{Xn}^2 - k\tau_X q_{Xn}^2$$

$$\frac{\partial^2 \pi_{Xr}}{\partial \tau_X^2} = -(2\delta + k)q_{Xn}^2$$

由 $\dfrac{\partial^2 \pi_{Xr}}{\partial \tau_X^2} < 0$ 可知，（4.2）式中 π_{Xr} 关于 τ_X 为凹函数；由一阶导数等于 0 可得：

$$\tau_X^* = \frac{\delta - \delta q_{Xn} - c_r - z_X}{(2\delta + k)q_{Xn}}$$

将 $p_{Xn} = 1 - q_{Xn} - \delta q_{Xr}$ 和 $q_{Xr} = \tau_X^* q_{Xn}$ 代入（4.1）式可得：

$$\pi_{Xn} = \left[1 - q_{Xn} - \delta \frac{\delta(1 - q_{Xn}) - (c_r + z_X)}{2\delta + k} - c_n - s \right] q_{Xn} + \frac{\delta(1 - q_{Xn}) - (c_r + z_X)}{2\delta + k} z_X$$

$$(4.5)$$

对（4.5）式分别关于 q_{Xn}、z_X 求一阶偏导和二阶偏导可得：

$$\frac{\partial \pi_{Xn}}{\partial q_{Xn}} = 1 - 2q_{Xn} - \delta \frac{\delta(1 - 2q_{Xn}) - c_r}{2\delta + k} - c_n - s$$

$$\frac{\partial \pi_{Xn}}{\partial z_X} = \frac{\delta - c_r - 2z_X}{2\delta + k}$$

$$\frac{\partial^2 \pi_{Xn}}{\partial q_{Xn}^2} = -2\left(\frac{2\delta + k - \delta^2}{2\delta + k} \right)$$

$$\frac{\partial^2 \pi_{Xn}}{\partial q_{Xn} \partial z_X} = 0$$

$$\frac{\partial^2 \pi_{Xn}}{\partial z_X^2} = -\frac{2}{2\delta + k}$$

$$\frac{\partial^2 \pi_{Xn}}{\partial z_X \partial q_{Xn}} = 0$$

根据以上分析可得（4.5）式关于 q_{Xn}、z_X 的海森矩阵：

$$H = \begin{bmatrix} -2\left(\dfrac{2\delta + k - \delta^2}{2\delta + k}\right) & 0 \\ 0 & -\dfrac{2}{2\delta + k} \end{bmatrix}$$

$|H| = \dfrac{4}{(2\delta + k)^2}(2\delta + k - \delta^2) > 0$，并且主对角元素均小于 0，故（4.1）式中 π_{Xn} 关于 q_{Xn}、z_X 为凹函数。

同理可证，（4.3）式中 π_T 关于 q_{Tn}、q_{Tr} 为凹函数。

根据引理 4.1 可得碳税政策下分散决策与集中决策的最优解，见结论 1。

结论 1 政府采取碳税政策时授权再制造模式下的最优解见表 4.2。

表 4.2 碳税政策下授权再制造时集中与分散决策模式的最优解

变量	X	T
q_{in}^{*}	$\dfrac{(2\delta - \delta^2 + k) + \delta c_r - (2\delta + k)(c_n + s)}{2(2\delta - \delta^2 + k)}$	$\dfrac{2\delta - 2\delta^2 + k - (2\delta + k)(c_n + s) + 2\delta c_r}{2(2\delta - 2\delta^2 + k)}$
q_{ir}^{*}	$\dfrac{\delta(c_n + s) - c_r}{2(2\delta - \delta^2 + k)}$	$\dfrac{\delta(c_n + s) - c_r}{2\delta - 2\delta^2 + k}$
p_{in}^{*}	$\dfrac{1 + c_n + s}{2}$	$\dfrac{1 + c_n + s}{2}$
p_{ir}^{*}	$\delta \dfrac{2\delta - \delta^2 + k + (\delta + k)(c_n + s) + (1 - \delta)c_r}{2(2\delta - \delta^2 + k)}$	$\delta \dfrac{k(1 + c_n + s) + 2(1 - \delta)(\delta + c_r)}{2(2\delta - 2\delta^2 + k)}$
τ_i^{*}	$\dfrac{\delta(c_n + s) - c_r}{\delta(c_r - \delta) - (2\delta + k)(c_n + s - 1)}$	$\dfrac{2(\delta c_n + \delta s - c_r)}{2\delta - 2\delta^2 + k - (2\delta + k)(c_n + s) + 2\delta c_r}$
z_i^{*}	$\dfrac{\delta - c_r}{2}$	—
π_{in}^{*}	$\dfrac{[1 - (c_n + s)]^2}{4} + \dfrac{[c_r - \delta(c_n + s)]^2}{4(2\delta - \delta^2 + k)}$	—
π_{ir}^{*}	$\dfrac{(2\delta + k)[\delta(c_n + s) - c_r]^2}{8(2\delta - \delta^2 + k)^2}$	—
π_i^{*}	$\dfrac{[1 - (c_n + s)]^2}{4} + \dfrac{[c_r - \delta(c_n + s)]^2}{4(2\delta - \delta^2 + k)} + \dfrac{(2\delta + k)[\delta(c_n + s) - c_r]^2}{8(2\delta - \delta^2 + k)^2}$	$\dfrac{(1 - c_n - s)^2}{4} + \dfrac{[\delta(c_n + s) - c_r]^2}{2(2\delta - 2\delta^2 + k)}$

在表 4.2 中，当 $s=0$ 时可得授权再制造模式下政府不采取碳税政策时的最优解，即模式 D 的最优解。

3. 模型分析

结论 2 授权再制造模式下碳税政策对新产品与再制造产品市场竞争关系的影响：

（ⅰ）分散决策下，当 $s \geq \dfrac{(2\delta+k)(1-c_n)-\delta(\delta-c_r)}{2\delta+k}$ 时，新产品不存在于市场上，当 $s \leq \dfrac{c_r-\delta c_n}{\delta}$ 时，再制造产品不存在于市场上，当 $\dfrac{c_r-\delta c_n}{\delta} < s < \dfrac{(2\delta+k)(1-c_n)-\delta(\delta-c_r)}{2\delta+k}$ 时，新产品与再制造产品共同存在于市场上；

（ⅱ）集中决策下，当 $s \geq \dfrac{(2\delta+k)(1-c_n)-2\delta(\delta-c_r)}{2\delta+k}$ 时，新产品不存在于市场上，当 $s \leq \dfrac{c_r-\delta c_n}{\delta}$ 时，再制造产品不存在于市场上，当 $\dfrac{c_r-\delta c_n}{\delta} < s < \dfrac{(2\delta+k)(1-c_n)-2\delta(\delta-c_r)}{2\delta+k}$ 时，新产品与再制造产品共同存在于市场上。

证明：

（ⅰ） $q_{Xn}^* = \dfrac{(2\delta-\delta^2+k)+\delta c_r-(2\delta+k)(c_n+s)}{2(2\delta-\delta^2+k)} > 0 \Leftrightarrow s < \dfrac{(2\delta+k)(1-c_n)-\delta(\delta-c_r)}{2\delta+k}$ ，$q_{Xr}^* = \dfrac{\delta(c_n+s)-c_r}{2(2\delta-\delta^2+k)} > 0 \Leftrightarrow s > \dfrac{c_r-\delta c_n}{\delta}$ ；

（ⅱ） $q_{Tn}^* = \dfrac{2\delta-2\delta^2+k-(2\delta+k)(c_n+s)+2\delta c_r}{2(2\delta-2\delta^2+k)} > 0 \Leftrightarrow s < \dfrac{(2\delta+k)(1-c_n)-2\delta(\delta-c_r)}{2\delta+k}$ ，$q_{Tr}^* = \dfrac{\delta(c_n+s)-c_r}{2\delta-2\delta^2+k} > 0 \Leftrightarrow s > \dfrac{c_r-\delta c_n}{\delta}$ 。

结论 2 表明，无论在哪种决策模式下，政府实施碳税政策都会影响新产品与再制造产品的市场竞争关系。这是因为，政府实施碳税政策会使得原始制造商生产新产品的成本增加，当单位碳税额大于某一阈值时，原始制造商生产新产品的成本较大，促使原始制造商不得不较大幅度地提高新产品的单位零售价格将成本转移给消费者，而价格的上升导致消费者购买新产品的积极性下降，新产品在市场上的份额逐渐减少，直至在市场上消失。当单位碳税额小于某一阈值时，即碳税政策对原始制造商的约束较小时，再制造商竞争优势较弱，获取的再制造利润较低，再制造商回收再制造的积极性下降，促使再制造产品逐渐从市场中消失。而当单位碳税额处于一定范围时，碳税政策对原始制造商的约束不大，并且再制造商的竞争优势也较高，两种产品在市场上同时存在。

管理启示：新产品和再制造产品的竞争关系受到政府制定的单位碳税额的影响，再制造产品的市场竞争优势可以通过提高单位碳税额来实现，而较低的单位碳税额有利于提高新产品的市场竞争优势。

结论 3　授权再制造模式下碳税政策对最优解的影响：

（i）$\frac{\partial z_X^*}{\partial s}=0$；

（ii）$\frac{\partial p_{in}^*}{\partial s}>0$，$\frac{\partial p_{ir}^*}{\partial s}>0$，$i\in\{X,\ T\}$；

（iii）$\frac{\partial q_{in}^*}{\partial s}<0$，$\frac{\partial q_{ir}^*}{\partial s}>0$，$i\in\{X,\ T\}$；

（iv）当 $\delta>c_r$ 时，$\frac{\partial \tau_i^*}{\partial s}>0$，否则，$\frac{\partial \tau_i^*}{\partial s}\leq0$，$i\in\{X,\ T\}$；

（v）$\frac{\partial \pi_{Xn}^*}{\partial s}<0$，$\frac{\partial \pi_{Xr}^*}{\partial s}>0$，$\frac{\partial \pi_T^*}{\partial s}<0$。

证明：

（i）$\frac{\partial z_X^*}{\partial s}=0$；

（ii）$\frac{\partial p_{Xn}^*}{\partial s}=\frac{\partial p_{Tn}^*}{\partial s}=\frac{1}{2}>0$，$\frac{\partial p_{Xr}^*}{\partial s}=\frac{\delta(\delta+k)}{2(2\delta-\delta^2+k)}>0$，$\frac{\partial p_{Tr}^*}{\partial s}=\frac{\delta k}{2(2\delta-2\delta^2+k)}>0$。

结论（i）和（ii）得证，结论（iii）～（v）的证明类似。

结论 3 说明，碳税额与两种产品的单位零售价格都呈正相关，即政府对原始制造商的生产征收碳税，会造成两种产品单位零售价格提高。造成该现象的原因是，原始制造商对新产品的生产缴纳碳税，变相提高了新产品的生产成本，而作为营利组织的原始制造商为了获得利润，会将这部分增加的成本通过提升产品价格的形式转移给消费者，因此政府实施碳税政策会使新产品的单位零售价格提高。同时，再制造产品在消费市场上与新产品互为竞争关系，再制造商为增加利润也会跟随原始制造商的行为，提高再制造产品的单位零售价格。新产品价格的上升导致其销售量降低，消费者将用更具低碳优势与价格优势的再制造产品替代新产品，因此再制造产品的销售量上升。此外，废旧产品回收率也会上升。政府对新产品征收碳税能够提高再制造产品在市场竞争中的优势，增加再制造产品的市场份额，有利于促进资源的优化配置，在促进低碳发展的同时，吸引更多企业参与再制造，有利于再制造产业的发展。对于原始制造商而言，碳税额的增加不利于其利润的获取。这是因为，原始制造商通过提高新产品的价格转移碳税，但这降低了消费者购买新产品的积极性，从而降低了新产品的竞争优势，促使消费者转而去购买再制造产品，使原始制造商的利润减少。同时，再制造产品销量的增加增强了其竞争优势，再制造商为了获取更多收益，会选择提高再制造产品价格，再制造商整体利润增加。但是，从供应链整体来看，新产品竞争优势下降带来的损失高于再制造产品竞争优势上升带来的利润。这主要是因为，相对于新产品而言，消费者对再制造产品的偏好是小于等于1的，即消费者在放弃购买新产品时，并不一定会选择购买再制造产品，有一部分消费者会放弃购买。

结论4 授权再制造模式下碳税政策对最优解影响的大小顺序：

（i）$p_{Dn}^* < p_{Xn}^* = p_{Tn}^*$，$p_{Dr}^* < p_{Xr}^*$，$p_{Tr}^* < p_{Xr}^*$；

（ii）$q_{Dn}^* > q_{Xn}^* > q_{Tn}^*$，$q_{Dr}^* < q_{Xr}^* < q_{Tr}^*$；

（iii）$\tau_X^* > \tau_T^* > \tau_D^*$；

（iv）$\pi_{Dn}^* > \pi_{Xn}^*$，$\pi_{Xr}^* > \pi_{Dr}^*$，$\pi_X^* < \pi_D^*$，$\pi_X^* < \pi_T^*$。

证明：

（i）$p_{Dn}^* - p_{Xn}^* = -\dfrac{s}{2} < 0$，$p_{Xn}^* = p_{Tn}^* = \dfrac{1 + c_n + s}{2}$，$p_{Dr}^* - p_{Xr}^* =$

$-\dfrac{\delta s(\delta + k)}{2(2\delta - \delta^2 + k)} < 0$，$p_{Tr}^* - p_{Xr}^* = \dfrac{\delta(2\delta + k)(\delta - 1)[\delta(c_n - c_r) - s(1 - \delta)]}{2(2\delta - \delta^2 + k)(2\delta - 2\delta^2 + k)} <$

0。

结论（i）得证，结论（ii）～（iv）的证明类似。

　　结论 4 表明，在分散决策下，相比于政府不实施碳税政策，政府碳税政策的实施会促使原始制造商提高新产品的零售价格，从而将新增的成本转移给消费者。这使得消费者对新产品的购买意愿下降，而对再制造产品的购买意愿上升，因此，新产品的销售量下降，再制造产品的销售量上升，废旧产品的回收率随之上升。同时，由于再制造产品在消费市场上与新产品互为竞争关系，为了获取更多利润再制造商也会跟随原始制造商的行为，提高再制造产品的单位零售价格。此外，由于新产品竞争优势下降，原始制造商利润随之降低，而再制造产品竞争优势的上升，使再制造商利润随之增加。

　　政府实施碳税政策背景下，相比于集中决策，分散决策下，原始制造商不倾向于改变新产品的零售价格使自身处于不利地位，一方面，进一步提升价格会引起消费者的不满，更加不利于新产品的销售，会促使消费者增加对再制造产品的购买，进一步侵蚀新产品的市场份额；另一方面，降低价格会影响原始制造商的利润获取。但是，再制造商会提高再制造产品的价格以期获得更多的利润。再制造产品价格的上升势必会使消费者减少对其的购买，转而购买新产品，这使得再制造产品的销售量下降，新产品销售量上升。由于再制造商在分散决策下仅考虑自身利润，供应链整体利润存在损失。

　　管理启示：政府碳税政策的实施有利于再制造产业的发展，能够提升再制造商回收再制造的积极性；而在政府实施碳税政策背景下，相比于集中决策，分散决策中再制造商为了自身利润的进一步增加而提高再制造产品价格的行为，并不利于其自身的发展，不仅会造成再制造产品的竞争优势下降，还会损失供应链整体利润。

结论 5　碳税政策对环境的影响：

（ⅰ）$E_X < E_D$；

（ⅱ）当 $\dfrac{\delta(c_r - \delta)(2\delta - \delta^2 + k)}{(2\delta + k)[c_r - \delta(c_n + s)]} > \dfrac{e_r}{e_n}$ 时，$E_T > E_X$，否则，$E_T < E_X$。

证明：

政府不采取任何政策时，供应链的总碳排放量为：

$$E_D = \frac{e_n}{2} + \frac{(\delta c_n - c_r)e_r + [\delta c_r - (k + 2\delta)c_n]e_n}{2(2\delta + k - \delta^2)}$$

政府实施碳税政策时，分散决策下供应链对环境的影响为：

$$E_X = \frac{(2\delta - \delta^2 + k) + \delta c_r - (2\delta + k)(c_n + s)}{2(2\delta - \delta^2 + k)}e_n + \frac{\delta(c_n + s) - c_r}{2(2\delta - \delta^2 + k)}e_r$$

政府实施碳税政策时，集中决策下供应链对环境的影响为：

$$E_T = \frac{2\delta - 2\delta^2 + k - (2\delta + k)(c_n + s) + 2\delta c_r}{2(2\delta - 2\delta^2 + k)}e_n + \frac{\delta(c_n + s) - c_r}{2\delta - 2\delta^2 + k}e_r$$

由此可得 $E_X - E_D < 0$，即 $E_X < E_D$；当 $\dfrac{\delta(c_r - \delta)(2\delta - \delta^2 + k)}{(2\delta + k)[c_r - \delta(c_n + s)]} > \dfrac{e_r}{e_n}$

时，$E_T > E_X$，否则，$E_T < E_X$。

结论 5 证毕。

结论 5 说明，当采取授权再制造模式时，政府向原始制造商征收碳税会降低其对环境产生的影响。这是因为，授权再制造模式下，新产品的销售量因政府采取碳税政策大幅降低，虽然再制造产品销量会增加，但新产品与再制造产品相比对环境产生的影响更大，因此政府采取碳税政策会促进两种产品制造商对环境产生的总影响减少，即政府实施碳税政策有利于减少制造过程对环境产生的影响。此外，当政府实施碳税政策时，分散决策与集中决策哪种模式更有利于环境保护还与消费者的产品偏好、两种产品的生产成本以及两种产品的单位碳排放量之比有关，当两种产品单位碳排放量之比大于某一阈值时，集中决策模式对环境更有利，否则，分散决策模式更有利于环境保护。

4.1.4　协调机制

固定授权费方式是指再制造商为了获得再制造产品生产与销售的授权，与原始制造商签订固定授权费用为 f 的契约，即再制造商将其利润中的 f 分给原始制造商。固定授权费协调后两种产品制造商的利润函数为：

$$原始制造商：\pi_{Fn} = (p_{Fn} - c_n - s)q_{Fn} + f \tag{4.6}$$

$$再制造商：\pi_{Fr} = (p_{Fr} - c_r)q_{Fr} - \frac{k}{2}(\tau_F q_{Fr})^2 - f \tag{4.7}$$

结论 6　固定授权费协调后模型的最优解见表 4.3。

表 4.3　碳税政策下授权再制造时固定授权费协调契约的最优解

变量	最优解
p_{Fn}^*	$\dfrac{1+c_n+s}{2}-\dfrac{\delta^2-\delta c_r}{2(2\delta+k)}$
p_{Fr}^*	$\delta\left[\dfrac{\delta+k+c_r}{2(2\delta+k)}+\dfrac{(1-\delta)c_r+(\delta+k)(c_n+s)}{2(2\delta-\delta^2+k)}\right]$
q_{Fn}^*	$\dfrac{(2\delta+k)(1-c_n-s)-\delta(\delta-c_r)}{2(2\delta-\delta^2+k)}$
q_{Fr}^*	$\dfrac{(\delta-c_r)(4\delta-\delta^2+2k)-\delta(2\delta+k)(1-c_n-s)}{2(2\delta-\delta^2+k)(2\delta+k)}$
τ_F^*	$\dfrac{(\delta-c_r)(4\delta-\delta^2+2k)-\delta(2\delta+k)(1-c_n-s)}{(2\delta+k)^2(1-c_n-s)-\delta(2\delta+k)(\delta-c_r)}$
π_{Fn}^*	$\dfrac{(1-c_n-s)^2}{4}+\dfrac{(\delta c_n+\delta s-c_r)^2}{4(2\delta-\delta^2+k)}-\dfrac{(\delta-c_r)^2}{4(2\delta+k)}+f$
π_{Fr}^*	$\dfrac{2c_r^2+(c_n+s)(2\delta^2-c_r)}{8(2\delta-\delta^2+k)}-\dfrac{\delta kc_r(c_n+s)}{4(2\delta-\delta^2+k)(2\delta+k)}+\dfrac{(c_r-\delta)^2}{8(2\delta+k)}+\dfrac{(2\delta+k)[\delta(c_n+s)-c_r]^2}{8(2\delta-\delta^2+k)^2}-f$

为便于论述，记：

$$B=\frac{2c_r^2+(c_n+s)(2\delta^2-c_r)}{8(2\delta-\delta^2+k)}-\frac{\delta kc_r(c_n+s)}{4(2\delta-\delta^2+k)(2\delta+k)}+\frac{(c_r-\delta)^2}{8(2\delta+k)}$$

$$A=\frac{(\delta-c_r)^2}{4(2\delta+k)}$$

结论 7　固定授权费协调效果分析：当 $A<f<B$ 时，$\pi_{Fn}^*>\pi_{Xn}^*$，$\pi_{Fr}^*>\pi_{Xr}^*$。

证明：

$$\pi_{Fn}^*-\pi_{Xn}^*>0\Leftrightarrow f-\frac{(c_r-\delta)^2}{4(2\delta+k)}>0$$

$$\pi_{Fr}^*-\pi_{Xr}^*>0\Leftrightarrow\frac{2c_r^2+(c_n+s)(2\delta^2-c_r)}{8(2\delta-\delta^2+k)}-\frac{\delta kc_r(c_n+s)}{4(2\delta-\delta^2+k)(2\delta+k)}+\frac{(c_r-\delta)^2}{8(2\delta+k)}-f>0$$

通过结论 7 可知，当固定授权费用 f 满足 $A<f<B$ 时，分散决策下的供应链总体利润小于协调机制下原始制造商和再制造商的总体利润，供应链的整体利润在协调机制下达到最大。相对于分散决策而言，协调机制使整个供应链的利润增加，供应链得以协调。

4.1.5 实例研究

政府作为整个市场的管理者，为了促进社会低碳发展，对供应链碳排放量的控制具体表现为对供应链生产过程中的原始制造商征收碳税。为了进一步验证上述结论并分析消费者的偏好对供应链的影响，本小节以中国重型汽车集团有限公司为例进行分析。中国重型汽车集团有限公司由于缺乏再制造的专门技术和设备，通过收取授权费用授权中国重汽集团济南复强动力有限公司负责生产销售再制造发动机，也即本书的授权再制造模式。此外，根据中国汽车工业协会发布的汽车零部件再制造数据：与生产单位新产品相比，生产单位再制造产品不仅可以降低80%的环境影响，还能节约50%的成本、60%的能源、70%的原材料。同时借鉴 Zou 等[129]的研究，取相关参数 $c_n = 0.2$，$c_r = 0.1$，$e_n = 1$，$e_r = 0.2$，$k = 1.1$。

1. 消费者偏好和碳税额对废旧产品回收率的影响

由图 4.2 可知，当消费者偏好一定时，废旧产品回收率与单位碳税额正相关。这是因为，政府对原始制造商单位产品征收的税额越大，原始制造商生产单位新产品的成本越大，为保持自己的利润，原始制造商会在政府提高单位碳税额时提高单位新产品的零售价格，消费者对新产品的购买积极性会因此下降，转而购买再制造产品，再制造商回收废旧产品的积极性提高，废旧产品回收率提升。

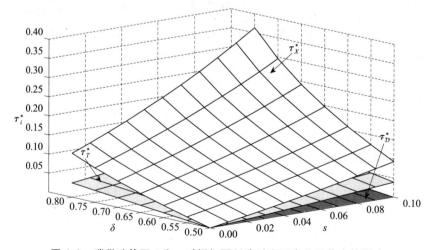

图 4.2　碳税政策下 δ 和 s 对授权再制造时废旧产品回收率的影响

推论 1　消费者偏好对废旧产品回收率的影响：$\dfrac{\partial \tau_D^*}{\partial \delta} > 0$，$\dfrac{\partial \tau_X^*}{\partial \delta} > 0$，

$\dfrac{\partial \tau_T^*}{\partial \delta} > 0$。

由推论 1 可知，当政府征收的碳税额一定时，废旧产品回收率与消费者偏好正相关。这是因为，消费者对再制造产品偏好越大，对再制造产品的需求就越大，再制造商回收再制造的积极性就越高，因此废旧产品回收率就越高。

2. 消费者偏好和碳税额对单位产品零售价格的影响

由图 4.3 可知，在授权再制造模式下，当政府实施碳税政策时，两

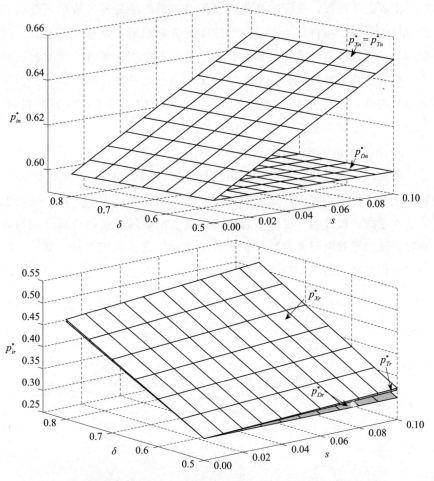

图 4.3　碳税政策下 δ 和 s 对授权再制造时单位产品零售价格的影响

种产品的零售价格与碳税额正相关，即碳税额提高会使新产品和再制造产品的单位零售价格提升。这是因为，政府实施碳税政策时，原始制造商生产新产品的成本增加，这会促使其提高新产品的单位零售价格，从而将部分成本转移给消费者，在市场竞争下，再制造商也会选择提高再制造产品的单位零售价格以获取更多利润。

推论2　消费者偏好对两种产品单位零售价格的影响：

（ⅰ）$\dfrac{\partial p_{Dn}^{*}}{\partial \delta} = \dfrac{\partial p_{Xn}^{*}}{\partial \delta} = \dfrac{\partial p_{Tn}^{*}}{\partial \delta} = 0$；

（ⅱ）$\dfrac{\partial p_{Dr}^{*}}{\partial \delta} = \dfrac{\partial p_{Xr}^{*}}{\partial \delta} = \dfrac{\partial p_{Tr}^{*}}{\partial \delta} > 0$。

由推论2可知，政府实施碳税政策时，新产品的零售价格不受消费者偏好的影响，而再制造产品的单位零售价格与消费者偏好正相关。这是因为，随着消费者偏好的提升，新产品的竞争优势下降，原始制造商为了改变自身不利地位，一般不倾向于改变产品价格。同时，由于消费者偏好提升，再制造产品的竞争优势会不断增强，为了获取更多利润，再制造商会提高再制造产品的零售价格。

3. 消费者偏好和碳税额对产品销售量的影响

根据图4.4可知，新产品的销售量与碳税额负相关，再制造产品的销售量与碳税额正相关。这是因为，政府实施碳税政策时，新产品的生产成本增加，提升新产品的零售价格便成了原始制造商保持自己利润的选择，这会导致消费者的购买积极性下降，使新产品销售量下降，而市场竞争促使再制造产品的销售量提升。

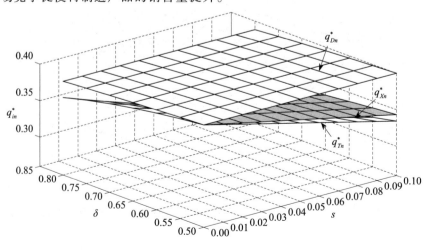

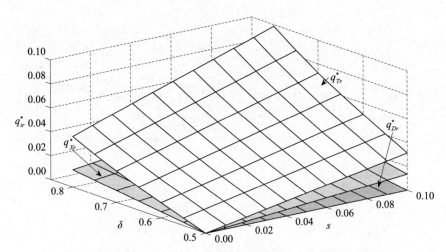

图 4.4　碳税政策下 δ 和 s 对授权再制造时产品销售量的影响

推论 3　消费者偏好对两种产品销售量的影响：

（ⅰ）$\dfrac{\partial q_{Dn}^{*}}{\partial \delta}=\dfrac{\partial q_{Xn}^{*}}{\partial \delta}=\dfrac{\partial q_{Tn}^{*}}{\partial \delta}<0$；

（ⅱ）$\dfrac{\partial q_{Dr}^{*}}{\partial \delta}=\dfrac{\partial q_{Xr}^{*}}{\partial \delta}=\dfrac{\partial q_{Tr}^{*}}{\partial \delta}>0$。

从推论 3 中可以看出，消费者偏好与新产品的销售量负相关，与再制造产品的销售量正相关。这是因为，消费者偏好的大小体现了消费者对再制造产品的购买意愿，消费者偏好增加意味着比起新产品，消费者更愿意购买再制造产品。这种购买意愿的改变势必会降低新产品的销售量，增加再制造产品的销售量。

4. 消费者偏好和碳税额对两种产品制造商利润的影响

由图 4.5 可知，原始制造商利润与碳税额负相关，再制造商利润与碳税额正相关。这是因为，政府采取碳税政策会直接增加原始制造商的生产成本，降低新产品的销售量，导致原始制造商利润减少。然而，市场竞争下，再制造产品的零售价格与销售量均增加，再制造商利润随之增加。

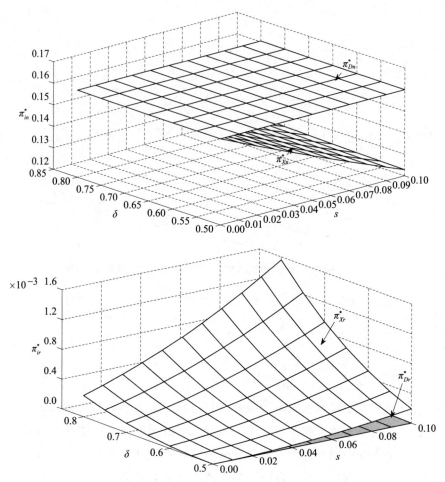

图 4.5 碳税政策下 δ 和 s 对授权再制造时制造商利润的影响

推论 4 消费者偏好对两种产品制造商利润的影响：

（ⅰ）$\dfrac{\partial \pi_{Dn}^{*}}{\partial \delta} = \dfrac{\partial \pi_{Xn}^{*}}{\partial \delta} < 0$；

（ⅱ）$\dfrac{\partial \pi_{Dr}^{*}}{\partial \delta} = \dfrac{\partial \pi_{Xr}^{*}}{\partial \delta} > 0$；

（ⅲ）$\dfrac{\partial \pi_{T}^{*}}{\partial \delta} > 0$。

从推论 4 中可以看出，消费者偏好与原始制造商利润负相关，与再制造商利润正相关。这是因为，当消费者更偏好再制造产品时，再制造产品的销售量就会增加，再制造商的利润也会随之增加。这时消费者对于新产品的购买减少，原始制造商的利润也会随之下降。

4.1.6　结论与启示

为分析政府采取碳税政策对原始制造商和授权再制造商的影响，本节首先基于政府碳税政策构建由原始制造商和授权再制造商在集中决策与分散决策两种不同的决策模式下所组成的博弈模型；其次对比分析政府是否采取碳税政策和政府采取碳税政策背景下分散与集中决策对供应链中两种产品单位零售价格和销售量、制造商利润等的影响；最后通过实例研究验证本书的研究结果。本节主要得到以下研究结论和管理启示。

第一，对制造/再制造的影响：相比于不采取碳税政策，政府碳税政策的实施能有效地降低新产品的销售量，从而抑制原始制造商的碳排放，同时还能使再制造产品销量提高及再制造商利润增加，促进再制造业的发展；但是在政府实施碳税政策的背景下，相比于集中决策，分散决策不利于再制造产品的销售，会降低再制造业的竞争优势，使供应链存在利润损失。

第二，对环境的影响：相比于不采取碳税政策，政府碳税政策的实施更有利于降低两种产品对环境的总影响；而在政府采取碳税政策的背景下，供应链中制造商分散与集中决策对环境的影响与两种产品的单位碳排放量有关，当两种产品单位碳排放量之比大于某一阈值时，集中决策下更有利于保护环境，反之，分散决策下更有利于保护环境。

第三，协调机制：针对分散决策中供应链存在的利润损失问题，设计固定费用协调机制，再制造商通过向原始制造商支付固定的授权费用来加强与原始制造商的合作，并且当固定费用处于一定区间时，能够使两制造商获得高于分散决策时的利润，不仅实现了双方利润的增加，还实现了供应链整体的协调。

管理启示：政府可以采取措施提高消费者的环保意识，加深消费者对再制造产品的了解。例如，政府的宣传部门可以推出公益广告等提升消费者对再制造的认识。同时，政府可以加大扶持力度，鼓励再制造商回收再制造，进一步促进再制造业发展。再制造商自身也应当主动承担起发展再制造业的重任，通过促销和延长产品保质期等方式来鼓励消费者购买再制造产品。

4.2 碳约束政策对授权再制造影响研究

4.2.1 问题描述

碳约束政策是政府为限制企业碳排放总量制定的限制性政策，即政府根据环保指标、企业规模和产品生产模式等设定企业生产的碳排放上限值，超过该上限值即视为碳排放过量，将受到高额的处罚[7]。政府采取碳约束政策时，碳排放上限值是对新产品和再制造产品生产进行约束的条件，尤其是碳排放量较多的新产品的生产将受到较大约束，原始制造商为最小化损失将调整新产品生产策略，使产品的碳排放总量不超过上限值，并通过决策授权费用来约束再制造商的生产活动，再制造商也会调整再制造决策来获取竞争优势。两种产品制造商的决策取决于碳排放上限值的高低、市场竞争程度、整改成本等多个因素。因此，有必要对授权再制造时政府碳约束政策下两种产品制造商的决策机制进行研究，并针对分散决策时供应链效率损失问题设置协调机制实现减排与收益双赢，为政府和两种产品制造商决策提供理论依据。

目前国内外有关碳约束政策对制造/再制造的影响研究主要有以下几个。①碳约束政策对不同市场供应链的影响研究。朱慧赟等[192]基于碳约束与碳交易政策构建寡头垄断制造商两期生产决策模型，讨论制造商生产定价策略如何受到碳排放上限值与碳交易价格的影响。Du 等[193]研究设定碳排放上限这一政策对制造商和排放许可证供应商组成的依赖型供应链的决策和社会福利公平分配的影响，研究发现，排放上限的提高在减少供应商利润的同时增加了制造商的利润，但在特定情况下，供应链各方能够通过协调合作获得更多利润。②企业减排模式决策研究。Liu 等[199]试图寻找碳约束机制下的最佳减排模式，得出制造商与零售商联合减排模式的效果最佳，且碳价格可以显著影响企业碳排放水平。Drake 等[208]研究了碳税政策和碳约束政策对企业减排技术选择和产能决策的影响。而 Xia 等[209]对碳约束及碳交易下的供应链定价决策和碳减排决策进行了研究，其考虑了社会偏好以及消费者低碳意识对供应链决策的影响。Miao 等[210]研究了碳税政策、碳约束政策与碳交易政策下再制造供应链最优生产决策，其认为碳法规有利于再制造产业发展并且能够减少碳排放，但不利于制造商，然而制造商可以通过政府补贴来增加自身收益。③多种因素共同作用下的供应链生产决策研究。Zhao 等[211]建立了不确定性质量和碳排放下的再制造系统模型，分析不同策略下的最大利润和最优决策，当考虑质量和碳排放不确定性时，再制造系统可以获得更大的利润和产生更少的碳排放。Shu 等[194]建立了包含碳约束的 EOQ 模型，考虑制造、再制造和运输过程中的碳排放情况并探究有无碳约束政策时制造、再制造的最优产量，发现有碳约束时，原始制造商与再制造商的总成本和碳排放量比没有约束时要少。Wang 等[212]研究了资本和碳排放共同约束下的混合系统生产决策问题，发现资本约束有利于减少碳排放，碳约束可以促进再制造，而存在资本约束时，碳约束政策会对企业的生产决策产生更大的影响。

　　综上可知，国内外有关碳约束政策对制造/再制造影响的研究主要集中于碳约束政策对市场竞争、减排模式、供应链生产决策的影响上，发现碳约束政策有利于减少供应链总成本和碳排放量。但是，鲜有文献基于授权再制造分析碳约束政策下原始制造商和再制造商的运营决策并设计相应的协调机制。因此，本节基于授权再制造模式，假定政府实施碳约束政策，分别构建原始制造商与再制造商集中决策与分散决策的博弈模型，分析政府碳约束政策对两种产品单位零售价格和销售量、废旧产品回收率、单位授权费用、两种产品制造商利润以及环境的影响，并设计固定授权费用协调机制以实现供应链协调。

4.2.2　模型介绍

1. 模型描述

　　本书在政府实施碳约束政策的背景下，构建了一个原始制造商以及授权再制造商的博弈模型（见图 4.6）。在这个博弈模型中，原始制造商为高耗能、高排放的制造企业，其生产并销售的新产品在生产过程中的碳排放量一般会超过政府规定的碳排放限额，因此会受到政府约束，政府通过对制造商超过碳排放限额的部分收取罚金来限制新产品的碳排放。再制造商回收废旧产品进行再制造，废旧产品回收再制造过程所产生的碳排放量相对较少，一般低于政府规定的碳排放限额，也因此不受政策的直接约束。但作为市场供应链的一环，再制造商的产销活动还是会受到政府政策的间接影响。在博弈模型之中，博弈双方决策顺序为：首先政府作为政策制定和执行者，明确实施碳约束政策；其次原始制造商决策单位新产品的零售价格和单位再制造产品的授权费用；最后再制造产品的零售价格由再制造商根据市场情况决定。

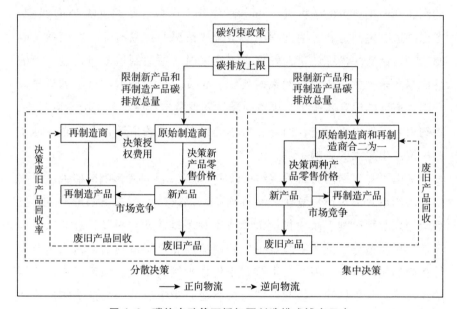

图 4.6　碳约束政策下授权再制造模式博弈示意

2. 模型符号

本节用到的相关符号及其说明见表 4.4。

表 4.4　碳约束政策下授权再制造模式相关符号及其说明

符号	说明
决策变量	
q_{in}，q_{ir}	分别表示新产品与再制造产品的销售量，$i \in \{D, O, U, V\}$
p_{in}，p_{ir}	分别代表新产品和再制造产品的单位零售价格，$i \in \{D, O, U, V\}$
z	表示再制造商生产单位再制造产品需向原始制造商支付的授权费用
τ_i	表示再制造商回收废旧产品的数量与新产品销售量之比，即废旧产品回收率，$i \in \{D, O, U, V\}$

符号	说明
	相关参数
D, O	分别表示分散决策模式下政府不实施碳约束政策和实施碳约束政策时的供应链生产模式
U, V	分别表示集中决策和协调决策下政府采取碳约束政策时的供应链生产模式
n, r	分别代表原始制造商、再制造商
c_n, c_r	分别代表新产品和再制造产品的单位生产成本，且 $c_n > c_r$
T	代表政府设定的碳排放上限值
e_n, e_r	分别代表生产单位新产品、再制造产品的碳排放量，且 $e_n > e_r$
E_{in}, E_{ir}, E_i	分别代表政府采取 i 政策时，新产品和再制造产品的碳排放量以及两种产品总的碳排放量，$i \in \{D, O, U, V\}$
δ	代表单位再制造产品和新产品零售价格之比，即消费者对再制造产品的偏好
π_{in}, π_{ir}	分别代表政府采取 i 政策时，原始制造商、再制造商的利润，$i \in \{D, O, U, V\}$

3. 模型函数

本节用到的模型函数具体见第 2 章 2.3 节。

4.2.3 模型建立与求解

1. 模型建立

分散决策：

$$原始制造商:\begin{cases} \max\pi_{On}(q_{On}, z_O) = (p_{On} - c_n)q_{On} + z_O q_{Or} \\ s.t.\ e_n q_{On} + e_r q_{Or} = T \end{cases} \quad (4.8)$$

$$再制造商:\pi_{Or} = (p_{Or} - c_r - z_O)q_{Or} - \frac{k}{2}(\tau_O q_{On})^2 \quad (4.9)$$

集中决策：

$$\begin{cases} \max\pi_U = (p_{Un} - c_n)q_{Un} + (p_{Ur} - c_r)q_{Ur} - \frac{k}{2}(q_{Ur})^2 \\ s.t.\ e_n q_{Un} + e_r q_{Ur} = T \end{cases} \quad (4.10)$$

（4.8）式中的 $(p_{On} - c_n)q_{On}$ 表示分散决策模式下，产销新产品给原始制造商带来的利润，$z_O q_{Or}$ 表示原始制造商收到的再制造商支付的总授权费用，$e_n q_{On} + e_r q_{Or} = T$ 表示碳约束政策下政府给予原始制造商产品的碳排放限额。(4.9)式中 $(p_{Or} - c_r - z_O) q_{Or}$ 表示分散决策模式下,产销再制造产品给再制造商带来的利润,$\frac{k}{2}(\tau_O q_{On})^2$ 表示回收废旧产品的成本。(4.10)式中的 $(p_{Un} - c_n) q_{Un} + (p_{Ur} - c_r) q_{Ur}$ 表示集中决策模式下供应链生产销售两种产品所获得的总利润。

2. 模型求解

为求得政府碳约束政策下的最优解,首先给出引理4.2:

(i)(4.9)式中 π_{Or} 关于 τ_O 为凹函数,将求得的最优解 $\tau_O^*(q_{On}, z_O)$ 代入(4.8)式,可得(4.8)式中 π_{On} 关于 q_{On}、z_O 为凹函数;

(ii)(4.10)式中 π_U 关于 q_{Un}、q_{Ur} 为凹函数。

结论1 政府采取碳约束政策时集中决策和分散决策的最优解。

碳约束政策下集中决策时的最优解:

$$q_{Un}^* = \frac{2\delta Te_r - (k + 2\delta)Te_n + \delta e_n e_r - c_r e_n e_r - e_r^2 + c_n e_r^2}{4\delta e_n e_r - ke_n^2 - 2\delta e_n^2 - 2e_r^2}$$

$$q_{Ur}^* = \frac{2\delta Te_n - 2Te_r + e_n e_r - c_n e_n e_r - \delta e_n^2 + c_r e_n^2}{4\delta e_n e_r - ke_n^2 - 2\delta e_n^2 - 2e_r^2}$$

$$p_{Un}^* = \frac{[(2\delta + k)e_n - \delta(\delta - c_r)e_n - (2\delta + k - 2\delta^2)T]e_n - (c_r + 2\delta + \delta c_n)e_n e_r + (1 + c_n)e_r^2}{2\delta e_n^2 + ke_n + 2e_r^2 - 4\delta e_n e_r}$$

$$p_{Ur}^* = \delta\frac{(3\delta + c_r + c_n - 1)e_n e_r - (c_r + \delta + k)e_n^2 - (c_n + 1)e_r^2 + Tke_n + 2(1 - \delta)Te_r}{4\delta e_n e_r - ke_n^2 - 2\delta e_n^2 - 2e_r^2}$$

$$\tau_U^* = \frac{2\delta Te_n - 2Te_r + e_n e_r - c_n e_n e_r - \delta e_n^2 + c_r e_n^2}{2\delta Te_r - (k + 2\delta)Te_n + \delta e_n e_r - c_r e_n e_r - e_r^2 + c_n e_r^2}$$

碳约束政策下分散决策时的最优解见表4.5。

表 4.5 碳约束政策下授权再制造时分散决策模式的最优解

变量	最优解
q_{On}^*	$\dfrac{2\delta Te_r - 2(k + 2\delta)Te_n + \delta e_n e_r - c_r e_n e_r - e_r^2 + c_n e_r^2}{2(2\delta e_n e_r - ke_n^2 - 2\delta e_n^2 - e_r^2)}$
q_{Or}^*	$\dfrac{2\delta Te_n - 2Te_r + e_n e_r - c_n e_n e_r - \delta e_n^2 + c_r e_n^2}{2(2\delta e_n e_r - ke_n^2 - 2\delta e_n^2 - e_r^2)}$
p_{On}^*	$\dfrac{(2\delta + \delta c_n + c_r)e_n e_r + (-2k - 4\delta + \delta^2 - \delta c_r)e_n^2 + 2(k + 2\delta - \delta^2)Te_n - (1 + c_n)e_r^2}{2(2\delta e_n e_r - ke_n^2 - 2\delta e_n^2 - e_r^2)}$

变量	最优解
p_{0r}^*	$\dfrac{(3\delta + c_n + c_r - 1)\delta e_n e_r - (3\delta + 2k + c_r)\delta e_n^2 - (1 + c_n)\delta e_r^2 + 2(\delta e_n - \delta e_r + k e_n + e_r)\delta T}{2(2\delta e_n e_r - k e_n^2 - 2\delta e_r^2 - e_r^2)}$
τ_0^*	$\dfrac{2\delta T e_n - 2T e_r + e_n - c_n e_n e_r - \delta e_n^2 + c_r e_r^2}{2\delta T e_r - 2(k + 2\delta)T e_n + \delta e_n e_r - c_r e_n e_r - e_r^2 + c_n e_r^2}$
z_0^*	$\dfrac{\delta}{2} + \dfrac{(2\delta + k - \delta^2)(2T - e_n)e_r + (2\delta + k)(c_r e_n^2 + c_n e_n e_r) - \delta c_n e_r^2 - 3\delta c_r e_n e_r + 2 c_r e_r^2}{2(2\delta e_n e_r - k e_n^2 - 2\delta e_r^2 - e_r^2)}$

3. 模型分析

结论 2　碳约束政策对环境的影响：

（ⅰ）存在碳约束时，供应链的总碳排放量 $E_O = E_U = T$；

（ⅱ）不存在碳约束时，两种产品总的碳排放量 $E_D = \dfrac{e_n}{2} +$

$\dfrac{(c_r - \delta c_n)e_r + [(k + \delta)c_n - \delta c_r]e_n}{2(\delta^2 - \delta - k)}$。

当 $E_O = E_U \geqslant E_D$ 时，即 $T \geqslant \dfrac{e_n}{2} + \dfrac{(\delta c_n - c_r)e_r + [\delta c_r - (k + 2\delta)c_n]e_n}{2(2\delta + k - \delta^2)}$ 时，

两种产品制造商依据最优决策所得出的产量进行生产时，所产生的总碳排放量小于等于政府规定的碳排放上限值，此时，碳约束政策对两制造商的生产决策不会产生任何影响。当 $E_O = E_U < E_N$ 时，即 $T < \dfrac{e_n}{2} +$

$\dfrac{(\delta c_n - c_r)e_r + [\delta c_r - (k + 2\delta)c_n]e_n}{2(2\delta + k - \delta^2)}$ 时，即政府设定的碳排放上限值低于两

产品制造商依据最优决策所得出的产量进行生产时产生的碳排放量，碳约束政策对两制造商的生产决策产生影响，超过碳排放上限的生产活动将会受到政府惩罚，因而两制造商将依据碳排放上限值 T 进行决策。因此，政府制定的碳约束上限值超过一定阈值时并不会影响两制造商的生产决策，此时实施碳约束政策毫无意义，由此政府实施碳约束政策需要满足以下假设。

假设 1：政府实施碳约束政策时，碳排放上限值的取值范围应满足

$T < \dfrac{e_n}{2} + \dfrac{(\delta c_n - c_r)e_r + [\delta c_r - (k + 2\delta)c_n]e_n}{2(2\delta + k - \delta^2)} = M$，否则实施碳约束政策不会

对两制造商原有生产行为产生任何作用。

结论3　授权再制造时碳约束政策对最优解的影响：

（ⅰ）$\dfrac{\partial z_o^*}{\partial T} < 0$；

（ⅱ）$\dfrac{\partial p_{On}^*}{\partial T} < 0$，$\dfrac{\partial p_{Un}^*}{\partial T} < 0$，$\dfrac{\partial p_{Or}^*}{\partial T} < 0$，$\dfrac{\partial p_{Ur}^*}{\partial T} < 0$；

（ⅲ）$\dfrac{\partial q_{On}^*}{\partial T} > 0$，$\dfrac{\partial q_{Un}^*}{\partial T} > 0$，当 $\delta > \dfrac{e_r}{e_n}$ 时，$\dfrac{\partial q_{Or}^*}{\partial T} < 0$，$\dfrac{\partial q_{Ur}^*}{\partial T} < 0$，当 $\delta < \dfrac{e_r}{e_n}$ 时，

$\dfrac{\partial q_{Or}^*}{\partial T} > 0$，$\dfrac{\partial q_{Ur}^*}{\partial T} > 0$。

根据结论3，碳排放上限值提高有利于降低新产品和再制造产品的单位零售价格。这是因为，政府设定的碳排放上限值提高时，原始制造商生产受到的碳排放限制变小，即新产品生产成本降低，原始制造商将降低新产品单位零售价格以增加新产品的销售量，作为竞争者的再制造商将同时降低再制造产品价格。碳排放上限值越高，新产品销售量越大，原始制造商所得利润越多，再制造产品价格越低，再制造商生产积极性也越低。此时，为了降低再制造商的生产压力，原始制造商将降低授权费。但对于再制造产品销售量而言，只有 $\delta < e_r/e_n$ 这一条件满足时，碳排放上限值提高才能增加再制造产品销售量，而当 $\delta > e_r/e_n$ 时，碳排放上限值提高会降低再制造产品销售量。因此，政府在实施碳约束政策时，可采取一些宣传引导措施推动消费者增加对再制造产品的消费。

4.2.4　协调机制

在特许经营契约下，假设原始制造商为再制造商提供的契约为 $(z_V,$ $v)$，v 是原始制造商为了激励再制造商进行再制造活动而支付的固定费用，即将自己利润的一部分与再制造商共享。契约能够达成的关键在于固定费用的多少，如果固定费用合适则原始制造商会接受该契约，再制造商对此契约进行最优决策。根据特许经营契约，两制造商的利润函数分别为：

$$原始制造商：\begin{cases} \max \pi_{Vn}(q_{Vn}, z_V) = (p_{Vn} - c_n)q_{Vn} + z_V q_{Vr} - v \\ \text{s. t. } e_n q_{Vn} + e_r q_{Vr} = T \end{cases} \quad (4.11)$$

$$\text{再制造商：} \pi_{Vr} = (p_{Vr} - c_r - z_V) q_{Vr} - \frac{k}{2} (\tau_V q_{Vn})^2 + v \tag{4.12}$$

由（4.11）式和（4.12）式可得，原始制造商与再制造商决策模型为：

$$\max \pi_{Vr} = (p_{Vr} - c_r - z_V) q_{Vr} - \frac{k}{2} (q_{Vr})^2 + v$$

$$\text{s. t. } q_{Vn}, z_V \in \max \pi_{Vn} (q_{Vn}, z_V) = (p_{Vn} - c_n) q_{Vn} + z_V q_{Vr} - v$$

$$e_n q_{Vn} + e_r q_{Vr} = T$$

$$\pi_{Vn}^* \geqslant \pi_{On}^*$$

结论 4　碳约束政策下授权再制造时特许经营契约协调机制的最优解见表 4.6。

表 4.6　碳约束政策下授权再制造时特许经营契约协调机制的最优解

变量	最优解
q_{Vn}^*	$\dfrac{2\delta T e_r - (k + 2\delta) T e_n + \delta e_n e_r - c_r e_n e_r - e_r^2 + c_n e_r^2}{4\delta e_n e_r - k e_n^2 - 2\delta e_n^2 - 2e_r^2}$
q_{Vr}^*	$\dfrac{2\delta T e_n - 2T e_r + e_n e_r - c_n e_n e_r - \delta e_n^2 + c_r e_n^2}{4\delta e_n e_r - k e_n^2 - 2\delta e_n^2 - 2e_r^2}$
p_{Vn}^*	$\dfrac{(4\delta + c_r + \delta c_n) e_n e_r - (k + \delta + \delta c_r) e_n^2 - (1 + c_n) e_r^2 + T(k + 2\delta + 2\delta^2) e_n}{4\delta e_n e_r - k e_n^2 - 2\delta e_n^2 - 2e_r^2}$
p_{Vr}^*	$\delta \dfrac{(3\delta + c_r + c_n - 1) e_n e_r - (k + \delta + c_r) e_n^2 - (1 + c_n) e_r^2 + 2T(1 - \delta) e_r + kT e_n}{4\delta e_n e_r - k e_n^2 - 2\delta e_n^2 - 2e_r^2}$
z_V^*	$\dfrac{[(3\delta^2 - \delta - k) + (k + \delta) c_n - 3\delta c_r] e_n e_r + [2(\delta - \delta^2 + k) e_r - \delta k e_n] T}{4\delta e_n e_r - k e_n^2 - 2\delta e_n^2 - 2e_r^2}$ $-$ $\dfrac{\delta(\delta - c_r) e_n^2 + (\delta + \delta c_n - 2c_r) e_r^2}{4\delta e_n e_r - k e_n^2 - 2\delta e_n^2 - 2e_r^2}$
v^*	$\pi_U^* - \pi_{On}^*$
π_{Vn}^*	π_{On}^*
π_{Vr}^*	$\pi_U^* - \pi_{Vn}^*$

结论 5　采用特许经营契约（z_V^*，v^*）可以使供应链达到协调。

结论 5 结果表明，碳约束政策下，特许经营契约的签订可以使再制造商额外获得一定费用，从而更加积极地投入再制造产品的生产过程中，再制造产品的产量也会随之增加。不仅如此，碳约束政策下原始制造商与再制造商在该契约达成后可以实现合作共赢，使供应链总利润最大化，进一步促进再制造产业发展。

4.2.5　实例研究

为验证上述结论并进一步分析消费者偏好对制造/再制造的影响，本小节以中国重型汽车集团有限公司为例进行分析。中国重型汽车集团有限公司由于缺乏再制造的专门技术和设备，通过收取授权费用授权中国重汽集团济南复强动力有限公司负责生产销售再制造发动机，也即授权再制造模式。此外，根据中国汽车工业协会发布的数据，与生产单位新产品相比，生产单位再制造产品不仅可以降低80%的环境影响，还能节约50%的成本、60%的能源、70%的原材料。同时，借鉴Zou等[129]的研究，取相关参数$c_n = 0.2$，$c_r = 0.1$，$e_n = 1$，$e_r = 0.2$，$k = 1.1$。

1. 碳排放上限值和消费者偏好对单位产品零售价格的影响

由图4.7可知，两种产品的单位零售价格与碳排放上限值均呈负相关，即随着碳排放上限值的提高，新产品与再制造产品的单位零售价格均下降。这是因为，随着政府设定的碳排放上限值提高，其对原始制造商的碳约束逐渐减小，为了增加消费者对新产品的购买积极性，原始制造商选择降低产品价格。同时，再制造商为了抢夺竞争优势，也会选择降低再制造产品的零售价格。

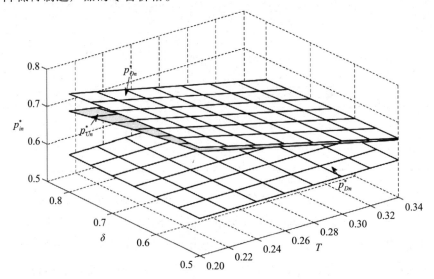

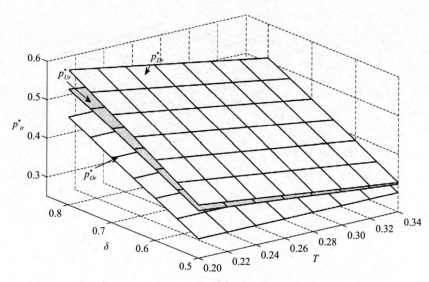

图 4.7　碳约束政策下 T 和 δ 对授权再制造时单位产品零售价格的影响

推论 1　消费者偏好对两种产品单位零售价格的影响：

（i）$\dfrac{\partial p_{Dn}^{*}}{\partial \delta}=0$, $\dfrac{\partial p_{in}^{*}}{\partial \delta}<0$, $i\in\{O,\ U\}$；

（ii）$\dfrac{\partial p_{ir}^{*}}{\partial \delta}>0$, $i\in\{D,\ O,\ U\}$。

由推论 1 可知，碳约束政策下，新产品单位零售价格与消费者偏好负相关，再制造产品单位零售价格与消费者偏好正相关。δ 数值的增大意味着消费者相较于新产品更倾向于购买再制造产品，因此再制造商倾向于提升再制造产品的零售价格以获得更多的利润，而原始制造商为了改变不利地位会选择降低新产品的价格。

2. 碳排放上限值和消费者偏好对产品销售量和废旧产品回收率的影响

由图 4.8 可知，新产品的销售量与碳排放上限值呈正相关，再制造产品的销售量与碳排放上限值呈负相关，废旧产品回收率与碳排放上限值呈负相关。T 值的增大意味着政府给予了制造商更多的碳排放额度，原始制造商希望销售更多的新产品，为达目的它们会选择降低新产品的零售价格；而对于再制造商而言，新产品价格下降会导致再制造产品的竞争优势逐渐减弱，再制造产品的销售量会随之减少，废旧产品的回收率也会随之下降。

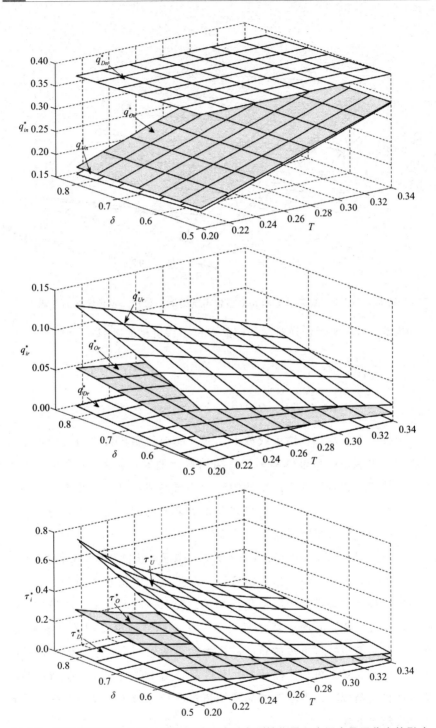

图 4.8　碳约束政策下 T 和 δ 对授权再制造时产品销售量和废旧产品回收率的影响

推论 2　消费者偏好对两种产品销售量和废旧产品回收率的影响：

（ⅰ）$\dfrac{\partial q_{in}^{*}}{\partial \delta}<0$，$i \in \{D,\ O,\ U\}$；

（ⅱ）$\dfrac{\partial q_{ir}^{*}}{\partial \delta}>0$，$i \in \{D,\ O,\ U\}$；

（ⅲ）$\dfrac{\partial \tau_{i}^{*}}{\partial \delta}>0$，$i \in \{D,\ O,\ U\}$。

由推论 2 可知，新产品销售量与消费者偏好负相关，再制造产品销售量与消费者偏好正相关，即当消费者对再制造产品的偏好逐渐增强时，消费者对新产品的购买积极性逐渐下降，对再制造产品的购买积极性逐渐上升，导致新产品销售量下降，再制造产品销售量上升，废旧产品回收率也随之上升。

3. 碳排放上限值和消费者偏好对两制造商利润的影响

由图 4.9 可知，原始制造商的利润与碳排放上限值呈正相关，而再制造商的利润与碳排放上限值呈负相关。这是因为，随着碳排放上限值的提高，原始制造商会通过降低新产品的零售价格来获取新的竞争优势，在此条件下，吸引了大部分消费者前来购买，导致新产品的销售量上升，原始制造商的利润也随之增加。同时，由于新产品的竞争优势增强，在相应市场竞争下，再制造产品的竞争优势下降，再制造商为了留住消费者也选择降低再制造产品的零售价格，但是再制造产品的销售量仍在下降，导致再制造商的利润随之减少。

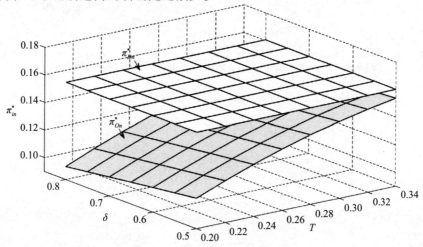

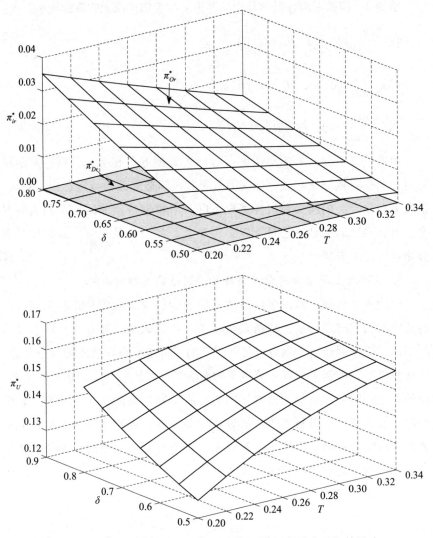

图 4.9 碳约束政策下 T 和 δ 对授权再制造时制造商利润的影响

推论 3 消费者偏好对制造商利润的影响：

（i） $\dfrac{\partial \pi_{in}^{*}}{\partial \delta} < 0$，$i \in \{D, O\}$；

（ii） $\dfrac{\partial \pi_{ir}^{*}}{\partial \delta} > 0$，$i \in \{D, O\}$；

（iii） $\dfrac{\partial \pi_{U}^{*}}{\partial \delta} > 0$。

由推论 3 可知，原始制造商利润与消费者偏好负相关，再制造商利润与消费者偏好正相关。这是因为，政府实施碳约束政策后，随着消费者对再制造产品的偏好不断增加，消费者对再制造产品的需求会增加，为了获取更多利润，再制造商会选择提升再制造产品的零售价格，再制造商的利润随之增加，再制造产品会抢占新产品市场份额，原始制造商利润会因此减少。

4.2.6　结论与启示

本书在假定政府实行碳约束政策的基础之上构建博弈模型，深入研究了该政策如何影响两产品制造商的产销情况，主要得出以下研究结论和管理启示。

第一，两产品单位零售价格会随着政府碳排放上限值的增大而下降。新产品价格的下降会促使消费者增加对其的购买，原始制造商的利润也会增加。但是，这会降低再制造产品竞争优势，不利于再制造业的发展。

第二，原始制造商可以通过降低授权费用来减小再制造商生产压力。但对于再制造产品销售量而言，只有消费者偏好小于再制造产品与新产品单位碳排放量比值这一条件满足时，碳排放上限值增大才能增加再制造产品销售量；反之，碳排放上限值增大则会降低再制造产品销售量。

第三，碳约束政策下，两产品制造商间签订的特许经营契约，可以帮助再制造商额外获得一定费用，从而进一步提高其生产积极性，增加再制造产品的产量。另外，特许经营契约能够使碳约束政策下的原始制造商与再制造商实现合作共赢，使供应链总利润最大化，进一步促进再制造产业发展。

管理启示：政府实施碳约束政策时，较高的碳排放上限值不利于再制造产业的发展，因此政府需根据现实情况制定较为合适的碳排放上限值，在促进原始制造商采取碳减排措施的前提下，促进再制造产业的发展，实现环保效益与经济效益的双赢。当碳约束政策不利于再制造商发展时，再制造商也可以考虑与原始制造商合作，实现自身利润的进一步增加。

4.3　碳交易政策对授权再制造影响研究

4.3.1　问题描述

基于科斯产权定理的碳交易政策是应对气候变化、约束企业碳排放行为的有效工具。基于碳交易政策，在碳交易市场上，企业可以基于政府分配的碳排放额度进行交易，既保证了碳排放水平，具有控制碳排放总量的优势，也提供了刺激技术创新和低碳转型所需的长期市场信号，推动了"高技术、高附加值、低碳排放"的战略性新兴产业发展，碳交易政策成为各国脱碳的首选政策工具。授权再制造时，原始制造商，一方面可以通过购买碳配额增产获取产品销售利润，或通过减产出售剩余额度获取碳交易收益；另一方面可以通过决策授权费用来转移再制造利润。而再制造商，一方面可以通过原始制造商收取的授权费用来决策废旧产品回收率；另一方面可以进行减排投资，出售剩余碳额度获取收益。

目前国内外学者有关政府碳交易政策对制造/再制造供应链影响的研究主要有以下几个。第一，碳交易政策的不同碳配额分配方式。夏晖等[64]基于企业和政府主从博弈框架研究政府兼顾社会福利和减排成本的多目标条件下企业的最优碳配额分配方式。叶飞等[59]基于历史排放法研究政府对不同碳排放水平企业采取的差异化碳配额分配策略，发现严控高排企业会显著降低总碳排量且对低碳技术采用有良好激励作用，表明我国应在配额分配中放宽对低排企业的配额限制。陆敏等[63]基于动态博弈模型，研究两种免费分配方式对碳排放配额市场交易价格和企业利润的影响，发现根据不同行业细化的初始碳配额分配方式可以有效激励企业选择低排放策略。第二，碳交易政策对闭环供应链影响的有效性。Chen等[33]基于垄断再制造企业，调查碳排放法规对经济和环境的影响，发现碳交易不仅是减少碳排放的有效途径，还可以刺激再制造。聂佳佳等[66]研究了碳排放限制政策对再制造回收比例的影响，发现碳排放约束会促进零售商回收废旧产品。Wang等[212]研究了碳交易政策对资本受限的制造商最优策略选择和供应链减排的影响。邹清明等[38]进一步考虑供应链企业的公平关切倾向，探究碳交易政策下企业公平关切行为给制造商决策带来的影响，研究发现，企业公平关切行为会提高产品的批发价和零售价，当契约参数满足一定条件时，可以实现公平关切下供应链协调。第三，碳交易政策与其他政策结合的影响效果。张海咪等[213]探讨政府同时实施补贴与碳交易两种政策对供应链的影响，研究发现，同时实施两种政策能弥补单一政策的不足，有效减少碳排放并增加供应链总利润。申成然等[7]对比了碳交易和强制减排两种政策，发现碳交易政策更有利于制造商。Hu 等[77]则对比碳交易、碳税两种政策对再制造的影响，在再制造商利润、社会福利及消费者剩余方面，碳交易政策更适合再制造产业的发展，只有当碳配额水平过高时，碳交易政策对再制造发展的影响才较小。

　　虽然国内外学者已从碳交易政策的不同碳配额分配方式、碳交易政策的有效性、碳交易政策与其他政策结合的影响效果等多个角度展开研究，但是针对知识产权保护下，政府采取碳交易政策对授权再制造模式的影响还鲜有研究。因此，本节主要从以下三个方面来进行研究：一是在分散决策与集中决策模式下，研究碳交易政策对授权再制造模式下两种决策模式最优解的影响；二是对比分析两种决策模式，为原始制造商决策提供一定的科学依据；三是基于固定授权费方式协调供应链，通过契约设计解决分散决策模式下的供应链边际损失问题，使原始制造商和再制造商利润增加。本书从分散决策和集中决策两种模式的博弈论角度构建碳交易下两种再制造模式的博弈模型，研究碳交易对两种再制造模式竞争机理的影响，针对"双重边际化"问题设计固定授权费协调机制。

4.3.2　模型介绍

1. 模型描述

　　授权再制造模式，就是原始制造商拥有进行再制造的生产技术和专利，但是原始制造商不想开展再制造产品的生产业务，选择把自家废旧产品的再制造专利授权给再制造商，由再制造商进行生产。但是再制造商需要向原始制造商支付使用专利的相关费用，此时原始制造商获得的利润不仅包括售卖新产品得到的利润，还包括再制造商支付的专利费用，再制造商的利润只是销售再制造产品所得的利润。因此，授权再制造模式下，原始制造商和再制造商不是完全竞争的关系，但是新产品与再制造产品在市场中还是完全竞争的。在分散决策模式下，两制造商都为了追求自身利润最大化而忽略供应链整体的利润。而在集中决策模式下，两制造商会综合考虑供应链整体的利润，力求做出使供应链整体利润最大化的决策。两种模式下的博弈示意见图 4.10。

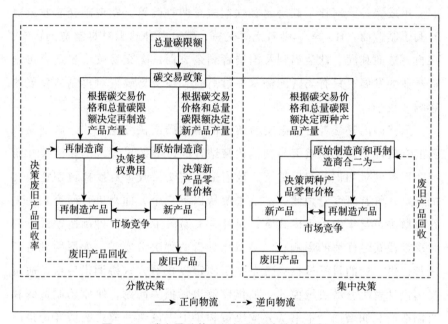

图 4.10　碳交易政策下授权再制造模式博弈示意

2. 模型符号

本节相关模型符号及其说明见表 4.7。

表 4.7　碳交易政策下授权再制造模式相关符号及其说明

符号	说明
	决策变量
q_{in}, q_{ir}	分别表示新产品与再制造产品的销售量，$i \in \{D, L, W, Z\}$
p_{in}, p_{ir}	分别代表新产品和再制造产品的单位零售价格，$i \in \{D, L, W, Z\}$
z	表示再制造商生产单位再制造产品需向原始制造商支付的授权费用
τ_i	表示再制造商回收废旧产品的数量与新产品销售量之比，即废旧产品回收率，$i \in \{D, L, W, Z\}$

符号	说明
	相关参数
D，L	分别表示分散决策模式下政府不实施碳交易政策和实施碳交易政策时原始制造商及再制造商的生产模式
W，Z	分别表示集中决策和协调决策下政府采取碳交易政策时供应链的生产模式
n，r	分别代表原始制造商、再制造商
c_n，c_r	分别代表新产品和再制造产品的单位生产成本，且 $c_n > c_r$
T，Q	分别表示政府设定的碳排放约束限额和碳交易价格
e_n，e_r	分别代表生产单位新产品、再制造产品的碳排放量，且 $e_n > e_r$
E_{in}，E_{ir}，E_i	分别代表政府采取 i 政策时，新产品和再制造产品的碳排放量以及两种产品总的碳排放量，$i \in \{D,L,W,Z\}$
δ	代表单位再制造产品和新产品零售价格之比，代表消费者对再制造产品的偏好，且 $0 \le \delta \le 1$
π_{in}，π_{ir}	分别代表政府采取 i 政策时，原始制造商、再制造商的利润，$i \in \{D,L,W,Z\}$

3. 模型函数

本节中用到的模型函数具体见第 2 章 2.3 节。

4.3.3　模型建立与分析

1. 模型建立

分散决策：

$$原始制造商：\pi_{Ln} = (p_{Ln} - c_n)q_{Ln} + z_L q_{Lr} - (e_n q_{Ln} - T)Q \tag{4.13}$$

$$再制造商：\pi_{Lr} = (p_{Lr} - c_r - z_L)q_{Lr} - \frac{k}{2}(\tau_L q_{Ln})^2 + (T - e_r q_{Lr})Q \tag{4.14}$$

集中决策：

$$\pi_W = (p_{Wn} - c_n)q_{Wn} + (p_{Wr} - c_r)q_{Wr} - \frac{k}{2}(\tau_W q_{Wn})^2 + 2TQ - e_r q_{Wr}Q - e_n q_{Wn}Q \tag{4.15}$$

（4.13）式中的 $(p_{Ln} - c_n)q_{Ln}$ 表示原始制造商获得的生产利润，$z_L q_{Lr}$ 表示原始制造商授权再制造商进行产品再制造而收取的费用，$(e_n q_{Ln} - T)Q$ 表示原始制造商在碳交易市场上购买短缺的碳配额所花费的支出。（4.14）式中的 $(p_{Lr} - c_r - z_{Lr})q_{Lr}$ 表示再制造商通过授权再制造获得的总利润，$\frac{k}{2}(\tau_L q_{Ln})^2$ 表示废旧产品的回收成本，$(T-e_r q_{Lr})Q$ 表示再制造商在碳交易市场上出售自身生产剩余碳配额获得的收益。(4.15) 式中$(p_{Wn}-c_n)q_{Wn}+(p_{Wr}-c_r)q_{Wr}$ 表示销售两产品所得总利润，$\frac{k}{2}(\tau_w q_{Wn})^2$ 表示废旧产品回收费用，$2TQ-e_r q_{Wr}Q-e_n q_{Wn}Q$ 表示给予两制造商的碳排放额度为 T 时，制造商出售剩余额度（购买超额碳排放额度）所获得的收益（付出的成本）。

2. 模型求解

为求得政府碳交易政策下的最优解，给出引理 4.3：

（ⅰ）(4.14) 式中的 π_{Lr} 关于 τ_L 为凹函数，将求得的最优解 $\tau_L^*(q_{Ln}, z_L)$ 代入 (4.13) 式，(4.13) 式中的 π_{Ln} 关于 q_{Ln}、z_L 为凹函数；

（ⅱ）(4.15) 式中的 π_W 关于 q_{Wn}、q_{Wr} 为凹函数。

证明：

将 $p_{Lr}=\delta(1-q_{Ln}-q_{Lr})$ 和 $q_{Lr}=\tau_L q_{Ln}$ 代入 (4.14) 式，可得：

$$\pi_{Lr}=[\delta(1-q_{Ln}-\tau_L q_{Ln})-c_r-z_L]\tau_L q_{Ln}+(T-e_r \tau_L q_{Ln})Q-\frac{k}{2}(\tau_L q_{Ln})^2$$

对上式关于 τ_L 求一阶和二阶偏导可得：

$$\frac{\partial \pi_{Lr}}{\partial \tau_L}=(\delta-c_r-z_L-e_r Q-\delta q_{Ln})q_{Ln}-(2\delta+k)\tau_L q_{Ln}^2$$

$$\frac{\partial^2 \pi_{Lr}}{\partial \tau_L^2}=-(2\delta+k)q_{Ln}^2$$

由 $\frac{\partial^2 \pi_{Lr}}{\partial \tau_L^2}=-(2\delta+k)q_{Ln}^2<0$ 可知，(4.14) 式中 π_{Lr} 关于 τ_L 是凹函数；由一阶导数等于 0 可得：

$$\tau_L^*=\frac{\delta-c_r-z_L-e_r Q-\delta q_{Ln}}{(2\delta+k)q_{Ln}}$$

将 $q_{Lr}=\tau_L^* q_{Ln}$ 和 $p_{Ln}=1-q_{Ln}-\delta q_{Lr}$ 代入 (4.13) 式可得：

$$\pi_{Ln}=\left(1-q_{Ln}-\delta\frac{\delta-c_r-z_L-e_r Q-\delta q_{Ln}}{2\delta+k}-c_n\right)q_{Ln}+z_L\frac{\delta-c_r-z_L-e_r Q-\delta q_{Ln}}{2\delta+k}-(e_n q_{Ln}-T)Q$$

对上式分别关于 q_{Ln} 和 z_L 求一阶、二阶偏导可得:

$$\frac{\partial \pi_{Ln}}{\partial q_{Ln}} = \frac{(2\delta + k)(1 - c_n - e_n Q) - \delta(\delta - c_r - e_r Q) - 2(2\delta + k - \delta^2)q_{Ln}}{2\delta + k}$$

$$\frac{\partial \pi_{Ln}}{\partial z_L} = \frac{\delta - c_r - e_r Q - 2z_L}{2\delta + k}$$

$$\frac{\partial^2 \pi_{Ln}}{\partial q_{Ln}^2} = -\frac{2(2\delta + k - \delta^2)}{2\delta + k}$$

$$\frac{\partial^2 \pi_{Ln}}{\partial q_{Ln} \partial z_L} = 0$$

$$\frac{\partial^2 \pi_{Ln}}{\partial z_L \partial q_{Ln}} = 0$$

$$\frac{\partial^2 \pi_{Ln}}{\partial z_L^2} = -\frac{2}{2\delta + k}$$

(4.13) 式关于 q_{Ln}、z_L 的二阶 Hessian 矩阵为:

$$H = \begin{bmatrix} -\dfrac{2(2\delta + k - \delta^2)}{2\delta + k} & 0 \\ 0 & -\dfrac{2}{2\delta + k} \end{bmatrix}$$

$|H| = \dfrac{4\delta(2 - \delta) + 4k}{(2\delta + k)^2} > 0$ 且主对角线上元素均小于 0,故 (4.13) 式中的 π_{Ln} 关于 q_{Ln}、z_L 是凹函数。

引理 (ⅰ) 得证,引理 (ⅱ) 的证明类似。

根据引理 4.3 可得结论 1。

结论 1 政府碳交易政策下授权再制造时集中与分散决策模式的最优解见表 4.8。

表 4.8 碳交易政策下授权再制造时集中与分散决策模式的最优解

变量	L	W
p_{in}^*	$\dfrac{1 + c_n + e_n Q}{2}$	$\dfrac{1 + c_n + e_n Q}{2}$
p_{ir}^*	$\delta\left[\dfrac{1}{2} + \dfrac{(1 - \delta)(c_r + e_r Q) + (\delta + k)(c_n + e_n Q)}{2(2\delta + k - \delta^2)}\right]$	$\delta\left[\dfrac{1}{2} + \dfrac{2(1 - \delta)(c_r + e_r Q) + k(c_n + e_n Q)}{2(2\delta + k - 2\delta^2)}\right]$
q_{in}^*	$\dfrac{1}{2} - \dfrac{(2\delta + k)(c_n + e_n Q) - \delta(c_r + e_r Q)}{2(2\delta + k - \delta^2)}$	$\dfrac{1}{2} - \dfrac{(2\delta + k)(c_n + e_n Q) - 2\delta(c_r + e_r Q)}{2(2\delta + k - 2\delta^2)}$

续表

变量	L	W
q_{ir}^*	$\dfrac{\delta(c_n+e_nQ)-(c_r+e_rQ)}{2(2\delta+k-\delta^2)}$	$\dfrac{\delta(c_n+e_nQ)-(c_r+e_rQ)}{2\delta+k-2\delta^2}$
π_{Ln}^*	$\dfrac{(1-c_n-e_nQ)^2}{4}+\dfrac{[\delta(c_n+e_nQ)-(c_r+e_rQ)]^2}{4(2\delta+k-\delta^2)}+TQ$	—
π_{Lr}^*	$\dfrac{(2\delta+k)[\delta(c_n+e_nQ)-(c_r+e_rQ)]^2}{8(2\delta+k-\delta^2)^2}+TQ$	—
π_W^*	—	$\dfrac{(1-c_n-e_nQ)^2}{4}+\dfrac{[\delta(c_n+e_nQ)-(c_r+e_rQ)]^2}{2(2\delta+k-2\delta^2)}+2TQ$
z_L^*	$\dfrac{\delta-c_r-e_rQ}{2}$	—
τ_i^*	$\dfrac{\delta(c_n+e_nQ)-(c_r+e_rQ)}{(2\delta+k)(1-c_n-e_nQ)-\delta(\delta-c_r-e_rQ)}$	$\dfrac{2[\delta(c_n+e_nQ)-(c_r+e_rQ)]}{2\delta-2\delta^2+k+2\delta(c_r+e_rQ)-(2\delta+k)(c_n+e_nQ)}$

证明：

由一阶导数等于零可得最优解：

$$q_{Ln}^*=\frac{1}{2}-\frac{\delta(-c_r-e_rQ)+(2\delta+k)(c_n+e_nQ)}{2(2\delta+2k-\delta^2)}$$

$$z_L^*=\frac{\delta-c_r-e_rQ}{2}$$

由 $\tau_L^*=\dfrac{\delta-c_r-z_L-e_rQ-\delta q_{Ln}}{(2\delta+k)\,q_{Ln}}$ 可得：

$$\tau_L^*=\frac{-c_r-e_rQ+\delta(c_n+e_nQ)}{(2\delta+k)(1-c_n-e_nQ)-\delta(\delta-c_r-e_rQ)}$$

由 $q_{Lr}^*=\tau_L^*q_{Ln}^*$ 可得：

$$q_{Lr}^*=\frac{-c_r-e_rQ+\delta(c_n+e_nQ)}{2(2\delta+k-\delta^2)}$$

再由 $p_{Ln}^*=1-q_{Ln}^*-\delta q_{Lr}^*$ 和 $p_{Lr}^*=\delta\,(1-q_{Ln}^*-q_{Lr}^*)$ 可得：

$$p_{Ln}^*=\frac{1+c_n+e_nQ}{2}$$

$$p_{Lr}^* = \delta \left[\frac{1}{2} - \frac{(1-\delta)(-c_r - e_r Q) - (\delta + k)(c_n + e_n Q)}{2(2\delta + k - \delta^2)} \right]$$

3. 模型分析

为便于论述，记：

$$X = \frac{(2\delta + 2k - \delta^2)[2(1-c_n)e_n - T] - 2(\delta c_n - c_r)(\delta e_n - e_r)}{2(2\delta + 2k - \delta^2)e_n^2 + 2(\delta e_n - e_r)^2}$$

$$Y = \frac{(\delta + k)(\delta c_n - c_r)(e_r - \delta e_n) - 2T(2\delta + 2k - \delta^2)}{(\delta + k)(\delta e_n - e_r)^2}$$

$$S = \frac{(\delta + k - \delta^2)[(1-c_n)e_n - 4T] - (\delta c_n - c_r)(\delta e_n - e_r)}{(\delta + k - \delta^2)e_n^2 + (\delta e_n - e_r)^2}$$

结论 2　两种决策模式下最优解与碳交易价格的关系：

（ⅰ）$\dfrac{\partial z_L^*}{\partial Q} < 0$，　$\dfrac{\partial p_{Ln}^*}{\partial Q} > 0$，$\dfrac{\partial p_{Wn}^*}{\partial Q} > 0$，$\dfrac{\partial p_{Lr}^*}{\partial Q} > 0$，$\dfrac{\partial p_{Wr}^*}{\partial Q} > 0$；

（ⅱ）$\dfrac{\partial q_{Ln}^*}{\partial Q} < 0$，$\dfrac{\partial q_{Wn}^*}{\partial Q} < 0$，当 $\dfrac{e_r}{e_n} < \delta$ 时，$\dfrac{\partial q_{Lr}^*}{\partial Q} > 0$，$\dfrac{\partial q_{Wr}^*}{\partial Q} > 0$；

（ⅲ）当 $\dfrac{e_r}{e_n} < \delta$ 时，$\dfrac{\partial \tau_L^*}{\partial Q} > 0$，$\dfrac{\partial \tau_W^*}{\partial Q} > 0$；

（ⅳ）当 $Q < \min\{X, Y, S\}$ 时，$\dfrac{\partial \pi_{Ln}^*}{\partial Q} < 0$，$\dfrac{\partial \pi_{Lr}^*}{\partial Q} < 0$，$\dfrac{\partial \pi_W^*}{\partial Q} < 0$。

证明：$\dfrac{\partial z_L^*}{\partial Q} = -\dfrac{e_r}{2} < 0$，类似可证其他结论。

由结论 2 可以看出，无论在哪种模式下，碳交易政策的实施都会提高两种产品的单位零售价格，降低新产品的销售量和单位再制造产品的授权费用。当消费者偏好大于两产品单位碳排放量之比时，再制造产品销售量和废旧产品回收率与碳交易价格正相关。政府采取碳交易政策旨在将环境影响内化为制造商的经营成本，碳交易价格的提高意味着制造商购买碳配额以确保顺利生产的边际成本增加，同时也意味着制造商出售剩余碳配额的边际收益增加，促使两种产品制造商在技术改进方面加大投资，减少碳排放量。由于成本压力，两种产品制造商会提高产品的单位零售价格，新产品在成本和低碳减排方面不具备优势，原始制造商通过减少新产品销售量，来达到降低企业生产成本和碳排放量的目的，授权再制造模式下适当降低再制造商支付的单位产品授权费用，鼓励再制造商增加再制造产品的生产来满足市场需求，从而使总的授权费用增加，即"薄利多销"。

当政府采取碳交易政策时，虽然两种产品制造商会通过调整产量和价格来维持自身利润，但是当碳交易价格小于某一阈值时，两种产品制造商和系统整体利润与碳交易价格负相关。主要原因是，当碳交易价格小于这一阈值时，原始制造商销售新产品和收取授权费用的收益小于碳交易增加的成本，原始制造商的利润减少；而再制造商的碳交易收益小于再制造成本，其碳减排技术研发的积极性就下降。反之，当碳交易价格大于这一阈值时，再制造商不仅会加大减排技术投入，还会回收更多的旧产品，原始制造商授权再制造的收益随之增加。

管理启示：政府采取碳交易政策会影响两种产品制造商对生产成本的依赖，两种产品制造商可以通过调整产量和价格来获取碳交易收益，成本节约和低碳排放是再制造商从事再制造活动的主要驱动因素，因此，再制造商还可以通过加大减排技术投入来增加再制造产品的竞争优势。同时，为了促进再制造商回收废旧产品，原始制造商还可以降低单位产品授权费用，从而转移再制造收益。另外，碳交易价格会影响制造商和供应链整体利润，政府可以通过调整碳交易价格来增加制造商利润，但是过高的碳交易价格会促使制造商仅通过出售碳配额来获取利润，不利于再制造产业发展。

结论 3　碳交易政策对两种决策模式下最优解大小关系的影响：

（ⅰ）$p_{Ln}^* = p_{Wn}^*$，$p_{Lr}^* > p_{Wr}^*$，$q_{Ln}^* > q_{Wn}^*$，$q_{Lr}^* < q_{Wr}^*$，$\tau_L^* < \tau_W^*$；

（ⅱ）$\pi_{Ln}^* + \pi_{Lr}^* < \pi_W^*$，当 $\dfrac{e_r}{e_n} < \delta$ 时，$\dfrac{\partial(\pi_W^* - \pi_{Ln}^* - \pi_{Lr}^*)}{\partial Q} > 0$。

证明：$p_{Lr}^* - p_{Wr}^* = \dfrac{\delta(1-\delta)(\delta+k)\left[-c_r - e_r Q + 2\delta(c_n + e_n Q)\right]}{4(2\delta + k - \delta^2)(2\delta + k - 2\delta^2)} > 0 \Leftrightarrow p_{Lr}^* > p_{Wr}^*$；$p_{Ln}^* - p_{Wn}^* = 0 \Leftrightarrow p_{Ln}^* = p_{Wn}^*$，类似可证其他结论。

结论 3 说明，无论哪种决策模式，单位新产品零售价格都相同。但是分散决策时，政府采取碳交易政策对单位再制造产品零售价格影响较大，即分散决策促使再制造商较大幅度提高单位再制造产品零售价格，以追求利润最大化，这会使消费者的再制造产品购买量减少，进而影响废旧产品的回收，供应链利润也会受到影响。当两种产品

的碳排放量之比满足一定条件时，集中决策模式与分散决策模式利
润之差与碳交易价格正相关，即利润协调空间因为碳交易政策的出
现而增大。

管理启示：分散决策模式会带来利润的边际损失，存在利益协调
的可行性，但是碳交易政策能否提升供应链整体绩效还与消费者对再
制造产品的认可度、单位产品碳排放量等因素有关，只有相关参数满
足一定条件时，政府采取的碳交易政策才具有一定的积极作用，在此
情况下，才有合适的利益协调机制促使原始制造商和再制造商获取更
多利润。

为分析两种决策模式下政府采取碳交易政策对环境造成的影响，记
$e_i = e_n q_{in}^* + e_r q_{ir}^*$，其中，$i \in \{D, L, W\}$。

结论 4　政府采取碳交易政策对环境的影响：

（ⅰ）$E_L < E_D$，$E_W < E_D$；

（ⅱ）当 $0 \le \dfrac{e_r}{e_n} \le \delta$ 时，$E_L \ge E_W$，当 $\delta < \dfrac{e_r}{e_n} \le 1$ 时，$E_L < E_W$。

证明：

$$E_L = e_n \left[\frac{1}{2} - \frac{(2\delta+k)(c_n+e_nQ) - \delta(c_r+e_rQ)}{2(2\delta+k-\delta^2)} \right] + e_r \left[\frac{\delta(c_n+e_nQ) - (c_r+e_rQ)}{2(2\delta+k-\delta^2)} \right]$$

$$E_D = e_n \left[\frac{1}{2} - \frac{(2\delta+k)c_n - \delta c_r}{2(2\delta+k-\delta^2)} \right] + e_r \frac{\delta c_n - c_r}{2(2\delta+k-\delta^2)}$$

$$E_L - E_D = -\frac{(\delta e_n - e_r)^2 Q}{2(2\delta+k-\delta^2)} - \frac{e_n^2 Q}{2} < 0 \Leftrightarrow E_L < E_D$$

类似可证其他结论。

从结论 4 中可以看出，政府在采取碳交易政策时，无论制造商采用
哪种决策模式，都能够有效减少对环境影响，因此应该积极实施相关政
策，鼓励制造业企业积极参与绿色创新。然而，在一定的碳排放量条件
下，分散决策相对于集中决策可能对环境的影响更大。在这种情况下，
两制造商应从供应链整体利益出发，积极合作，争取在不损失经济利益
的同时减少对环境的影响。

借鉴 Xia 等[191]的研究，消费者剩余的表达式为：

$$S_{iC} = \frac{(q_{in}^* + \delta q_{ir}^*)^2 + \delta(1-\delta)q_{ir}^{*2}}{2}$$

同时，为了便于讨论，记：

$$\lambda = \frac{2(1-c_r)(2\delta+2k-\delta^2)^2 e_n - 2\delta(1-\delta)(c_r+\delta c_n)(\delta e_n - e_r)}{(2\delta+2k-\delta^2)^2 e_n^2 + \delta(1-\delta)(\delta e_n - e_r)^2}$$

结论5　政府采取碳交易政策对消费者剩余的影响：当 $Q > \lambda$ 时，$S_{WC} > S_{LC} > S_{DC}$。

从结论5中可以看出，无论是在哪种决策模式下，Q 满足一定条件时，消费者剩余在政府实行碳交易政策时均高于不实行碳交易政策，并且在集中决策模式下最大。从前文内容中也可以看出，集中决策模式下整体无论是经济效益还是环境效益都优于分散决策模式，即无论是从消费者、政府，还是从供应链参与方的角度来看，集中决策都是一种比较理想的决策模式。因此，有必要研究分散决策时供应链的协调机制，使两种产品制造商和供应链整体利润实现最大化。

4.3.4　协调机制

固定授权费方式是指，为了合法进行再制造产品的产销活动，再制造商向原始制造商支付固定授权费用 z。该模式协调后两种产品制造商的利润函数为：

$$原始制造商：\pi_{Zn} = (p_{Zn} - c_n) q_{Zn} - (e_n q_{Zn} - T) Q + z \tag{4.16}$$

$$再制造商：\pi_{Zr} = (p_{Zr} - c_r) q_{Zr} - \frac{k}{2}(\tau_z q_{Zn})^2 + (T - e_r q_{Zr}) Q - z \tag{4.17}$$

结论6　固定授权费协调后模型的最优解见表4.9。

表4.9　碳交易政策下授权再制造时固定授权费协调机制的最优解

变量	最优解
q_{Zn}^*	$\dfrac{1}{2} + \dfrac{2\delta(c_r + e_r Q) - (2\delta + k)(c_n + e_n Q)}{2(2\delta - 2\delta^2 + k)}$
q_{Zr}^*	$\dfrac{2\delta T e_n - 2T e_r + e_n e_r - c_n e_n e_r - \delta e_n^2 + c_r e_n^2}{4\delta e_n e_r - k e_n^2 - 2\delta e_n^2 - 2e_r^2}$
p_{Zn}^*	$\dfrac{1 + c_n + e_n Q}{2}$
p_{Zr}^*	$\delta\left[\dfrac{1}{2} + \dfrac{2(1-\delta)(c_r + e_r Q) + k(c_n + e_n Q)}{2(2\delta - 2\delta^2 + k)}\right]$

续表

变量	最优解
π_{Zn}^*	$\dfrac{[1-(c_n+e_nQ)]^2}{4} - \dfrac{\delta[1-(c_n+e_nQ)][\delta(c_n+e_nQ)-(c_r+e_rQ)]}{2(2\delta-2\delta^2+k)} + TQ + z$
π_{Zr}^*	$\dfrac{[\delta-(c_r+e_rQ)][\delta(c_n+e_nQ)-(c_r+e_rQ)]}{(2\delta-2\delta^2+k)^2} + TQ - z$

为便于讨论，记：

$$C = \frac{[\delta(c_n+e_nQ)-(c_r+e_rQ)]^2}{4(2\delta-\delta^2+k)} + \frac{\delta[1-(c_n+e_nQ)][\delta(c_n+e_nQ)-(c_r+e_rQ)]^2}{2(2\delta-2\delta^2+k)}$$

$$G = \frac{[\delta-(c_r+e_rQ)][\delta(c_n+e_nQ)-(c_r+e_rQ)]}{2(2\delta-2\delta^2+k)} - \frac{(2\delta+k)[\delta(c_n+e_nQ)-(c_r+e_rQ)]^2}{8(2\delta-\delta^2+k)^2}$$

结论 7 固定授权费协调效果分析：当 $C<z<G$ 时，$\pi_{Zn}^* > \pi_{Ln}^*$，$\pi_{Zr}^* > \pi_{Lr}^*$。

通过结论 7 可知，原始制造商与再制造商能够通过签订固定授权费用为 z 的契约进行合作，并且当 z 满足 $C<z<G$ 时，协调后两种产品制造商的利润均高于分散决策下的利润，供应链的整体利润达到最大。

4.3.5 实例研究

为验证上述结论，并进一步分析消费者偏好对最优解的影响，本小节以中国重型汽车集团有限公司授权中国重汽集团济南复强动力有限公司生产再制造发动机为实际案例，对上述结果进行数值仿真分析。参考Zou 等[129]的研究可知，单位再制造发动机的成本大约是单位新发动机的 50%，环境影响是单位新发动机的 20%。因此，取相关参数 $c_n=0.2$，$c_r=0.1$，$e_n=1$，$e_r=0.2$，$k=1.1$，$T=2$。

1. 碳交易价格和消费者偏好对单位产品零售价格的影响

由图 4.11 可知，无论在哪种决策模式下，碳交易价格的上升都会带来单位产品零售价格的上升。在授权再制造模式下，单位再制造产品授权费用随着碳交易价格的提高而下降，因此原始制造商通过提高单位新产品的零售价格将成本转移给消费者；再制造商为增加自身利润，也会提高单位再制造产品的零售价格。集中决策下，随着碳交易价格的提高，再制造商单位再制造产品零售价格的变动幅度较小，避免价格提升过高而导致再制造产品的销售量下降。

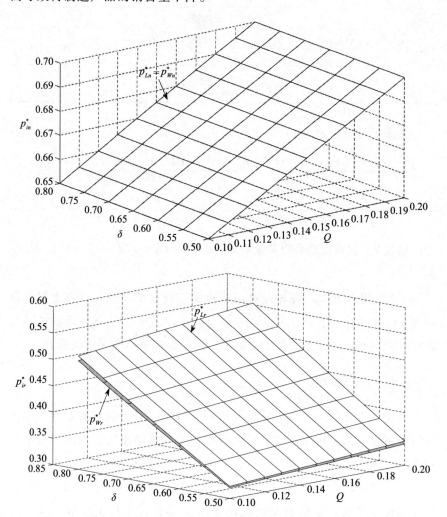

图 4.11　碳交易政策下 Q 和 δ 对授权再制造时单位产品零售价格的影响

当消费者偏好增加时，再制造产品的市场认可度提高，再制造商的市场竞争力增强，再制造商会提高再制造产品的零售价格来增加利润。不过，为了保持竞争优势，原始制造商不会随着消费者偏好的提升而提高新产品的价格，为维持自身利润也不愿意降低价格。因此，即使消费者更愿意购买再制造产品，新产品价格也保持不变。

2. 碳交易价格和消费者偏好对两种产品销售量和废旧产品回收率的影响

由图 4.12 可知，两种决策模式下，新产品销售量与碳交易价格和消费者偏好负相关，再制造产品销售量与碳交易价格和消费者偏好正相关。
主要原因是，对再制造商而言，碳交易政策可以增强其成本和低碳优势，
这意味着消费者更加愿意购买再制造产品。与此同时，为了获得更大利
润，再制造商会回收更多废旧产品（见图 4.13）。由于市场竞争，新产
品销售量会下降，集中决策下，再制造产品的销售量增加，"市场挤兑"
效应加剧。

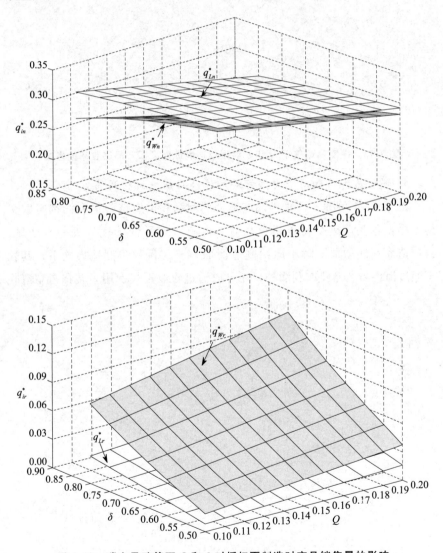

图 4.12　碳交易政策下 Q 和 δ 对授权再制造时产品销售量的影响

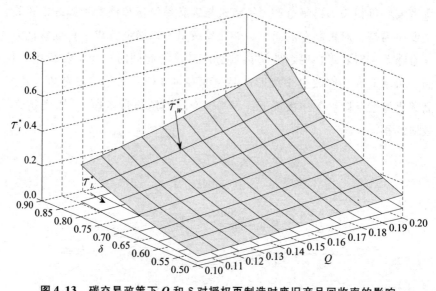

图 4.13   碳交易政策下 Q 和 δ 对授权再制造时废旧产品回收率的影响

3. 碳交易价格和消费者偏好对两种产品制造商利润的影响

由图 4.14 可知，两种产品制造商的利润和供应链整体利润都与碳交易价格正相关。碳交易价格提高时，再制造产品低碳优势进一步凸显，再制造商利润增加。对于原始制造商而言，在授权再制造模式下，其除了通过销售新产品获取利润外，还可以通过收取授权费用来转移再制造收

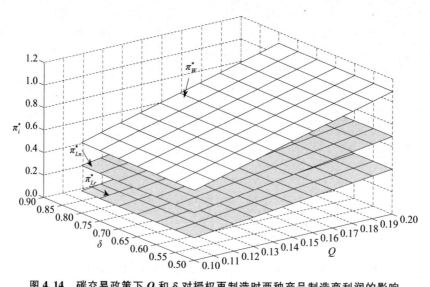

图 4.14   碳交易政策下 Q 和 δ 对授权再制造时两种产品制造商利润的影响

益，这弥补了"市场挤兑"和碳交易成本增加所造成的利润损失。而且，在博弈中，原始制造商可以通过"专利壁垒"来干预再制造商的活动，具有较强的市场控制力。因此，原始制造商利润大于再制造商利润。集中决策时供应链整体利润较大，可以避免制造商各自决策所带来的利润损失。

4.3.6　结论与启示

本节针对授权再制造中原始制造商和再制造商之间的竞争问题，建立了博弈模型，探讨了政府碳交易政策对不同决策模式下两种产品制造商竞争机制和供应链利润的影响，并提出了固定授权费用协调机制，以解决分散决策模式引发的供应链效率损失问题，主要结论如下。

第一，在两种决策模式下，政府实施碳交易政策时，原始制造商会通过降低单位再制造产品授权费用的方式，促进废旧产品的回收和再制造，以抵消碳交易政策带来的成本增加。同时，原始制造商会提高单位新产品的零售价格。当两种产品碳排放量满足一定条件时，政府采取碳交易政策能够促进再制造产品的销售，再制造商会提高单位再制造产品的零售价格和废旧产品回收率以增加收益。

第二，集中决策模式的优势在于，它不会对单位新产品的零售价格进行调整，但会降低单位再制造产品的零售价格，从而鼓励废旧产品的回收和再制造，提高供应链整体利润。此外，当两种产品碳排放量满足一定条件时，集中决策模式有助于保护环境和增加消费者剩余。

第三，原始制造商与授权再制造商可以通过签订固定授权费用的契约进行合作，且当固定授权费用满足一定条件时，协调后两种产品制造商的利润均高于分散决策，供应链的整体利润达到最大。

第四，实例研究表明，无论哪种决策模式下，单位再制造产品零售价格、销售量、废旧产品回收率以及利润都受到消费者偏好影响。从政府和制造商的角度来看，应该采取措施提高再制造产品的市场认可度，促进再制造产业发展和增加供应链整体利润。

本节主要管理启示如下。

第一，原始制造商应在综合考虑多方面因素基础上合理做出授权决策。基于供应链中的优势地位，原始制造商可以利用多种方式间接影响再制造商的生产决策，包括专利许可、分享再制造收益、缓解低碳再制造产品威胁、加剧再制造商在市场竞争中的劣势等。此外，再制造商应密切关注原始制造商的减排活动，积极应对不可避免的负面影响，通过提高自身竞争力和减排科学性，进一步实现再制造可持续发展。

第二，政府应完善碳交易机制，制定合理的碳交易价格和碳排放限额，为制造商减排提供支持。同时，消费者偏好是影响再制造供应链利润的重要因素，政府不仅可以通过补贴、折扣等方式鼓励消费者购买低碳产品，还可以通过政企合作的方式引导生产商推广迎合消费者需求的产品。

4.4 碳减排政策对授权再制造影响对比分析

4.4.1 问题描述

政府实施的不同碳减排政策对原始制造商和授权再制造商的作用机制不同。政府实施碳税政策时，对新产品征收税款增加了原始制造商的生产成本，原始制造商为最小化损失将调整自身生产策略。碳约束政策下，两种产品的生产都受到碳排放上限值的影响，尤其是碳排放量较多的新产品将受到较大约束，原始制造商不得不改变生产决策避免碳排放量超额而受到政府惩罚。但是，在碳税与碳约束政策下，原始制造商会通过决策授权费用将碳减排成本转移给再制造商；再制造商需根据原始制造商的授权费用决策单位再制造产品的零售价格。当政府实施碳交易政策时，即在碳约束政策下建立碳交易市场，允许企业间进行碳排放权交易时，市场灵活性可为两制造商生产决策提供更多选择，原始制造商不仅可以通过决策授权费用转移再制造收益，还可以通过决策产品产量在碳交易市场上买卖碳配额获利；碳交易政策也激励授权再制造商进行减排投资从而在碳市场上获利。三种碳减排政策对原始制造商和授权再制造商的作用机制不同，那么在专利授权模式下，不同的碳减排政策如何影响两种产品制造商的运营决策？哪种政策更有利于再制造产业发展？政府应如何制定碳交易价格、碳排放上限值以及碳税额？这些问题困扰着制造商，成为其生产决策必须考虑的因素。与此同时，为了制定科学合理的碳减排政策，政府也亟须解决这些问题。剖析政府不同碳减排政策对授权再制造模式下制造/再制造供应链的影响，可以为制造商制定最佳生产策略提供参考。研究选择何种碳减排政策能够在实现产品低碳化的同时实现两种产品制造商双赢，可以为政府实施和完善不同碳减排政策提供决策依据。因此，本节基于政府不同碳减排政策，对一个原始制造商和一个授权再制造商参与的闭环供应链进行分析（见图 4.15）。

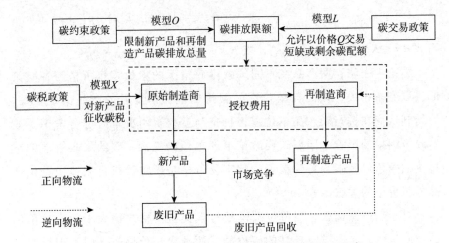

图 4.15　授权再制造时三种碳减排政策下的博弈示意

4.4.2　对比分析

为便于讨论，记：

$$N = M + \frac{Q\left[(k+\delta)e_n^2 + e_r^2 - 2\delta e_n e_r \right]}{2(\delta^2 - 2\delta - k)}$$

$$G = M + \frac{s\left[(k+\delta)e_n^2 + e_r^2 - 2\delta e_n e_r \right]}{2(\delta^2 - 2\delta - k)e_n}$$

$$K = M + \frac{(\delta+k)s\left[(k+\delta)e_n^2 + e_r^2 - 2\delta e_n e_r \right]}{2(\delta^2 - 2\delta - k)(e_r - \delta e_r + ke_n + \delta e_n)}$$

结论 1　三种碳减排政策对单位产品零售价格的影响。

第一，不同政策对新产品单位零售价格的影响：

（i）若 $\frac{s}{Q} \geqslant e_n$，即 $G \leqslant N$，当 $T \leqslant G \leqslant N$ 时，$p_{Ln}^* \leqslant p_{Xn}^* \leqslant p_{On}^*$；当 $G < T \leqslant N$ 时，$p_{Ln}^* \leqslant p_{On}^* < p_{Xn}^*$；当 $G \leqslant N < T$ 时，$p_{On}^* < p_{Ln}^* \leqslant p_{Xn}^*$。

（ii）若 $\frac{s}{Q} < e_n$，即 $N < G$，当 $T \leqslant N < G$ 时，$p_{Xn}^* < p_{Ln}^* \leqslant p_{On}^*$；当 $N < T \leqslant$

G 时，$p_{Xn}^* \leqslant p_{On}^* < p_{Ln}^*$；当 $N < G < T$ 时，$p_{On}^* < p_{Xn}^* < p_{Ln}^*$。

（2）不同政策对再制造产品单位零售价格的影响：

（i）若 $\dfrac{s}{Q} \geqslant e_n + \dfrac{1-\delta}{\delta+k}e_r$，即 $K \leqslant N$，当 $T \leqslant K \leqslant N$ 时，$p_{Lr}^* \leqslant p_{Xr}^* \leqslant p_{Or}^*$；

当 $K < T \leqslant N$ 时，$p_{Lr}^* \leqslant p_{Or}^* < p_{Xr}^*$；当 $K \leqslant N < T$ 时，$p_{Or}^* < p_{Lr}^* \leqslant p_{Xr}^*$。

（ii）若 $\dfrac{s}{Q} < e_n + \dfrac{1-\delta}{\delta+k}e_r$，即 $N < K$，当 $T \leqslant N < K$ 时，$p_{Xr}^* < p_{Lr}^* \leqslant p_{Or}^*$；

当 $N < T \leqslant K$ 时，$p_{Xr}^* \leqslant p_{Or}^* < p_{Lr}^*$；当 $N < K < T$ 时，$p_{Or}^* < p_{Xr}^* < p_{Lr}^*$。

结论 1 表明，两产品在不同碳减排政策下的单位零售价格与各政策的决策变量相关，同时与单位产品碳排放量和消费者的产品偏好相关。原始制造商在进行新产品单位零售价格与授权费用决策时综合考虑了政府政策因素的影响，因而碳税政策下的单位碳税额、碳约束政策下的碳排放上限值以及碳交易政策下的碳交易价格是影响授权再制造中单位产品零售价格的关键因素。

对于新产品而言，当单位碳税额与碳交易价格之比大于新产品单位碳排放量时，政府设定较高的碳税额，而碳交易价格较低时，碳税政策下的新产品单位零售价格高于碳交易政策下的新产品单位零售价格。而当单位碳税额与碳交易价格之比小于新产品单位碳排放量时，新产品单位零售价格在碳交易政策下更高。这是因为，对于原始制造商来说，政府设定的碳税额与碳交易价格直接影响新产品的生产成本，政府制定的政策带来的碳排放成本较高，则在该政策下原始制造商生产新产品的成本较高，其单位零售价格较高。而当政府实施碳约束政策时，碳排放上限值越高，该政策对原始制造商的生产活动限制越小，可供原始制造商进行新产品生产的空间越大，因而新产品产量越大，单位零售价格越低；反之，碳排放上限值越低，新产品生产受碳排放限制越大，新产品产量越低，单位零售价格越高。因此，碳排放上限值大于某一阈值时，碳约束政策下的新产品单位零售价格较低，而当碳约束上限值低于某一阈值时，碳约束政策下的新产品单位零售价格较高。

不同政策下再制造产品的单位零售价格高低不仅与政策变量大小相关，还受消费者偏好、新产品与再制造产品的单位碳排放量等多种因素影响。与新产品类似，碳约束政策下的再制造产品单位零售价格与碳排放上限值负相关。在碳税政策下，较高的碳税额会导致再制造产品单位零售价格较高，在该情况下，对新产品征收较高的碳税减少了原始制造商的利润，原始制造商会提高单位再制造产品授权费用，弥补自身利润损失，这间接增加了再制造产品的生产成本，造成再制造产品单位零售价格上涨。当单位碳税额与碳交易价格之比低于某一阈值时，碳交易政策下再制造产品零售价格较高，原始制造商为弥补自身购买多余碳排放配额而产生的成本将选择提高对再制造商收取的单位授权费用。

管理启示：不同政策下，原始制造商对新产品的价格决策直接反映了其碳排放成本的高低，其通过调整再制造产品单位授权费用对再制造商的生产与销售产生影响以维持自身收益。实施三种碳减排政策均有利于政府有效干预企业生产活动，一方面影响生产活动碳排放，另一方面通过企业自身利润最大化的目标间接调控企业在产品市场上的决策，因此政府的政策制定尤为重要。政府制定实施合理的碳减排政策要基于对消费市场以及供应链厂商等的充分调查，进而实现多方利润最大化。

为便于讨论，记：

$$I = M + \frac{(k + 2\delta) s \left[(k + \delta) e_n^2 + e_r^2 - 2\delta e_n e_r \right]}{2(\delta^2 - 2\delta - k)(k e_n + 2\delta e_n - \delta e_r)}$$

$$J = M + \frac{\delta s \left[(k + \delta) e_n^2 + e_r^2 - 2\delta e_n e_r \right]}{2(\delta^2 - 2\delta - k)(\delta e_n - e_r)}$$

结论 2　三种碳减排政策对两种产品销售量的影响。

第一，不同政策对新产品销售量的影响：

（i）若 $\frac{s}{Q} \geqslant e_n - \frac{\delta}{k + 2\delta} e_r$，即 $I \leqslant N$，当 $T \leqslant I \leqslant N$ 时，$q_{On}^* \leqslant q_{Xn}^* \leqslant q_{Ln}^*$；当 $I < T \leqslant N$ 时，$q_{Xn}^* < q_{On}^* \leqslant q_{Ln}^*$；当 $I \leqslant N < T$ 时，$q_{Xn}^* \leqslant q_{Ln}^* < q_{On}^*$。

（ii）若 $\frac{s}{Q} < e_n - \frac{\delta}{k + 2\delta} e_r$，即 $N < I$，当 $T \leqslant N < I$ 时，$q_{On}^* \leqslant q_{Ln}^* < q_{Xn}^*$；当 $N < T \leqslant I$ 时，$q_{Ln}^* < q_{On}^* \leqslant q_{Xn}^*$；当 $N < I < T$ 时，$q_{Ln}^* < q_{Xn}^* < q_{On}^*$。

第二，不同政策对再制造产品销售量的影响：

（i）若 $\delta \leqslant \frac{e_r}{e_n}$，即 $T < M \leqslant J$，且 $\frac{s}{Q} \geqslant e_n - \frac{1}{\delta} e_r$，即 $J \leqslant N$，$q_{Or}^* < q_{Lr}^* \leqslant q_{Xr}^*$。

（ⅱ）若 $\delta > \dfrac{e_r}{e_n}$，即 $J < M$，若 $\dfrac{s}{Q} \geqslant e_n - \dfrac{1}{\delta} e_r$，即 $J \leqslant N$，当 $T < J \leqslant N$ 时，$q_{Lr}^* \leqslant q_{Xr}^* < q_{Or}^*$；当 $J \leqslant T \leqslant N$ 时，$q_{Lr}^* \leqslant q_{Or}^* \leqslant q_{Xr}^*$；当 $J \leqslant N < T$ 时，$q_{Or}^* < q_{Lr}^* \leqslant q_{Xr}^*$。若 $\dfrac{s}{Q} < e_n - \dfrac{1}{\delta} e_r$，即 $N < J$，当 $T \leqslant N < J$ 时，$q_{Xr}^* < q_{Lr}^* \leqslant q_{Or}^*$；当 $N < T \leqslant J$ 时，$q_{Xr}^* \leqslant q_{Or}^* < q_{Lr}^*$；当 $N < J < T$ 时，$q_{Or}^* < q_{Xr}^* < q_{Lr}^*$。

参考结论 1，结论 2 说明，两种产品的销售量在不同碳减排政策下的大小与该产品单位零售价格具有明显相关性。政府实施碳约束政策时，碳排放上限值越低，新产品单位零售价格越高，因而新产品销售量越小，反之，碳排放上限值越高，新产品单位零售价格越低，销售量越大。而当单位碳税额与碳交易价格之比高于某一阈值时，碳税政策下原始制造商的生产压力较大，新产品零售价格较高，而碳交易价格带来的碳排放成本低于碳税成本，因而碳税政策下新产品的销售量小于碳交易政策下的销售量。反之，当单位碳税额与碳交易价格之比低于该阈值时，碳交易政策下的新产品单位零售价格高于碳税政策下的价格，即对新产品征收碳税给原始制造商带来的成本增加小于原始制造商自身在碳交易市场购买多余碳配额所产生的成本，即与碳交易政策相比，碳税政策下新产品销售量更大。

再制造产品的销售量不仅与政府的不同碳减排政策决策相关，还受到消费者偏好的影响。当消费者偏好小于两种产品单位碳排放量之比，即消费者对再制造产品的偏好不明显时，碳约束政策下再制造产品销售量最小，而碳税政策下再制造产品销售量最大。而当消费者偏好大于两种产品单位碳排放量之比时，消费者更加偏好再制造产品，政府不同政策下的决策变量大小能够显著影响再制造产品销售量。单位碳税额较高时，新产品单位零售价格上涨明显，因此消费者更倾向于减少对新产品的使用，用价格较低的再制造产品进行代替，因而再制造产品销售量较高。而当政府设定较高的碳交易价格时，与新产品相比，再制造产品具有明显的低碳优势，受到消费者环保意识以及价格优势影响，再制造产品销售量更大。而碳约束政策下，碳排放上限值越高，新产品销售量越大，再制造产品的销售量越低；反之，碳排放上限值越低，新产品生产压力越大，价格越高，再制造产品对新产品的替代率越高，再制造产品销售量越大。

管理启示：消费者对两种产品的偏好在新产品与再制造产品的销售过程中也发挥着至关重要的作用，政府积极采取各种碳减排政策的同时，也应该适当采取宣传措施，提高消费者环保意识，以减少再制造行业发展阻力。而原始制造商与再制造商也应积极利用双方优势进行供应链产业分工合作，实现共同发展。

结论 3　三种碳减排政策对单位授权费用的影响：$z_L^* < z_X^* < z_O^*$。

证明：经计算可得，$z_L^* < z_X^*$ 恒成立；只有当 $T \geq M$ 时，$z_O^* \leq z_X^*$ 成立，但 $T \geq M$ 与假设 1 不符，因此，恒有 $z_L^* < z_X^* < z_O^*$。

结论 3 表明，原始制造商的授权费用决策不受政府政策的决策变量影响，即单位碳税额、碳排放上限值与碳交易价格等均不影响不同碳减排政策下授权费用的大小关系。政府采取碳约束政策时，原始制造商将对再制造商收取最高的授权费用，碳税政策次之，碳交易政策下的授权费用最低。依据前文结论可以看出，当政府实施碳税政策时，单位碳税额不影响原始制造商的授权费用决策；当政府实施碳约束政策时，单位授权费用随碳排放上限值提高而降低；当政府实施碳交易政策时，碳交易价格上升，单位授权费用降低。因此，碳约束与碳交易政策的实施均有利于原始制造商降低授权费用以激励再制造产品生产。

管理启示：原始制造商降低单位授权费用能够降低再制造产品的生产成本，是激励再制造商扩大生产最直接有效的方式，因而政府可以选择实施碳交易政策，构建一个成熟完善的碳交易市场，通过碳交易行为使低碳生产厂商获利，引导低碳生产，激发再制造商生产积极性，扶持再制造行业发展。

为便于讨论，记：

$$P = M + \frac{Q\left[\, 2\delta e_n e_r - (k+2\delta)\, e_n^2 - e_r^2 \,\right]}{2(2\delta - \delta^2 + k)}$$

$$R = M + \frac{s\left[\, \delta e_r - (k+2\delta)\, e_n \,\right]}{2(2\delta - \delta^2 + k)}$$

结论 4　政府采取不同政策时，供应链对环境的总影响：

（ⅰ）若 $\dfrac{s}{Q} \geq \dfrac{-2\delta e_n e_r + (k+2\delta)\, e_n^2 + e_r^2}{(2\delta + k)\, e_n - \delta e_r}$，即 $R \leq P$，当 $T \leq R \leq P$ 时，

$E_O \leqslant E_X \leqslant E_L$；当 $R < T \leqslant P$ 时，$E_X < E_O \leqslant E_L$；当 $R \leqslant P < T$ 时，$E_X \leqslant E_L < E_O$。

（ⅱ）若 $\dfrac{s}{Q} < \dfrac{-2\delta e_n e_r + (k+2\delta)e_n^2 + e_r^2}{(2\delta + k)e_n - \delta e_r}$，即 $P < R$，当 $T \leqslant P < R$ 时，

$E_O \leqslant E_L < E_X$；当 $P < T \leqslant R$ 时，$E_L < E_O \leqslant E_X$；当 $P < R < T$ 时，$E_L < E_X < E_O$。

尽管政府实施三种政策均能降低两种产品制造商的总碳排放量，但政府实施的不同政策会对两种产品制造商的生产活动产生不同的影响，因而对供应链总碳排放量的影响也不同。三种政策的目的均为降低生产的碳排放量，无论是对新产品收取碳税、设定生产碳排放上限值，还是建立碳交易市场，都能够增加制造商的碳排放成本，因而碳税额与碳交易价格越高、碳排放上限值越低，制造商的生产压力越大，产量受限越大，政策效果越明显。由于生产单位新产品的碳排放量较大，生产单位再制造产品的碳排放量较小，所以供应链对环境的总影响在较大程度上受到新产品的产量影响。碳约束政策下，政府设定的碳排放上限值较低时，新产品生产受限较大，因而该情况下供应链总环境影响最小；而碳排放上限值较高时，该政策对原始制造商的限制较小，新产品产量增加，因而供应链总碳排放量较高。而当单位碳税额与碳交易价格之比大于某一阈值时，碳税政策产生的减排效应明显，对环境的影响较小；反之，碳交易政策的减排作用较强。

4.4.3　实例研究

为进一步分析不同碳减排政策对授权再制造的影响并验证上述所得结论，本小节以中国重型汽车集团有限公司为例，参考 Zou 等[129] 和 Xia 等[198] 的研究，取相关参数：$c_n = 0.2$，$c_r = 0.1$，$e_n = 1$，$e_r = 0.4$，$k = 1.1$，$\delta = 0.6$，$T = 0.3$。根据各变量假设值可确定 $\delta > \dfrac{e_r}{e_n}$，即消费者更加偏好再制造产品，且满足 $T < M$ 的假设。

1. 三种碳减排政策对单位产品零售价格的影响

根据图 4.16，当单位碳税额与碳交易价格之比大于某一阈值时，碳税政策下的新产品与再制造产品的单位零售价格均高于碳交易政策下两产品价格。而当单位碳税额与碳交易价格之比小于该阈值时，两产品的单位零售价格在碳交易政策下更高，而在碳税政策下较低。在碳排放上

限值给定的情况下，当政府制定的单位碳税额与碳交易价格较低时，碳税政策与碳交易政策对制造商的生产限制减弱，因而碳约束政策下再制造产品的单位零售价格最高。而当单位碳税额与碳交易价格较高时，碳税政策与碳交易政策带来的生产成本增加，碳约束政策对制造商的生产限制较低，因而碳约束政策下两产品单位零售价格最低。

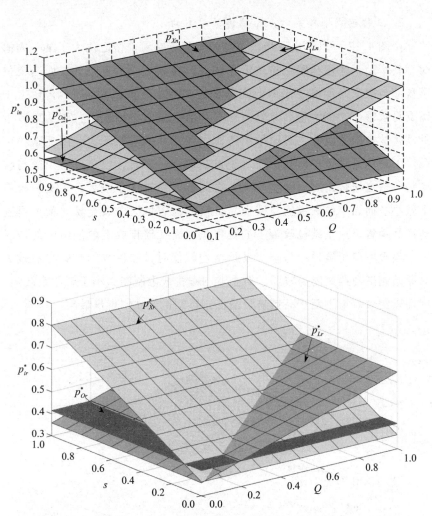

图 4.16　三种碳减排政策对授权再制造时两种产品单位零售价格的影响

推论 1　碳交易政策和碳税政策对两产品单位零售价格的影响：

（i）碳交易政策下碳交易价格对两产品单位零售价格的影响，$\dfrac{\partial p_{Ln}^*}{\partial Q} >$

0，$\dfrac{\partial p_{Lr}^{*}}{\partial Q}>0$；

（ⅱ）碳税政策下单位碳税额对两产品单位零售价格的影响，$\dfrac{\partial p_{Xn}^{*}}{\partial s}>$

0，$\dfrac{\partial p_{Xr}^{*}}{\partial s}>0$。

2. 三种碳减排政策对产品销售量的影响

由图 4.17 可以看出，当单位碳税额与碳交易价格之比大于某一阈值时，新产品销售量在碳交易政策下较高，在碳税政策下较低。而当单位碳税额与碳交易价格之比小于该阈值时，碳税政策下新产品销售量大于碳交易政策下的销售量。此外，在本小节数值假设情况下，碳约束政策的碳排放上限值较低，对原始制造商生产活动的限制较大，因此碳约束政策下新产品销售量最低。而对于再制造产品而言，当单位碳税额与碳交易价格之比较高时，碳税政策下再制造产品销售量较大，碳交易政策下较小。而当单位碳税额与碳交易价格之比较低时，碳交易政策下再制造产品销售量大于碳税政策下的销售量。而在碳排放上限值给定的情况下，当政府单位碳税额与碳交易价格均较低时，碳税政策与碳交易政策对原始制造商约束能力较弱，对企业的碳排放限制能力小于碳约束政策，因而碳约束政策下新产品销售量最低、再制造产品销售量最高。

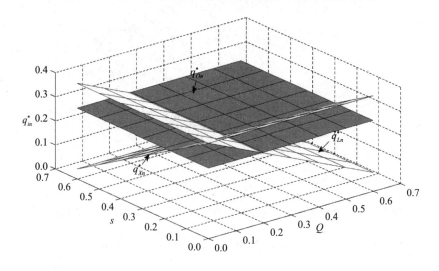

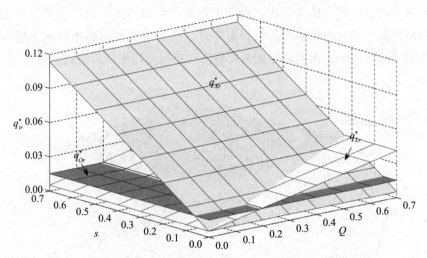

图 4.17　三种碳减排政策对授权再制造时两种产品销售量的影响

推论 2　碳交易政策和碳税政策对两产品销售量的影响：

（ⅰ）碳交易政策下碳交易价格对两产品销售量的影响，$\dfrac{\partial q_{Ln}^*}{\partial Q}<0$，

$\dfrac{\partial q_{Lr}^*}{\partial Q}>0$；

（ⅱ）碳税政策下单位碳税额对两产品销售量的影响，$\dfrac{\partial q_{Xn}^*}{\partial s}<0$，$\dfrac{\partial q_{Xr}^*}{\partial s}>0$。

3. 三种碳减排政策对授权费用的影响

由于碳税政策下的单位授权费用与单位碳税额无关，因此在本小节数值假设下，碳税政策下的授权费用为固定数值 0.25，研究单位碳税额对授权费用的影响无意义，因此取消 $T=0.3$ 的假设值，从而探究碳排放上限值与碳交易价格对单位授权费用的影响。同时，为满足 $T<M$ 的假设，T 的取值范围设定为 0~0.39。

由图 4.18 可以看出，在满足关于 T 的假设的情况下，无论碳排放上限值与碳交易价格高还是低，单位授权费用恒在碳约束政策下最高，碳税政策下次之，而在碳交易政策下最低。除此之外，在碳交易政策下，单位授权费用随碳交易价格提高而降低，碳交易价格上升，原始制造商的生产成本增加，因而在消费者更加偏好再制造产品的情况下，原始制造商将降低授权费用激励再制造商扩大生产以实现"薄利多销"，增加

自身总收益。结合前文结论，随着碳排放上限值增大，两产品单位零售价格降低，同时再制造产品销售量降低，再制造商收益随碳排放上限值增大而明显下降，因而原始制造商将降低授权费用缓解再制造商压力。

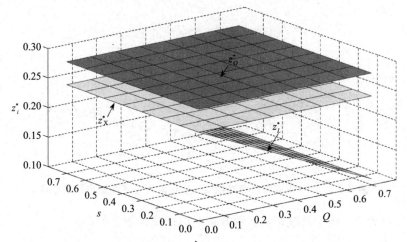

图 4.18　三种碳减排政策对授权再制造时授权费用的影响

推论 3　碳交易政策和碳约束政策对单位授权费用的影响：

（ⅰ）碳交易政策下碳交易价格对单位授权费用的影响，$\dfrac{\partial z_L^*}{\partial Q} < 0$；

（ⅱ）碳约束政策下碳排放上限值对单位授权费用的影响，$\dfrac{\partial z_O^*}{\partial T} < 0$。

4.5　本章总结

本章通过构建原始制造商与再制造商之间的授权再制造博弈模型，探究政府实施碳税政策、碳约束政策与碳交易政策对制造/再制造供应链的影响。同时，为避免分散决策模式下的供应链效率损失，分别基于三种碳减排政策设计固定授权费契约以实现供应链协调。最后对比分析三种政策对两种产品单位零售价格及销售量、授权费用、环境的影响。本章主要得到以下研究结论和管理启示。

第一，政府实施碳税、碳约束以及碳交易政策能够对两制造商的生产决策产生不同的影响，三种不同政策下新产品与再制造产品的单位零售价格与不同政策下的决策变量高度相关，即与单位碳税额、碳排放上限值与碳交易价格高度相关。当单位碳税额与碳交易价格之比较高时，相较于碳交易政策，两产品单位零售价格在碳税政策下更高；反之，两产品单位零售价格在碳交易政策下更高。而碳约束政策下，两产品单位零售价格随碳排放上限值增大而降低，当碳排放上限值低于某一阈值时，两产品单位零售价格均在碳约束政策下最高；反之，当碳排放上限值较高时，碳约束政策下两产品单位零售价格最低。

第二，不同政策下两种产品的销售量与其单位零售价格相关。当单位碳税额与碳交易价格之比较高时，碳税政策下新产品的销售量低于碳交易政策下的销售量，反之，新产品销售量在碳税政策下较高，碳交易政策下较低；而碳约束政策下新产品销售量与碳排放上限值呈正相关，即当碳排放上限值较高时，碳约束政策下的新产品销售量较高。再制造产品的销售量不仅与政府政策相关，还受到消费者偏好影响，当消费者对再制造产品不存在明显偏好时，碳税政策下的再制造产品销售量最高，而碳约束政策下的销售量最低。而当消费者更加偏好再制造产品时，再制造产品销售量与碳排放上限值呈负相关。

第三，三种碳减排政策下，原始制造商和授权再制造商分散决策会造成供应链效率损失问题，原始制造商与授权再制造商可以通过签订固定授权费用的契约进行合作，且当固定授权费用满足一定条件时，协调后两产品制造商的利润均高于分散决策下的利润，供应链的整体利润达到最大，供应链得以协调。

第四，无论政府单位碳税额、碳排放上限值、碳交易价格高还是低，碳约束政策下原始制造商收取的授权费用均最高，碳税政策下次之，碳交易政策下最低。在碳税政策下，授权费用与政府制定的单位碳税额无关，而在碳约束与碳交易政策下，授权费用与碳排放上限值、碳交易价格呈负相关。

第五，三种碳减排政策均能够降低两种产品制造商的总碳排放量，减少供应链对环境的影响。但不同政策下的碳减排效应大小还与具体政策给制造商带来的碳排放约束相关。因此，政府应基于自身政策目标，在充分了解消费者偏好与制造商的生产能力、减排设备等情况的基础上，选择合适的碳减排政策。

管理启示：相对于独立再制造模式，授权再制造模式为原始制造商提供了一种途径来分享再制造收益并减轻碳减排和市场竞争压力。在这种模式下，原始制造商可以通过决策授权费用来参与再制造产品的生产，从而与合作伙伴共同受益。降低单位授权费用，可以直接降低再制造产品的生产成本，从而激励再制造商扩大生产规模，进一步推动低碳经济的发展。因此，在授权再制造模式下，政府有必要优先考虑实施碳约束和碳交易政策，设定合理的碳排放上限值，并有效管理碳交易市场，以确保其顺利运行。

第 5 章 碳减排政策对外包再制造
影响研究

第 4 章研究了碳减排政策对授权再制造的影响，本章进一步基于外包再制造构建不同碳减排政策下原始制造商和外包再制造商的博弈模型，并分别分析碳税、碳交易与碳约束政策对外包再制造产生的影响及对应政策下供应链的协调机制问题，以期为政府和制造商决策提供理论依据。

5.1 碳税政策对外包再制造影响研究

5.1.1 问题描述

经济的迅速发展对资源和能源提出了更高水平的要求。然而，这种需求的大幅增长，致使资源耗费过度与环境破坏程度较高[144,214]。因此，各国家越来越关注资源和环境问题，一些发达国家通过出台法律法规推动资源再回收、再利用、再循环。而再制造作为有效实现资源再利用和再循环的生产方式，能够进一步推进经济可持续发展[149]。

但是，原始制造商由于再制造专有技术缺乏、废旧产品回收渠道不完善，并且相比于单位新产品，由单位再制造产品带来的收益也较少，即使在生产者责任延伸制下，也不会直接从事再制造生产活动，而是通过支付一定的外包费用将再制造生产活动交给拥有专有设备和技术的第三方，也即外包再制造商[149]。同时，目前也处于低碳发展的关键阶段，为了增强原始制造商保护环境的意识，政府通过实施碳税政策对原始制造商的新产品生产活动收取一定碳税，在改变新产品市场竞争地位的同时提升再制造产品竞争优势。但是，外包再制造下新产品与再制造产品的销售均由原始制造商负责，因此碳税政策的实施会促使原始制造商决策外包费用以激励再制造商回收再制造。基于此，有必要进一步探析碳税政策如何影响两制造商的决策机制，从而探究碳税政策对外包再制造模式的影响。

基于以上背景,本节研究碳税政策对外包再制造的影响。首先,基于外包再制造建立碳税政策下集中与分散决策的博弈模型;其次,对比分析集中与分散决策模式下制造商的单位产品零售售价、销售量、外包费用等,探求碳税政策和不同决策模式对两制造商决策的影响,并设计特许经营协调机制以实现供应链协调;最后,利用实例研究进一步分析消费者偏好的影响。

目前,国内外在再制造及碳税政策等方面已有较多研究,本节就以下两方面进行阐述:一是碳税政策对供应链参与者运营决策的影响;二是碳减排背景下的企业再制造模式。

近年来,政府碳减排政策下企业的生产策略成为学术界的研究热点,与本节研究相关的为碳税政策。关于碳税政策对供应链决策的影响研究主要有:孟卫军等[28]从政府角度出发,研究碳税政策下供应链各方合作减排的补贴策略,得出碳税政策下,无论有无政府补贴,制造商与供应商均会合作减排,同时补贴有利于加大减排力度增加减排效益;龙超等[29]将运输商纳入供应链探究政府碳税政策与补贴政策下三级供应链的合作减排模式,发现三方在定价与减排方面合作可以获得最大减排效果;石纯来等[215]基于规模不经济情景分析政府奖惩对供应链各方合作倾向的影响,得出政府奖惩机制、规模不经济二者均可影响供应链各方合作动机;聂佳佳等[216]将风险规避纳入碳税政策下制造商竞争策略影响研究,发现制造商策略选择受到碳税、消费者偏好等影响,风险规避能够使影响力度下降但对其策略选择不造成影响。

除上述相关文献外,碳减排背景下的企业再制造模式研究也与本节相关。张令荣等[217]基于回收再制造视角,考虑价格与消费者偏好因素,研究碳交易政策与减排技术对回收再制造的影响,并对制造商减排策略进行讨论。郭钧等[218]基于MPHCS算法求解多周期制造再制造混合生产决策模型,从而分析碳约束交易下客户需求与减排技术的影响并寻求优化策略。刘名武等[219]建立碳税与强制减排下的再制造决策模型,求解制造商回收再制造的最佳策略。Ding等[22]研究了碳税政策与回收立法对企业再制造与碳减排决策的影响,通过分别描述垄断与竞争环境下企业的最优方案,比较不同情景下法规的经济及环境效益。夏西强等[220]通过比较政府补贴与碳税政策对低碳供应链的影响，得到当低碳企业仅生产低碳产品时，碳税政策更有利于低碳企业发展，当低碳企业同时生产普通产品与低碳产品时，补贴政策更优。

对上述文献进行汇总阐述，可为本节问题的提出、研究与解决等提供一定的思路。本节以外包再制造为出发点，考虑原始制造商对新产品和再制造产品的生产决策，探究政府碳税政策对外包再制造下的供应链产生的影响，确定政府碳税政策下的最优生产模式，并设计实现减排与收益最优的协调机制，为政府实现减排目标及企业生产决策提供依据。

5.1.2　模型介绍

1. 模型描述

基于外包再制造，本节构建碳税政策下由单一原始制造商和单一再制造商组成的分散与集中决策博弈模型（见图 5.1）。其中，原始制造商由于缺少完善的废旧产品回收渠道与再制造技术，基于知识产权保护，通过支付一定的外包费用将产品回收再制造活动委托给专业的再制造商，也即外包再制造。而再制造商收取一定的外包费用，负责产品的回收与再制造，但是再制造的产品需要交还给原始制造商进行销售。分散决策下，双方基于自身利润最大化进行决策，其中，原始制造商制定两产品的单位零售价格与单位外包费用，再制造商则根据外包费用决策再制造

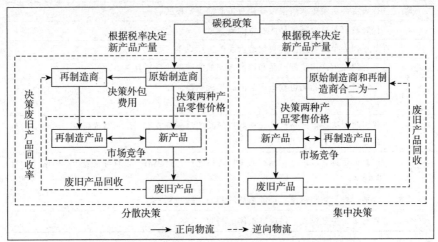

图 5.1　碳税政策下外包再制造模式博弈模型

产品的回收；集中决策下，双方完全合作并以供应链利润最大化为目标，其不影响供应链整体利润，不考虑外包费用的大小。因此，基于外包再制造，本节研究供应链中不同决策模式下碳税政策对原始制造商与外包再制造商的约束边界，并进一步探讨其对两产品制造商生产决策产生的影响。

2. 模型符号

与本节相关的符号及其说明具体见表 5.1。

表 5.1　碳税政策下外包再制造模式相关符号及其说明

符号	说明
决策变量	
q_{in}, q_{ir}	分别代表新产品、再制造产品的销售量，$i \in \{N, X, T, F\}$
p_{in}, p_{ir}	分别代表新产品、再制造产品的单位零售价格，$i \in \{N, X, T, F\}$
τ_i	表示再制造商回收废旧产品数量与新产品销量之比，即废旧产品回收率，$i \in \{N, X, T, F\}$
w_i	表示再制造商生产单位再制造产品时，原始制造商支付给再制造商的外包费用，$i \in \{N, X, T, F\}$
相关参数	
n, r	分别代表原始制造商、再制造商
N	代表分散决策下政府不采取任何政策时原始制造商及再制造商的生产模式
X	代表分散决策下政府采取碳税政策时原始制造商及再制造商的生产模式
T	代表集中决策下政府采取碳税政策时的供应链生产模式
F	代表协调决策下政府采取碳税政策时的生产模式
s	代表政府对单位新产品所收取的碳税额
c_n, c_r	分别代表单位新产品和再制造产品的生产成本，且 $c_n > c_r$
e_n, e_r	分别代表生产单位新产品和再制造产品的碳排放量，且 $e_n > e_r$
E_{in}, E_{ir}	分别代表新产品和再制造产品的碳排放总量，即 $E_{in} = e_n q_{in}$，$E_{ir} = e_r q_{ir}$，$i \in \{N, X, T, F\}$
E_i	代表两制造商生产新产品和再制造产品的总碳排放量，即两制造商生产对环境的总影响，$i \in \{N, X, T, F\}$
δ	代表单位再制造产品和新产品零售价格之比，代表消费者对再制造产品的偏好，且 $0 \leqslant \delta \leqslant 1$
π_{in}, π_{ir}	分别代表原始制造商、再制造商的利润，$i \in \{N, X, F\}$
π_T	表示集中决策模式下供应链整体的利润

3. 模型函数

模型函数具体见第 2 章 2.3 节。

5.1.3 模型建立与分析

1. 模型建立

分散决策：

$$原始制造商：\pi_{Xn} = (p_{Xn} - c_n - s) q_{Xn} + (p_{Xr} - w_X) q_{Xr} \tag{5.1}$$

$$再制造商：\pi_{Xr} = (w_X - c_r) q_{Xr} - \frac{k}{2} (\tau_X q_{Xn})^2 \tag{5.2}$$

集中决策：

$$\pi_T = (p_{Tn} - c_n - s) q_{Tn} + (p_{Tr} - c_r) q_{Tr} - \frac{k}{2} (\tau_T q_{Tn})^2 \tag{5.3}$$

（5.1）式中 $(p_{Xn} - c_n - s) q_{Xn}$ 表示原始制造商生产销售新产品并缴纳碳税后获取的总利润，$(p_{Xr} - w_X) q_{Xr}$ 表示原始制造商支付外包费用后自行售卖再制造产品获取的总利润。因此，原始制造商的最终利润为上述两种产品的利润之和。（5.2）式中 $(w_X - c_r) q_{Xr}$ 表示再制造商通过外包再制造生产再制造产品获得的总利润，$\frac{k}{2} (\tau_X q_{Xn})^2$ 表示再制造商回收废旧产品的成本支出。因此，再制造商利润为生产再制造产品利润减去废旧产品回收成本。

（5.3）式中 $(p_{Tn} - c_n - s) q_{Tn}$ 表示集中决策模式下生产销售新产品并缴纳碳税后所得总利润，$(p_{Tr} - c_r) q_{Tr}$ 表示集中决策模式下生产销售再制造产品所得总利润，$\frac{k}{2} (\tau_T q_{Tn})^2$ 表示集中决策模式下废旧产品的回收费用。

2. 模型求解

为求得碳税政策下模型的最优解，首先给出引理 5.1：

（ⅰ）（5.2）式中 π_{Xr} 关于 τ_X 为凹函数，得到的最优解代入（5.1）式，（5.1）式中 π_{Xn} 关于 q_{Xn}、w_X 为凹函数；

（ⅱ）（5.3）式中 π_T 关于 q_{Tn}、q_{Tr} 为凹函数。

证明：将 $q_{Xr} = \tau_X q_{Xn}$ 代入（5.2）式可得：

$$\pi_{Xr} = (w_X - c_r) \tau_X q_{Xn} - \frac{k}{2} (\tau_X q_{Xn})^2 \qquad (5.4)$$

对（5.4）式关于 τ_X 求一阶偏导和二阶偏导可得：

$$\frac{\partial \pi_{Xr}}{\partial \tau_X} = (w_X - c_r) q_{Xn} - k \tau_X q_{Xn}^2$$

$$\frac{\partial^2 \pi_{Xr}}{\partial \tau_X^2} = - k q_{Xn}^2$$

由 $\dfrac{\partial^2 \pi_{Xr}}{\partial \tau_X^2} = - k q_{Xn}^2 < 0$ 可知，（5.2）式中 π_{Xr} 关于 τ_X 为凹函数；由一阶导数等于 0 可得：

$$\tau_X^* = \frac{w_X - c_r}{k q_{Xn}}$$

将 $p_{Xn} = 1 - q_{Xn} - \delta q_{Xr}$、$p_{Xr} = \delta (1 - q_{Xn} - q_{Xr})$、$q_{Xr} = \tau_X^* q_{Xn}$ 代入（5.1）式可得：

$$\pi_{Xn} = \left(1 - q_{Xn} - \delta \frac{w_X - c_r}{k} - c_n - s\right) q_{Xn} + \left[\delta\left(1 - q_{Xn} - \frac{w_X - c_r}{k}\right) - w_X\right] \frac{w_X - c_r}{k} \qquad (5.5)$$

对（5.5）式分别关于 q_{Xn}、w_X 求一阶偏导和二阶偏导可得：

$$\frac{\partial \pi_{Xn}}{\partial q_{Xn}} = 1 - 2 q_{Xn} - \delta \frac{w_X - c_r}{k} - c_n - s - \delta \frac{w_X - c_r}{k}$$

$$\frac{\partial \pi_{Xn}}{\partial w_X} = \frac{- \delta q_{Xn} + \delta(1 - q_{Xn}) - 2 w_X + c_r}{k} - \frac{2\delta(w_X - c_r)}{k^2}$$

$$\frac{\partial^2 \pi_{Xn}}{\partial q_{Xn}^2} = - 2$$

$$\frac{\partial^2 \pi_{Xn}}{\partial q_{Xn} \partial w_X} = - \frac{2\delta}{k}$$

$$\frac{\partial^2 \pi_{Xn}}{\partial w_X^2} = - \frac{2}{k} - \frac{2\delta}{k^2}$$

$$\frac{\partial^2 \pi_{Xn}}{\partial w_X \partial q_{Xn}} = - \frac{2\delta}{k}$$

根据以上可得（5.1）式关于 q_{Xn}、w_X 的海森矩阵为：

$$H = \begin{bmatrix} -2 & -\dfrac{2\delta}{k} \\ -\dfrac{2\delta}{k} & -\dfrac{2}{k} - \dfrac{2\delta}{k^2} \end{bmatrix}$$

$$|H| = \frac{4}{k^2}\left[k + \delta\left(1 - \delta\right)\right] > 0,$$ 并且主对角元素均小于 0，故 (5.1)

式中 π_{Xn} 关于 q_{Xn}、w_X 为凹函数。

引理（i）成立，同理可证 (5.3) 式中 π_T 关于 q_{Tn}、q_{Tr} 为凹函数。

通过引理 5.1，可得结论 1。

结论 1　碳税政策下外包再制造时分散决策与集中决策的最优解见表 5.2。

表 5.2　碳税政策下外包再制造时分散决策与集中决策模式的最优解

变量	X	T
p_{in}^*	$\dfrac{1 + c_n + s}{2}$	$\dfrac{1 + c_n + s}{2}$
p_{ir}^*	$\delta\dfrac{k(1 + c_n + s) + (1 - \delta)(\delta + c_r)}{2(\delta - \delta^2 + k)}$	$\delta\dfrac{k(1 + c_n + s) + 2(1 - \delta)(\delta + c_r)}{2(2\delta - 2\delta^2 + k)}$
q_{in}^*	$\dfrac{\delta - \delta^2 + k - (\delta + k)(c_n + s) + \delta c_r}{2(\delta - \delta^2 + k)}$	$\dfrac{2\delta - 2\delta^2 + k - (2\delta + k)(c_n + s) + 2\delta c_r}{2(2\delta - 2\delta^2 + k)}$
q_{ir}^*	$\dfrac{\delta(c_n + s) - c_r}{2(\delta - \delta^2 + k)}$	$\dfrac{\delta(c_n + s) - c_r}{2\delta - 2\delta^2 + k}$
τ_i^*	$\dfrac{\delta(c_n + s) - c_r}{\delta - \delta^2 + k + \delta c_r - (\delta + k)(c_n + s)}$	$\dfrac{2(\delta c_n + \delta s - c_r)}{2\delta - 2\delta^2 + k - (2\delta + k)(c_n + s) + 2\delta c_r}$
w_X^*	$\dfrac{k\delta(c_n + s) + (2\delta - 2\delta^2 + k)c_r}{2(\delta - \delta^2 + k)}$	—
π_{Xn}^*	$\dfrac{(1 - c_n - s)^2}{4} + \dfrac{[\delta(c_n + s) - c_r]^2}{4(\delta - \delta^2 + k)}$	—
π_{Xr}^*	$\dfrac{k}{8}\left[\dfrac{\delta(c_n + s) - c_r}{(\delta - \delta^2 + k)}\right]^2$	—
π_T^*	—	$\dfrac{(1 - c_n - s)^2}{4} + \dfrac{[\delta(c_n + s) - c_r]^2}{2(2\delta - 2\delta^2 + k)}$

表 5.2 中令 X 模式中的 $s = 0$，即可得政府不采取碳税政策时（模式 N）的最优解。

3. 模型分析

结论 2　碳税政策对废旧产品回收率的影响：$\tau_T^* > \tau_X^* > \tau_N^*$。

证明：

$$\tau_T^* - \tau_X^* = \frac{2k(\delta c_n + \delta s - c_r)(1 - c_n - s)}{2(2\delta - 2\delta^2 + k)q_{Tn}^*[2(2\delta - 2\delta^2 + k)q_{Tn}^* - k(c_n + s)]} > 0 \Leftrightarrow \tau_T^* > \tau_X^*$$

$$\tau_X^* - \tau_N^* = \frac{s(\delta - \delta^2 + k)(\delta - c_r)}{[\delta - \delta^2 + k + \delta c_r - (\delta + k)(c_n + s)][\delta - \delta^2 + k + \delta c_r - (\delta + k)c_n]} > 0 \Leftrightarrow \tau_X^* > \tau_N^*$$

因此，$\tau_T^* > \tau_X^* > \tau_N^*$。

结论 2 说明，政府采取碳税政策能够有效促进废旧产品回收率提高，且政府采取碳税政策时集中决策下废旧产品回收率高于分散决策下废旧产品回收率。这是因为，相比于政府不采取碳税政策，碳税政策的实施直接增加了原始制造商生产新产品的成本，为了获取更多利润，原始制造商通过提高外包费用来提升再制造商的生产积极性，从而促进再制造产品的销售，实现利润的增加，在此情况下，废旧产品回收率随之提升。而在供应链中，分散决策模式下二者存在博弈行为，集中决策模式是理想的生产模式，故与分散决策模式相比，集中决策模式下两制造商为实现利润最大化更能协调合作，更有利于促进再制造业的发展，促进废旧产品回收率提高。

管理启示：政府碳税政策能有效促进再制造业的发展，实现废旧产品回收水平的进一步提升；此外，为了进一步提升分散决策下废旧产品的回收水平，政府还应当促进制造商间协调合作，以实现再制造业的持续发展，制造商也应当加强彼此之间的联系与合作，实现供应链的进一步发展。

结论 3　碳税政策对产品单位零售价格、销售量与外包费用的影响：

（i）$p_{Tn}^* = p_{Xn}^* > p_{Nn}^*$，$p_{Xr}^* > p_{Tr}^* > p_{Nr}^*$；

（ii）$q_{Nn}^* > q_{Xn}^* > q_{Tn}^*$，$q_{Tr}^* > q_{Xr}^* > q_{Nr}^*$；

（iii）$w_X^* > w_N^*$。

证明：

$$p_{Tn}^{*} = p_{Xn}^{*} = \frac{1 + c_n + s}{2}$$

$$p_{Xn}^{*} - p_{Nn}^{*} = \frac{s}{2} > 0 \Leftrightarrow p_{Xn}^{*} > p_{Nn}^{*}$$

故 $p_{Tn}^{*} = p_{Xn}^{*} > p_{Nn}^{*}$ 得证。同理可证 $p_{Xr}^{*} > p_{Tr}^{*}$，$p_{Tr}^{*} > p_{Nr}^{*}$，因此 $p_{Xr}^{*} > p_{Tr}^{*} > p_{Nr}^{*}$。

结论（ⅰ）得证，结论（ⅱ）和（ⅲ）的证明类似。

结论 3 说明，政府碳税政策的实施会提升新产品单位零售价格、再制造产品单位零售价格、单位外包费用与再制造产品销售量，降低新产品销售量。这是因为，碳税政策的实施直接增加了新产品的生产成本，原始制造商将减少新产品的生产，通过提高单位外包费用促进再制造产品的生产，并通过提高单位产品零售价格减少自身利润损失。与集中决策相比，分散决策下再制造产品单位零售价格更高、销售量较低，而新产品价格不变、销售量更高。这是因为，分散决策下的原始制造商为了获取更多新产品收益，通过提升再制造产品的销售价格来降低消费者对再制造产品的购买意愿，导致再制造产品销售量下降，新产品销售量提升。因此，相比分散决策，集中决策下再制造产品能够以相对较低的价格实现较高的销售量，更有利于扩大再制造产品市场规模并促进再制造活动的开展。

管理启示：外包再制造模式下的原始制造商可以通过多种方式调整碳税政策对其产生的影响。一方面，提高新产品的销售价格，将因碳税政策新增的生产成本部分转移给消费者；另一方面，不改变新产品的零售价格，通过提升再制造产品的价格来获取更多利润。

结论 4　碳税政策对制造商利润的影响：

（ⅰ）当 $s > \dfrac{\delta c_r - \delta^2 c_n + (1 - c_n)(\delta - \delta^2 + k)}{\delta + k}$ 时，$\dfrac{\partial \pi_{Xn}^{*}}{\partial s} > 0$，否则，$\dfrac{\partial \pi_{Xn}^{*}}{\partial s} \leqslant 0$；

（ⅱ）$\dfrac{\partial \pi_{Xr}^{*}}{\partial s} > 0$；

（ⅲ）$\pi_{X}^{*} < \pi_{T}^{*}$。

证明：

$$\frac{\partial \pi_{X_n}^*}{\partial s} = \frac{s(k+\delta) - \delta c_r + \delta^2 c_n + (c_n - 1)(\delta - \delta^2 + k)}{2(\delta - \delta^2 + k)}$$

当 $s > \dfrac{\delta c_r - \delta^2 c_n + (1 - c_n)(\delta - \delta^2 + k)}{\delta + k}$ 时，$\dfrac{\partial \pi_{X_n}^*}{\partial s} > 0$，否则，$\dfrac{\partial \pi_{X_n}^*}{\partial s} \leqslant 0$。

结论（ⅰ）得证，结论（ⅱ）和（ⅲ）的证明类似。

结论 4 说明，政府采取碳税政策时，再制造商的利润与碳税额始终正相关。而对于原始制造商而言，当碳税额大于某一阈值时，其利润与碳税额正相关，反之，其利润与碳税额负相关。这是因为，结合结论 3 可知，政府实施碳税政策会促使原始制造商提升新产品零售价格将新增的生产成本部分转移给消费者，新产品零售价格提高会降低消费者的购买意愿，消费者会增加对再制造产品的购买。当碳税额大于某一阈值时，新产品生产成本增加较多，导致新产品的价格较高，新产品的竞争优势较弱，消费者对再制造产品的购买积极性较强，再制造产品销售量较高。原始制造商通过提升再制造产品的零售价格获取的收益能够弥补甚至超出新产品竞争优势下降造成的损失，原始制造商利润增加。同理，当碳税额小于某一阈值时，新产品价格较低，原始制造商不会失去过多购买新产品的消费者，消费者对于再制造产品的购买积极性也不是很高。但是，由于边际损失的存在，并不是所有未购买新产品的消费者都会选择购买再制造产品，因而在此条件下，原始制造商通过提升再制造产品零售价格获取的收益不能弥补新产品价格提升造成的损失，导致原始制造商利润下降。对于再制造商而言，碳税政策会促使原始制造商提升外包再制造费用鼓励再制造商进行生产，又由于消费者对再制造产品的购买积极性不断上升，对再制造产品的需求增加，故再制造商利润随之增加。就供应链整体利润而言，原始制造商提升再制造产品零售价格的决策，导致消费者在对两种产品的选择中产生了边际损失，使得分散决策下供应链总利润小于集中决策下的总利润。

管理启示：相比不采取碳税政策，政府碳税政策的实施能够有效促进再制造业发展，提升再制造商回收再制造的积极性，并且当碳税额大于某一阈值时，更有利于实现原始制造商与再制造商双赢。

为便于探究碳税政策对环境的影响，令政府不实施碳税政策时两种产品对环境造成的影响为 $E_N = e_n q_{Nn}^* + e_r q_{Nr}^*$，政府实施碳税政策时两种产品对环境造成的影响为 $E_X = e_n q_{Xn}^* + e_r q_{Xr}^*$。

结论 5　碳税政策对环境的影响：

（ⅰ）$E_N > E_X$；

（ⅱ）当 $\delta < \dfrac{e_r}{e_n}$ 时，$E_T > E_X$，当 $\delta > \dfrac{e_r}{e_n}$ 时，$E_T < E_X$。

证明：

$$E_N - E_X = \frac{s\delta(e_n - e_r) + ske_n}{2(\delta - \delta^2 + k)} > 0 \Leftrightarrow E_N > E_X$$

$$E_T - E_X = k\frac{\left[\delta(c_n + s) - c_r\right](e_r - \delta e_n)}{2(\delta - \delta^2 + k)(2\delta - 2\delta^2 + k)}$$

若 $E_T - E_X > 0$，则 $\delta < \dfrac{e_r}{e_n}$。

结论 5 说明，相比不采取碳税政策，政府碳税政策的实施可以有效降低产品生产对环境的影响。根据产品对环境影响的表达式可知，环境影响主要与两产品的销售量有关。结合结论 3 可知，与不采取碳税政策相比，政府实施碳税政策能够有效降低新产品销售量并提升再制造产品销售量，但是由于再制造产品对环境影响较小，新产品对环境影响较大，所以新产品销售量下降产生的环境影响的减少量大于再制造产品销售量上升产生的环境影响的增加量，最终两产品对环境的总影响下降。此外，政府采取碳税政策时，何种决策模式更有利于环境与消费者对再制造产品的偏好及两产品碳排放量之比相关，当消费者偏好大于两产品碳排放量之比时，集中决策模式对环境更为友好，反之，分散决策模式对环境更为友好。

管理启示：碳税政策的实施能够促进环境的改善，为更进一步促进环境质量的提升，政府部门应采取行动提高消费者绿色消费意识，促进再制造产业的发展，并推动企业不断提升技术，降低产品碳排放量，形成绿色生产和消费模式。

5.1.4　协调机制

基于上述分析中供应链存在的利润损失问题，本小节考虑构建分散决策下原始制造商与外包再制造商间的特许经营契约协调机制，以期实现供应链的协调。其中，特许经营契约是指：一方面，原始制造商仍基于再制造商所生产的每一单位再制造产品向其支付一定的外包费用，但是这部分外包费用低于分散决策下的外包费用；另一方面，原始制造商会支付另外一部分固定补偿费用 f 给再制造商。特许经营契约下原始制造商与再制造商之间构建的契约变量为 (w, f)，即再制造商一方面根据原始制造商支付的外包费用进行再制造，另一方面接受固定补偿费用作为额外收益。根据以上论述，两产品制造商的利润函数为：

$$原始制造商：\pi_{Fn} = (p_{Fn} - c_n - s) q_{Fn} + (p_{Fr} - w_F) q_{Fr} - f \tag{5.6}$$

$$再制造商：\pi_{Fr} = (w_F - c_r) q_{Fr} - \frac{k}{2} (\tau_F q_{Fn})^2 + f \tag{5.7}$$

由 (5.6) 式和 (5.7) 式可得，原始制造商与再制造商决策模型为：

$$\max \pi_{Fr} = (w_F - c_r) q_{Fr} - \frac{k}{2} (\tau_F q_{Fn})^2 + f$$

$$\text{s. t. } q_{Fn}, w_F \in \arg\max \pi_{Fn} = (p_{Fn} - c_n - s) q_{Fn} + (p_{Fr} - w_F) q_{Fr} - f$$

$$\pi_{Fn}^* \geqslant \pi_{Xn}^*$$

求解上述模型可得协调机制下最优解，具体见结论6。

结论6 碳税政策下外包再制造时基于特许经营契约协调机制的最优解见表5.3。

表5.3 碳税政策下外包再制造时特许经营契约协调机制的最优解

变量	最优解	变量	最优解
p_{Fn}^*	$\dfrac{1 + c_n + s}{2}$	p_{Fr}^*	$\delta \dfrac{k(1 + c_n + s) + 2(1 - \delta)(\delta + c_r)}{2(2\delta - 2\delta^2 + k)}$
q_{Fn}^*	$\dfrac{2\delta - 2\delta^2 + k - (2\delta + k)(c_n + s) + 2\delta c_r}{2(2\delta - 2\delta^2 + k)}$	q_{Fr}^*	$\dfrac{\delta(c_n + s) - c_r}{2\delta - 2\delta^2 + k}$
w_F^*	$\dfrac{k\delta(c_n + s) + 2\delta c_r - 2\delta^2 c_r}{2\delta - 2\delta^2 + k}$	τ_F^*	$\dfrac{2[\delta(c_n + s) - c_r]}{2\delta - 2\delta^2 + k - (2\delta + k)(c_n + s) + 2\delta c_r}$
π_{Fn}^*	$\dfrac{(1 - c_n - s)^2}{4} + \dfrac{[\delta(c_n + s) - c_r]^2}{4(\delta - \delta^2 + k)}$	π_{Fr}^*	$\dfrac{k[\delta(c_n + s) - c_r]^2}{4(2\delta - 2\delta^2 + k)(\delta - \delta^2 + k)}$

结论 7　当特许经营契约满足（w，f）=（w_F^*，f^*）时，供应链整体实现协调。

结论 7 说明，特许经营契约下，原始制造商通过支付一定的固定费用促进再制造商回收再制造，从而实现再制造产品销售量的进一步提升。此外，特许经营契约还能够使两产品制造商的利润之和达到集中决策下供应链的整体水平，即避免供应链利润损失的存在，不仅能够促进再制造业的发展，提升再制造产品的市场竞争优势，还能最大化原始制造商与再制造商利润，促进供应链协调绿色运转。

5.1.5　实例研究

为进一步验证上述结论，本小节以中国重汽集团济南复强动力有限公司再制造发动机为例，通过实例分析政府实施碳税政策对制造商各决策变量的影响。依照 Zou 等[129]的研究与企业实际情况，与生产单位新产品相比，生产单位再制造产品可以节约 50% 的生产成本、减少 60% 的环境影响。取相关参数 $c_r = 0.1$，$c_n = 0.2$，$e_r = 0.4$，$e_n = 1$，$k = 1.1$。由于碳税政策下，两产品销售量变化较明显，在此就不过多分析。

1. 消费者偏好和碳税额对废旧产品回收率的影响

由图 5.2 可知，政府碳税额一定时，消费者偏好越大，废旧产品回

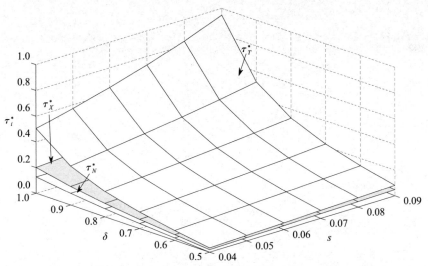

图 5.2　碳税政策下 δ 与 s 对外包再制造时废旧产品回收率的影响

收率越高。这是因为，在碳税额一定的条件下，消费者对再制造产品的偏好程度越高，其就越愿意购买再制造产品而不是新产品，因此再制造产品销售量增加而新产品的销售量减少，废旧产品回收增加。此外，集中决策模式下废旧产品回收率最高，分散决策模式次之。当消费者偏好一定时，废旧产品回收率与碳税额呈正相关。这是因为，随着碳税额的不断增加，新产品零售价格的提升幅度会变大，导致新产品竞争优势下降，消费者会更愿意购买再制造产品而不是新产品，故再制造产品销售量增加而新产品销售量下降，废旧产品回收率随之上升。

推论 1 消费者偏好对废旧产品回收率的影响：$\dfrac{\partial \tau_X^*}{\partial \delta} > 0$，$\dfrac{\partial \tau_T^*}{\partial \delta} > 0$。

2. 消费者偏好和碳税额对两种产品单位零售价格的影响

由图 5.3 可知，两种产品的单位零售价格均与碳税额呈正相关。这是因为，政府采取碳税政策会直接增加新产品的生产成本，促使原始制造商通过提高新产品的零售价格将部分成本转移给消费者，由于外包再制造下，新产品与再制造产品均由原始制造商销售，为了获取更多利润并弥补新产品的损失，原始制造商会提高再制造产品的零售价格。

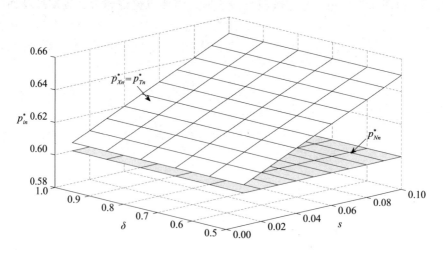

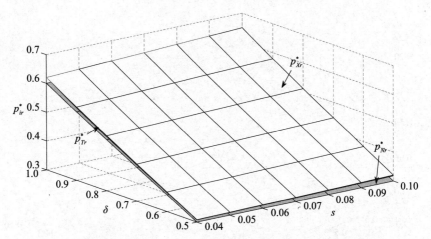

图 5.3　碳税政策下 δ 与 s 对外包再制造时单位产品零售价格的影响

推论 2　消费者偏好对两种产品单位零售价格的影响：$\dfrac{\partial p_{Xn}^*}{\partial \delta} < 0$，$\dfrac{\partial p_{Xr}^*}{\partial \delta} > 0$。

3. 消费者偏好和碳税额对两种产品制造商利润的影响

由图 5.4 可知，政府采取碳税政策时，原始制造商的利润与碳税额负相关，再制造商的利润与碳税额正相关。造成这种现象的原因是：碳税政策下的原始制造商会通过提高两种产品的零售价格获取更多利润，但是由于碳税额低于某一阈值时，由再制造产品竞争优势的提升所带来的额外收益不能弥补新产品竞争优势下降造成的损失，原始制造商利润下降。而对于再制造商而言，碳税政策有利于提升再制造产品的外包费用和销售量，因此其利润随之增加。

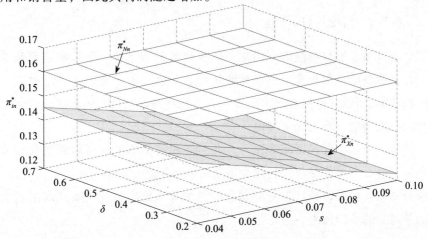

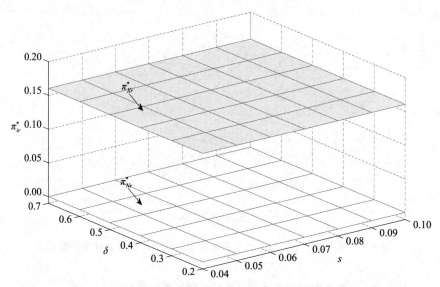

图 5.4 碳税政策下 δ 与 s 对外包再制造时制造商利润的影响

推论 3 消费者偏好对两种产品制造商利润的影响：$\dfrac{\partial \pi_{Xn}^{*}}{\partial \delta} > 0$，$\dfrac{\partial \pi_{Xr}^{*}}{\partial \delta} > 0$。

由推论 3 可知，碳税政策下，提升消费者偏好能够有效促进两种产品制造商利润增加。因此，原始制造商和再制造商应当尽可能提升消费者对再制造产品的偏好，比如定期对再制造产品进行宣传，提升消费者的购买意愿，或者在销售再制造产品时，开展一些折扣活动，让消费者尽可能地接触到再制造产品，认识到产品的优势，提升消费者对再制造的认可。

5.1.6 结论与启示

本节基于外包再制造，构建了碳税政策背景下单一原始制造商和单一再制造商的分散与集中决策博弈模型，对比分析了外包再制造模式下碳税政策对制造/再制造产生的影响，并设计特许经营契约解决供应链的利润损失问题，得到如下结论。

第一，基于外包再制造视角，政府碳税政策的实施可以通过促进原始制造商提升单位外包再制造费用来实现再制造业的进一步发展。此外，原始制造商也可以通过提升再制造产品的零售价格弥补由碳税政策造成的新产品的利润损失。

　　第二，基于供应链不同决策模式视角，政府实施碳税政策时，集中决策模式较分散决策模式更有利于促进再制造业发展，以更低的再制造产品价格、更高的再制造产品销售量，使两产品制造商均获得较大的利润。

　　第三，基于环境保护视角，政府碳税政策的实施能够大幅减少产品生产对环境的总影响，但是从供应链的不同决策模式来看，当消费者偏好大于两产品碳排放量之比时，集中决策模式对环境更为友好，反之，分散决策模式对环境更为友好。

　　第四，基于供应链协调视角，特许经营契约下，原始制造商通过支付一定的固定费用，促进再制造商回收再制造，从而实现再制造产品销售量的进一步提升。此外，特许经营契约还能够使两产品制造商的利润之和达到集中决策下供应链的整体水平，即避免供应链利润损失的存在，不仅能够促进再制造业的发展，提升再制造产品的市场竞争优势，还能最大化原始制造商与再制造商的利润，促进供应链协调绿色运转。

5.2　碳约束政策对外包再制造影响研究

5.2.1　问题描述

　　随着经济的快速发展，资源短缺，环境危机加剧。为摆脱当前环境恶化的困境，各国政府、企业以及居民都在积极行动，力求寻找一种可持续发展模式以实现绿色经济的协调发展。此外，为进一步推进降碳减排工作，2020 年底《碳排放权交易管理办法（试行）》正式发布，并于 2021 年 2 月 1 日起施行[222]。随着众多政策的颁布，政府对企业生产活动的低碳要求也更加清晰明确。碳约束政策是为约束企业碳排放行为而施行的一项政策，政府设定一个碳排放上限值，碳排放量超过该上限值的企业即视为碳排放过量，将受到政府的惩罚[223]。原始制造商在生产新产品时，碳排放量较大且对环境污染严重，经过众多低碳生产的实践，其发现回收再制造能够应对上述问题。

　　因再制造技术限制、低碳生产能力的不同或者生产资源有限，普通产品的生产者试图将再制造业务外包给更具低碳排放优势的制造商，即外包再制造商。再制造商致力于将废旧产品进行回收，形成一个制造/再制造的双重混合生产体系，实现资源的优化整合，减少碳排放量，同时结合消费者环保偏好获取更大发展空间与更多市场资源。上述优势使得外包再制造成为原始制造商在碳约束政策下的心仪选择。虽然外包再制造拥有众多好处，但由于此模式下两种产品均由原始制造商销售，回收再制造在降低原始制造商碳排放的同时，也会瓜分新产品的市场，影响其利润。在碳约束政策下，原始制造商需决策新产品与再制造产品的单位零售价格、销售量以及外包费用等，以实现碳排放约束下的最大效益。基于此，有必要分析碳约束下的制造商决策机制，从而探究碳约束对外包再制造模式的影响。

本节研究外包再制造情况下，政府碳约束政策对制造/再制造的影响，建立碳约束政策下两制造商的最优决策模型，通过对比分析有碳排放约束和无碳排放约束时原始制造商的单位产品零售价格、销售量和外包费用等，分析碳排放约束对原始制造商作用的边界条件，并设计特许经营契约协调供应链。本节分析可为企业在低碳背景下选择外包策略及政府设定最佳碳排放上限值提供参考依据。

与本节有关的研究主要分为以下两个方面：一是碳约束政策对生产决策的影响研究；二是再制造模式研究。关于碳约束政策对生产决策影响的研究主要有：朱慧赟等[192]建立寡头垄断制造商的两期生产决策模型，分析碳约束与碳交易政策对厂商生产定价策略的作用机制；张李浩等[69]构建收益模型探析碳排放依赖型制造商的决策行为，研究结果显示，其可以通过碳交易获得额外的碳排放权或者采用碳减排技术来满足生产，以实现收益最大化；而 Xia 等[198]对碳约束及碳交易政策下的供应链定价决策和碳减排决策进行了研究，其考虑了社会偏好以及消费者低碳意识在供应链决策中的影响；黄瑞芬等[224]研究了在碳约束与碳交易政策下资金约束型供应链的优化问题，发现通过收益共享契约与减排成本分担机制可实现合作减排；谭建等[44]基于单位产品碳约束及总量碳约束两种政策研究企业最佳生产决策，讨论不同碳约束下技术减排投资的必要性，得出碳约束政策下企业的碳排放量不受技术减排投资影响等结论；Zhao 等[225]建立了不确定性质量及碳排放下的再制造系统模型，分析不同策略下的最大利润和最优决策，当考虑质量和碳排放不确定性时，再制造系统模型可以实现更大的利润和更低的碳排放。

关于再制造模式的研究主要包括：Zou 等[129]模拟原始制造商与再制造商二者的博弈，对外包、授权两种再制造策略进行比较研究，发现在消费者认为再制造产品价值较高时，制造商更倾向于采用外包再制造模式；王娜等[143]基于授权和外包再制造模式，研究企业生产与减排策略，发现外包再制造模式在经济及环境方面均表现更好；Yang 等[226]研究原始制造商外包策略选择机制，考虑其自身反向回收渠道以及可持续性方面的成本、收益因素，发现原始制造商自身进行回收可以在环境、经济和社会等方面取得更好成果；黄瑞芬等[224]探析供应链回收合作模式，建立模型对比分析成本分担、任务分担以及非合作三种模式下的最优解，发现当回收成本系数较高时，制造商会采取成本分担模式；唐飞等[163]讨论消费者在零售、直销渠道下的偏好系数，及专利费对再制造定价的影响，从而寻求双渠道闭环供应链下的协调机制；丁军飞等[227]基于报童模型，讨论碳期权合约下的定价策略，发现再制造商碳排放越多，其越愿意购买碳期权。

本节以外包再制造为出发点，考虑原始制造商对新产品和再制造产品的决策行为，探究政府碳约束政策对外包再制造的影响，确定政府碳约束政策下的最优生产模式，为政府实现减排目标及企业生产决策提供依据。

5.2.2　模型介绍

1. 模型描述

基于碳约束政策背景，本节构建由单一原始制造商、单一外包再制造商构成的博弈模型，具体博弈示意见图 5.5。原始制造商因碳减排技术、再制造能力欠缺，考虑将再制造业务外包给再制造商，并支付一定的外包费用，而后将再制造商生产的再制造产品与新产品共同投放市场进行售卖，而政府实施碳约束政策干预原始制造商的生产活动，推进碳减排进程。原始制造商在此模式下决策新产品与再制造产品单位零售价格与销售量，并通过外包费用间接影响再制造商对废旧产品的回收活动。本节基于外包再制造，研究碳约束政策对原始制造商的约束边界，并进一步探讨原始制造商在该约束下的生产决策。

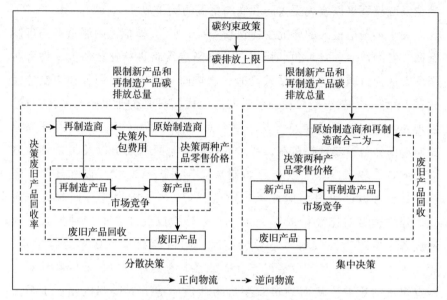

图 5.5   碳约束政策下外包再制造模式博弈示意

2. 模型符号

本节所用模型符号及其说明见表 5.4。

表 5.4   碳约束政策下外包再制造模式相关符号及其说明

符号	说明
决策变量	
q_{in}, q_{ir}	分别表示新产品、再制造产品的销售量，$i \in \{N, O, U, V\}$
p_{in}, p_{ir}	分别表示新产品、再制造产品的单位零售价格，$i \in \{N, O, U, V\}$
w_i	表示再制造商生产单位再制造产品时，原始制造商支付给再制造商的外包费用，$i \in \{N, O, U, V\}$
τ_i	表示再制造商回收废旧产品数量与新产品销量之比，即废旧产品回收率，$i \in \{N, O, U, V\}$
相关参数	
n, r	分别表示原始制造商、再制造商
N	代表分散决策下政府不采取任何政策时原始制造商及再制造商的生产模式
O	代表分散决策下政府采取碳约束政策时原始制造商及再制造商的生产模式
U	代表集中决策下政府采取碳约束政策时的供应链生产模式
V	代表协调决策下政府采取碳约束政策时的生产模式

符号	说明
c_n, c_r	分别表示单位新产品和再制造产品的生产成本，且 $c_n > c_r$
T	代表政府设定的碳排放上限值
e_n, e_r	分别表示生产单位新产品和再制造产品的碳排放量，且 $e_n > e_r$
E_{in}, E_{ir}	分别表示新产品、再制造产品的碳排放总量，即 $E_{in} = e_n q_{in}$，$E_{ir} = e_r q_{ir}$，$i \in \{N, O, U, V\}$
E_i	表示两制造商生产新产品和再制造产品的总碳排放量，即两制造商生产对环境的总影响，$i \in \{N, O, U, V\}$
δ	表示单位再制造产品和单位新产品零售价格之比，代表消费者对再制造产品的偏好，且 $0 \leqslant \delta \leqslant 1$
π_U	表示集中决策模式下供应链整体的利润
π_{in}, π_{ir}	分别表示原始制造商、再制造商的利润，$i \in \{N, O, V\}$

3. 模型函数

本节中用到的模型函数具体见第 2 章 2.3 节。

5.2.3　模型建立与分析

1. 模型建立

当原始制造商碳排放量超过政府限额时，其将在碳交易市场上购买碳排放额度，而拥有多余额度的制造商将会出售剩余碳排放额度。根据实际情况，再制造商由于再制造产品生产产生的碳排放量较少而拥有较多的碳排放额度，从而原始制造商与再制造商形成一个完整的碳交易体系，碳交易价格在其中发挥着至关重要的作用，双方的成本、利润以及生产决策将会据此发生相应变化。

政府不采取碳约束政策：

$$\text{原始制造商}: \pi_{Nn}(q_{Nn}, w_N) = (p_{Nn} - c_n)q_{Nn} + (p_{Nr} - w_N)q_{Nr} \tag{5.8}$$

$$\text{再制造商}: \pi_{Nr} = (w_N - c_r)q_{Nr} - \frac{k}{2}(\tau_N q_{Nn})^2 \tag{5.9}$$

政府采取碳约束政策：

分散决策：

$$\text{原始制造商}: \begin{cases} \max \pi_{On}(q_{On}, w_O) = (p_{On} - c_n)q_{On} + (p_{Or} - w_O)q_{Or} \\ \text{s. t. } e_n q_{On} + e_r q_{Or} = T \end{cases} \tag{5.10}$$

$$再制造商: \pi_{Or} = (w_0 - c_r) q_{Or} - \frac{k}{2} (\tau_0 q_{On})^2 \tag{5.11}$$

集中决策:

$$\begin{cases} \max \pi_U = (p_{Un} - c_n) q_{Un} + (p_{Ur} - c_r) q_{Ur} - \frac{k}{2} (q_{Ur})^2 \\ \text{s. t. } e_n q_{Un} + e_r q_{Ur} = T \end{cases} \tag{5.12}$$

2. 模型求解

为求得碳约束政策下的模型最优解，首先给出引理 5.2:

（ⅰ）（5.9）式中 π_{Nr} 关于 τ_N 是凹函数，（5.8）式中 π_{Nn} 关于 q_{Nn}、w_N 是凹函数;

（ⅱ）（5.11）式中 π_{Or} 关于 τ_0 为凹函数，将求得的最优解代入（5.10）式，可得（5.10）式中 π_{On} 关于 q_{On}、w_0 为凹函数;

（ⅲ）（5.12）式中 π_U 关于 q_{Un}、q_{Ur} 为凹函数。

由引理 5.2 可得碳约束政策下的最优解。

结论 1 政府采取和不采取碳约束政策时的最优解。

政府采取和不采取碳约束政策时分散决策下外包再制造模式的最优解见表 5.5。

表 5.5 政府采取和不采取碳约束政策时分散决策下外包再制造模式的最优解

变量	最优解
w_N^*	$\dfrac{(2\delta^2 - 2\delta - k) c_r - k\delta c_n}{2(\delta^2 - \delta - k)}$
w_0^*	$\dfrac{2k\delta T e_n - 2kT e_r + k e_n e_r + 4\delta c_r e_n e_r - kc_n e_n e_r - k\delta e_n^2 - 2c_r e_r^2 - (k+2\delta) c_r e_n^2}{2(2\delta e_n e_r - k e_n^2 - \delta e_n^2 - e_r^2)}$
τ_N^*	$\dfrac{c_r - \delta c_n}{\delta^2 - \delta - k - \delta c_r + (\delta + k) c_n}$
τ_0^*	$\dfrac{2\delta T e_n - 2T e_r + e_n e_r - c_n e_n e_r - \delta e_n^2 + c_r e_n^2}{2\delta T e_r - 2(k+\delta) T e_n + \delta e_n e_r - c_r e_n e_r - e_r^2 + c_n e_r^2}$
q_{Nn}^*	$\dfrac{1}{2} - \dfrac{\delta c_r - (\delta + k) c_n}{2(\delta^2 - \delta - k)}$
q_{On}^*	$\dfrac{2\delta T e_r - 2(k+\delta) T e_n + \delta e_n e_r - c_r e_n e_r - e_r^2 + c_n e_r^2}{2(2\delta e_n e_r - k e_n^2 - \delta e_n^2 - e_r^2)}$

续表

变量	最优解
q_{Nr}^*	$\dfrac{c_r - \delta c_n}{2(\delta^2 - \delta - k)}$
q_{Or}^*	$\dfrac{2\delta Te_r - 2Te_r + e_n e_r - c_n e_n e_r - \delta e_n^2 + c_r e_n^2}{2(2\delta e_n e_r - ke_n^2 - \delta e_n^2 - e_r^2)}$
p_{Nn}^*	$\dfrac{1+c_n}{2}$
p_{On}^*	$\dfrac{(2\delta + \delta c_n + c_r)e_n e_r + (-2k - 2\delta + \delta^2 - \delta c_r)e_n^2 + 2(k + \delta - \delta^2)Te_n - (1+c_n)e_r^2}{2(2\delta e_n e_r - ke_n^2 - \delta e_n^2 - e_r^2)}$
p_{Nr}^*	$\delta\left[\dfrac{1}{2} + \dfrac{\delta c_r - c_r - kc_n}{2(\delta^2 - \delta - k)}\right]$
p_{Or}^*	$\dfrac{3\delta^2 e_n e_r + (c_n + c_r - 1)\delta e_n e_r - (\delta + 2k + c_r)\delta e_n^2 - (1+c_n)\delta e_r^2 + 2(1-\delta)\delta Te_r + 2k\delta Te_n}{2(2\delta e_n e_r - ke_n^2 - \delta e_n^2 - e_r^2)}$

碳约束政策下集中决策时的最优解：

$$q_{Un}^* = \frac{2\delta Te_r - (k + 2\delta)Te_n + \delta e_n e_r - c_r e_n e_r - e_r^2 + c_n e_r^2}{4\delta e_n e_r - ke_n^2 - 2\delta e_n^2 - 2e_r^2}$$

$$q_{Ur}^* = \frac{2\delta Te_n - 2Te_r + e_n e_r - c_n e_n e_r - \delta e_n^2 + c_r e_n^2}{4\delta e_n e_r - ke_n^2 - 2\delta e_n^2 - 2e_r^2}$$

$$p_{Un}^* = \frac{[(2\delta + k)e_n - \delta(\delta - c_r)e_n - (2\delta + k - 2\delta^2)T]e_n - (c_r + 2\delta + \delta c_n)e_n e_r + (1+c_n)e_r^2}{2\delta e_n^2 + ke_n + 2e_r^2 - 4\delta e_n e_r}$$

$$p_{Ur}^* = \delta\frac{(3\delta + c_r + c_n - 1)e_n e_r - (c_r + \delta + k)e_n^2 - (c_n + 1)e_r^2 + Tke_n + 2(1-\delta)Te_r}{4\delta e_n e_r - ke_n^2 - 2\delta e_n^2 - 2e_r^2}$$

$$\tau_U^* = \frac{2\delta Te_n - 2Te_r + e_n e_r - c_n e_n e_r - \delta e_n^2 + c_r e_n^2}{2\delta Te_r - (k + 2\delta)Te_n + \delta e_n e_r - c_r e_n e_r - e_r^2 + c_n e_r^2}$$

3. 模型分析

结论 2　碳约束政策对环境的影响：

（ⅰ）不存在碳排放约束时，新产品的碳排放量 $E_{Nn} = e_n q_{Nn}^* = \dfrac{e_n}{2} - \dfrac{\delta c_r e_n - (\delta + k)c_n e_n}{2(\delta^2 - \delta - k)}$，再制造产品的碳排放量 $E_{Nr} = e_r q_{Nr}^* = \dfrac{c_r e_r - \delta c_n e_r}{2(\delta^2 - \delta - k)}$，二者总的碳排放量 $E_N = \dfrac{e_n}{2} + \dfrac{(c_r - \delta c_n)e_r + [(k+\delta)c_n - \delta c_r]e_n}{2(\delta^2 - \delta - k)}$；

（ⅱ）存在碳排放约束时，分散决策下新产品的碳排放量 $E_{On} = e_n q_{On}^* = $

$$\frac{2\delta Te_n e_r - 2(k+\delta) Te_n^2 + \delta e_n^2 e_r - c_r e_n^2 e_r - e_n e_r^2 + c_n e_n e_r^2}{2(2\delta e_n e_r - ke_n^2 - \delta e_n^2 - e_r^2)}$$，再制造产品的碳排放

量 $E_{Or} = e_r q_{Or}^* = \dfrac{2\delta Te_n e_r - 2Te_r^2 + e_n e_r^2 - c_n e_n e_r^2 - \delta e_n^2 e_r + c_r e_n^2 e_r}{2(2\delta e_n e_r - ke_n^2 - \delta e_n^2 - e_r^2)}$，二者总的碳排

放量 $E_O = T$，同理可得集中决策下 $E_U = T$。

结论2表明，当 $E_O = E_U \geqslant E_N$，即 $T \geqslant \dfrac{e_n}{2} + \dfrac{(c_r - \delta c_n) e_r + [(k+\delta) c_n - \delta c_r] e_n}{2(\delta^2 - \delta - k)}$ 时，两

制造商根据最优决策的产量进行生产时的总碳排放量小于等于政府设定
的碳排放上限值。此时，碳约束对两制造商的生产决策没有任何影响。

当 $E_O = E_U < E_N$，即 $T < \dfrac{e_n}{2} + \dfrac{(c_r - \delta c_n) e_r + [(k+\delta) c_n - \delta c_r] e_n}{2(\delta^2 - \delta - k)}$ 时，碳排放

上限值低于两制造商根据最优决策的产量进行生产时的总碳排放量，碳
约束政策对两制造商的生产决策产生影响，超过碳排放限额的制造商将
会受到政府惩罚。因此，两制造商将依据碳排放上限值 T 进行决策。

由结论2知，政府制定的碳约束上限值大于一定阈值时并不会对两
制造商的生产决策产生影响，此时实施碳约束政策无意义，因此在研究
碳约束政策对外包再制造的影响时，需要在以下假设下完成。

假设1：碳排放上限值应满足 $T < \dfrac{e_n}{2} + \dfrac{(c_r - \delta c_n) e_r + [(k+\delta) c_n - \delta c_r] e_n}{2(\delta^2 - \delta - k)} = $

M，否则实施碳约束政策不会对两制造商原有生产行为产生任何作用。

由结论2可得推论1，具体如下。

推论1 存在碳约束时，新产品与再制造产品对环境友好度的大小
比较：

（ⅰ）当 $\delta > -\dfrac{Te_r^2 - kTe_n^2 - e_n e_r^2 - c_r e_n^2 e_r + c_n e_n e_r^2}{e_n^2 (e_r - T)}$ 时，$E_{On} > E_{Or}$，否则，

$E_{On} \leqslant E_{Or}$；

（ⅱ）当 $\delta > -\dfrac{2Te_r^2 - kTe_n^2 - 2e_n e_r^2 - 2c_r e_n^2 e_r + 2c_n e_n e_r^2}{2e_n^2 (e_r - T)}$ 时，$E_{Un} > E_{Ur}$，否

则，$E_{Un} \leqslant E_{Ur}$。

证明：

$$E_{On} - E_{Or} = \frac{\delta e_n^2 (e_r - T) - kTe_n^2 + Te_r^2 - e_n e_r^2 - c_r e_n^2 e_r + c_n e_n e_r^2}{2\delta e_n e_r - ke_n^2 - \delta e_n^2 - e_r^2}$$

当 $\delta > - \dfrac{Te_r^2 - kTe_n^2 - e_n e_r^2 - c_r e_n^2 e_r + c_n e_n e_r^2}{e_n^2 (e_r - T)}$ 时，$E_{On} > E_{Or}$，否则，$E_{On} \leqslant E_{Or}$。

结论（i）得证，结论（ii）的证明类似。

推论 1 说明，存在碳约束政策时，再制造产品并不一定总是对环境友好，其取决于消费者对新产品和再制造产品的偏好以及碳排放上限值。当消费者对再制造产品的偏好足够大，并且政府设定合理的碳约束上限值时，再制造产品的碳排放量才低于新产品的碳排放量，再制造产品对环境才更加友好。

结论 3　当存在碳约束时，政府设定的碳排放上限值对单位外包费用、单位零售价格、产品销售量的影响：

（i）当 $\delta > \dfrac{e_r}{e_n}$ 时，$\dfrac{\partial w_O^*}{\partial T} > 0$，否则，$\dfrac{\partial w_O^*}{\partial T} \leqslant 0$；

（ii）$\dfrac{\partial q_{On}^*}{\partial T} > 0$，$\dfrac{\partial q_{Un}^*}{\partial T} > 0$，当 $\delta > \dfrac{e_r}{e_n}$ 时，$\dfrac{\partial q_{Or}^*}{\partial T} < 0$，$\dfrac{\partial q_{Ur}^*}{\partial T} < 0$；

（iii）$\dfrac{\partial p_{On}^*}{\partial T} < 0$，$\dfrac{\partial p_{Or}^*}{\partial T} < 0$，$\dfrac{\partial p_{Un}^*}{\partial T} < 0$，$\dfrac{\partial p_{Ur}^*}{\partial T} < 0$。

证明：

$$\frac{\partial w_O^*}{\partial T} = \frac{k(\delta e_n - e_r)}{2\delta e_n e_r - ke_n^2 - \delta e_n^2 - e_r^2}$$

当 $\delta > \dfrac{e_r}{e_n}$ 时，$\dfrac{\partial w_O^*}{\partial T} > 0$，否则，$\dfrac{\partial w_O^*}{\partial T} \leqslant 0$。

结论（i）得证，结论（ii）和（iii）的证明类似。

根据结论 3，碳排放上限值增大可以降低新产品和再制造产品的单位零售价格，增加新产品的销售量；但对于再制造产品销售量与单位外包费用而言，碳排放上限值与其并不总是正相关的，需消费者偏好及两产品单位碳排放量符合一定条件。只有满足 $\delta < e_r / e_n$ 这一条件时，碳排放上限值增大才能增加再制造产品销售量，此时外包费用会降低；而

当 $\delta < e_r/e_n$ 时，碳排放上限值增大则会降低再制造产品销售量，此时外包费用会增加。

该结论说明，当存在碳约束时，制造商的生产决策与政府设定的碳排放上限值有关，并且受消费者偏好及两产品单位碳排放量之比影响。对于原始制造商而言，当政府设定的碳排放上限值增大时，其新产品产量随之增加，为了获得更多利润，原始制造商将会降低单位零售价格刺激消费者购买。而为了获取更多竞争优势，再制造产品的零售价也会随之下降。当消费者偏好大于两产品单位碳排放量之比时，原始制造商愿意支付的单位外包费用与再制造产品的销售量才会随着政府设定的碳排放上限值增大而增加。这是因为再制造产品的产量受单位外包费用、生产成本的影响，只有单位外包费用增加，再制造商才会受到激励增加投入，提高产量，进一步使得废旧产品回收率提升，从而增加自身利润。而原始制造商则根据消费者偏好及产品碳排放量进行决策，通过改变单位外包费用影响再制造产品的产量，通过协调两种产品的销售量实现自身利润最大化。

管理启示：政府实施碳约束政策下，原始制造商会调整产品的产量及价格以应对碳约束政策的影响，并且通过调整单位外包费用影响再制造产品的产量；而再制造商将根据单位外包费用、生产成本等确定最优产量和废旧产品回收率。碳排放上限值的变动影响两制造商生产行为，同时也间接影响消费者行为，为更好地实现低碳生产，政府可以采取措施直接引导消费者偏好，例如大力宣传再制造产品的优点。

结论 4 碳约束政策对两产品单位零售价格、单位外包费用、销售量的影响：

（ⅰ）$p_{On}^* > p_{Nn}^*$，$p_{Or}^* > p_{Nr}^*$，$p_{Ur}^* < p_{Or}^*$；

（ⅱ）当 $\delta > \dfrac{e_r}{e_n}$ 时，$w_O^* > w_N^*$，否则，$w_O^* \leqslant w_N^*$；

（ⅲ）$q_{On}^* < q_{Nn}^*$，$q_{Un}^* < q_{On}^*$，$q_{Ur}^* > q_{Or}^*$，当 $\delta > \dfrac{e_r}{e_n}$ 时，$q_{Or}^* > q_{Nr}^*$，否则，$q_{Nr}^* \geqslant q_{Or}^*$。

证明：

$$p_{On}^* - p_{Nn}^* = \frac{(c_r - \delta c_n)e_n e_r - \delta c_r e_n^2 + (k+\delta)c_n e_n^2 + (\delta^2 - \delta - k)e_n^2 - 2(\delta^2 - \delta - k)T e_n}{2(2\delta e_n e_r - k e_n^2 - \delta e_n^2 - e_r^2)}$$

在 $T < \dfrac{e_n}{2} + \dfrac{(c_r - \delta c_n)e_r + [(k+\delta)c_n - \delta c_r]e_n}{2(\delta^2 - \delta - k)}$ 的假设下，$p_{On}^* - p_{Nn}^* > 0$，

即 $p_{On}^* > p_{Nn}^*$。

结论（ⅰ）得证，结论（ⅱ）和（ⅲ）的证明类似。

结论 4 表明，政府采取碳约束政策会使原始制造商生产的新产品销售量降低，这是因为碳约束政策限制了两制造商对碳排放额的使用，并且由于单位新产品碳排放量大于单位再制造产品碳排放量，新产品产量会受到限制。为了减少新产品竞争优势下降所造成的损失，原始制造商一方面会通过提升外包费用激励再制造商回收再制造以增加再制造利润；另一方面会提高新产品零售价格以补偿产量减少带来的损失。然而，由于再制造产品与新产品互为竞品，再制造产品的增加与新产品价格提升都将导致新产品销售量降低。政府实施碳约束政策时，相比于集中决策，分散决策下新产品销售量较高，再制造产品则相反。这是因为集中决策模式下，二者无须博弈外包费用，相互合作进行生产，碳约束政策会刺激再制造商生产更多的再制造产品，故集中决策模式更有利于促进再制造产业发展。

消费者偏好大于两种产品碳排放量之比时，政府采取碳约束政策下的单位外包费用大于无碳约束时的单位外包费用。这是因为消费者环保意识的增强会促使消费者偏好购买再制造产品，为了获取更多利润，原始制造商倾向于提高再制造外包费用以提升再制造商积极性。此情形下外包费用的提升致使原始制造商生产成本增加，为弥补成本增加的损失，原始制造商会选择提高新产品及再制造产品的单位零售价格。消费者偏好小于等于两种产品碳排放量之比时，政府采取碳约束政策下的单位外包费用小于等于无碳约束时的单位外包费用。这是因为消费者环保意识不足时，对再制造产品并不会产生很强的偏好，此时原始制造商并不愿意增加单位外包费用，也不会刺激再制造商的生产活动，又因为新产品销售量下降，原始制造商为使利润最大化会选择提高新产品及再制造产品的价格来弥补销售量下降带来的损失。

管理启示：碳约束政策可以约束新产品的生产，但也会造成两产品价格提升，而再制造产品的产量是否增加与消费者偏好和两产品单位碳排放量之比相关。为实现低碳绿色生产，政府可以加大再制造宣传以改

变消费者偏好，提高消费者购买再制造产品的意愿。此外，再制造生产规模的增大、再制造产品生产技术的改进，能够进一步降低再制造过程中的生产成本、回收成本与碳排放量，进而使产品价格降低，刺激消费者购买更多低碳产品，从而形成一个良性循环。

为便于论述，记：

$$A = -8\delta^2 c_r - 8\delta^2 + 8\delta^3 - 8k\delta + 12\delta^2 c_n + 12k\delta c_n - 4\delta c_r - 4kc_r$$

$$B = -8\delta^2 c_n + 12\delta c_n - 4kc_n - 4\delta c_n - 4\delta^2 + 4\delta + 4k$$

$$C = 4k^2 c_n + 8k\delta c_n - 4k^2 - 8k\delta - 4k\delta c_r + 4\delta^2 (k + c_n - 1 + \delta - c_r)$$

结论 5　碳约束政策对原始制造商和再制造商利润的影响：

（i）当 $T < \dfrac{Ce_n^3 + 4(c_r - \delta c_n) e_r^3 - Ae_n^2 e_r - Be_n e_r^2}{8(k + \delta - \delta^2)(2\delta e_n e_r - ke_n^2 - \delta e_n^2 - e_r^2)}$ 时，$\dfrac{\partial \pi_{On}^*}{\partial T} > 0$，否则

$\dfrac{\partial \pi_{On}^*}{\partial T} \leqslant 0$；

（ii）当 $T < \dfrac{-2k\left[(2\delta - \delta c_n - c_r) e_n^2 e_r + (c_n - 1) e_r^2 e_n + (\delta c_r - \delta^2) e_n^3\right]}{4k(\delta e_n - e_r)^2}$ 时，

$\dfrac{\partial \pi_{Or}^*}{\partial T} < 0$，否则 $\dfrac{\partial \pi_{Or}^*}{\partial T} \geqslant 0$。

证明：

$$\frac{\partial \pi_{On}^*}{\partial T} = \frac{8T(k + \delta - \delta^2)(2\delta e_n e_r - ke_n^2 - \delta e_n^2 - e_r^2) - \left[Ce_n^3 + 4(c_r - \delta c_n) e_r^3 - Ae_n^2 e_r - Be_n e_r^2\right]}{4(2\delta e_n e_r - ke_n^2 - \delta e_n^2 - e_r^2)^2}$$

当 $T < \dfrac{Ce_n^3 + 4(c_r - \delta c_n) e_r^3 - Ae_n^2 e_r - Be_n e_r^2}{8(k + \delta - \delta^2)(2\delta e_n e_r - ke_n^2 - \delta e_n^2 - e_r^2)}$ 时，$\dfrac{\partial \pi_{On}^*}{\partial T} > 0$；否则 $\dfrac{\partial \pi_{On}^*}{\partial T} \leqslant 0$。

结论（i）得证，结论（ii）和（iii）的证明类似。

结论 5 表明，虽然碳约束政策会使新产品及再制造产品单位零售价格提升，但并不总是能增加原始制造商及再制造商的利润。对于原始制造商而言，当碳排放上限值小于某一阈值时，其利润与碳排放上限值正相关；当碳排放上限值大于该阈值并且小于假设条件的约束值时，其利润与碳排放上限值负相关。因而原始制造商希望碳排放上限值设定为该阈值，此时其利润达到最大。这是因为碳排放上限值低于此阈值时，碳约束政策对制造商的生产限制较大，碳排放上限值增大能有效提升两产品产量，由两产品产量提升带来的额外收益能够弥补甚至超出价格下降

造成的损失，原始制造商利润随之增加；相反，若碳排放上限值超出此阈值，碳约束政策对原始制造商限制较小，此时产量对碳排放上限值的提升并不敏感，产量提升给原始制造商带来的收益不足以弥补产品价格下降带来的损失。因此，原始制造商在碳排放上限值等于此阈值时利润达到最大。

对于再制造商而言，当碳排放上限值小于某一阈值时，其利润与碳排放上限值负相关；当碳排放上限值大于该阈值并且小于假设条件的约束值时，其利润与碳排放上限值正相关。当碳排放上限值低于此阈值时，若消费者偏好大于两种产品碳排放量之比，碳排放上限值提升将会使单位外包费用增加，再制造产品的销售量降低，再制造产品的销售量降低带来的损失超过外包费用增加和回收成本降低增加的收益，致使再制造商利润下降。若消费者偏好小于两种产品碳排放量之比，碳排放上限值提升将会使单位外包费用降低，再制造产品的销售量增加，但销售量增加所得收益不能弥补外包费用降低和回收成本增加的损失，导致再制造商利润下降。当碳排放上限值大于该阈值时，若消费者偏好大于两种产品碳排放量之比，碳排放上限值提升将会使单位外包费用增加，再制造产品的销售量降低，但单位外包费用的增加和回收成本的降低足以弥补销售量降低带来的损失，使再制造商利润增加。若消费者偏好小于两种产品碳排放量之比，碳排放上限值提升将会使单位外包费用降低，再制造产品的销售量增加，销售量增加带来的收益能够弥补回收成本增加和外包费用降低的损失，使再制造商利润增加。因此，再制造商不仅能够根据碳排放上限值大小调整生产行为，还可以通过改进自身生产技术、提升废旧产品回收率等行为促使自身利润最大化。

管理启示：在碳约束政策下，两制造商根据碳排放上限值调整自身生产行为，以使自身利润最大化。原始制造商通过调节产量、产品零售价格、单位外包费用使自身利润最大化；再制造商通过原始制造商支付的单位外包费用及消费者偏好调节自身产量以获取最大利润。碳约束政策能够影响两制造商的生产决策，政府设置的碳排放上限值不宜过低，会破坏两制造商的生产积极性。政府应充分考虑两制造商在不同碳排放上限值下的生产决策及利润大小，在实现低碳生产的同时保证两制造商利益。

5.2.4　协调机制

基于供应链中存在的利润损失问题，本小节考虑构建分散决策下原始制造商与外包再制造商间的特许经营契约协调机制，以期实现供应链的协调。其中，特许经营契约是指：一方面，原始制造商仍基于再制造商所生产的每一单位再制造产品向其支付一定的外包费用，但是这部分外包费用低于分散决策下的外包费用；另一方面，原始制造商会支付另外一部分固定补偿费用 v 给再制造商。特许经营契约下原始制造商与再制造商之间构建的契约变量为 (w, v)，即再制造商一方面根据原始制造商支付的外包费用进行再制造，另一方面接受固定补偿费用作为额外收益。根据以上论述，两制造商的利润函数为：

$$原始制造商:\begin{cases} \max \pi_{Vn}(q_{Vn}, w_V) = (p_{Vn} - c_n)q_{Vn} + (p_{Vr} - w_V)q_{Vr} - v \\ s.t.\ e_n q_{Vn} + e_r q_{Vr} = T \end{cases} \tag{5.13}$$

$$再制造商:\pi_{Vr} = (w_V - c_r)q_{Vr} - \frac{k}{2}(q_{Vr})^2 + v \tag{5.14}$$

由（5.13）式和（5.14）式可得，原始制造商与再制造商的决策模型为：

$$\max \pi_{Vr} = (w_V - c_r)q_{Vr} - \frac{k}{2}(q_{Vr})^2 + v$$

$$s.t.\ q_{Vn}, w_V \in \arg\max \pi_{Vn}(q_{Vn}, w_V) = (p_{Vn} - c_n)q_{Vn} + (p_{Vr} - w_V)q_{Vr} - v$$

$$e_n q_{Vn} + e_r q_{Vr} = T$$

$$\pi_{Vn}^* \geqslant \pi_{On}^*$$

结论 6　碳约束政策下外包再制造时特许经营契约协调机制的最优解见表 5.6。

表 5.6　碳约束政策下外包再制造时特许经营契约协调机制的最优解

变量	最优解
q_{Vn}^*	$\dfrac{2\delta T e_r - (k + 2\delta)T e_n + \delta e_n e_r - c_r e_n e_r - e_r^2 + c_n e_r^2}{4\delta e_n e_r - k e_n^2 - 2\delta e_n^2 - 2e_r^2}$
q_{Vr}^*	$\dfrac{2\delta T e_n - 2T e_r + e_n e_r - c_n e_n e_r - \delta e_n^2 + c_r e_n^2}{4\delta e_n e_r - k e_n^2 - 2\delta e_n^2 - 2e_r^2}$

续表

变量	最优解
p_{Vn}^*	$\dfrac{(4\delta + c_r + \delta c_n)e_n e_r - (k + \delta + \delta c_r)e_n^2 - (1 + c_n)e_r^2 + T(k + 2\delta + 2\delta^2)e_n}{4\delta e_n e_r - ke_n^2 - 2\delta e_n^2 - 2e_r^2}$
p_{Vr}^*	$\delta\dfrac{(3\delta + c_r + c_n - 1)e_n e_r - (k + \delta + c_r)e_n^2 - (1 + c_n)e_r^2 + 2T(1-\delta)e_r + kTe_n}{4\delta e_n e_r - ke_n^2 - 2\delta e_n^2 - 2e_r^2}$
w_V^*	$k\dfrac{2\delta Te_n - 2Te_r + e_n e_r - c_n e_n e_r - \delta e_n^2 + c_r e_n^2}{4\delta e_n e_r - ke_n^2 - 2\delta e_n^2 - 2e_r^2} + c_r$
v^*	$(p_{Vn}^* - c_n)q_{Vn}^* + (p_{Vr}^* - w_V^*)q_{Vr}^* - \pi_{On}^*$

结论 7　当特许经营契约满足 $(w, v) = (w_V^*, v^*)$ 时，供应链整体实现协调。

由结论 7 可知，基于特许经营契约，碳约束政策下的原始制造商通过支付一定的固定费用促进再制造商回收再制造，从而实现再制造产品销售量的进一步提升。此外，特许经营契约能够使碳约束政策下原始制造商与再制造商协调合作，实现供应链总利润最大化，并进一步促进再制造产业发展。

5.2.5　实例研究

为充分研究外包再制造下政府采取碳约束政策对新产品及再制造产品单位零售价格、销售量及两制造商利润的影响，本小节以中国重汽集团济南复强动力有限公司生产的再制造发动机为例，对上述结论进行数值仿真分析。同时，根据 Zou 等[129]的研究和企业实际可知，与生产单位新产品相比，生产单位再制造产品可以降低 20% 的环境影响和减少 50% 的成本。因此，取相关参数：$e_n = 1$，$e_r = 0.4$，$c_n = 0.2$，$c_r = 0.1$，$k = 1.1$。

1. 碳排放上限值和消费者偏好对单位产品零售价格的影响

由图 5.6 可知，单位产品零售价格与碳排放上限值呈负相关，即当碳排放上限值增大时，新产品及再制造产品的单位零售价格随之降低。原因是，当政府设定的碳排放上限值增大时，原始制造商可以生产更多新产品，其会降低单位产品零售价格刺激消费者购买。再制造产品作为新产品的竞品，其价格也会随着新产品价格降低而降低，以避免市场份额大幅减少。

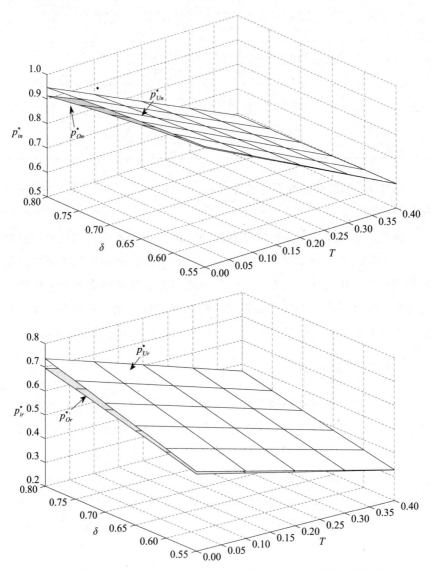

图 5.6　碳约束政策下 T 和 δ 对外包再制造时单位产品零售价格的影响

新产品单位零售价格与消费者偏好负相关，再制造产品单位零售价格与消费者偏好正相关。当政府实施碳约束政策后，再制造产品由于碳排放量较低将会吸引更多消费者关注，随着消费者对再制造产品的偏好增强，原始制造商为获取更多利润将提升再制造产品的价格，同时为了避免新产品销售量大幅度降低，将会考虑降低新产品价格。

2. 碳排放上限值和消费者偏好对产品销售量的影响

由图 5.7 可知，新产品销售量与碳排放上限值正相关，再制造产品销售量与碳排放上限值负相关。政府实施碳约束政策后，两制造商不能按照无碳约束时的生产决策进行生产，碳排放量的约束促使二者改变生产决策，由于再制造产品碳排放量低并且更加吸引消费者，所以随着碳

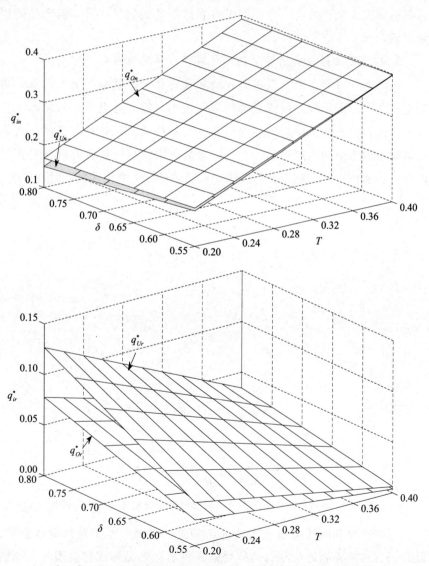

图 5.7　碳约束政策下 T 和 δ 对外包再制造时产品销售量的影响

排放上限值的减小，原始制造商将会减少新产品的生产，并选择增加单位外包费用刺激再制造商生产更多的再制造产品，进而导致新产品销售量随碳排放上限值减小而降低，再制造产品则反之。

新产品销售量与消费者偏好负相关，再制造产品销售量与消费者偏好正相关。当政府实施碳约束政策后，随着消费者对再制造产品偏好增强，相比新产品，消费者对再制造产品更加感兴趣，原始制造商将刺激再制造商加大生产力度，进而使得再制造产品销售量提升，新产品销售量降低。

3. 碳排放上限值和消费者偏好对制造商利润的影响

由图 5.8 可知，原始制造商利润随碳排放上限值提升先增后减，再制造商利润随碳排放上限值变动的幅度较小，因此这里重点对原始制造商利润进行分析。就原始制造商而言，当碳排放上限值比较低时，碳约束政策对制造商的生产限制较大，碳排放上限值提升能够有效提升产品产量，进而使得原始制造商利润增加；当碳排放上限值比较高时则反之。

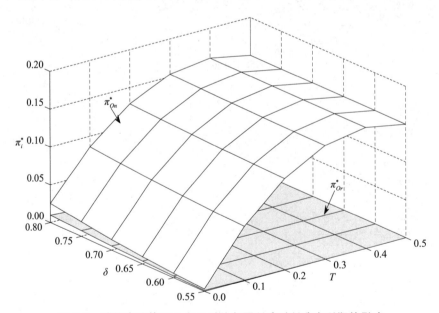

图 5.8　碳约束政策下 T 和 δ 对外包再制造时制造商利润的影响

两制造商利润均与消费者偏好正相关。当政府实施碳约束政策后，随着消费者对再制造产品的偏好增强，再制造产品需求将会增加，原始制造商会刺激再制造商扩大生产，再制造商利润随之增加，而原始制造商也能够通过售卖更多的再制造产品来增加利润。

5.2.6　结论与启示

为探究碳约束政策对外包再制造的影响，本节基于外包再制造模式构建碳约束政策下单一原始制造商及单一外包再制造商的博弈模型，对比分析碳排放约束对制造商生产决策的影响，主要得出以下几个结论。

第一，碳排放上限值与新产品销售量正相关，与新产品、再制造产品单位零售价格均负相关，并且当消费者偏好大于两产品单位碳排放量之比时，碳排放上限值与单位外包费用正相关，与再制造产品销售量负相关。

第二，与无碳约束相比，政府采取碳约束政策会限制新产品的销售，提升新产品及再制造产品单位零售价格，而再制造产品的销售量是否提升则与消费者偏好和两产品单位碳排放量之比相关，当消费者偏好大于两产品单位碳排放量之比时，再制造产品销售量增加。相比分散决策模式，集中决策模式下再制造产品的销售量较高，新产品销售量则反之。

第三，政府采取碳约束政策能够影响两制造商的生产决策，但是碳约束政策并不总是能够增加原始制造商及再制造商的利润。只有在碳排放上限值等于某一阈值时原始制造商利润才达到最大。

第四，基于特许经营契约，碳约束政策下的原始制造商通过支付一定的固定费用促进再制造商回收再制造，从而实现再制造产品销售量的进一步提升。此外，特许经营契约能够使碳约束政策下的原始制造商与再制造商协调合作，实现供应链总利润最大化，并进一步促进再制造产业发展。

管理启示：碳约束政策不但直接影响制造商生产行为，而且间接影响消费者行为，为更好地实现低碳生产，政府可采取宣传再制造产品等方式引导消费者购买再制造产品，促进外包再制造行业发展。在设定碳约束上限值时，政府还应考虑制造商的生产决策与利润，在实现低碳生产的同时保障两制造商的利益。

5.3 碳交易政策对外包再制造影响研究

5.3.1 问题描述

全球二氧化碳的排放已引发一系列生态问题，环境恶化正逐渐唤醒人们的环保意识，碳排放也成为我们关注的焦点之一。近年来，全球各国不断探索减少碳排放的新方式，碳交易便是在碳达峰、碳中和背景下衍生出来的一种交易体系，碳交易市场也随之建立起来并趋于成熟。外包再制造时，原始制造商同时销售两种产品，两种产品的市场竞争程度较低，原始制造商，一方面可以通过购买碳配额增产获取利润，或减产出售剩余碳配额获取碳交易收益；另一方面可以通过决策外包费用来促进再制造商生产再制造产品。再制造商，一方面可以通过原始制造商支付的外包费用来决策废旧产品回收率；另一方面可以进行减排投资出售剩余碳配额获取利润。

碳交易政策即政府给予每个企业固定数量的碳排放额度，允许企业把碳排放额度作为一种稀缺资源进行交易，有剩余碳排放额度的企业出售剩余碳排放额度给超出规定碳排放额度的企业。这种模式可以提高排碳成本，迫使企业寻求低碳生产模式，因此可以影响企业的生产决策，迫使企业在碳交易下寻求一种全新的生产策略以实现自身利润最大化[228]。废旧产品的回收再制造契合可持续发展需求，再制造业务在降低企业成本、实现循环经济的同时，也减轻了碳排放对环境的污染，有利于企业节约碳排放成本，为其开辟了一条新的盈利渠道，也提高了再制造商进行再制造的动力。

尽管再制造有诸多好处，但原始制造商缺乏再制造的相关技术、设备和人才等，因此其通常不会付出较多的精力参与再制造，而是将再制造业务外包给第三方，即外包再制造商[214]。该模式下，原始制造商向再制造商支付外包费用，将再制造业务外包给再制造商进行再制造产品的生产，然后原始制造商再将再制造产品与新产品一起出售获取利润。然而，再制造产品的出现瓜分了新产品的市场份额，加剧了竞争，由于新产品获利更高，所以可能会给原始制造商收益造成一定的影响。原始制造商需要综合考虑两种产品的生产成本、碳交易成本、销售利润等诸多因素，对两种产品的生产销售进行决策，从而使自己获得最大利润，而再制造商也需要依据再制造利润和碳交易收益进行生产决策。

碳交易政策和外包再制造为制造商提供了更多的可能性，但是也使其面临复杂多变的市场竞争环境以及政府碳交易政策的压力。原始制造商如何有效地制定两种产品的单位零售价格以及制定合理的外包费用？碳交易政策下再制造商具有低碳排放和低成本竞争优势，为促进再制造产业发展，外包再制造下原始制造商应如何利用这一点来影响再制造商决策？基于社会福利角度，碳交易政策对两制造商利润、环境和消费者剩余会产生何种影响？考虑到消费者低碳偏好，碳交易价格和消费者偏好变化如何影响两制造商的生产和定价决策？分散决策时，制造商追求自身利润最大化引发的"搭便车"和"双重边际化"问题如何解决？基于这些问题，本节研究外包再制造下碳交易政策对制造/再制造供应链的影响并设计供应链协调机制。

目前国内外学者针对政府碳交易政策对制造/再制造供应链的影响、知识产权保护下第三方再制造模式以及协调机制已展开了一定的研究。Yang 等[49]、丁军飞等[227]研究碳交易价格对碳市场活跃度、企业决策、环境以及社会福利的影响。Shi 等[229]研究碳配额不同分配方式对制造商生产及减排决策的影响。Zhang 等[42]研究碳交易政策下制造商减排定价策略的优化方法，为政府实施碳交易政策以及制造商决策提供一定依据。但是，由于研发减排技术成本较高，供应链参与者会选择外包再制造方式将再制造业务委托给第三方再制造商，而目前鲜有文献分析碳交易政策对外包再制造的供应链影响。虽然 Zou 等[129]研究外包再制造模式的有效性，Yang 等[230]对不同情形下再制造闭环供应链协调机制展开研究，但是随着碳减排政策推行，有必要分析政府碳交易政策对外包再制造供应链的影响，并设计供应链协调契约以实现减排效果最优和再制造利润最大。本节基于外包再制造对比分析碳交易政策对供应链中集中与分散决策模式的影响，并设计协调机制以实现供应链帕累托最优。

本节主要从以下三个方面来进行研究：一是在模型构建上，基于外包再制造构建碳交易政策下两制造商的集中与分散决策博弈模型，综合研究碳交易政策对原始制造商和再制造商的影响（以往研究主要分析碳交易政策对原始制造商的影响);二是在模型分析上,不仅剖析碳交易政策对两制造商最优生产定价决策的影响,还进一步基于社会福利视角分析政府碳交易政策对环境和消费者剩余的影响;三是在协调机制上,不仅分析两制造商之间的竞争,还基于特许经营契约设计协调机制,实现供应链协调,为原始制造商和外包再制造商合作提供理论依据。

5.3.2　模型介绍

1. 模型描述

基于碳交易政策背景,本节构建由一个原始制造商和一个再制造商组成的集中与分散外包再制造博弈模型,具体博弈示意见图5.9。其中,原始制造商由于面临碳配额约束且缺乏再制造设备和技术,专注于生产新产品并选择支付一定的外包费用将再制造业务外包给第三方再制造商。例如,美国福特公司和德国宝马,在经历自主再制造失败后,支付一定的外包费用将再制造生产委托给第三方。在该博弈模型中,再制造商通过回收再制造获取外包费用,决策废旧产品回收率,废旧产品回收率受外包费用影响。同时,考虑到新产品和再制造产品之间的替代效应,碳

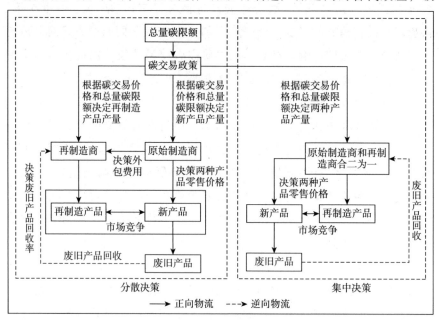

图 5.9　碳交易政策下外包再制造模式博弈示意

交易政策通过影响新产品的市场前景和加强再制造产品激励来限制碳排放。因此，原始制造商需要根据碳交易价格和总量碳配额决策两种产品的单位零售价格和单位再制造产品的外包费用。集中决策模式下，两制造商完全合作并联合决策两种产品的单位零售价格，以整个供应链利润最大化为决策目标。

2. 模型符号

本节相关的符号及其说明具体见表 5.7。

表 5.7　碳交易政策下外包再制造模式相关符号及其说明

符号	说明
	决策变量
p_{in}, p_{ir}	分别表示新产品、再制造产品的单位零售价格，$i \in \{N, L, W, Z\}$
q_{in}, q_{ir}	分别表示新产品、再制造产品的销售量，$i \in \{N, L, W, Z\}$
w_i	表示再制造商生产单位再制造产品时，原始制造商支付给再制造商的外包费用，$i \in \{N, L, W, Z\}$
τ_i	表示再制造商回收废旧产品数量与新产品销量之比，即废旧产品回收率，$i \in \{N, L, W, Z\}$
	相关符号
n, r	分别表示原始制造商、再制造商
N	代表分散决策下政府不采取任何政策时原始制造商及再制造商的生产模式
L	代表分散决策下政府采取碳交易政策时原始制造商及再制造商的生产模式
W	代表集中决策下政府采取碳交易政策时的供应链生产模式
Z	代表协调决策下政府采取碳交易政策时的生产模式
c_n, c_r	分别表示单位新产品和再制造产品的生产成本，且 $c_r < c_n$
e_n, e_r	分别表示生产单位新产品和再制造产品的碳排放量，且 $e_r < e_n$
δ	表示单位再制造产品和单位新产品零售价格之比，代表消费者对再制造产品的偏好，且 $0 \leqslant \delta \leqslant 1$
T, Q	分别表示政府设定的碳排放上限值和碳交易价格
E_{in}, E_{ir}	分别表示新产品、再制造产品的碳排放总量，即 $E_{in} = e_n q_{in}$，$E_{ir} = e_r q_{ir}$，$i \in \{N, L, W, Z\}$
E_i	表示两制造商生产新产品和再制造产品的总碳排放量，即两制造商生产对环境的总影响，$i \in \{N, L, W, Z\}$
π_{in}, π_{ir}	分别表示原始制造商、再制造商利润，$i \in \{N, L, W, Z\}$
π_W	表示集中决策模式下供应链整体利润
S_{iC}	表示碳交易政策下的消费者剩余，$i \in \{N, L, W, Z\}$

3. 模型函数

本节中用到的模型函数见第 2 章 2.3 节。

5.3.3 模型建立与分析

1. 模型建立

当原始制造商和再制造商分散决策时，原始制造商将再制造业务外包给再制造商并按照每单位再制造产品向其支付报酬 w_L，根据碳交易政策和生产成本，原始制造商决策两种产品的单位零售价格（p_{Ln} 和 p_{Lr}）和单位外包再制造费用 w_L，再制造商接受原始制造商委托后，对原始制造商销售的新产品回收，决策废旧产品回收率 τ_L。依据上述分析，原始制造商和再制造商分散决策时的利润分别为：

$$\text{原始制造商：} \pi_{Ln} = (p_{Ln} - c_n)q_{Ln} + (p_{Lr} - w_L)q_{Lr} - (e_n q_{Ln} - T)Q \quad (5.15)$$

$$\text{再制造商：} \pi_{Lr} = (w_L - c_r)q_{Lr} - \frac{k}{2}(\tau_L q_{Ln})^2 + (T - e_r q_{Lr})Q \quad (5.16)$$

集中决策时的利润为：

$$\pi_W = (p_{Wn} - c_n)q_{Wn} + (p_{Wr} - c_r)q_{Wr} - \frac{k}{2}(\tau_W q_{Wn})^2 + 2TQ - e_r q_{Wr}Q - e_n q_{Wn}Q \quad (5.17)$$

（5.15）式中，$e_n q_{Ln}$ 表示新产品销售量为 q_{Ln} 时原始制造商所需要的碳排放量，$e_n q_{Ln} - T$ 表示政府采取碳交易政策，给予原始制造商碳排放额度为 T 时，原始制造商为满足生产需要额外购买的碳排放额度，$(e_n q_{Ln} - T)Q$ 表示原始制造商购买碳排放额度所需支出。因此，原始制造商利润即为新产品和再制造产品的总收益减去购买额外碳排放额度的支出。

（5.16）式中，$e_r q_{Lr}$ 表示当再制造产品销售量为 q_{Lr} 时再制造商所需要的碳排放量，$T - e_r q_{Lr}$ 表示政府采取碳交易政策，给予再制造商的碳排放额度为 T 时，再制造商生产产品后剩余的碳排放额度，$(T - e_r q_{Lr})Q$ 表示再制造商出售剩余的碳排放额度所获得的收益。因此，再制造商的收入情况由生产再制造产品的收益、出售多余碳排放额度的收益和废旧产品的回收成本等决定。

（5.17）式中，$(p_{Wn} - c_n)q_{Wn} + (p_{Wr} - c_r)q_{Wr}$ 表示销售两种产品所得收

益，$\dfrac{k}{2}(\tau_W q_{Wn})^2$ 表示废旧产品回收费用，$2TQ - e_r q_{Wr} Q - e_n q_{Wn} Q$ 表示给予两制造商的碳排放额度为 T 时，制造商出售剩余额度（购买超额碳排放额度）所获得的收益（付出的成本）。

2. 模型求解

为求得最优解，首先给出引理 5.3：

（ⅰ）（5.16）式中 π_{Lr} 关于 τ_L 是凹函数，（5.15）式中 π_{Ln} 关于 q_{Ln}、w_L 是凹函数；

（ⅱ）（5.17）式中 π_W 关于 q_{Wn}、q_{Wr} 是凹函数。

证明：

将 $q_{Lr} = \tau_L q_{Ln}$ 代入（5.16）式可得：

$$\pi_{Lr} = (w_L - c_r)\tau_L q_{Ln} - \frac{k}{2}(\tau_L q_{Ln})^2 + (T - e_r \tau_L q_{Ln})Q \tag{5.18}$$

对（5.18）式关于 τ_L 求一阶偏导和二阶偏导可得：

$$\frac{\partial \pi_{Lr}}{\partial \tau_L} = (w_L - c_r)q_{Ln} - kq_{Ln}^2 \tau_L - e_r q_{Ln} Q$$

$$\frac{\partial^2 \pi_{Lr}}{\partial \tau_L^2} = -kq_{Ln}^2$$

由 $\dfrac{\partial^2 \pi_{Lr}}{\partial \tau_L^2} = -kq_{Ln}^2 < 0$ 可知，（5.16）式中 π_{Lr} 关于 τ_L 是凹函数；由一阶导数等于 0 可得：

$$\tau_L^* = \frac{w_L - c_r - e_r Q}{kq_{Ln}}$$

将 $p_{Ln} = 1 - q_{Ln} - \delta q_{Lr}$、$p_{Lr} = \delta(1 - q_{Ln} - q_{Lr})$、$q_{Lr} = \tau_L^* q_{Ln}$ 代入（5.15）式可得：

$$\pi_{Ln} = \left[\delta\left(1 - q_{Ln} - \frac{w_L - c_r - e_r Q}{k}\right) - w_L \right]\frac{w_L - c_r - e_r Q}{k} - (e_n q_{Ln} - T)Q + \tag{5.19}$$
$$\left(1 - q_{Ln} - \delta \frac{w_L - c_r - e_r Q}{k} - c_n\right)q_{Ln}$$

对（5.19）式分别关于 q_{Ln}、w_L 求一阶偏导和二阶偏导可得：

$$\frac{\partial \pi_{Ln}}{\partial q_{Ln}} = 1 - 2q_{Ln} - \delta \frac{w_L - c_r - e_r Q}{k} - c_n - \delta \frac{w_L - c_r - e_r Q}{k} - e_n Q$$

$$\frac{\partial \pi_{Ln}}{\partial w_L} = \frac{-\delta q_{Ln} + \delta(1-q_{Ln}) - 2w_L + c_r + e_r Q}{k} - \frac{2\delta(w_L - c_r - e_r Q)}{k^2}$$

$$\frac{\partial^2 \pi_{Ln}}{\partial q_{Ln}^2} = -2$$

$$\frac{\partial^2 \pi_{Ln}}{\partial q_{Ln} \partial w_L} = -\frac{2\delta}{k}$$

$$\frac{\partial^2 \pi_{Ln}}{\partial w_L^2} = -\frac{2}{k} - \frac{2\delta}{k^2}$$

$$\frac{\partial^2 \pi_{Ln}}{\partial w_L \partial q_{Ln}} = -\frac{2\delta}{k}$$

根据以上可得（5.19）式关于 q_{Ln}、w_L 的海森矩阵为：

$$H = \begin{bmatrix} -2 & -\dfrac{2\delta}{k} \\ -\dfrac{2\delta}{k} & -\dfrac{2}{k} - \dfrac{2\delta}{k^2} \end{bmatrix}$$

$|H| = \dfrac{4}{k^2}[k + \delta(1-\delta)] > 0$，且主对角元素均小于 0，故（5.15）式中 π_{Ln} 关于 q_{Ln}、w_L 是凹函数。

结论（ⅰ）得证，结论（ⅱ）的证明类似。

依据引理 5.3 可以得出最优解，具体见结论 1。

结论 1　碳交易政策下外包再制造模式的最优解见表 5.8。

表 5.8　碳交易政策下外包再制造时分散与集中决策模式的最优解

变量	L	W
p_{in}^*	$\dfrac{1 + c_n + e_n Q}{2}$	$\dfrac{1 + c_n + e_n Q}{2}$
p_{ir}^*	$\delta\left[\dfrac{1}{2} + \dfrac{k(c_n + e_n Q) + (1-\delta)(c_r + e_r Q)}{2(\delta - \delta^2 + k)}\right]$	$\delta\left[\dfrac{1}{2} + \dfrac{k(c_n + e_n Q) + 2(1-\delta)(c_r + e_r Q)}{2(2\delta - 2\delta^2 + k)}\right]$
q_{in}^*	$\dfrac{1}{2} - \dfrac{(\delta + k)(c_n + e_n Q) - \delta(c_r + e_r Q)}{2(\delta - \delta^2 + k)}$	$\dfrac{1}{2} - \dfrac{(2\delta + k)(c_n + e_n Q) - 2\delta(c_r + e_r Q)}{2(2\delta - 2\delta^2 + k)}$
q_{ir}^*	$\dfrac{\delta(c_n + e_n Q) - (c_r + e_r Q)}{2(\delta - \delta^2 + k)}$	$\dfrac{\delta(c_n + e_n Q) - (c_r + e_r Q)}{2\delta - 2\delta^2 + k}$

变量	L	W
π_{in}^{*}	$\dfrac{[1-(c_n+e_nQ)]^2}{4}+\dfrac{[\delta(c_n+e_nQ)-(c_r+e_rQ)]^2}{4(\delta-\delta^2+k)}+TQ$	—
π_{ir}^{*}	$\dfrac{k}{8}\left[\dfrac{\delta(c_n+e_nQ)-(c_r+e_rQ)}{(\delta-\delta^2+k)}\right]^2+TQ$	—
π_{i}^{*}	—	$\dfrac{[1-(c_n+e_nQ)]^2}{4}+\dfrac{[\delta(c_n+e_nQ)-(c_r+e_rQ)]^2}{2(2\delta-2\delta^2+k)}+2TQ$
τ_{i}^{*}	$\dfrac{\delta(c_n+e_nQ)-(c_r+e_rQ)}{\delta-\delta^2+k+\delta(c_r+e_rQ)-(\delta+k)(c_n+e_nQ)}$	$\dfrac{2\delta(c_n+e_nQ)-2(c_r+e_rQ)}{2\delta-2\delta^2+k-(2\delta+k)(c_n+e_nQ)+2\delta(c_r+e_rQ)}$
w_{i}^{*}	$\dfrac{k\delta(c_n+e_nQ)+(2\delta-2\delta^2+k)(c_r+e_rQ)}{2(\delta-\delta^2+k)}$	—

3. 模型分析

结论 2　两种决策模式下最优解与碳交易价格的关系：

（ⅰ）$\dfrac{\partial w_L^{*}}{\partial Q}>0$，$\dfrac{\partial p_{in}^{*}}{\partial Q}>0$，$\dfrac{\partial p_{ir}^{*}}{\partial Q}>0$；

（ⅱ）$\dfrac{\partial q_{in}^{*}}{\partial Q}<0$，当 $\delta>\dfrac{e_r}{e_n}$ 时，$\dfrac{\partial q_{ir}^{*}}{\partial Q}>0$，否则，$\dfrac{\partial q_{ir}^{*}}{\partial Q}\leqslant0$；

（ⅲ）当 $\dfrac{e_r}{e_n}<\dfrac{\delta-c_r}{1-c_n}$ 时，$\dfrac{\partial \tau_i^{*}}{\partial Q}>0$，否则，$\dfrac{\partial \tau_i^{*}}{\partial Q}\leqslant0$，$i\in\{L,W\}$。

证明：

$$\frac{\partial w_L^{*}}{\partial Q}=\frac{k\delta e_n+(2\delta-2\delta^2+k)e_r}{2(\delta-\delta^2+k)}>0$$

$$\frac{\partial p_{Wr}^{*}}{\partial Q}=\frac{2\delta(1-\delta)e_r+\delta ke_n}{2(2\delta+k-2\delta^2)}>0$$

$$\frac{\partial p_{in}^{*}}{\partial Q}=\frac{e_n}{2}>0$$

$$\frac{\partial p_{Lr}^{*}}{\partial Q}=\frac{\delta ke_n+\delta(1-\delta)e_r}{2(\delta-\delta^2+k)}>0$$

结论（ⅰ）得证，结论（ⅱ）和（ⅲ）的证明类似。

结论 2 表明，在分散与集中决策模式下，碳交易政策的实施会提高两种产品的单位零售价格，降低新产品的销售量；当消费者偏好大于两种产品的碳排放量之比时，碳交易政策的实施会增加再制造产品的销售量；单位再制造产品碳排放量与单位新产品碳排放量相比较小时，碳交易政策的实施会提高废旧产品回收率。碳交易政策本质是政府给予高污染和高能耗企业的一种信号，督促其进行低碳生产改造，目的是将企业高碳生产的负外部性行为内部化。原始制造商作为高碳排放企业，会通过提高两种产品的单位零售价格将碳交易政策下增加的成本转嫁给消费者，在分散决策模式下，原始制造商还可以通过提高单位再制造产品外包费用来改变其碳交易政策下的不利地位。新产品零售价格提高会降低新产品销售量，当单位再制造产品碳排放量与单位新产品碳排放量相比较小且消费者偏好较大时，再制造商具有低碳排放和消费者偏好优势，促使再制造产品销售量增加，再制造商会增加废旧产品回收量和再制造产品生产量。

管理启示：消费者低碳偏好也是影响废旧产品回收再制造的重要因素。随着人们物质生活的富足，空气质量、生活环境等非物质需求逐渐成为人们对美好生活的新需求。公众可以从消费习惯和环保参与两个维度参与环保事业，政府应注重增强制造商的环保意识。

结论 3　两种产品制造商利润与碳交易价格的关系：

（ⅰ）当 $Q > \dfrac{(\delta - \delta^2 + k)\left[e_n(1 - c_n) - 2T\right] - (\delta e_n - e_r)(\delta c_n - c_r)}{(\delta - \delta^2 + k)e_n^2 + (\delta e_n - e_r)^2}$ 时，

$\dfrac{\partial \pi_{Ln}^*}{\partial Q} > 0$，否则 $\dfrac{\partial \pi_{Ln}^*}{\partial Q} \leq 0$；

（ⅱ）当 $Q > \dfrac{k(\delta e_n - e_r)(c_r - \delta c_n) - 4(\delta - \delta^2 + k)T}{k(\delta e_n - e_r)^2}$ 时，$\dfrac{\partial \pi_{Lr}^*}{\partial Q} > 0$，否则

$\dfrac{\partial \pi_{Lr}^*}{\partial Q} \leq 0$；

（ⅲ）当 $Q > \dfrac{(2\delta + k - 2\delta^2)(1 - c_n)e_n - 2(\delta e_n - e_r)(\delta c_n - c_r) - 4(2\delta + k - 2\delta^2)T}{2(\delta e_n - e_r)^2 + (2\delta + k - 2\delta^2)e_n^2}$

时，$\dfrac{\partial \pi_W^*}{\partial Q} > 0$，否则，$\dfrac{\partial \pi_W^*}{\partial Q} \leq 0$。

证明：

$$\frac{\partial \pi_{Ln}^*}{\partial Q} = \frac{-(\delta - \delta^2 + k)\left[e_n(1 - c_n) - 2T\right] + (\delta e_n - e_r)(\delta c_n - c_r) + \left[(\delta - \delta^2 + k)e_n^2 + (\delta e_n - e_r)^2\right]Q}{2(\delta - \delta^2 + k)}$$

当 $Q > \dfrac{(\delta - \delta^2 + k)[e_n(1 - c_n) - 2T] - (\delta e_n - e_r)(\delta c_n - c_r)}{(\delta - \delta^2 + k)e_n^2 + (\delta e_n - e_r)^2}$ 时，$\dfrac{\partial \pi_{Ln}^*}{\partial Q} > 0$，否则 $\dfrac{\partial \pi_{Ln}^*}{\partial Q} \leq 0$。

结论（ⅰ）得证，结论（ⅱ）和（ⅲ）证明类似。

结论 3 表明，虽然碳交易政策的实施可以提高两种产品的零售价格，但并不总是可以增加制造商和供应链整体利润。只有碳交易价格高于某一阈值时，制造商和供应链整体利润才与碳交易价格呈正相关，这与 Chai 等[231]的研究一致。这是因为，碳交易机制下碳排放许可也是一种资源，购买碳排放许可会增加制造商成本，但是较高的碳交易价格有助于激励两种产品制造商引进减排技术减少碳排放，以在碳交易市场上出售剩余碳排放许可获取碳交易收益。结合结论 2 可知，随着碳交易价格上涨，两种产品的单位零售价格提高，再制造产品销量增加，但是新产品销量减少，当碳交易价格小于某一阈值时，较低的碳交易价格不能体现再制造商的低碳排放和低成本优势，增加的外包费用不足以弥补其增加的再制造成本和碳交易成本。但是不同于 Chai 等[231]的研究，通过结论 3 可知，碳交易政策并非始终对原始制造商不利。这是由于当碳交易价格大于某一阈值时，过重的碳交易负担会迫使原始制造商减少新产品产量以降低绿色成本。同时，较高的碳交易价格使得再制造产品的低碳优势被进一步凸显，原始制造商通过销售再制造产品获取更多利润，因此此时原始制造商的利润随碳交易价格升高而增加。

管理启示：碳交易政策会对两制造商的利润产生影响，从而影响供应链整体利润。碳交易政策通过改变碳交易价格影响碳市场活跃度，鼓励制造商研发绿色低碳技术。较低的碳交易价格使两种产品制造商利润减少，不能有效激励制造商减排，但是高强度的碳政策也并不一定能够有效减排。提高消费者对再制造产品的认可度和碳市场活跃度才能推动供应链"良性"减排。因此，政府采取碳交易政策时，应设置合理的碳交易价格并加大对再制造产品的宣传力度，提高再制造产品价格和销量，提升两制造商生产积极性，保障其收益。

结论 4　碳交易政策对两种决策模式下最优解大小关系的影响：

（ⅰ）$p_{Ln}^* = p_{Wn}^*$，$p_{Lr}^* > p_{Wr}^*$；

（ⅱ）$q_{Ln}^* > q_{Wn}^*$，$q_{Lr}^* < q_{Wr}^*$，$\tau_L^* < \tau_W^*$；

（ⅲ）$\pi_{Ln}^* + \pi_{Lr}^* < \pi_W^*$，当 $\dfrac{e_r}{e_n} < \delta$ 时，$\dfrac{\partial(\pi_W^* - \pi_{Ln}^* - \pi_{Lr}^*)}{\partial Q} > 0$。

证明：

$$p_{Lr}^* - p_{Wr}^* = \frac{\delta k(1-\delta)[\delta(c_n + e_n Q) - (c_r + e_r Q)]}{2(\delta - \delta^2 + k)} > 0 \Leftrightarrow p_{Lr}^* > p_{Wr}^*$$

$$p_{Ln}^* - p_{Wn}^* = 0 \Leftrightarrow p_{Ln}^* = p_{Wn}^*$$

结论（ⅰ）得证，结论（ⅱ）的证明类似。

结论 4 表明，两种决策模式下，单位新产品零售价格与决策方式无关，但是，相比集中决策模式，分散决策模式下，政府采取碳交易政策时单位再制造产品零售价格更高，再制造产品销量更少，废旧产品的回收率也相应较低，即分散决策模式下原始制造商的外包再制造决策效果较差。新产品的高销量虽然能增加新产品销售收益，但会引起高排放，增加碳交易成本，也会降低再制造商回收再制造的积极性，不利于两种产品制造商之间的合作，进而造成供应链效率损失，这与邹清明等[38]的研究一致。不同于邹清明等[38]仅对比分析碳交易政策对两种决策模式的影响，本节进一步基于碳交易政策研究两种决策模式下利润的可协调空间，发现当两种产品的碳排放量之比小于消费者偏好时，碳交易价格的提高会进一步扩大两种决策模式的利润差值，也即政府采取碳交易政策时分散决策模式下利润可协调性较强。

管理启示：分散决策模式会导致利润的边际损失问题，存在利益协调的可行性，但是碳交易政策能否增加供应链整体利润还与消费者对再制造产品的认可度、再制造节约的成本等因素有关，也即在一定条件约束下碳交易政策的实施才有利于促进再制造产业发展，才有合适的利益协调机制促使原始制造商和再制造商获取更多利润。

为分析两种决策模式下政府采取碳交易政策对环境造成的影响，记 $e = e_n q_{in}^* + e_r q_{ir}^*$，其中，$i \in \{N, L, W\}$。

结论 5 政府采取碳交易政策对环境的影响：

（ⅰ）$E_L < E_N$，$E_W < E_N$；

（ⅱ）当 $\dfrac{e_r}{e_n} < \delta$ 时，$E_W < E_L$，反之，当 $\dfrac{e_r}{e_n} \geqslant \delta$ 时，$E_W \geqslant E_L$。

证明：

$$E_L - E_N = -\frac{(\delta e_n - e_r)^2 + (\delta + k - \delta^2)e_n^2}{2(\delta - \delta^2 + k)}Q < 0 \Leftrightarrow E_L < E_N$$

结论（i）得证，结论（ii）的证明类似。

结论 5 表明，政府采取碳交易政策能够降低两制造商生产活动对环境的不利影响，这是因为环境影响主要与两种产品的销售量和单位产品碳排放量有关。结合结论 2 可知，碳交易政策可以通过改变两制造商的生产决策来降低新产品对环境的不利影响。此外，碳交易政策直接增加两制造商的生产成本，迫使其通过技术创新减少碳排放。相较于分散决策模式，当单位再制造产品碳排放量与新产品碳排放量相比较小时，集中决策模式下两种产品对环境的影响较小。造成这一现象的主要原因是：结合结论 4 可知，集中决策模式下新产品销售量较少，再制造产品销售量较大，当单位再制造产品碳排放量较小时，也即再制造产品低碳排放优势明显时，集中决策模式下再制造产品环境影响增加量小于新产品环境影响减少量。

管理启示：碳交易政策可以有效发挥市场机制在优化碳排放权配置中的作用，当出售剩余碳排放权收益大于降碳支出时，资本势必推动低碳排放和高产品附加值产业发展，淘汰高排放行业的落后产能，促进低碳产业发展。高碳排放企业为追求利润最大化，应坚持碳减排，尽快完成整个链条的产业技术升级，对其自身的要素结构、产品定位、产品结构等做出相应调整，从而实现低碳转型。

参考 Zou 等[129]的研究可知，消费者剩余的表达式为：

$$S_{iC} = \frac{(q_{in}^* + \delta q_{ir}^*)^2 + \delta(1-\delta)q_{ir}^{*2}}{2}$$

同时，为了便于论述，记：

$$D = 2\delta + 2k - 2\delta^2 - k\delta$$

$$G = \delta + k - \delta^2$$

$$I = (\delta e_n - e_r)(\delta c_n - c_r)$$

$$J = \frac{2G^2(1-c_n)e_n + 2\delta(1-\delta)I}{G^2 e_n^2 + \delta(1-\delta)(\delta e_n - e_r)^2}$$

$$R = \frac{2(2\delta + k - 2\delta^2)^2(1-c_n)e_n + 8\delta(1-\delta)I}{(2\delta + k - 2\delta^2)^2 e_n^2 + 4\delta(1-\delta)(\delta e_n - e_r)^2}$$

结论 6 政府采取碳交易政策对消费者剩余的影响：

（1） $Q > \{J, R\}$ 时， $S_{LC} > S_{NC}$ ， $S_{WC} > S_{NC}$ ；

（2） $S_{LC} < S_{WC}$ 。

结论 6 表明，碳交易政策并不总是增加消费者剩余，只有当碳交易价格大于某一阈值时，碳交易政策的实施才有利于增加消费者剩余，且两种决策模式中集中决策更有利于增加消费者剩余。因此，对于政府而言，可以通过制定合理的碳交易价格来有效增加消费者剩余，使消费者在市场交易中获得更多利益，从而鼓励消费者购买再制造产品。

管理启示：当碳交易价格大于某一阈值时，碳交易政策能够有效减少生产过程中的碳排放量和增加消费者剩余，也即碳交易价格大于一定阈值是碳交易政策有效实施的门槛，因此政府应制定合适的碳交易价格来影响两种产品制造商参与碳交易的积极性。

结合前面的分析可知，政府采取碳交易政策后，虽然碳交易政策能够显著减少环境影响和增加消费者剩余，但是在一定条件下原始制造商和再制造商的利润会受损，需要采取一定的协调措施来提高供应链成员参与碳交易的积极性。另外，相较于集中决策模式，分散决策模式会造成供应链边际利润损失。因此，需要采取协调机制来增加各成员利润以及提高供应链整体的运作效率，以解决政府政策干预后供应链成员利润减少的问题，实现供应链协调。

5.3.4 协调机制

基于上述分析中供应链存在的利润损失问题，本小节考虑构建分散决策下原始制造商与外包再制造商间的特许经营契约协调机制，以期实现供应链的协调。其中，特许经营契约是指：一方面，原始制造商仍基于再制造商所生产的每一单位再制造产品向其支付一定的外包费用，但是这部分外包费用低于分散决策下的外包费用；另一方面，原始制造商会支付另外一部分固定补偿费用 z 给再制造商。特许经营契约下原始制造商与再制造商之间构建的契约变量为 (w, z) ，即再制造商一方面根据原始制造商支付的外包费用进行再制造，另一方面接受固定补偿费用作为额外收益。根据以上论述，两产品制造商的利润函数为：

原始制造商： $\pi_{Zn} = (p_{Zn} - c_n)q_{Zn} + (p_{Zr} - w_Z)q_{Zr} - (e_n q_{Zn} - T)Q - z$ （5.20）

$$再制造商 : \pi_{Zr} = (w_Z - c_r)q_{Zr} - \frac{k}{2}(\tau_z q_{Zn})^2 + (T - e_r q_{Zr})Q + z \quad (5.21)$$

由（5.20）式和（5.21）式可得，原始制造商与再制造商的决策模型为：

$$\max \pi_{Zr} = (w_Z - c_r)q_{Zr} - \frac{k}{2}(\tau_z q_{Zn})^2 + (T - e_r q_{Zr})Q + z$$

$$\text{s. t. } q_{Zn}, w_Z \in \arg\max \pi_{Zn} = (p_{Zn} - c_n)q_{Zn} + (p_{Zr} - w_Z)q_{Zr} - (e_n q_{Zn} - T)Q - z$$

$$\pi_{Zn}^* \geqslant \pi_{Ln}^*$$

求解上述模型可得如表 5.9 所示的最优解。

表 5.9　碳交易政策下外包再制造时特许经营契约协调机制的最优解

变量	最优解
p_{Zn}^*	$\dfrac{1 + c_n + e_n Q}{2}$
p_{Zr}^*	$\dfrac{\delta}{2} + \dfrac{\delta k(c_n + e_n Q) + 2\delta(1 - \delta)(c_r + e_r Q)}{2(2\delta - 2\delta^2 + k)}$
q_{Zn}^*	$\dfrac{1}{2} - \dfrac{(2\delta + k)(c_n + e_n Q) - 2\delta(c_r + e_r Q)}{2(2\delta - 2\delta^2 + k)}$
q_{Zr}^*	$\dfrac{\delta(c_n + e_n Q) - (c_r + e_r Q)}{2\delta - 2\delta^2 + k}$
w_Z^*	$k\dfrac{\delta(c_n + e_n Q) - (c_r + e_r Q)}{2\delta - 2\delta^2 + k} + c_r + e_r Q$
τ_Z^*	$\dfrac{2\delta(c_n + e_n Q) - 2(c_r + e_r Q)}{2\delta - 2\delta^2 + k - (2\delta + k)(c_n + e_n Q) + 2\delta(c_r + e_r Q)}$
z^*	$(p_{Zn}^* - c_n)q_{Zn}^* + (p_{Zr}^* - w_Z^*)q_{Zr}^* - (e_n q_{Zn}^* - T)Q - \pi_{Ln}^*$
π_{Zn}^*	$\dfrac{(1 - c_n - e_n Q)^2}{4} + \dfrac{[\delta(c_n + e_n Q) - (c_r + e_r Q)]^2}{4(\delta - \delta^2 + k)} + TQ$
π_{Zr}^*	$\dfrac{[\delta(c_n + e_n Q) - (c_r + e_r Q)]^2}{2(2\delta - 2\delta^2 + k)} - \dfrac{[\delta(c_n + e_n Q) - (c_r + e_r Q)]^2}{4(\delta - \delta^2 + k)} + TQ$

结论 7　当特许经营契约满足 $(w, z) = (w_Z^*, z^*)$ 时，供应链整体实现协调。

由结论 7 可知，基于特许经营契约，碳交易政策下的原始制造商通过支付一定的固定费用促进再制造商回收再制造，从而实现再制造产品销售量的进一步提升。此外，特许经营契约能够使碳约束政策下原始制造商与再制造商协调合作，实现供应链总利润最大化，并进一步促进再制造产业发展。

5.3.5 实例研究

消费者会根据自己的偏好选择两种产品，从而会影响原始制造商和再制造商的决策。例如，为迎合消费者偏好，苹果公司在生产新手机之前会针对消费者对新产品或再制造产品的需求进行调查。为进一步研究消费者偏好的影响，本小节以中国重汽集团济南复强动力有限公司生产的再制造发动机为例，对上述结论进行数值仿真分析。同时，根据 Zou 等[129]的研究和企业实际可知，与生产新产品相比，生产再制造产品可以降低 20% 的环境影响和减少 50% 的成本。因此，取相关参数：$c_n = 0.2$，$c_r = 0.1$，$e_n = 1$，$e_r = 0.4$，$k = 1.1$，$T = 2$。

1. 碳交易价格和消费者偏好对单位产品零售价格和外包费用的影响

根据图 5.10 和图 5.11 可知，单位再制造产品零售价格和单位再制造产品外包费用均与碳交易价格正相关，这与结论 2 结果一致。消费者偏好增强能够促进再制造产品单位零售价格和单位外包费用提升，但是新产品单位零售价格不随消费者偏好变动而变动。这是因为随着消费者偏好增强，消费者购买再制造产品积极性提高，为获取更多再制造利润，原始制造商一方面会提高单位再制造产品的零售价格；另一方面会提高单位外包费用，鼓励再制造商回收废旧产品并提升再制造产品产量。同时，原始制造商为获得更多利润，不会随着消费者偏好的增强而降低新产品销

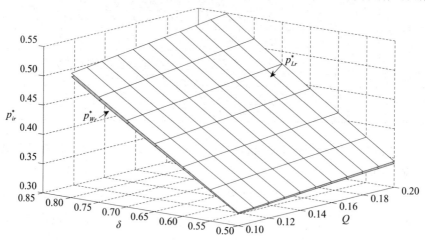

图 5.10 碳交易政策下 Q 和 δ 对外包再制造时单位产品零售价格的影响

售价格。相比分散决策模式，集中决策模式不会改变新产品的零售价格，但会降低单位再制造产品零售价格。

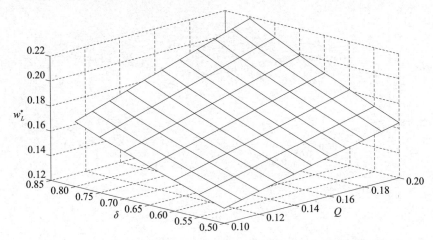

图 5.11　碳交易政策下 Q 和 δ 对外包再制造时外包费用的影响

推论 1　消费者偏好对两种产品单位零售价格和单位外包费用的影响：

（ⅰ）$\dfrac{\partial p_{Ln}^{*}}{\partial \delta} = \dfrac{\partial p_{Wn}^{*}}{\partial \delta} = 0$；

（ⅱ）$\dfrac{\partial p_{Lr}^{*}}{\partial \delta} > 0$，$\dfrac{\partial p_{Wr}^{*}}{\partial \delta} > 0$；

（ⅲ）$\dfrac{\partial w_{L}^{*}}{\partial \delta} > 0$。

2. 碳交易价格和消费者偏好对两种产品销售量的影响

根据图 5.12 可以看出，新产品销售量与碳交易价格呈负相关，再制造产品销售量与碳交易价格呈正相关。该现象产生的原因在于，随着碳交易价格提高，新产品生产成本增加，新产品价格上升，消费者减少对其的购买，转而购买其替代品，即再制造产品。同时，碳交易价格上升吸引再制造商减少碳排放以及扩大生产获取更多利润，对于原始制造商而言，由再制造产品销售量上升所带来的额外收益能够弥补部分新产品销售量降低产生的损失。因此，碳交易价格提升能够促进再制造产品销售量提升，并使新产品销售量下降。

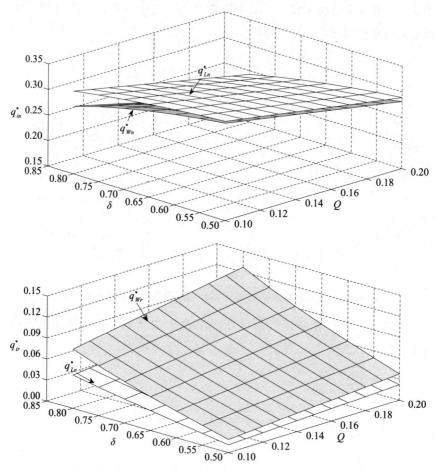

图 5.12　碳交易政策下 Q 和 δ 对外包再制造时产品销售量的影响

推论 2　消费者偏好对两种产品销售量的影响：

（ⅰ）$\dfrac{\partial q_{Ln}^{*}}{\partial \delta} < 0$，$\dfrac{\partial q_{Wn}^{*}}{\partial \delta} < 0$；

（ⅱ）$\dfrac{\partial q_{Lr}^{*}}{\partial \delta} > 0$，$\dfrac{\partial q_{Wr}^{*}}{\partial \delta} > 0$。

新产品销售量与消费者偏好负相关，再制造产品销售量与消费者偏好正相关。随着消费者偏好的增强，再制造产品在市场上的受欢迎程度提高，再制造商会因此生产更多再制造产品，而新产品会受到影响，销售量降低，消费者用再制造产品代替价格上升的新产品。

3. 碳交易价格和消费者偏好对废旧产品回收率的影响

由图 5.13 可知，废旧产品回收率与碳交易价格呈正相关。根据前文结论，碳交易政策下再制造产品销售量更高，因此，为使其生产规模稳定扩大，再制造商会加大对废旧产品的回收力度，即随着碳交易价格的提高，废旧产品回收率会提升。

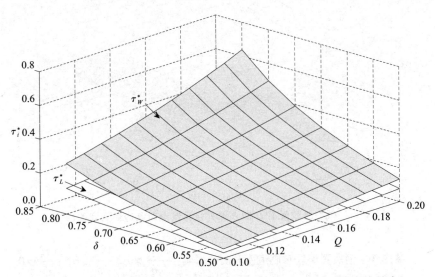

图 5.13　碳交易政策下 Q 和 δ 对外包再制造时废旧产品回收率的影响

推论 3　消费者偏好对废旧产品回收率的影响：$\dfrac{\partial \tau_L^*}{\partial \delta} > 0$，$\dfrac{\partial \tau_W^*}{\partial \delta} > 0$。

根据推论 3，消费者对再制造产品的偏好增强会促进再制造商扩大生产规模，再制造商会增加对废旧产品的回收量以满足市场需求，获取更多利润。

4. 碳交易价格和消费者偏好对制造商利润的影响

根据图 5.14 可知，两种产品制造商利润和供应链整体利润均与消费者偏好和碳交易价格正相关。这是因为，外包再制造下，无论是碳交易价格提高还是消费者偏好提升，原始制造商都可以增加外包再制造收益，通过额外的再制造收益弥补碳交易成本增加或新产品收益下降产生的损失。而对于再制造商而言，碳交易价格的提升或消费者偏好的增强会同时提升单位再制造外包费用与再制造产品的销售量，因此，再制造商利润随之增加。类似可知，供应链整体中原始制造商与再制造商完全合作，外包行为所获取的再制造利润更多，避免了额外损失的产生。

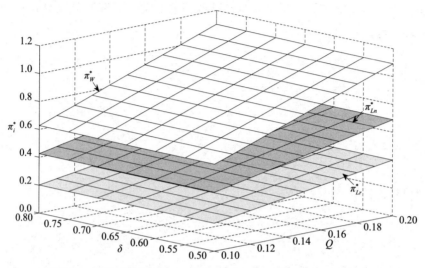

图 5.14　碳交易政策下 Q 和 δ 对外包再制造时制造商利润的影响

推论 4　消费者偏好对制造商利润的影响：$\dfrac{\partial \pi_{Ln}^{*}}{\partial \delta} > 0$，$\dfrac{\partial \pi_{Lr}^{*}}{\partial \delta} > 0$，$\dfrac{\partial \pi_{W}^{*}}{\partial \delta} > 0$。

5.3.6　结论与启示

本节通过构建原始制造商和再制造商之间的集中与分散决策博弈模型，研究政府碳交易政策对不同决策模式下外包再制造的影响，并基于分散决策导致的供应链效率损失问题，设计特许经营契约以实现供应链协调。本章主要研究结论和管理启示如下。

第一，碳交易价格、两种产品的碳排放量之比是影响原始制造商和再制造商市场竞争的关键因素。当碳交易价格小于某一阈值时，碳交易价格的提高会降低原始制造商、再制造商与供应链整体利润。但是当碳交易价格大于某一阈值且消费者偏好和两种产品的碳排放量之比满足一定条件时，碳交易政策的实施会提高再制造产品销售量和废旧产品回收率，原始制造商也能够通过提高单位再制造产品外包费用转移再制造收益。

第二，再制造外包时，碳交易政策并不总是能够降低对环境的影响，当单位新产品碳排放量与单位再制造产品碳排放量之比小于消费者偏好时，碳交易政策才有利于降低环境影响。当碳交易价格大于某一阈值时，碳交易政策的实施才有利于消费者剩余的增加，且两种决策模式中集中决策更有利于增加消费者剩余。

第三，与集中决策模式相比，分散决策模式会减少再制造产品销售量和降低废旧产品回收率，导致利润边际损失，存在利益协调的可行性。当两种产品碳排放量之比与消费者偏好满足一定条件时，政府采取碳交易政策才有积极作用，且碳交易价格的提高会进一步增强分散决策模式下的利润可协调性。

第四，基于外包特许经营契约，碳交易政策下的原始制造商通过支付一定的固定费用促进再制造商回收再制造，从而实现再制造产品销售量的进一步提升。此外，特许经营契约能够使碳约束政策下原始制造商与再制造商协调合作，实现供应链总利润最大化，并进一步促进再制造产业发展。

第五，通过实例研究可知，碳交易价格和消费者偏好均是影响制造/再制造供应链的关键因素。此外，消费者偏好的增强更有利于提升再制造产品的竞争优势、废旧产品回收率以及增加再制造商利润。因此，政府和再制造商可以设法提高再制造产品的市场认可度，推动再制造产业的发展，并增加供应链整体利润。

管理启示：为达到最佳碳减排效果，政府、原始制造商、再制造商需要共同努力。对于政府而言，一方面应充分了解市场状况、厂商的生产能力和减排设施配备情况等，积极学习其他国家和地区的成熟经验，制定科学合理的碳减排政策，并进行试点以考察政策预期效果，进而优化政策并进行本土化改造；另一方面应通过多种渠道对碳交易、碳普惠等进行宣传，增强全民绿色消费意识。对于制造/再制造商而言，要积极利用政企合作、多方技术共享等方式提高再制造产品产出率，并通过加大对再制造产品的宣传力度提升消费者对再制造产品的偏好。原始制造商也可以通过增加外包费用激励再制造商加大废旧产品回收力度，从而转移再制造收益，同时利用拥有知识产权的主导优势进行多方合作，积极规避自身高碳排放劣势，推动低碳再制造发展。

5.4　碳减排政策对外包再制造影响对比分析

5.4.1　问题描述

本节主要对比研究政府实施碳税、碳交易及碳约束政策对外包再制造模式的影响。在政府实施碳税、碳交易与碳约束政策的条件下，原始制造商与再制造商的生产也会受到一定影响，为使自身利润最大化，两制造商将根据外包费用、两产品单位碳排放量、政府政策等综合进行生产决策。在碳税政策实施背景下，政府对新产品征收税款直接增加原始制造商生产新产品的成本，为最小化自身利益损失，原始制造商会调整外包费用增加再制造产品生产量；在碳约束政策实施背景下，政府制定的碳排放上限值会约束两产品的生产量，尤其是碳排放量较多的新产品会受到较大约束，原始制造商不得不减少新产品生产量和调整外包费用增加再制造产品生产量，避免因碳排放量超额而受到政府惩罚；在碳交易政策实施背景下，企业之间可交易碳排放额度，市场灵活性为两制造商生产决策提供了更多选择，两制造商不仅可以通过产品生产与销售获利，还可以通过决策产量和减排投资在碳市场上交易碳配额获利。但具体哪种政策对外包再制造模式下的碳减排最有效仍需进一步讨论，如哪种政策更能促进再制造商生产再制造产品？哪种政策最有利于原始制造商的外包行为决策？哪种政策对环境影响最小？

基于上述背景，本节以碳减排为目标，通过建立碳税政策、碳约束政策及碳交易政策下原始制造商和再制造商之间的博弈模型（见图5.15），对比分析不同政策对制造商的单位产品零售价格、产品销售量、单位再制造产品外包费用及环境的影响。

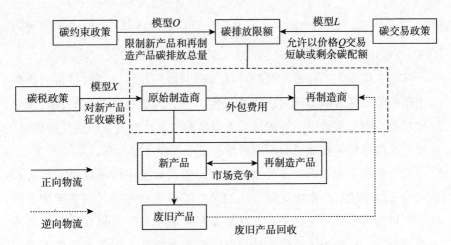

图 5.15　外包再制造时三种碳减排政策下的博弈示意

5.4.2　对比分析

为便于表达，记：

$$K = M + \frac{Q\left[(k+\delta)e_n^2 + e_r^2 - 2\delta e_n e_r\right]}{2(\delta^2 - \delta - k)}$$

$$S = M + \frac{s\left[(k+\delta)e_n^2 + e_r^2 - 2\delta e_n e_r\right]}{2(\delta^2 - \delta - k)e_n}$$

$$Y = M + \frac{ks\left[(k+\delta)e_n^2 + e_r^2 - 2\delta e_n e_r\right]}{2(\delta^2 - \delta - k)(e_r - \delta e_r + ke_n)}$$

结论 1　三种碳减排政策对单位产品零售价格的影响。

第一，不同政策对新产品单位零售价格的影响：

（ⅰ）若 $\frac{s}{Q} \geqslant e_n$，即 $S \leqslant K$，当 $T \leqslant S \leqslant K$ 时，$p_{Ln}^* \leqslant p_{Xn}^* \leqslant p_{On}^*$；当 $S < T \leqslant K$ 时，$p_{Ln}^* \leqslant p_{On}^* < p_{Xn}^*$；当 $S \leqslant K < T$ 时，$p_{On}^* < p_{Ln}^* \leqslant p_{Xn}^*$。

（ⅲ）若 $\frac{s}{Q} < e_n$，即 $K < S$，当 $T \leqslant K < S$ 时，$p_{Xn}^* < p_{Ln}^* \leqslant p_{On}^*$；当 $K < T \leqslant S$ 时，$p_{Xn}^* \leqslant p_{On}^* < p_{Ln}^*$；当 $K < S < T$ 时，$p_{On}^* < p_{Xn}^* < p_{Ln}^*$。

第二，不同政策对再制造产品单位零售价格的影响：

（ⅰ）若 $\frac{s}{Q} \geqslant e_n + \frac{1-\delta}{k}e_r$，即 $Y \leqslant K$，当 $T \leqslant Y \leqslant K$ 时，$p_{Lr}^* \leqslant p_{Xr}^* \leqslant p_{Or}^*$；当 $Y < T \leqslant K$ 时，$p_{Lr}^* \leqslant p_{Or}^* < p_{Xr}^*$；当 $Y \leqslant K < T$ 时，$p_{Or}^* < p_{Lr}^* \leqslant p_{Xr}^*$。

（ ii ）若 $\dfrac{s}{Q} < e_n + \dfrac{1-\delta}{k}e_r$，即 $K < Y$，当 $T \leqslant K < Y$ 时，$p_{Xr}^* < p_{Lr}^* \leqslant p_{Or}^*$；当 $K < T \leqslant Y$ 时，$p_{Xr}^* \leqslant p_{Or}^* < p_{Lr}^*$；当 $K < Y < T$ 时，$p_{Or}^* < p_{Xr}^* < p_{Lr}^*$。

结论 1 说明，不同政策对新产品与再制造产品单位零售价格的影响取决于政策制定者所确定的决策变量的大小，即碳税政策下的新产品单位碳税额、碳约束政策下的碳排放上限值和碳交易政策下的碳交易价格，同时产品的单位碳排放量和消费者偏好也会产生一定影响。

当单位碳税额和碳交易价格固定时，不同政策下的单位产品零售价格完全取决于政府给定的碳排放上限值。当政府设定较低的碳排放上限值时，单位零售价格无论是新产品还是再制造产品均可以在碳约束政策下达到最高。这是因为原始制造商在较低的碳排放上限值的条件下受约束较大，导致其生产成本较高且产量较低，原始制造商基于增加收益的目的会提高单位产品的零售价格。当政府设定较高的碳排放上限值时，碳约束政策对原始制造商的约束能力较低，新产品供应充足，为增加销量稳定收益，原始制造商将适当调低价格。当单位碳税额与碳交易价格之比大于某一阈值时，即政府设定较高的单位碳税额时，碳税政策下单位新产品与再制造产品的零售价格最高；当单位碳税额与碳交易价格之比小于某一阈值时，碳交易价格下单位产品零售价格最高。这是因为，在制造商受碳约束较小的情况下，碳税额的增加直接增加了原始制造商的生产成本，原始制造商会提高单位产品零售价格将增加的成本转嫁给消费者以维持利润。而当单位碳税额与碳交易价格之比小于某一阈值时，即单位碳交易价格较高时，碳交易政策下厂商的生产成本较高，在该情况下，产品的单位零售价格较高。

管理启示：原始制造商的价格决策会被政府的碳减排政策直接影响，虽然三种政策都可以增加政府对制造商生产活动的有效干预，但是为了促进产业均衡协调发展，政府应依据产业发展目标选择合适的策略组合。例如，为了再制造产业的可持续发展，政府应在充分考虑产品的碳排放量以及消费者偏好的基础上，制定科学的碳排放上限值并合理设置征收碳税的标准，从而影响原始制造商的生产决策，降低单位再制造产品的销售价格，增强其价格优势，形成较强的消费市场竞争力，并提升消费者的购买积极性。

为便于讨论，记：

$$\alpha = M + \frac{(k+\delta)s\left[(k+\delta)e_n^2 + e_r^2 - 2\delta e_n e_r\right]}{2(\delta^2 - \delta - k)(ke_n + \delta e_n - \delta e_r)}$$

$$\beta = M + \frac{\delta s\left[(k+\delta)e_n^2 + e_r^2 - 2\delta e_n e_r\right]}{2(\delta^2 - \delta - k)(\delta e_n - e_r)}$$

$$\gamma = M + \frac{Q\left[(k+\delta)e_n^2 + e_r^2 - 2\delta e_n e_r\right]\left[k\delta e_n + e_r(2\delta - 2\delta^2 + k)\right]}{2k(\delta^2 - \delta - k)(\delta e_n - e_r)}$$

结论 2　三种碳减排政策对两种产品销售量的影响。

第一，不同政策对新产品销售量的影响：

（i）若 $\frac{s}{Q} \geqslant e_n - \frac{\delta}{k+\delta}e_r$，即 $\alpha \leqslant K$，当 $T \leqslant \alpha \leqslant K$ 时，$q_{On}^* \leqslant q_{Xn}^* \leqslant q_{Ln}^*$；

当 $\alpha < T \leqslant K$ 时，$q_{Xn}^* < q_{On}^* \leqslant q_{Ln}^*$；当 $\alpha \leqslant K < T$ 时，$q_{Xn}^* \leqslant q_{Ln}^* < q_{On}^*$。

（ii）若 $\frac{s}{Q} < e_n - \frac{\delta}{k+\delta}e_r$，即 $K < \alpha$，当 $T \leqslant K < \alpha$ 时，$q_{On}^* \leqslant q_{Ln}^* < q_{Xn}^*$；

当 $K < T \leqslant \alpha$ 时，$q_{Ln}^* < q_{On}^* \leqslant q_{Xn}^*$；当 $K < \alpha < T$ 时，$q_{Ln}^* < q_{Xn}^* < q_{On}^*$。

第二，不同政策对再制造产品销售量的影响：

（i）若 $\delta \leqslant \frac{e_r}{e_n}$，即 $T < M \leqslant \beta$，且 $\frac{s}{Q} \geqslant e_n - \frac{1}{\delta}e_r$，$\beta \leqslant K$ 时，$q_{Or}^* <$

$q_{Lr}^* \leqslant q_{Xr}^*$。

（ii）若 $\delta > \frac{e_r}{e_n}$，即 $\beta < M$，若 $\frac{s}{Q} \geqslant e_n - \frac{1}{\delta}e_r$，即 $\beta \leqslant K$，当 $T < \beta \leqslant K$

时，$q_{Lr}^* \leqslant q_{Xr}^* < q_{Or}^*$；当 $\beta \leqslant T \leqslant K$ 时，$q_{Lr}^* \leqslant q_{Or}^* \leqslant q_{Xr}^*$；当 $\beta \leqslant K < T$ 时，$q_{Or}^* <$

$q_{Lr}^* \leqslant q_{Xr}^*$。若 $\frac{s}{Q} < e_n - \frac{1}{\delta}e_r$，即 $K < \beta$，当 $T \leqslant K < \beta$ 时，$q_{Xr}^* < q_{Lr}^* \leqslant q_{Or}^*$；当

$K < T \leqslant \beta$ 时，$q_{Xr}^* \leqslant q_{Or}^* < q_{Lr}^*$；当 $K < \beta < T$ 时，$q_{Or}^* < q_{Xr}^* < q_{Lr}^*$。

结论 2 表明，政府实施的不同碳减排政策均会影响两种产品的销售量，且参照结论 1 可以看出，政府不同政策对原始制造商单位零售价格的影响会使产品销售量发生变化，即不同政策下的销售量与单位零售价格呈负相关。

对于新产品而言，政府制定较高的碳排放上限值，政府政策对原始制造商的生产限制较低，则新产品的产量增加，因而该条件下，碳约束政策下新产品的销售量最高。但当政府碳排放上限值低于某一阈值时，

新产品的销售情况则受到单位碳税额、碳交易价格的影响，且与单位产品碳排放量、消费者偏好等相关。当单位碳税额与碳交易价格之比大于某一阈值时，碳税政策下新产品的销售情况普遍不佳，这是由于较高的碳税额使新产品的成本增加，新产品的单位零售价格提高，对消费者的吸引力下降。而政府设定的碳交易价格较低能促使新产品的销售量增加，因为碳交易价格较低时，原始制造商面对较小的绿色成本压力。当单位碳税额与碳交易价格之比小于某一阈值时，即单位碳税额较低、碳交易价格较高时，碳交易政策下的新产品销售状况较差，这是由于较高的碳交易价格使得新产品生产成本增加。较低的单位碳税额有利于新产品销售，由于新产品的零售价格高于再制造产品，因而原始制造商将增加新产品产量以增加收益，所以在该条件下，碳税政策下新产品销售量最大。

对于再制造产品而言，当消费者偏好小于两产品碳排放量之比时，消费者对再制造产品不存在明显偏好，碳税政策下再制造产品销售情况最好，而碳约束政策下再制造产品销售量最少。当消费者偏好大于两产品碳排放量之比时，即消费者明显倾向于购买再制造产品时，若碳税额与碳交易价格之比大于某一阈值，政府实施碳税政策更有利于再制造产品的销售。这是由于碳税政策增加了新产品的生产成本，原始制造商将扩大规模来生产再制造产品而不是生产成本较高的新产品。若碳税额与碳交易价格之比小于某一阈值，政府实施碳交易政策更有利于增加再制造产品的销售。这是由于较高的碳交易价格限制了原始制造商新产品的生产，因而其将增加外包费用以促进再制造产品的生产。

管理启示：政府实施三种政策都能减少生产过程中的碳排放，但对不同产品的销售量会产生不同影响。产品销售量直接与其单位零售价格相关，同时基于不同产品偏好的消费者的购买行为不同，因而政府在实施碳减排政策干预厂商生产的同时，应积极宣扬低碳减排、回收利用的环保理念，强化消费者的绿色消费倾向，依据不同的市场消费环境制定政策，一方面促进产业结构的升级与再制造模式的优化，另一方面促进消费者购买积极性和满意度的提高，推进回收再制造，实现低碳绿色发展。

结论3 三种碳减排政策对单位外包费用的影响。

第一，当 $\delta \leqslant \dfrac{e_r}{e_n}$ 时：

（i）若 $\dfrac{s}{Q} \geqslant e_n + \dfrac{2\delta - 2\delta^2 + k}{k\delta} e_r$，即 $\gamma \leqslant \beta$，则 $w_O^* < w_L^* \leqslant w_X^*$；

（ii）若 $\dfrac{s}{Q} < e_n + \dfrac{2\delta - 2\delta^2 + k}{k\delta} e_r$，即 $\gamma > \beta$，则 $w_O^* < w_X^* < w_L^*$。

第二，当 $\delta > \dfrac{e_r}{e_n}$ 时：

（i）若 $\dfrac{s}{Q} \geqslant e_n + \dfrac{2\delta - 2\delta^2 + k}{k\delta} e_r$，即 $\beta \leqslant \gamma$，当 $T < \beta \leqslant \gamma$ 时，$w_L^* \leqslant w_X^* < w_O^*$；当 $\beta \leqslant T < \gamma$ 时，$w_L^* < w_O^* \leqslant w_X^*$；当 $\beta \leqslant \gamma \leqslant T$ 时，$w_O^* \leqslant w_L^* \leqslant w_X^*$。

（ii）若 $\dfrac{s}{Q} < e_n + \dfrac{2\delta - 2\delta^2 + k}{k\delta} e_r$，即 $\gamma < \beta$，当 $T < \gamma < \beta$ 时，$w_X^* < w_L^* < w_O^*$；当 $\gamma \leqslant T < \beta$ 时，$w_X^* < w_O^* \leqslant w_L^*$；当 $\gamma < \beta \leqslant T$ 时，$w_O^* \leqslant w_X^* < w_L^*$。

结论3表明，政府实施碳约束政策、碳税政策、碳交易政策均会使原始制造商调整单位外包费用，当消费者偏好小于两产品碳排放量之比时，碳约束政策下单位外包费用最低，而碳交易政策与碳税政策下单位外包费用受碳税额与碳交易价格比值的影响。当消费者偏好大于两产品碳排放量之比时，三种政策下单位外包费用的大小不仅受碳税额与碳交易价格比值的影响，而且与政府设定的碳约束上限值有关。

当消费者偏好小于两产品碳排放量之比时，消费者购买再制造产品的意愿较低，三种政策直接或间接约束碳排放量，在碳约束政策下，原始制造商对再制造产品生产的积极性不高，原始制造商将选择降低单位外包费用减少再制造产品的生产。在碳税政策与碳交易政策下，由于政府对新产品征税及碳交易方式的产生，原始制造商为避免新产品交更多的税，会通过买卖碳排放权的形式最小化自身损失，选择提高单位外包费用促进再制造产品的生产。当碳税额与碳交易价格之比较高时，碳税政策下原始制造商对生产新产品的意愿不高，对生产再制造产品的积极性更高，故碳税政策下单位外包费用较碳交易政策下更高；当碳税额与碳交易价格之比较低时则反之。

当消费者偏好大于两产品碳排放量之比时，消费者明显偏好于购买再制造产品，政府实施三种政策会促使原始制造商提高单位外包费用以促进再制造产品的生产。当碳税额与碳交易价格之比较高时，碳税政策约束原始制造商生产新产品的能力强于碳交易政策约束原始制造商生产新产品的能力，由于原始制造商对于新产品的生产能力有限，其不得不转向第三方进行业务外包并支付更多的外包费用，以期提高再制造产品的产量，因此碳税政策下单位外包费用更高；而当碳税额与碳交易价格之比较低时则反之，即碳交易政策下单位外包费用更高。与碳税及碳交易政策下的单位外包费用相比较，碳约束政策下单位外包费用的大小与碳约束上限值相关，当碳约束上限值过低时，原始制造商生产受到的限制较大，此时碳约束政策下单位外包费用最高；当碳约束上限值处在某一范围内时，原始制造商生产受到的限制变小，碳约束政策下单位外包费用大小介于碳交易与碳税政策下单位外包费用之间；当碳约束上限值较高时，原始制造商生产受到的限制较低，其选择提高外包费用增加再制造产品生产的意愿不强，此时碳约束政策下单位外包费用最低。

管理启示：在政府实施碳税、碳交易、碳约束政策时，消费者对再制造产品的偏好程度、碳税额与碳交易价格比值及碳排放上限值的大小均会影响原始制造商的外包决策。此外，消费者对再制造产品的偏好不高时，碳约束政策并不能引导原始制造商增强外包意识，为使外包再制造行业健康发展，政府不仅要选择合适的碳减排政策，还要进一步提升消费者对低碳产品的偏好。

为便于论述，记：

$$\varepsilon = M + \frac{[(k+\delta)e_n^2 - 2\delta e_n e_r + e_r^2]Q}{2(\delta^2 - \delta - k)}$$

$$\eta = M + \frac{(2c_n + s)[(k+\delta)e_n - \delta e_r] + 2c_r(e_r - \delta e_n)}{2(\delta^2 - \delta - k)}$$

结论 4 三种碳减排政策对环境的影响。

第一，政府采取不同政策时，原始制造商对环境的影响：

（i）若 $\frac{s}{Q} \geqslant e_n - \frac{\delta}{k+\delta}e_r$，即 $\alpha \leqslant K$，当 $T \leqslant \alpha \leqslant K$ 时，$E_{On} \leqslant E_{Xn} \leqslant E_{Ln}$；当 $\alpha < T \leqslant K$ 时，$E_{Xn} < E_{On} \leqslant E_{Ln}$；当 $\alpha \leqslant K < T$ 时，$E_{Xn} \leqslant E_{Ln} < E_{On}$。

（ii）若 $\frac{s}{Q} < e_n - \frac{\delta}{k+\delta}e_r$，即 $K < \alpha$，当 $T \leqslant K < \alpha$ 时，$E_{On} \leqslant E_{Ln} < E_{Xn}$；当 $K < T \leqslant \alpha$ 时，$E_{Ln} < E_{On} \leqslant E_{Xn}$；当 $K < \alpha < T$ 时，$E_{Ln} < E_{Xn} < E_{On}$。

第二，政府采取不同政策时，再制造商对环境的影响：

（ⅰ）若 $\delta \leqslant \dfrac{e_r}{e_n}$，即 $T < M \leqslant \beta$，且 $\dfrac{s}{Q} \geqslant e_n - \dfrac{1}{\delta}e_r$，即 $\beta \leqslant K$ 时，$E_{Or} < E_{Lr} \leqslant E_{Xr}$。

（ⅱ）若 $\delta > \dfrac{e_r}{e_n}$，即 $\beta < M$，若 $\dfrac{s}{Q} \geqslant e_n - \dfrac{1}{\delta}e_r$，即 $\beta \leqslant K$，当 $T < \beta \leqslant K$ 时，$E_{Lr} \leqslant E_{Xr} < E_{Or}$；当 $\beta \leqslant T \leqslant K$ 时，$E_{Lr} \leqslant E_{Or} \leqslant E_{Xr}$；当 $\beta \leqslant K < T$ 时，$E_{Or} < E_{Lr} \leqslant E_{Xr}$。若 $\dfrac{s}{Q} < e_n - \dfrac{1}{\delta}e_r$，即 $K < \beta$，当 $T \leqslant K < \beta$ 时，$E_{Xr} < E_{Lr} \leqslant E_{Or}$；当 $K < T \leqslant \beta$ 时，$E_{Xr} \leqslant E_{Or} < E_{Lr}$；当 $K < \beta < T$ 时，$E_{Or} < E_{Xr} < E_{Lr}$。

第三，政府采取不同政策时，原始制造商与再制造商对环境的总影响：

（ⅰ）若 $\dfrac{s}{Q} \geqslant \dfrac{-2\delta e_n e_r + (k+\delta)e_n^2 + e_r^2}{(\delta+k)e_n - \delta e_r}$，即 $\eta \leqslant \varepsilon$，当 $T \leqslant \eta \leqslant \varepsilon$ 时，$E_O \leqslant E_X \leqslant E_L$；当 $\eta < T \leqslant \varepsilon$ 时，$E_X < E_O \leqslant E_L$；当 $\eta \leqslant \varepsilon < T$ 时，$E_X \leqslant E_L < E_O$。

（ⅱ）若 $\dfrac{s}{Q} < \dfrac{-2\delta e_n e_r + (k+\delta)e_n^2 + e_r^2}{(\delta+k)e_n - \delta e_r}$，即 $\varepsilon < \eta$，当 $T \leqslant \varepsilon < \eta$ 时，$E_O \leqslant E_L < E_X$；当 $\varepsilon < T \leqslant \eta$ 时，$E_L < E_O \leqslant E_X$；当 $\varepsilon < \eta < T$ 时，$E_L < E_X < E_O$。

对于原始制造商而言，其对环境的影响与新产品销售量呈正相关。当碳税额与碳交易价格之比大于某一阈值时，碳税政策下原始制造商对环境的影响低于碳交易政策下的影响；当碳税额与碳交易价格之比小于此阈值时，碳税政策下原始制造商对环境的影响高于碳交易政策下的影响。若碳排放上限值较低，碳约束政策下原始制造商对环境的影响最低；若碳排放上限值在一定范围内，碳约束政策下原始制造商对环境的影响处于碳交易和碳税政策下原始制造商对环境的影响之间；若碳排放上限值较高，碳约束政策下原始制造商对环境的影响最高。

对再制造商而言，其对环境的影响与再制造产品销售量呈正相关。当消费者偏好小于两种产品碳排放量之比时，再制造商在碳约束政策下对环境的影响最小，在碳税政策下对环境的影响最大。在消费者偏好大于两种产品碳排放量之比条件下，当碳税额与碳交易价格之比大于某一阈值时，碳税政策下再制造商对环境的影响高于碳交易政策下的影响；当碳税额与碳交易价格之比小于此阈值时，碳税政策下再制造商对环境的影响低于碳交易政策下的影响。若碳排放上限值较低，碳约束政策下再制造商对环境的影响最大；若碳排放上限值在一定范围内，碳约束政策下原始制造商对环境的影响处于碳交易和碳税政策下原始制造商对环境的影响之间；若碳排放上限值较高，碳约束政策下再制造商对环境的影响最小。

政府实施三种不同政策下，两制造商对环境的总影响受碳税额与碳交易价格比值、碳排放上限值的影响。当碳税额与碳交易价格之比大于某一阈值时，外包再制造供应链对环境的总影响在碳交易政策下大于在碳税政策下的影响；小于该阈值时，碳税政策的影响就会大于碳交易政策的总影响。若碳排放上限值较低，碳约束政策下两制造商对环境的总影响最小；若碳排放上限值在一定范围内，碳约束政策下两制造商对环境的总影响处于碳交易和碳税政策下对环境的总影响之间；若碳排放上限值较高，碳约束政策下两制造商对环境的总影响最大。因此，基于碳税额与碳交易价格之间的比值及碳排放上限值的大小，政府可以选择最合适的政策实施，以最大限度地减少污染保护环境。此外，两制造商也应意识到生产对环境造成的不良影响，从而改进生产技术，从源头减少碳排放量。

5.4.3 实例研究

为进一步充分验证所得结论，探究碳税、碳交易、碳约束政策对外包再制造的影响，本节以斯太尔再制造发动机为例进行仿真分析。参考 Xia 等[191] 的研究，取 $e_n = 1$，$e_r = 0.4$，$c_n = 0.2$，$c_r = 0.1$，$k = 1.1$，$\delta = 0.6$，$T = 0.3$。根据各变量假设值，可确定 $\delta > \dfrac{e_r}{e_n}$，即消费者对再制造产品存在较强的偏好。

1. 三种碳减排政策对两种产品单位零售价格的影响

由图 5.16 可知，当碳税额与碳交易价格比值高于一定阈值时，新产品与再制造产品的单位零售价格在碳税政策下是较高的，在碳交易政策下较低。当碳税额与碳交易价格比值低于一定阈值时，两产品的单位零售价格在碳交易政策下较高，在碳税政策下较低。此外，当碳税额与碳交易价格均较低时，碳约束政策下新产品及再制造产品单位零售价格最高；当碳税额与碳交易价格均较高时，碳约束政策下新产品及再制造产品单位零售价格最低。这是因为，碳税额相较于碳交易价格较高时，碳税政策对原始制造商生产新产品的限制更大，所以两产品价格更高。在碳税额及碳交易价格均较低时，碳约束上限值相对较低，此时碳约束政策对生产商生产限制最大，因而碳约束政策下两产品价格最高；碳税额及碳交易价格均较高时则反之。

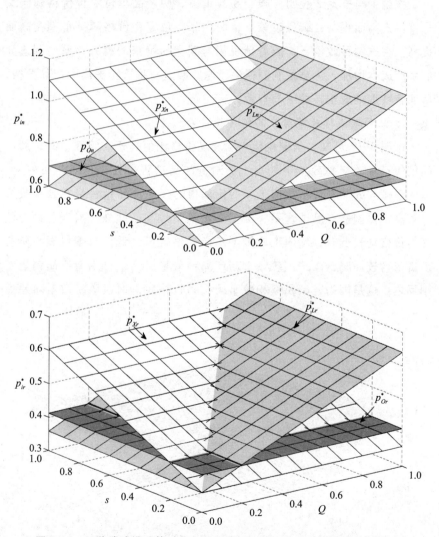

图 5.16　三种碳减排政策对外包再制造时两种产品单位零售价格的影响

推论 1 碳交易政策下碳交易价格对两产品单位零售价格的影响：
$$\frac{\partial p_{Ln}^*}{\partial Q} > 0, \ \frac{\partial p_{Lr}^*}{\partial Q} > 0 \, 。$$

推论 2 碳税政策下碳税额对两产品单位零售价格的影响：$\dfrac{\partial p_{Xn}^*}{\partial s} > 0$,

$\dfrac{\partial p_{Xr}^*}{\partial s} > 0 \, 。$

推论1与推论2表明，碳交易政策下，两产品单位零售价格随碳交易价格提高而提高；碳税政策下，两产品单位零售价格随碳税额提高而提高。在这两种政策下，随着碳税额与碳交易价格的提升，原始制造商的生产成本增加，为避免利润损失，原始制造商将选择提高两产品价格，从而将增加的成本转嫁给消费者。

2. 三种碳减排政策对产品销售量的影响

由图5.17可知，当碳税额与碳交易价格比值高于一定阈值时，新产品销售量在碳交易政策下较高，再制造产品销售量在碳税政策下较高。当碳税额与碳交易价格比值低于一定阈值时，新产品销售量在碳税政策下较高，再制造产品销售量在碳交易政策下较高。此外，当碳税额与碳交易价格均较低时，碳约束政策下新产品销售量最低，当碳税额与碳交易价格均较高时，碳约束政策下新产品销售量最高；再制造产品销售量则反之。这是因为，碳税额相较于碳交易价格较高时，碳税政策对原始

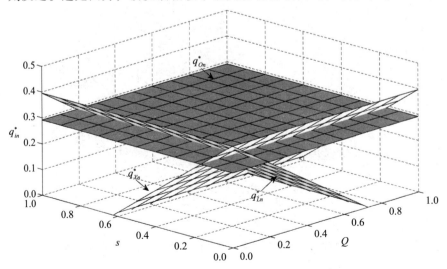

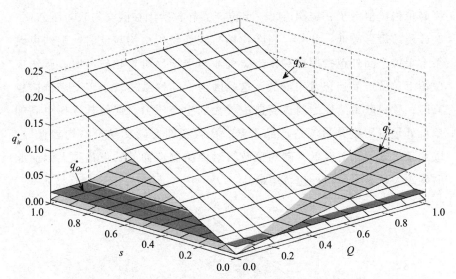

图 5.17　三种碳减排政策对外包再制造时两种产品销售量的影响

制造商生产新产品的限制更大，刺激再制造商生产再制造产品，因此碳税政策下新产品销售量较低，而再制造产品销售量更高。在碳税额及碳交易价格均较低时，碳约束上限值相对较低，此时碳约束政策对生产商生产限制最大，因而此政策下新产品销售量最低。

推论 3　碳交易政策下碳交易价格对两产品销售量的影响：$\dfrac{\partial q_{Ln}^{*}}{\partial Q} < 0$，$\dfrac{\partial q_{Lr}^{*}}{\partial Q} > 0$。

推论 4　碳税政策下碳税额对两产品销售量的影响：$\dfrac{\partial q_{Xn}^{*}}{\partial s} < 0$，$\dfrac{\partial q_{Xr}^{*}}{\partial s} > 0$。

推论 3 与推论 4 表明，碳交易政策下，新产品销售量随碳交易价格提高而降低，再制造产品销售量随碳交易价格提高而增加；碳税政策下，新产品销售量随碳税额提高而降低，再制造产品销售量随碳税额提高而增加。在这两种政策下，随着碳税额与碳交易价格的提升，原始制造商的生产限制逐渐增大，转而激励再制造商生产，因此新产品产量降低，销售量也随之降低，再制造产品销售量增加。

3. 三种碳减排政策对单位产品外包费用的影响

由图 5.18 可知，当碳税额与碳交易价格比值高于一定阈值时，单位产品外包费用在碳税政策下较高，在碳交易政策下较低。当碳税额与碳交易价格比值低于一定阈值时，单位产品外包费用在碳交易政策下较高，在碳税政策下较低。此外，当碳税额与碳交易价格均较低时，碳约束政策下单位产品外包费用最高；当碳税额与碳交易价格均较高时，碳约束政策下单位产品外包费用最低。这是因为，碳税额相较于碳交易价格较高时，碳税政策给原始制造商造成较大的生产压力，促使其选择更高的单位外包费用提升再制造产品产量。在碳税额及碳交易价格均较低时，碳约束上限值相对较低，碳约束政策对原始制造商的约束最强，因而此时碳约束政策下单位外包费用最高。

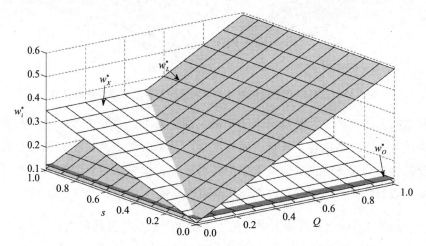

图 5.18　三种碳减排政策对外包再制造时单位产品外包费用的影响

推论 5　碳交易政策下碳交易价格对单位产品外包费用的影响：$\dfrac{\partial w_L^*}{\partial Q} > 0$。

推论 6　碳税政策下碳税额对单位产品外包费用的影响：$\dfrac{\partial w_X^*}{\partial s} > 0$。

推论 5 与推论 6 表明，碳交易政策下，单位产品外包费用随碳交易价格提高而增加；碳税政策下，单位产品外包费用随碳税额提高而增加。在这两种政策下，碳税额与碳交易价格的提升会导致原始制造商的生产压力增加，原始制造商将通过提高单位外包费用的方式促进再制造产品的生产，从而最大化自身利润。

5.4.4　结论与启示

本节通过构建由原始制造商与再制造商构成的外包再制造博弈模型，

探究政府实施碳税政策、碳约束政策与碳交易政策对制造/再制造供应链的影响，对比研究三种政策对两种产品单位零售价格及销售量、单位外包费用与环境产生的影响，主要得到以下结论与管理启示。

第一，新产品与再制造产品单位零售价格在政府实施三种不同政策时受碳税额、碳交易价格及碳排放上限值影响，即碳税额与碳交易价格比值大于一定阈值时，碳税政策下两产品单位零售价格较碳交易政策下更高，且两产品单位零售价格随碳约束上限值的降低而提高。因而在碳税与碳交易价格比值较高且碳约束上限值较低时，两产品单位零售价格在碳约束政策下最高，碳交易政策下最低。

第二，在政府实施碳税、碳交易及碳约束政策下，新产品与再制造产品的销售量与碳税额和碳交易价格比值、碳排放上限值有关，同时消费者偏好、新产品与再制造产品的碳排放量比值也会对销售量产生影响。在碳税额与碳交易价格比值较高条件下，碳税政策下新产品销售量较低而再制造产品销售量较高，且碳排放上限值较低时，碳约束政策下新产品销售量最低，而再制造产品销售量只有在消费者更偏好再制造产品时才最高。

第三，政府实施三种政策均会促使原始制造商改变生产决策，原始制造商通过调整单位外包费用影响再制造商的生产行为。消费者对再制造产品没有明显偏好时，碳约束政策下单位外包费用最低；而当消费者更偏好再制造产品时，三种政策下单位外包费用的大小与再制造产品销售量呈正相关，即再制造产品销售量的增加促使原始制造商提高单位外包费用，从而最大化自身利润。

第四，原始制造商及再制造商对环境造成的影响取决于其生产的产品的产量，但在由原始制造商与再制造商构成的外包再制造闭环供应链体系中，原始制造商和再制造商对环境的共同影响也应该被纳入考虑的范围。政府实施碳税、碳交易与碳约束政策均能减少制造商生产对环境的影响，但哪种政策下制造商对环境的影响最小与碳排放上限值、碳税额与碳交易价格相关。

5.5 本章总结

基于外包再制造，本章通过构建原始制造商与再制造商博弈模型，首先，分别研究了政府实施碳税、碳交易、碳约束政策对外包再制造的影响；其次，进一步对比分析了不同碳减排政策对外包业务的影响。本章主要得到以下研究结论和管理启示。

第一，政府实施碳税、碳交易、碳约束政策条件下，新产品与再制造产品单位零售价格受碳税额、碳交易价格及碳排放上限值影响；新产品与再制造产品销售量和碳税额与碳交易价格比值、碳排放上限值有关。除此之外，消费者偏好与两产品碳排放量比值也会影响两产品的销售量。

第二，碳税、碳交易与碳约束政策的实施均会促使原始制造商改变生产决策，使其通过调整单位产品外包费用来影响再制造商的生产行为。在三种不同的政策之下，单位产品的外包费用与再制造产品销售量呈正相关，即再制造产品销售量的增加使得原始制造商提高单位产品外包费用。

第三，政府实施碳税、碳交易与碳约束政策均能减少制造商生产对环境的影响，但何种政策下制造商对环境的影响最小与碳排放上限值以及碳税额与碳交易价格比值相关。原始制造商与再制造商对环境的影响与两产品销售量正相关，由于两制造商共处于一个闭环供应链体系中，原始制造商和再制造商对环境的共同影响应被纳入考虑范围。

第四，原始制造商与外包再制造商签订特许经营契约，再制造商获得原始制造商支付的固定费用作为利润分成。特许经营契约使得三种碳减排政策下原始制造商与再制造商总利润高于分散决策下供应链总利润，且实现与集中决策模式下的利润一致，不仅有效提升了再制造产品市场份额，而且最大化了原始制造商与再制造商的利润，实现了绿色生产与利润最大的双赢局面，推进了低碳供应链的可持续运行。

管理启示：在外包再制造模式下，原始制造商对废旧产品回收、再制造和销售环节拥有较大的控制权。为激励原始制造商支付更高的单位产品外包费用，政府应合理采取碳减排政策，并通过多种渠道宣传普及碳交易、碳税、碳普惠等政策，增强全民绿色消费意识。值得一提的是，在外包再制造模式下，原始制造商便于在源头开展面向再制造的设计，使废旧产品回收再制造过程更便捷。许多电子产品制造商采用外包再制造模式并在源头上设计更加模块化的产品结构，将产品拆分为多个可独立维修和更新的模块。这种源头上的设计策略使得原始制造商在外包再制造模式下更具竞争力，能够更好地满足市场对于可持续发展和环保的要求。因此，原始制造商应积极从源头上加强设计工作，加强与再制造商合作的意识，以推动外包再制造模式下可持续发展的实现。

第6章 碳减排政策对三种再制造模式影响对比研究

独立再制造模式下，两制造商完全竞争，再制造产品抢占新产品市场份额，碳减排政策增强再制造产品低成本和低碳排放优势。知识产权保护下，再制造商想要生产或者销售再制造产品需要通过一定的方式获得旧产品的知识产权，即原始制造商的许可。其中，授权再制造模式下，再制造商要想合法地对废旧产品进行回收再制造就必须向原始制造商缴纳一定的授权费用。同时，原始制造商可以通过平衡销售新产品的利润、再制造商缴纳的授权费用以及碳减排政策的约束性支出来增强自身的竞争优势。外包再制造模式下，再制造商收取一定的费用后只负责再制造产品的生产过程，并不参与再制造产品的销售，新产品以及再制造产品的销售都由原始制造商负责，原始制造商可以通过平衡销售两产品的利润、外包再制造支出费用以及碳减排政策约束下的支出费用来增加自己的利润[184]。因此，知识产权保护下，原始制造商可以通过调整相关决策变量来改变碳交易政策下的不利地位。

但在这种情况下，政府和原始制造商的行为产生了冲突。一方面，再制造活动能促进产业低碳发展，政府势必会出台政策予以鼓励；另一方面，知识产权保护下，再制造的发展也会受到知识产权所有者，即原始制造商的限制。因此，在不同碳减排政策下，对比分析三种再制造模式，研究原始制造商选择何种再制造模式最优具有重要的现实意义，可为同时面临政府环境监管和第三方竞争的原始制造商提供决策支持。

国内外学者已经从很多方面研究政府碳减排政策对制造/再制造供应链运营决策的影响，并取得了一定的成果。比如，陈伟达等[20]、聂佳佳等[216]研究碳税政策下博弈主体的竞争策略；Shu 等[70]、聂佳佳等[66]研究有无碳约束对供应链碳排放的影响；Chai 等[231]、樊文平等[36]研究碳交易政策对供应链参与者生产与定价决策的影响；邹清明等[38]进一步考虑供应链企业的公平关切倾向，探究碳交易政策下企业公平关切行为给制造商决策带来的影响。另外，国内外学者针对三种再制造模式也展开了一定研究。比如，Zheng 等[93]研究独立再制造模式下有利于原始制造商的因素；赵晓敏等[12]研究授权再制造模式下原始制造商如何决策授权费用使制造/再制造供应链达到最优，并从长期角度研究两种产品制造商在不同决策下的演化博弈过程；邹宗保等[131]研究外包再制造对供应链成员运营决策的影响；Zou 等[129]对两种再制造模式进行对比研究。但是，随着碳减排法规完善，有必要进一步研究政府碳减排政策对三种第三方再制造模式的影响，以及探究哪种再制造模式对经济、环境以及社会更有利。因此，本章在 Zou 等[129]有关两种再制造模式对比研究的基础上，基于政府碳税、碳约束、碳交易政策，对比研究独立、授权与外包三种再制造模式，得出在不同情况下选择不同再制造模式的边界条件，为政府和制造商决策提供理论依据。

6.1　碳税政策对三种再制造模式影响对比分析

6.1.1　模型介绍

1. 问题描述

本节基于第 3～5 章有关碳税政策对独立、授权、外包三种再制造模式影响的研究，发现独立再制造模式下，政府对新产品征收碳税会加剧原始制造商的高成本和高碳排放劣势地位，促进再制造产品销售；授权和外包再制造模式下，原始制造商可以通过决策授权和外包费用来减小碳税政策给其带来的不利影响。碳税政策下原始制造商如何决策最优再制造模式以实现环境效益和经济效益均衡是一个重要且现实的问题。因此，本节对比分析碳税政策对三种再制造模式下两种产品制造商博弈关系的影响，为原始制造商决策再制造模式提供理论依据。

2. 模型符号

本节相关符号及其说明见表 6.1。

表 6.1 碳税政策下三种再制造模式相关符号及其说明

符号	说明
决策变量	
q_{in}，q_{ir}	分别代表模式 i 下，新产品和再制造产品的销售量，$i \in \{D, S, W\}$
p_{in}，p_{ir}	分别代表模式 i 下，单位新产品和再制造产品的零售价格，$i \in \{D, S, W\}$
z	授权再制造时，再制造商生产单位再制造产品需支付的授权费用
w	外包再制造时，原始制造商委托再制造商生产单位再制造产品需支付的外包费用
τ_i	再制造商回收废旧产品的数量与新产品的销售量之比，即废旧产品回收率；由实际情况可得 $q_{ir} = \tau_i q_{in}$，$i \in \{D, S, W\}$
相关参数	
D, S, W	分别代表独立、授权、外包再制造模式
n，r	分别代表原始制造商、再制造商
c_n，c_r	分别代表单位新产品和再制造产品的生产成本，且 $c_n > c_r$
j	表示单位再制造产品节约的成本，即 $c_n - c_r$
T，Q	分别表示政府规定的碳排放上限值和碳交易价格
s	表示政府对单位新产品收取的碳税额
e_n，e_r	分别代表生产单位新产品、再制造产品的碳排放量，且 $e_n > e_r$
E_{in}，E_{ir}	分别代表模式 i 下，新产品、再制造产品的碳排放总量，即 $E_{in} = e_n q_{in}$，$E_{ir} = e_r q_{ir}$，$i \in \{D, S, W\}$
E_i	代表模式 i 下，两制造商生产新产品和再制造产品的总碳排放量，即两制造商生产对环境的总影响，$i \in \{D, S, W\}$
E_i''	代表模式 i 下，不采取碳税政策时，两制造商生产新产品和再制造产品的总碳排放量，即两制造商生产对环境的总影响，$i \in \{D, S, W\}$
δ	代表单位再制造产品和新产品零售价格之比，即消费者对再制造产品的偏好，且 $0 \leq \delta \leq 1$
π_{in}，π_{ir}	代表模式 i 下，两制造商的利润，$i \in \{D, S, W\}$

6.1.2 模型分析

结论 1 单位碳税额对最优解的影响：

（ⅰ）$\dfrac{\partial p_{Dn}^*}{\partial s} = \dfrac{\partial p_{Sn}^*}{\partial s} = \dfrac{\partial p_{Wn}^*}{\partial s} > 0$，$\dfrac{\partial p_{Dr}^*}{\partial s} = \dfrac{\partial p_{Sr}^*}{\partial s} > 0$，$\dfrac{\partial p_{Wr}^*}{\partial s} > 0$；

（ⅱ）$\dfrac{\partial q_{Dn}^*}{\partial s} = \dfrac{\partial q_{Sn}^*}{\partial s} < 0$，$\dfrac{\partial q_{Wn}^*}{\partial s} < 0$，$\dfrac{\partial q_{Dr}^*}{\partial s} = \dfrac{\partial q_{Sr}^*}{\partial s} > 0$，$\dfrac{\partial q_{Wr}^*}{\partial s} > 0$；

（ⅲ）当 $\delta > c_r$ 时，$\dfrac{\partial \tau_D^*}{\partial s} > 0$，$\dfrac{\partial \tau_S^*}{\partial s} > 0$，$\dfrac{\partial \tau_W^*}{\partial s} > 0$；

（ⅳ）$\dfrac{\partial z_S^*}{\partial s} = 0$，$\dfrac{\partial w_W^*}{\partial s} > 0$。

证明：

$$\frac{\partial p_{Dn}^*}{\partial s} = \frac{\partial p_{Sn}^*}{\partial s} = \frac{\partial p_{Wn}^*}{\partial s} = \frac{1}{2} > 0$$

$$\frac{\partial p_{Dr}^*}{\partial s} = \frac{\partial p_{Sr}^*}{\partial s} = \frac{\delta(\delta + k)}{2(2\delta + k - \delta^2)} > 0$$

$$\frac{\partial p_{Wr}^*}{\partial s} = \frac{\delta k}{2(\delta - \delta^2 + k)} > 0$$

结论（ⅰ）得证，结论（ⅱ）、（ⅲ）、（ⅳ）的证明类似。

结论 1 说明，无论采取哪种再制造模式，碳税额和单位产品零售价格变动均一致，即碳税的征收会导致产品单位零售价格上升。碳税的征收意味着政府采取这种方式将产品生产过程中对环境的影响内化为制造商的经营成本，在成本压力下，原始制造商会提高新产品的价格，同时再制造商也会通过提高再制造产品价格谋取更多的利润。碳税额与新产品的销售量呈负相关，与再制造产品的销售量呈正相关。这是因为碳税的征收导致两种产品的单位零售价格上升，但是再制造产品相对新产品来说价格较低，且存在明显的低碳优势，具有更强的市场竞争力，因此碳税增加会导致新产品的销售量减少，而消费者将增加再制造产品的使用以代替新产品，从而降低自身购买成本，最终再制造产品的销售量增加。对于再制造商而言，只有当消费者对再制造产品的偏好大于生产成本时，废旧产品回收率才随单位碳税额增加而提高，即再制造产品的成本优势和低碳优势越明显，再制造商越会积极回收废旧产品。在授权再制造模式下，单位授权费用与碳税额无关；而在外包再制造模式下，单位外包费用与碳税额呈正相关。这是因为，在授权再制造模式下，提高授权费用将导致再制造商成本压力上升，造成再制造产品产量大幅缩减，使总授权费用降低，因而授权再制造模式下原始制造商不会改变授权费用。而在外包再制造模式下，两种产品均由原始制造商进行销售，且政府不对再制造产品征税，因而原始制造商会提高外包费用激励再制造商扩大生产规模，通过再制造产品的薄利多销获取收益，弥补新产品征税带来的费用支出。

管理启示：无论采取哪种再制造模式，政府碳税政策都会推动再制造产业的发展；碳税政策能够增加新产品生产成本，新产品的销售价格也随之升高，这促进了再制造产业的发展。

为便于表达，记：

$$\varphi = \frac{c_r}{\delta} - c_n$$

$$\phi = \varphi + \frac{(\delta + k - \delta^2)(2\delta + k - \delta^2)(\delta - c_r)}{\delta^2(2\delta + k)}$$

$$\chi = \frac{\delta(2\delta + k - \delta^2)(\delta + k - \delta^2) + [\delta^2(\delta + k - \delta^2) - k(2\delta + k)]c_r}{\delta^2(2\delta + k)(1 - \delta)} - c_n$$

$$\mu = \frac{(6\delta + 3k - \delta^2)c_r - \delta(2\delta + k - \delta^2)}{2\delta(2\delta + k)} - c_n$$

结论2 不同再制造模式下碳税政策对产品单位零售价格的影响。

第一，不同再制造模式下碳税政策对新产品单位零售价格的影响：当 $\delta > c_r$ 时，$p_{Dn}^* < p_{Sn}^* = p_{Wn}^*$；否则，$p_{Sn}^* = p_{Wn}^* \leqslant p_{Dn}^*$。

第二，不同再制造模式下碳税政策对再制造产品单位零售价格的影响：

（ i ）若 $\delta > c_r$，即 $\varphi < \chi$（确定 $p_{Dr}^* < p_{Sr}^*$），当 $\varphi < \chi < s$ 时，$p_{Wr}^* < p_{Dr}^* < p_{Sr}^*$；当 $\varphi < s \leqslant \chi$ 时，$p_{Dr}^* \leqslant p_{Wr}^* < p_{Sr}^*$；当 $s \leqslant \varphi < \chi$ 时，$p_{Dr}^* < p_{Sr}^* \leqslant p_{Wr}^*$。

（ ii ）若 $\delta \leqslant c_r$，即 $\chi \leqslant \varphi$（确定 $p_{Sr}^* \leqslant p_{Dr}^*$），当 $\chi \leqslant \varphi < s$ 时，$p_{Wr}^* < p_{Sr}^* \leqslant p_{Dr}^*$；当 $\chi \leqslant s \leqslant \varphi$ 时，$p_{Sr}^* \leqslant p_{Wr}^* \leqslant p_{Dr}^*$；当 $s < \chi \leqslant \varphi$ 时，$p_{Sr}^* \leqslant p_{Dr}^* < p_{Wr}^*$。

证明：

$$p_{Dn}^* = \frac{1 + c_n + s}{2} - \frac{\delta(\delta - c_r)}{2(2\delta + k)}$$

$$p_{Sn}^* = p_{Wn}^* = \frac{1 + c_n + s}{2}$$

$$p_{Dn}^* - p_{Sn}^* = \frac{\delta(c_r - \delta)}{2(2\delta + k)}$$

当 $\delta > c_r$ 时，$p_{Dn}^* < p_{Sn}^* = p_{Wn}^*$。

结论（ i ）和（ ii ）的证明类似。

由结论2可知，授权再制造与外包再制造模式下的新产品单位零售价格相同，消费者对再制造产品的偏好低于单位再制造产品成本时，独立再制造模式下新产品单位零售价格最高。尽管授权与外包再制造两种模式的运行机制不同，但其均能够拓展原始制造商的收益渠道，授权再制造模式下原始制造商将获得专利费用，而外包再制造模式下原始制造商通过出售再制造产品增加收益，因此在授权与外包再制造模式下，原始制造商在供应链中处于主导地位，能够有效控制市场并进行再制造决策，因此新产品单位零售价格将保持一致且仅受碳税额影响。而独立再制造模式下，原始制造商无法干预再制造商的生产销售决策，因此其将考虑再制造产品的生产状况以及消费者的产品偏好从而进行新产品价格的决策。

再制造产品的单位零售价格不仅受到碳税额的影响，还与消费者偏好、再制造产品生产成本等因素有关。独立再制造与授权再制造模式下，新产品与再制造产品由不同制造商进行销售，因而要考虑竞争对手的决策状况。当单位再制造产品生产成本相对于消费者对再制造产品的偏好而言较小时，再制造产品的零售价格在授权再制造模式下高于独立再制造模式。而在外包再制造模式下，再制造商不负责再制造产品的销售，原始制造商在决策两种产品的零售价格的时候必须将自身碳税成本纳入考量。这就意味着，在外包再制造模式下，再制造产品的零售价格与碳税额负相关。较高的碳税额导致新产品生产成本大幅增加，原始制造商将通过出售较低价格的再制造产品实现薄利多销；而碳税额较低时，原始制造商将设定较高的再制造产品价格，以促进新产品的销售。

管理启示：碳税政策下，原始制造商能够通过授权与外包两种再制造模式有效控制市场，稳定自身在供应链中的主导地位，从而选择对其最有利的决策实现利润最大化。

结论 3　不同再制造模式下碳税政策对两产品销售量的影响。

第一，不同再制造模式下碳税政策对新产品销售量的影响：当 $s > \dfrac{c_r}{\delta} - c_n$ 时，$q_{Wn}^* < q_{Sn}^* = q_{Dn}^*$；否则，$q_{Sn}^* = q_{Dn}^* \leq q_{Wn}^*$。

第二，不同再制造模式下碳税政策对再制造产品销售量的影响：

（i）若 $\delta > c_r$，即 $\varphi < \phi$（确定 $q_{Sr}^* < q_{Dr}^*$），当 $\varphi < \phi < s$ 时，$q_{Sr}^* < q_{Dr}^* < q_{Wr}^*$；当 $\varphi < s \leq \phi$ 时，$q_{Sr}^* < q_{Wr}^* \leq q_{Dr}^*$；当 $s \leq \varphi < \phi$ 时，$q_{Wr}^* \leq q_{Sr}^* < q_{Dr}^*$。

（ii）若 $\delta \leqslant c_r$，即 $\phi \leqslant \varphi$（确定 $q_{Dr}^* \leqslant q_{Sr}^*$），当 $\phi \leqslant \varphi < s$ 时，$q_{Dr}^* \leqslant q_{Sr}^* < q_{Wr}^*$；当 $\phi \leqslant s \leqslant \varphi$ 时，$q_{Dr}^* \leqslant q_{Wr}^* \leqslant q_{Sr}^*$；当 $s < \phi \leqslant \varphi$ 时，$q_{Wr}^* < q_{Dr}^* \leqslant q_{Sr}^*$。

证明：

$$q_{Sn}^* = q_{Dn}^* = \frac{(2\delta + k)(1 - c_n - s) - \delta(\delta - c_r)}{2(2\delta + k - \delta^2)}$$

$$q_{Wn}^* = \frac{\delta - \delta^2 + k - (\delta + k)(c_n + s) + \delta c_r}{2(\delta - \delta^2 + k)}$$

$$q_{Wn}^* - q_{Sn}^* = \frac{\delta^2 [c_r - \delta(s + c_n)]}{2(k + 2\delta - \delta^2)(k + \delta - \delta^2)}$$

当 $s > \frac{c_r}{\delta} - c_n$ 时，$q_{Wn}^* - q_{Sn}^* < 0$，即 $q_{Wn}^* < q_{Sn}^* = q_{Dn}^*$；否则 $q_{Sn}^* = q_{Dn}^* \leqslant q_{Wn}^*$。

结论（i）和（ii）的证明类似。

由结论 3 可以看出，独立再制造与授权再制造模式下的新产品销售量相同，当碳税额高于某一阈值时，外包再制造模式下新产品销售量低于独立与授权再制造模式下新产品销售量；反之，碳税额低于该阈值时，外包再制造模式下新产品销售量最高。这主要与不同再制造模式的运行机制有关，独立与授权再制造模式下，再制造产品由再制造商生产销售，而外包再制造模式下原始制造商需同时承担两种产品的销售，因而外包再制造模式下原始制造商将依据政府碳税政策决定产品生产量，碳税额较高时，对外包费用进行调节可以缓解生产压力，碳税额较低时，扩大新产品的生产规模可以维持收益。再制造产品销售量与其单位零售价格呈负相关，独立与授权再制造模式下，原始制造商不销售再制造产品，再制造产品销售仅由再制造商负责，因此再制造产品的价格和销售量主要与消费者偏好、再制造产品成本有关。而相对于授权与独立再制造模式，外包再制造模式对原始制造商更有利，在这种模式下其拥有对两种产品的决策权。碳税额较高时，新产品产量较低，外包再制造模式下的再制造产品销售量最高，而碳税额较低时，外包再制造模式下再制造产品销售量最低，即再制造产品销售量与碳税额正相关。

管理启示：碳税政策下，原始制造商选择外包再制造模式，不仅可以决定再制造产品价格，干预再制造商的生产决策，还可以防止再制造产品抢占新产品市场份额的局面，从而优化自身决策。

结论 4　不同再制造模式下碳税政策对制造商利润的影响。

第一，不同再制造模式下碳税政策对原始制造商利润的影响：$\pi_{Dn}^{*} < \pi_{Sn}^{*} < \pi_{Wn}^{*}$。

第二，不同再制造模式下碳税政策对再制造商利润的影响：

（ⅰ）当 $(1-2\delta)k + 2\delta(1-\delta)^{2} > 0$ 时，$\pi_{Wr}^{*} < \pi_{Sr}^{*}$；否则，$\pi_{Sr}^{*} \leqslant \pi_{Wr}^{*}$。

（ⅱ）当 $\delta > c_r$，且 $s > \mu$，或者 $\delta < c_r$，且 $s < \mu$ 时，$\pi_{Sr}^{*} < \pi_{Dr}^{*}$。

证明：

$$\pi_{Dn}^{*} - \pi_{Sn}^{*} = -\frac{(\delta - c_r)^{2}}{4(2\delta + k)} < 0$$

$$\pi_{Sn}^{*} - \pi_{Wn}^{*} = -\delta \frac{[c_r - \delta(c_n + s)^{2}]}{4(k + \delta - \delta^{2})(2\delta + k - \delta^{2})} < 0$$

$$\pi_{Dn}^{*} < \pi_{Sn}^{*} < \pi_{Wn}^{*}$$

结论（ⅰ）和（ⅱ）的证明类似。

结论 4 说明，政府实施碳税政策时，单位碳税额以及产品生产成本、销售量等因素无论在哪种再制造模式下都不会影响原始制造商的利润排序。结合结论 2、结论 3 可知，外包再制造模式下，尽管新产品销售量受政府碳税政策影响，但其能够通过再制造产品的销售获益，即单位碳税额较高时，外包再制造模式下新产品销售量最低，但再制造产品销售量大幅增加，单位碳税额较低时，外包再制造模式下新产品销售量最高，外包再制造模式为原始制造商应对碳税政策提供了较为有效的方法，即通过多种产品组合，灵活调整市场策略，利用再制造产品的低碳优势，缓解新产品征税带来的成本上升。而授权再制造模式下原始制造商能够通过对授权费用的调整弥补碳税政策带来的利润损失。相较于授权与外包再制造，独立再制造对原始制造商的限制较大，再制造产品的产销活动均与其无关，这也就表示再制造产品不能给原始制造商带来利益。而再制造商利润受再制造模式和其他多种因素影响，虽然碳税政策不能直接影响再制造商利润，但在授权与外包再制造模式下，通过授权和外包费用间接影响其生产成本。不仅如此，消费者对再制造产品的偏好也会影响再制造商利润。

管理启示：对新产品征收碳税将直接增加原始制造商的生产成本，影响其利润，因此原始制造商更加倾向于利用再制造产品获取利润，外包再制造模式能够有效增加其利润，同时使其保持对供应链的控制，是其应对碳税政策的最佳模式。

结论 5　不同再制造模式下碳税政策对环境的影响：

（ⅰ）$E_D < E_D''$，$E_S < E_S''$，$E_W < E_W''$；

（ⅱ）当 $\delta > \dfrac{e_r}{e_n}$ 时，$E_W - E_W'' < E_D - E_D'' = E_S - E_S''$；

（ⅲ）当 $\delta < \dfrac{e_r}{e_n}$ 时，$E_D - E_D'' = E_S - E_S'' < E_W - E_W''$。

证明：

$$E_D = \frac{(2\delta+k-\delta^2)-(2\delta+k)(c_n+s)+\delta c_n}{2(2\delta+k-\delta^2)}e_n +$$
$$\frac{\delta(2\delta+k-\delta^2)-(4\delta+2k-\delta^2)c_r+\delta(2\delta+k)(c_n+s)}{2(2\delta+k)(2\delta+k-\delta^2)}e_r$$

$$E_S = \frac{(2\delta-\delta^2+k)+\delta c_r-(2\delta+k)(c_n+s)}{2(2\delta-\delta^2+k)}e_n+\frac{\delta(c_n+s)-c_r}{2(2\delta-\delta^2+k)}e_r$$

$$E_W = \frac{\delta-\delta^2+k-(\delta+k)(c_n+s)+\delta c_r}{2(\delta-\delta^2+k)}e_n+\frac{\delta(c_n+s)-c_r}{2(\delta-\delta^2+k)}e_r$$

$$E_D - E_D'' = E_S - E_S'' = \frac{s[\delta e_r-(2\delta+k)e_n]}{2(2\delta+k-\delta^2)}<0$$

$$E_W - E_W'' = \frac{s[\delta e_r-(\delta+k)e_n]}{2(\delta+k-\delta^2)}<0$$

结论（ⅰ）得证，结论（ⅱ）、（ⅲ）的证明类似。

结论 5 说明，三种再制造模式下，碳税政策的实行均对环境有利，并且授权再制造模式对环境的有利程度与独立再制造模式相同。当消费者偏好大于单位再制造产品碳排放量与单位新产品碳排放量之比时，外包再制造模式对环境的有利程度最低；反之，当消费者偏好小于单位再制造产品碳排放量与单位新产品碳排放量之比时，外包再制造模式能够在最大程度上降低供应链对环境的影响，最大限度地发挥改善环境的作用。这主要是因为，在碳税政策下，相对于再制造产品增加的销售量而言，新产品减少的销售量较大，也即碳税政策的实施可以降低两者对环境的影响。但是，每一种再制造模式对环境影响的降低程度受单位新产品和再制造产品碳排放量以及消费者偏好的影响。

管理启示：碳税政策虽然有利于可持续发展，但是针对不同再制造模式，碳税政策减排效果不同。为实现更好的减排效果，当消费者偏好大于单位再制造产品碳排放量与单位新产品碳排放量之比时，也即当再制造产品具有低碳排放和高消费偏好优势时，原始制造商应选择授权再制造模式；当消费者偏好小于单位再制造产品碳排放量与单位新产品碳排放量之比时，外包再制造模式是较优的选择。

6.1.3　实例研究

为验证上述结论，本小节以中国重型汽车集团有限公司为实际案例进行分析。中国重型汽车集团有限公司委托中国重汽集团济南复强动力有限公司生产再制造发动机。根据中国汽车工业协会发布的数据：与生产单位新发动机相比，生产单位发动机再制品可以节约50%的成本和降低80%的环境影响。因此，取相关参数 $c_n = 0.2$，$c_r = 0.1$，$e_n = 1$，$e_r = 0.2$，$k = 1.1$。

1. 碳税额和消费者偏好对产品单位零售价格的影响

由图 6.1 可知，三种再制造模式下的新产品及再制造产品的单位零售价格均与碳税额正相关，独立再制造模式下新产品零售价格与消费者偏好负相关，而授权与外包再制造模式下新产品零售价格不受消费者偏好的影响。不同模式下的再制造产品单位零售价格均与消费者偏好正相关，即再制造产品单位零售价格随消费者偏好的增强而上涨。

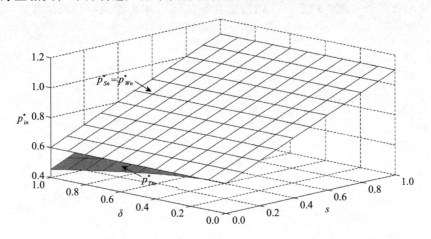

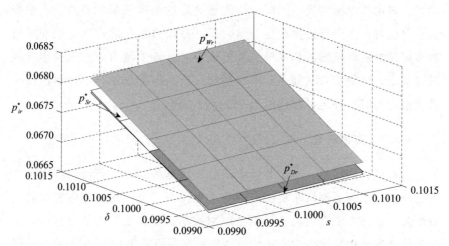

图 6.1 三种再制造模式下 s 和 δ 对两种产品单位零售价格的影响

推论 1 消费者偏好对两产品单位零售价格的影响:

(i) $\dfrac{\partial p_{Dn}^*}{\partial \delta} < 0$, $\dfrac{\partial p_{Wn}^*}{\partial \delta} = \dfrac{\partial p_{Sn}^*}{\partial \delta} = 0$;

(ii) $\dfrac{\partial p_{Dr}^*}{\partial \delta} > 0$, $\dfrac{\partial p_{Sr}^*}{\partial \delta} > 0$, $\dfrac{\partial p_{Wr}^*}{\partial \delta} > 0$。

2. 碳税额和消费者偏好对产品销售量的影响

由图 6.2 可以看出,三种再制造模式下,新产品销售量均与单位碳税额负相关,而再制造产品销售量与单位碳税额正相关。碳税政策有利

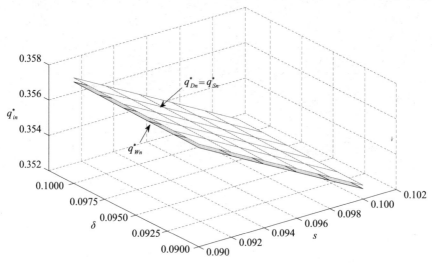

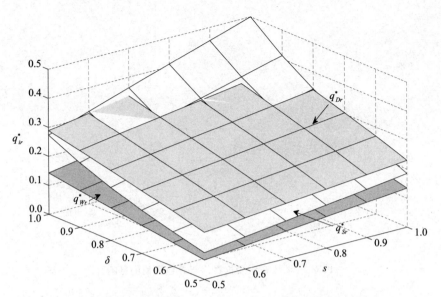

图 6.2　三种再制造模式下 s 和 δ 对两种产品销售量的影响

于再制造产品拓展市场，抢占市场份额。但不同再制造模式下的再制造产品销售量还受到消费者偏好等多种因素影响，政府应设置合理的税率，由宣传部门制作关于再制造产品的公益广告并进行投放，促使消费者更加认可再制造产品，进而增加其销售量。

　　推论 2　消费者偏好对两产品销售量的影响：

（ⅰ）$\dfrac{\partial q_{Dn}^{*}}{\partial \delta} = \dfrac{\partial q_{Sn}^{*}}{\partial \delta} < 0,\ \dfrac{\partial q_{Wn}^{*}}{\partial \delta} < 0$；

（ⅱ）$\dfrac{\partial q_{Dr}^{*}}{\partial \delta} > 0,\ \dfrac{\partial q_{Sr}^{*}}{\partial \delta} > 0,\ \dfrac{\partial q_{Wr}^{*}}{\partial \delta} > 0$。

3. 碳税额和消费者偏好对授权费用和外包费用的影响

　　由图 6.3 可知，授权再制造模式下，原始制造商收取的专利授权费用的多少与政府的碳税额无关，但会随着消费者偏好的增强而增加，即原始制造商收取的授权费用随 δ 的增大而提高，以获取更多利润。而外包再制造模式下，外包费用与政府碳税额以及消费者偏好都呈正相关。这是因为碳税额的增加会使新产品的生产成本增加，直接使新产品价格上升，进而消费者会对再制造产品有更强的消费意愿。为了获得更多的利润，原始制造商会提高外包费用以促进再制造产品的生产。

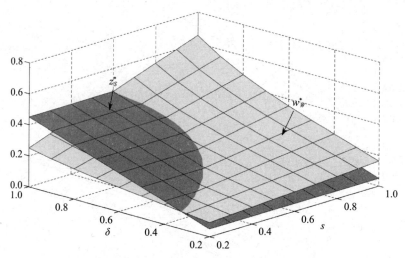

图6.3 s 和 δ 对授权费用与外包费用的影响

推论3 消费者偏好对授权费用与外包费用的影响：$\dfrac{\partial z_S^*}{\partial \delta}>0$，$\dfrac{\partial w_W^*}{\partial \delta}>0$。

4. 碳税额和消费者偏好对制造商利润的影响

图6.4表明，政府实施碳税政策时，原始制造商的利润在外包、授权、独立再制造模式下依次减少。授权与外包再制造模式下，原始制造商利润随碳税额的增加呈先减后增的趋势，存在一个税率使原始制造商的利润最低。而当碳税额较高时，原始制造商通过收取专利授权费用以及出售再制造产品等方式代替生产新产品，从而增加利润。而在独立再

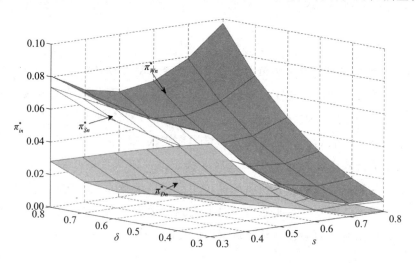

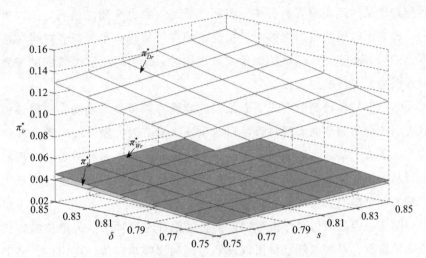

图 6.4　三种再制造模式下 s 和 δ 对制造商利润的影响

制造模式下，原始制造商利润随碳税额增加而减少。相较于原始制造商，再制造商利润受政府碳税政策影响较小。再制造商利润在独立再制造模式下最高，在外包再制造模式下次之，而在授权再制造模式下最低。

推论 4　消费者偏好对两制造商利润的影响：

（ i ）　$\dfrac{\partial \pi_{Dn}^{*}}{\partial \delta} < 0$，$\dfrac{\partial \pi_{Sn}^{*}}{\partial \delta} > 0$，$\dfrac{\partial \pi_{Wn}^{*}}{\partial \delta} > 0$；

（ ii ）　$\dfrac{\partial \pi_{Dr}^{*}}{\partial \delta} > 0$，$\dfrac{\partial \pi_{Sr}^{*}}{\partial \delta} > 0$，$\dfrac{\partial \pi_{Wr}^{*}}{\partial \delta} > 0$。

6.1.4　结论与启示

为对比分析碳税政策对不同再制造模式下原始制造商和再制造商的影响，本节首先从博弈论角度出发构建原始制造商和再制造商分别在独立、授权、外包再制造模式下的博弈模型；其次探究碳税政策对不同均衡解的影响；最后对比分析碳税政策对环境的影响。本章主要得到如下研究结论和管理启示。

第一，不同再制造模式下，产品单位零售价格、销售量以及外包费用等均受到碳税政策影响，同时与消费者偏好、产品成本等因素相关。碳税政策下两产品单位零售价格上升，新产品销售量降低，而再制造产品销售量增加，当消费者对再制造产品的偏好大于再制造成本时，扩大再制造产品生产规模有利可图，废旧产品回收率也会随之提高。不同再制造模式下碳税政策均能够降低供应链的环境影响，当消费者对再制造产品的偏好小于两产品单位碳排放量之比时，外包再制造模式的减排效应最明显，对环境更友好。

第二，外包再制造模式下原始制造商能够获得最大利润，同时该模式有利于原始制造商实现对市场以及供应链的有效控制，缓解碳税政策带来的压力，是原始制造商最佳的再制造模式选择。而当消费者对再制造产品的偏好满足一定条件时，外包再制造模式能够最大限度地降低供应链的环境影响，实现经济效益与环境效益的双赢。

第三，由数值仿真分析可知，消费者偏好对两种产品的单位零售价格和销售量、授权与外包费用以及制造商利润等均产生一定影响，当消费者更加偏好再制造产品时，再制造商利润随着销售量的增加而增加，而原始制造商可以提高授权与外包费用以瓜分再制造利润。而独立再制造模式下，原始制造商利润与消费者偏好负相关。

管理启示：无论采取哪种再制造模式，政府碳税政策都能推动再制造产业的发展；碳税政策会增加新产品生产成本，新产品的销售价格也随之升高，这促进了再制造产业的发展。

6.2 碳约束政策对三种再制造模式影响对比分析

6.2.1 模型介绍

1. 问题描述

基于碳约束政策，本节主要对比分析独立再制造、授权再制造及外包再制造模式对供应链制造/再制造活动的影响。独立再制造时，再制造商的再制造产品和新产品之间存在竞争关系，再制造产品抢占新产品的市场份额，独立的第三方再制造商从事废旧产品的回收活动不受知识产权约束，政府实施碳约束政策进一步约束原始制造商的生产活动，激励再制造商回收再制造。授权再制造模式下，原始制造商拥有新产品的知识产权，把再制造业务授权给拥有专业再制造技术的第三方再制造商，原始制造商可以通过决策授权费用将碳减排成本转移给第三方再制造商。

外包再制造模式下，原始制造商将再制造生产业务外包给第三方再制造商，而其自身独立进行再制造产品的销售，碳约束政策下原始制造商可以通过减少新产品产量和决策外包费用激励再制造商回收再制造，避免因碳排放超标而受到惩罚。但碳约束政策下具体哪种再制造模式对碳减排最有效仍需进一步讨论。

本节以碳减排为目标，基于政府碳约束政策背景构建独立再制造、授权再制造及外包再制造模式下原始制造商和再制造商之间的博弈模型，对比分析不同模式下碳约束政策对单位产品零售价格、产品销售量、废旧产品回收率的影响，为政府决策提供理论依据，助力国家持续推进低碳减排。

2. 模型符号

本节相关符号及其说明见 6.1.1 中的表 6.1。

6.2.2　模型分析

根据 3.2 节、4.2 节、5.2 节可知碳约束政策下三种再制造模式的最优解。

结论 1　三种再制造模式下碳约束政策对新产品及再制造产品单位零售价格的影响：

（ⅰ）$\dfrac{\partial p_{Dn}^{*}}{\partial T} < 0$，$\dfrac{\partial p_{Sn}^{*}}{\partial T} < 0$，$\dfrac{\partial p_{Wn}^{*}}{\partial T} < 0$；

（ⅱ）$\dfrac{\partial p_{Dr}^{*}}{\partial T} < 0$，$\dfrac{\partial p_{Sr}^{*}}{\partial T} < 0$，$\dfrac{\partial p_{Wr}^{*}}{\partial T} < 0$。

证明：

$$\frac{\partial p_{Dn}^{*}}{\partial T} = -\frac{2\delta + k - \delta^{2}}{(2\delta + k)\,e_{n} - \delta e_{r}} < 0$$

$$\frac{\partial p_{Sn}^{*}}{\partial T} = \frac{e_{n}\,(k + 2\delta - \delta^{2})}{2\delta e_{n} e_{r} - k e_{n}^{2} - 2\delta e_{n}^{2} - e_{r}^{2}} < 0$$

$$\frac{\partial p_{Wn}^{*}}{\partial T} = \frac{e_{n}\,(k + \delta - \delta^{2})}{2\delta e_{n} e_{r} - k e_{n}^{2} - \delta e_{n}^{2} - e_{r}^{2}} < 0$$

结论（ⅰ）得证，结论（ⅱ）的证明类似。

由结论 1 可知，新产品及再制造产品的单位零售价格均随着碳排放上限值的下降而提高，也即政府对两制造商生产产品所产生的碳排放量的限制越大，两种产品的单位零售价格越高。这是因为，碳约束上限值越低，制造商受到的生产限制越大，为弥补损失，二者均会选择提高单位新产品与再制造产品的价格，使自身利润最大化。

管理启示：当政府实施碳约束政策时，无论制造商采取何种再制造模式，其生产的产品的价格均与碳约束上限值呈负相关。制造商通过提高产品价格弥补自身损失，即将增加的成本转嫁给消费者，因此政府制定碳约束政策时不仅要考虑对环境的影响，而且要充分考虑消费者对价格的敏感度，设定合适的碳排放上限值，以达到减排的良好效果。

结论 2　三种再制造模式下碳约束政策对新产品及再制造产品销售量的影响：

（ⅰ）$\dfrac{\partial q_{Dn}^{*}}{\partial T} > 0$，$\dfrac{\partial q_{Sn}^{*}}{\partial T} > 0$，$\dfrac{\partial q_{Wn}^{*}}{\partial T} > 0$；

（ⅱ）$\dfrac{\partial q_{Dr}^{*}}{\partial T} < 0$，当 $\delta > \dfrac{e_r}{e_n}$ 时，$\dfrac{\partial q_{Sr}^{*}}{\partial T} < 0$，$\dfrac{\partial q_{Wr}^{*}}{\partial T} < 0$，当 $\delta < \dfrac{e_r}{e_n}$ 时，$\dfrac{\partial q_{Sr}^{*}}{\partial T} > 0$，

$\dfrac{\partial q_{Wr}^{*}}{\partial T} > 0$。

证明：

$$\frac{\partial q_{Dn}^{*}}{\partial T} = \frac{2\delta + k}{(2\delta + k)\,e_n - \delta e_r} > 0$$

$$\frac{\partial q_{Sn}^{*}}{\partial T} = \frac{\delta e_r - (k + 2\delta)\,e_n}{2\delta e_n e_r - k e_n^2 - 2\delta e_n^2 - e_r^2} > 0$$

$$\frac{\partial q_{Wn}^{*}}{\partial T} = \frac{\delta e_r - (k + \delta)\,e_n}{2\delta e_n e_r - k e_n^2 - \delta e_n^2 - e_r^2} > 0$$

结论（ⅰ）得证，结论（ⅱ）、（ⅲ）的证明类似。

由结论 2 可知，政府实施碳约束政策时，三种再制造模式下新产品的销售量均随着碳约束上限值的下降而降低。这是因为，碳约束上限值的下降，使高碳产品的生产受到的限制变大，因此原始制造商将会选择减少生产新产品。而三种再制造模式下，只有独立再制造模式下再制造产品销售量随着碳约束上限值下降而提升，授权再制造模式和外包再制造模式下的再制造产品销售量只有在消费者对再制造产品的偏好大于两产品碳排放量之比时（消费者更加偏好再制造产品）与独立再制造模式一致。这是因为，虽然再制造产品的单位零售价格随着碳约束上限值下

降而提升，但是由于消费者对再制造产品的偏好增强，且再制造产品碳排放量更低，制造商会降低新产品产量，更多地生产再制造产品。

管理启示：碳约束政策下，碳约束上限值下降使得三种模式下新产品的销售量降低，而在消费者更偏好再制造产品时，三种再制造模式下碳约束上限值下降使得再制造产品销售量提升。因此，政府在实施碳约束政策时，可以通过提高消费者环保意识增强其对再制造产品的偏好，促进再制造业发展。

为便于分析，记：

$$A = \frac{(\delta e_n - e_r) c_r + (2\delta + k - \delta^2) e_n}{(2\delta + k) e_n - \delta e_r}$$

$$B = \frac{(2\delta + \delta c_n + c_r) e_n e_r + (-2k - 4\delta + \delta^2 - \delta c_r) e_n^2 - (1 + c_n) e_r^2}{2(2\delta e_n e_r - k e_n^2 - 2\delta e_n^2 - e_r^2)}$$

$$C = \frac{(2\delta + \delta c_n + c_r) e_n e_r + (-2k - 2\delta + \delta^2 - \delta c_r) e_n^2 - (1 + c_n) e_r^2}{2(2\delta e_n e_r - k e_n^2 - 2\delta e_n^2 - e_r^2)}$$

$$D_1 = \frac{e_r (2\delta + k - \delta^2)(e_r - \delta e_n)}{[(2\delta + k) e_n - \delta e_r](2\delta e_n e_r - k e_n^2 - 2\delta e_n^2 - e_r^2)}$$

$$E = \frac{[(2\delta + k - \delta^2) e_r - \delta^2 e_n](e_r - \delta e_n)}{[(2\delta + k) e_n - \delta e_r](2\delta e_n e_r - k e_n^2 - \delta e_n^2 - e_r^2)}$$

$$F = \frac{-\delta e_n (\delta e_n - e_r)^2}{(2\delta e_n e_r - k e_n^2 - 2\delta e_n^2 - e_r^2)(2\delta e_n e_r - k e_n^2 - \delta e_n^2 - e_r^2)}$$

$$G = \frac{\delta(e_n - e_r) c_r + \delta(\delta + k) e_n}{(2\delta + k) e_n - \delta e_r}$$

$$H = \frac{(3\delta + c_n + c_r - 1)\delta e_n e_r - (3\delta + 2k + c_r)\delta e_n^2 - (1 + c_n)\delta e_r^2}{2(2\delta e_n e_r - k e_n^2 - 2\delta e_n^2 - e_r^2)}$$

$$I = \frac{(3\delta + c_n + c_r - 1)\delta e_n e_r - (\delta + 2k + c_r)\delta e_n^2 - (1 + c_n)\delta e_r^2}{2(2\delta e_n e_r - k e_n^2 - \delta e_n^2 - e_r^2)}$$

$$J = \frac{\delta(2\delta + k - \delta^2)(e_r^2 - e_n e_r)}{[(2\delta + k) e_n - \delta e_r](2\delta e_n e_r - k e_n^2 - 2\delta e_n^2 - e_r^2)}$$

$$K = \frac{\delta[(2\delta + k - \delta^2) e_r - \delta^2 e_n](e_r - e_n)}{[(2\delta + k) e_n - \delta e_r](2\delta e_n e_r - k e_n^2 - \delta e_n^2 - e_r^2)}$$

$$L = \frac{\delta^2 e_n (\delta e_n - e_r)(e_r - e_n)}{(2\delta e_n e_r - k e_n^2 - 2\delta e_n^2 - e_r^2)(2\delta e_n e_r - k e_n^2 - \delta e_n^2 - e_r^2)}$$

则：

$$p_{Dn} - p_{Sn} = D_1 T + A - B$$

$$p_{Dn} - p_{Wn} = ET + A - C$$

$$p_{Sn} - p_{Wn} = FT + B - C$$

$$p_{Dr} - p_{Wr} = KT + G - I$$

$$p_{Dr} - p_{sr} = JT + C - H$$

$$p_{Sr} - p_{Wr} = LT + H - I$$

结论 3　碳约束政策下三种再制造模式新产品及再制造产品单位零售价格对比。

第一，碳约束政策下三种再制造模式新产品单位零售价格的对比：

（i）若 $\delta < \dfrac{e_r}{e_n}$，当 $T > \dfrac{B - A}{D_1}$ 时，$p_{Dn} < p_{Sn}$，否则 $p_{Sn} \leqslant p_{Dn}$；当 $T > \dfrac{C - A}{E}$ 时，$p_{Dn} < p_{Wn}$，否则 $p_{Wn} \leqslant p_{Dn}$。

（ii）若 $\delta > \dfrac{e_r}{e_n}$，当 $T < \dfrac{B - A}{D_1}$ 时，$p_{Dn} < p_{Sn}$，否则 $p_{Sn} \leqslant p_{Dn}$；当 $T < \dfrac{C - A}{E}$ 时，$p_{Dn} < p_{Wn}$，否则 $p_{Wn} \leqslant p_{Dn}$。

（iii）当 $T > \dfrac{C - B}{F}$ 时，$p_{Sn} < p_{Wn}$，否则 $p_{Wn} \leqslant p_{Sn}$。

第二，碳约束政策下三种再制造模式再制造产品单位零售价格的对比：

（i）当 $T < \dfrac{H - C}{J}$ 时，$p_{Dr} < p_{Sr}$，否则 $p_{Sr} \leqslant p_{Dr}$；当 $T < \dfrac{I - G}{K}$ 时，$p_{Dr} < p_{Wr}$，否则 $p_{Wr} \leqslant p_{Dr}$。

（ii）若 $\delta < \dfrac{e_r}{e_n}$，当 $T < \dfrac{I - H}{L}$ 时，$p_{Sr} < p_{Wr}$，否则 $p_{Wr} \leqslant p_{Sr}$；若 $\delta > \dfrac{e_r}{e_n}$，当 $T > \dfrac{I - H}{L}$ 时，$p_{Sr} < p_{Wr}$，否则 $p_{Wr} \leqslant p_{Sr}$。

由结论 3 可知，当消费者环保意识较强并且碳约束上限值低于某一阈值时，授权再制造模式下新产品与再制造产品单位零售价格均最高，外包再制造模式次之，独立再制造模式最低。这是因为，碳约束上限值较低时，对制造商碳排放量有较大的限制，由于授权再制造与外包再制造模式下，原始制造商的选择对再制造商产生影响，所以碳约束上限值的改变，使得授权再制造模式与外包再制造模式下原始制造商改变授权费用及外包费用，从而更加灵活地调整两产品价格改善自身收益。而独立再制造不需要考虑专利授权费用与外包费用，因此独立再制造模式下单位产品零售价格相对更低。

管理启示：在不同的再制造模式下，由于存在外包费用与专利授权费用的差别，碳约束政策对新产品与再制造产品零售价格影响也不同。因此，政府实施碳约束政策时可通过调整碳约束上限值影响两种产品价格，通过将产品价格控制在一定区间促进制造商进行碳减排。

为了便于分析，记：

$$M = \frac{-e_r(\delta - c_r)}{(2\delta + k)e_n - \delta e_r}$$

$$N = \frac{\delta e_n e_r - c_r e_n e_r - e_r^2 + c_n e_r^2}{2(2\delta e_n e_r - k e_n^2 - e_r^2)}$$

$$O = \frac{\delta e_n e_r - c_r e_n e_r - e_r^2 + c_n e_r^2}{2(2\delta e_n e_r - k e_n^2 - \delta e_n^2 - e_r^2)}$$

$$P = \frac{e_r^2(\delta^2 - k - 2\delta)}{[(2\delta + k)e_n - \delta e_r](2\delta e_n e_r - k_n^2 - 2\delta e_n^2 - e_r^2)}$$

$$Q_1 = \frac{e_r[\delta^2 e_n - (2\delta + k - \delta^2)e_r]}{[(2\delta + k)e_n - \delta e_r](2\delta e_n e_r - k e_n^2 - \delta e_n^2 - e_r^2)}$$

$$R = \frac{\delta e_n e_r(e_r - \delta e_n)}{(2\delta e_n e_r - k e_n^2 - 2\delta e_n^2 - e_r^2)(2\delta e_n e_r - k e_n^2 - \delta e_n^2 - e_r^2)}$$

$$U = \frac{e_n(\delta - c_r)}{(2\delta + k)e_n - \delta e_r}$$

$$V = \frac{e_n e_r - c_n e_n e_r - \delta e_n^2 + c_r e_n^2}{2(2\delta e_n e_r - k e_n^2 - 2\delta e_n^2 - e_r^2)}$$

$$W_1 = \frac{e_n e_r - c_n e_n e_r - \delta e_n^2 + c_r e_n^2}{2(2\delta e_n e_r - k e_n^2 - \delta e_n^2 - e_r^2)}$$

$$X = \frac{(2\delta + k - \delta^2)e_n e_r}{[(2\delta + k)e_n - \delta e_r](2\delta e_n e_r - k e_n^2 - 2\delta e_n^2 - e_r^2)}$$

$$Y = \frac{e_n(2\delta + k - \delta^2)e_r - \delta^2 e_n}{[(2\delta + k)e_n - \delta e_r](2\delta e_n e_r - k e_n^2 - \delta e_n^2 - e_r^2)}$$

$$Z = \frac{\delta e_n^2(\delta e_n - e_r)}{(2\delta e_n e_r - k e_n^2 - 2\delta e_n^2 - e_r^2)(2\delta e_n e_r - k e_n^2 - \delta e_n^2 - e_r^2)}$$

则：

$$q_{Dn} - q_{Sn} = PT + M - N$$

$$q_{Dn} - q_{Wn} = Q_1 T + M - O$$

$$q_{Sn} - q_{Wn} = RT + N - O$$

$$q_{Dr} - q_{Sr} = XT + U - V$$

$$q_{Dr} - q_{Wr} = YT + U - W_1$$
$$q_{Sr} - q_{Wr} = ZT + V - W_1$$

结论 4 碳约束政策下三种再制造模式新产品及再制造产品销售量的对比。

第一，碳约束政策下三种再制造模式新产品销售量的对比：

（ⅰ）当 $T < \dfrac{N - M}{P}$ 时，$q_{Dn} < q_{Sn}$，否则 $q_{Sn} \leqslant q_{Dn}$；当 $T < \dfrac{O - M}{Q_1}$ 时，$q_{Dn} < q_{Wn}$，否则 $q_{Wn} \leqslant q_{Dn}$。

（ⅱ）若 $\delta < \dfrac{e_r}{e_n}$，当 $T < \dfrac{O - N}{R}$ 时，$q_{Sn} < q_{Wn}$，否则 $q_{Wn} \leqslant q_{Sn}$；若 $\delta > \dfrac{e_r}{e_n}$，当 $T > \dfrac{O - N}{R}$ 时，$q_{Sn} < q_{Wn}$，否则 $q_{Wn} \leqslant q_{Sn}$。

第二，碳交易政策下三种再制造模式再制造产品销售量的对比：

（ⅰ）当 $T > \dfrac{V - U}{X}$ 时，$q_{Dr} < q_{Sr}$，否则 $q_{Sr} \leqslant q_{Dr}$；当 $T > \dfrac{W_1 - U}{Y}$ 时，$q_{Dr} < q_{Wr}$，否则 $q_{Wr} \leqslant q_{Dr}$。

（ⅱ）若 $\delta > \dfrac{e_r}{e_n}$，当 $T < \dfrac{W_1 - V}{Z}$ 时，$q_{Sr} < q_{Wr}$，否则 $q_{Wr} \leqslant q_{Sr}$。

由结论 4 可知，当消费者环保意识较强并且碳约束上限值在一定范围内时，授权再制造模式下新产品销售量最高、再制造产品销售量最低，外包再制造模式下两种产品销售量居中，独立再制造模式下新产品销售量最低、再制造产品销售量最高。结论表明，碳约束政策下授权再制造模式最有利于增加新产品销售量，最不利于增加再制造产品销售量；独立再制造模式下最有利于增加再制造产品销售量，最不利于增加新产品销售量；而外包再制造模式对于两产品销售量的影响并不明显。这是因为，独立再制造模式下，再制造商的再制造活动不受原始制造商约束，授权再制造与外包再制造模式下，原始制造商考虑调整专利授权费用与外包费用改变自身生产模式，并且影响再制造产品的生产。因此，碳约束上限值的提升，促使授权再制造与外包再制造模式下的原始制造商更多地集中生产新产品，导致再制造产品产量低于独立再制造模式。

管理启示：不同的再制造模式下新产品与再制造产品销售量差别较大，为促进再制造活动，在碳约束政策下，政府应综合考虑消费者环保意识、碳约束上限值的区间范围、产品的价格与产量等，促使供应链主体选择最佳的再制造模式，在最小化对制造商利润的负面影响的前提下有效控制总体碳排放量。

6.2.3　实例研究

根据中国汽车工业协会发布的汽车零部件再制造数据：与生产单位新产品相比，生产单位再制造产品不仅可以降低 80% 的环境影响，还能节约 50% 的成本、60% 的能源、70% 的原材料。同时，借鉴 Zou 等[129] 的研究，取相关参数：$e_n = 1$，$e_r = 0.2$，$c_n = 0.2$，$c_r = 0.1$，$k = 1.1$。

1. 碳排放上限值和消费者偏好对两种产品单位零售价格的影响

由图 6.5 可知，三种再制造模式下新产品的单位零售价格与碳排放上限值呈负相关，再制造产品的单位零售价格与碳排放上限值也呈负相关，并且通过比较可知授权再制造模式下两种产品的单位零售价格均最高，而外包再制造模式下次之，独立再制造模式下最低。政府在实施碳约束政策时，应将产品价格稳定在一定范围内，并据此选择适当的再制造模式以促进碳减排。

推论 1　消费者偏好对两种产品单位零售价格的影响：

（i）$\dfrac{\partial p_{Dn}^{*}}{\partial \delta} < 0$，$\dfrac{\partial p_{Sn}^{*}}{\partial \delta} < 0$，$\dfrac{\partial p_{Wn}^{*}}{\partial \delta} < 0$；

（ii）$\dfrac{\partial p_{Dr}^{*}}{\partial \delta} > 0$，$\dfrac{\partial p_{Sr}^{*}}{\partial \delta} > 0$，$\dfrac{\partial p_{Wr}^{*}}{\partial \delta} > 0$。

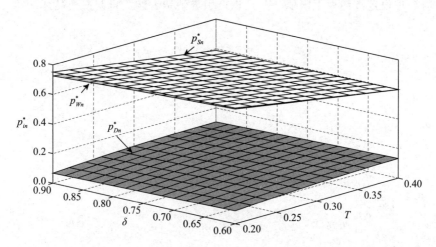

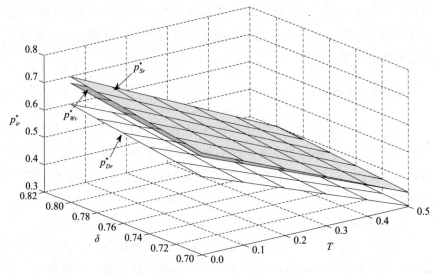

图 6.5　三种再制造模式下 T 与 δ 对两种产品单位零售价格的影响

2. 碳排放上限值和消费者偏好对两种产品销售量的影响

由图 6.6 可知，政府实施碳约束政策时，三种再制造模式下新产品的销售量与碳约束上限值呈正相关，而再制造产品销售量与碳约束上限值呈负相关。而且可以看出，授权再制造模式下新产品销售量最高，外包再制造模式下次之，独立再制造模式下最低；而授权再制造模式下再制造产品销售量最低，外包再制造模式下次之，独立再制造模式下最高。有效促进再制造产业发展，不仅需要两制造商之间相互协调，还需要政府合理设定碳约束上限值，并且积极引导消费者购买再制造产品。

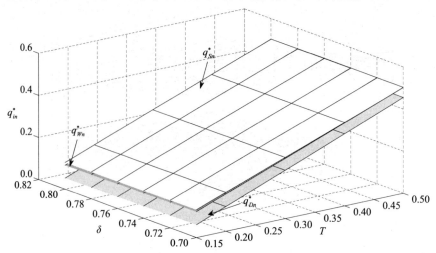

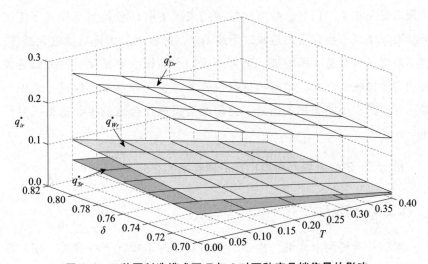

图6.6 三种再制造模式下 T 与 δ 对两种产品销售量的影响

推论2 消费者偏好对两种产品销售量的影响：

（ⅰ） $\dfrac{\partial q_{Dn}^*}{\partial \delta} < 0$，$\dfrac{\partial q_{Sn}^*}{\partial \delta} < 0$，$\dfrac{\partial q_{Wn}^*}{\partial \delta} < 0$；

（ⅱ） $\dfrac{\partial q_{Dr}^*}{\partial \delta} > 0$，$\dfrac{\partial q_{Sr}^*}{\partial \delta} > 0$，$\dfrac{\partial q_{Wr}^*}{\partial \delta} > 0$。

3. 碳排放上限值和消费者偏好对废旧产品回收率的影响

由图6.7可知，政府实施碳约束政策时，废旧产品回收率与碳约束

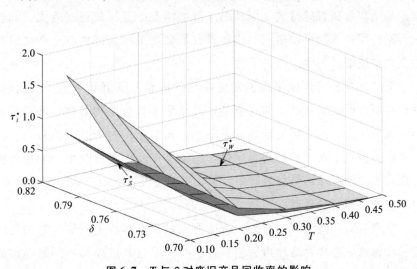

图6.7 T 与 δ 对废旧产品回收率的影响

上限值呈负相关。而且，政府实施碳约束政策时外包再制造模式下废旧产品回收率高于授权再制造模式下废旧产品回收率。为持续推进碳减排，应不断促进再制造业的发展，而提高废旧产品回收率是促进再制造业发展的有效措施。因此，政府可依据授权及外包两种再制造模式下废旧产品回收率的大小实施相关措施，促使制造商选择合适的再制造模式进行生产。

推论 3　消费者偏好对废旧产品回收率的影响：$\dfrac{\partial \tau_s^*}{\partial \delta} > 0$，$\dfrac{\partial \tau_w^*}{\partial \delta} > 0$。

6.2.4　结论与启示

本节针对碳约束政策，构建三种不同再制造模式下的模型，研究碳约束对三种再制造模式的影响。首先，对比分析碳约束政策对最优解的影响，为制造商选择再制造模式提供理论依据；其次，对三种再制造模式下的单位产品零售价格等进行对比分析，确定再制造边界条件；最后，运用案例进行仿真分析。本节主要得出以下研究结论与管理启示。

第一，实施碳约束政策时，三种再制造模式下新产品及再制造产品的单位零售价格均随着碳排放上限值的下降而提高，即政府设定的碳排放上限值越低，两种产品的单位零售价格越高；三种再制造模式下新产品的销售量随着碳排放上限值的下降而降低，而独立再制造模式下再制造产品销售量随着碳排放上限值的下降而增加，且授权再制造模式和外包再制造模式下的再制造产品销售量在消费者更加偏好再制造产品时与独立再制造模式一致。

第二，当消费者环保意识较强并且碳排放上限值低于某一阈值时，授权再制造模式下新产品与再制造产品单位零售价格均最高，外包再制造模式下次之，独立再制造模式下最低；而对于两种产品的销售量，授权再制造模式下新产品销售量最高，再制造产品销售量最低，外包再制造模式下两种产品的销售量居中，独立再制造模式下新产品销售量最低，再制造产品销售量最高。

管理启示：碳约束政策下，制造商应根据碳排放上限值的范围与消费者环保意识选择合适的再制造模式。在由原始制造商与再制造商构成的闭环供应链中，二者应相互合作，良性竞争，以促进再制造业的进一步发展，同时不断更新再制造生产技术，降低产品生产过程中对环境的影响。同时，政府应宣传再制造产品，刺激消费者购买再制造产品以促进再制造产业发展，加快实现碳减排目标。

6.3　碳交易政策对三种再制造模式影响对比分析

6.3.1　模型介绍

1. 问题描述

本节基于知识产权保护分别建立碳交易政策下由一个原始制造商与一个第三方再制造商构成的独立、外包、授权三种再制造模式的博弈模型，在由两个制造商构成的闭环供应链中，制造商碳排放超出政府规定的碳排放上限后，需要购买额外的碳排放额度。再制造商未进入市场时，只有原始制造商生产新产品；再制造商进入市场后，再制造商对废旧产品进行回收再制造生产再制造产品，而再制造产品与新产品互为替代品，两种产品之间存在竞争关系。独立再制造模式下由原始制造商负责新产品的生产销售与定价，再制造商负责再制造产品的生产销售与定价；外包再制造模式下原始制造商对两种产品进行定价及销售，将再制造产品的生产外包给第三方再制造商；授权再制造模式下，两制造商分别对各自生产的产品进行定价及销售，但第三方再制造商需向原始制造商支付专利授权费用。

知识产权保护下，碳交易政策的约束使得原始制造商及再制造商调整生产决策以使自身利润最大化；消费者基于两产品价格及对再制造产品的偏好进行购买；政府能够通过调整碳交易价格来改变两制造商对环境的影响。因此，基于碳交易政策实施背景，本书构建三种不同再制造模式下原始制造商及再制造商的博弈模型，比较分析不同再制造模式对制造/再制造供应链的影响，并分析不同主体对再制造模式的选择行为。

2. 符号说明

本节相关符号及其说明见 6.1.1 中的表 6.1。

6.3.2　模型分析

根据 3.3 节、4.3 节、5.3 节可分别得到碳交易政策下三种再制造模式的最优解。

为便于分析，记：

$$\alpha = \frac{(2\delta+k-\delta^2)(\delta+k-\delta^2)(\delta-c_r+s)-\delta(2\delta+k)(1-\delta)(\delta c_n-c_r+s)}{(2\delta+k-\delta^2)(\delta+k-\delta^2)e_r+\delta(2\delta+k)(1-\delta)(\delta e_n-e_r)}$$

$$\beta = \frac{(2\delta+k-\delta^2)(\delta+k-\delta^2)(\delta-c_r+s)-\delta(2\delta+k)(\delta c_n-c_r+s)}{(2\delta+k-\delta^2)(\delta+k-\delta^2)e_r+\delta(2\delta+k)(\delta e_n-e_r)}$$

$$\gamma = \frac{\delta(\delta c_n-c_r+s)(\delta e_n-e_r)(2\delta+k)+e_r(\delta-c_r+s)(2\delta-\delta^2+k)(\delta-\delta^2+k)}{e_r^2(2\delta-\delta^2+k)(\delta-\delta^2+k)-\delta(2\delta+k)(\delta e_n-e_r)^2}$$

结论 1　不同再制造模式下碳交易政策对原始制造商利润的影响：

（i）独立再制造模式下，再制造商对原始制造商是一种威胁，$\pi_n^* > \pi_{Dn}^*$；

（ii）外包及授权再制造模式下，原始制造商可获得再制造带来的收益，$\pi_n^* < \pi_{Wn}^*$，$\pi_n^* < \pi_{Sn}^*$。

证明：

市场上只有新产品时，原始制造商销售单位新产品获得的利润为 $p_n-c_n=1-q_n-c_n$，总利润为 $(1-q_n-c_n)q_n$，由此可得原始制造商的利润决策函数为：

$$\pi_n = (1-q_n-c_n)q_n$$

对该式求偏导可得最优解为：

$$p_n^* = \frac{1+c_n}{2}$$

$$\pi_n^* = \frac{(1-c_n)^2}{4}$$

则：

$$\pi_n^* - \pi_{Dn}^* = \frac{\delta q_{Dn}^*}{2}\left[\frac{1-c_n}{2}+\frac{(2-\delta)(1-c_n)-(\delta c_n-c_r)}{4-\delta}\right] > 0$$

结论（i）得证，结论（ii）的证明类似。

结论 1 表明，在碳交易政策下，原始制造商在不采取外包或授权再制造模式时，市场中的原始制造商对新产品进行生产、销售及定价，第三方再制造商对再制造产品进行生产、销售及定价，且第三方再制造商生产不受原始制造商限制，其产量由自身决定。由于独立再制造商不受原始制造商限制，因此其进入市场会对原始制造商的新产品产生冲击，剥夺新产品原有利润空间，导致原始制造商的利润减少。而对于外包再制造与授权再制造而言，专利保护的存在使原始制造商可以通过支付外包费用将再制造生产外包给第三方制造商，但产品的销售及定价仍然由其自身决策；或通过向第三方制造商收取专利费用，让第三方制造商进行再制造生产，并由其自行决策再制造产品的生产、销售及定价。在这两种模式下，虽然再制造商进入市场获取收益，但原始制造商与再制造商相互联结，原始制造商可以通过外包再制造模式销售更多产品或是通过授权再制造模式获取专利费用使得自身收益增加。

管理启示：碳交易政策下，再制造商进入市场生产再制造产品以获取利润，原始制造商将基于知识产权保护选择外包或者授权再制造模式避免再制造商对自身利润产生冲击。同时，两制造商之间也形成一定的合作关系，即外包费用与专利授权费用的存在能够将二者较好地联系在一起，但是二者也应当注重相互协调，在促进低碳生产的同时实现双方利润最大化。

结论 2 为最大化利润，原始制造商更倾向于选择外包再制造模式：$\pi_{Dn}^{*} < \pi_{n}^{*} < \pi_{Sn}^{*} < \pi_{Wn}^{*}$。

证明：

$$\pi_{Sn}^{*} - \pi_{Wn}^{*} = -\delta \frac{\left[\delta(c_n + e_n Q) - (c_r + e_r Q)\right]^2}{4(2\delta + k - \delta^2)(\delta + k - \delta^2)} < 0$$

又由结论 1 可知 $\pi_{Dn}^{*} < \pi_{n}^{*} < \pi_{Sn}^{*}$，则有 $\pi_{Dn}^{*} < \pi_{n}^{*} < \pi_{Sn}^{*} < \pi_{Wn}^{*}$。

结论 2 表明，与 Zou 等[129] 和 Zhang 等[232] 的研究结果相同，在碳交易政策下，原始制造商为使得自身利润最大化，倾向于选择外包再制造模式。碳交易政策下，再制造商进入市场使得独立再制造模式下原始制造商利润减少，而外包及授权再制造模式下原始制造商利润增加，且外包再制造模式下原始制造商利润较授权再制造模式下更高。因此，在获取更多利润的驱动下，原始制造商更倾向于选择外包再制造模式，与再制造商协调生产两种产品。

管理启示：政府实施碳交易政策时，原始制造商将再制造产品外包给第三方进行生产更有利于获取更大利润。就原始制造商而言，外包再制造模式为最佳制造/再制造模式，就再制造商而言，何种再制造模式最佳仍需进一步探讨。

结论 3 碳交易政策下三种再制造模式再制造商利润对比：

（ⅰ）$\pi_{Dr}^{*} > \pi_{Sr}^{*}$；

（ⅱ）当 $\delta > \dfrac{1}{2}$ 且 $k > \dfrac{2\delta(1-\delta)^{2}}{2\delta-1}$ 时，即 $\delta > \dfrac{1}{2}$ 且 $\delta \to 1$ 时，$\pi_{Sr}^{*} < \pi_{Wr}^{*}$；

（ⅲ）当 $\delta > \dfrac{1}{2}$ 且 $k < \dfrac{2\delta(1-\delta)^{2}}{2\delta-1}$ 时，即 $\delta > \dfrac{1}{2}$ 且 $\delta \to \dfrac{1}{2}$ 时，$\pi_{Wr}^{*} < \pi_{Sr}^{*} < \pi_{Dr}^{*}$；

（ⅳ）当 $\delta < \dfrac{1}{2}$ 时，$\pi_{Wr}^{*} < \pi_{Sr}^{*} < \pi_{Dr}^{*}$。

结论 3 表明，碳交易政策下，独立再制造模式相比授权再制造模式更有利于再制造商获利。消费者对再制造产品偏好较高的情况下，外包再制造较授权再制造模式更有利于再制造商获利；而在消费者对再制造产品偏好较低的情况下，再制造商在外包再制造模式下的利润最低，在独立再制造模式下的利润最大。结合结论 2，原始制造商在外包再制造模式下利润最大，消费者对再制造产品偏好较强时再制造商在外包再制造模式下利润也最大。故在消费者更偏好再制造产品时，两制造商能够相互协调，共同实现利润最大化。

管理启示：碳交易政策下，再制造商在独立或外包再制造模式下能够实现利润最大化。在原始制造商与再制造商构成的闭环供应链中，为促进再制造业发展，并且使两制造商实现利润最大化，政府可以通过一定的宣传措施提升消费者对再制造产品的偏好。

结论 4 碳交易政策下三种再制造模式单位产品零售价格、产品销售量、废旧产品回收率的最优解对比：

（ⅰ）$p_{Dn}^{*} < p_{Sn}^{*} = p_{Wn}^{*}$；

（ⅱ）当 $Q > \alpha$ 时，$p_{Wr}^{*} < p_{Dr}^{*} < p_{Sr}^{*}$，当 $Q < \alpha$ 时，$p_{Dr}^{*} < p_{Wr}^{*} < p_{Sr}^{*}$；

（ⅲ）$q_{Wn}^{*} < q_{Sn}^{*} = q_{Dn}^{*}$；

（ⅳ）当 $Q > \beta$ 时，$q_{Sr}^{*} < q_{Dr}^{*} < q_{Wr}^{*}$，当 $Q < \beta$ 时，$q_{Sr}^{*} < q_{Wr}^{*} < q_{Dr}^{*}$；

（ⅴ）$\tau_{S}^{*} < \tau_{D}^{*}$，$\tau_{S}^{*} < \tau_{W}^{*}$，当 $Q > \beta$ 时，$\tau_{S}^{*} < \tau_{D}^{*} < \tau_{W}^{*}$。

证明：

$$p_{Dn}^{*} = \frac{1+c_{n}+e_{n}Q}{2} - \frac{\delta(\delta-c_{r}-e_{r}Q)}{2(2\delta+k)}$$

$$p_{S_n}^* = p_{W_n}^* = \frac{1 + c_n + e_n Q}{2}$$

$$p_{D_n}^* - p_{S_n}^* = -\frac{\delta(\delta - c_r - e_r Q)}{2(2\delta + k)} < 0$$

结论（ⅰ）得证，余下结论的证明类似。

对于单位产品零售价格而言，碳交易政策下，再制造商进入市场使得独立再制造模式下新产品的单位零售价格降低，原因是再制造产品与新产品互为竞品，且再制造产品价格更低迫使原始制造商降低产品价格与之竞争。但由于知识产权保护，原始制造商能够选择外包或授权再制造模式保护自身收益。碳交易价格大于某一阈值时，外包再制造模式下再制造产品单位零售价格最低，而碳交易价格小于某一阈值时，独立再制造模式下再制造产品单位零售价格最低，外包再制造模式下次之，授权再制造模式下最高。主要是因为碳交易价格较高时原始制造商生产约束较大，外包再制造模式下其能够通过降低再制造产品价格售卖更多再制造产品获取利润，而授权再制造模式下再制造商需向原始制造商支付授权费用，因此再制造商将选择提升销售价格。

对于新产品销售量而言，授权与独立再制造模式下新产品销售量相同，外包再制造模式下新产品销售量低于前两种模式。这是因为，外包再制造模式下原始制造商能够售卖两种产品，其可降低新产品的销售量，通过销售再制造产品弥补损失。对于再制造产品销售量而言，碳交易价格大于某一阈值时，外包再制造模式下最高，碳交易价格小于某一阈值时，独立再制造模式下最高，授权再制造模式下最低。这是因为再制造产品销售量与产品单位零售价格负相关，由于消费者更加偏好价格较低的产品，在碳交易价格较高时，外包再制造模式更利于消费者购买更多的再制造产品；在碳交易价格较低时，独立再制造模式更利于消费者对再制造产品的购买。

对于废旧产品回收率而言，授权再制造模式低于外包及独立再制造模式，且碳交易价格大于某一阈值时，外包再制造模式下废旧产品回收率最高。这是因为授权再制造模式下新产品销售量较高，而再制造产品销售量较低，回收率也较低；碳交易价格较高时，外包再制造模式下新产品销售量最低而再制造产品销售量最高，此时回收率也最高。

管理启示：碳交易价格所处区间会影响独立与外包再制造模式下再制造产品单位零售价格及销量，政府设定的碳交易价格大于某一阈值时，原始制造商选择外包再制造模式，不仅能够促进消费者购买再制造产品，提升废旧产品回收率，还能保证两制造商收益，推进再制造业持续发展。

结论 5　碳交易政策下三种再制造模式对环境的影响：

（ⅰ）当 $\delta > \dfrac{e_r}{e_n}$ 时，$E_W < E_S < E_D$；

（ⅱ）当 $\delta < \dfrac{e_r}{e_n}$ 且 $Q < \gamma$ 时，$E_S < E_W < E_D$；

（ⅲ）当 $\delta < \dfrac{e_r}{e_n}$ 且 $Q > \gamma$ 时，$E_S < E_D < E_W$。

证明：

$$E_i = e_n q_{in}^* + e_r q_{ir}^*, i \in \{D,\ S,\ W\}$$

$$E_S - E_D = \frac{e_r(c_r + e_r Q - \delta)}{4\delta + 2k}$$

$$E_S - E_W = \delta \frac{[\delta(e_n Q + c_n) - e_r Q - c_r](e_n\delta - e_r)}{2(\delta^2 - 2\delta - k)(\delta^2 - \delta - k)}$$

当 $\delta > \dfrac{e_r}{e_n}$ 时，$E_S - E_D < 0$，$E_S - E_W > 0$，即 $E_W < E_S < E_D$。

结论（ⅰ）得证，余下结论的证明类似。

结论 5 表明，授权再制造模式对环境的影响低于独立再制造模式，当消费者对再制造产品的偏好大于两产品碳排放量之比时，外包再制造模式对环境更加友好，而当消费者对再制造产品的偏好小于两产品碳排放量之比时，授权再制造模式对环境更加友好，这与 Zou 等[129]的研究所得结论一致。消费者对再制造产品的购买意愿较强时，外包再制造模式更适合低碳生产，消费者对再制造产品的购买意愿较弱时，授权再制造模式更适合低碳生产。

管理启示：政府采取碳交易政策推进低碳生产时，不同的再制造模式对环境的影响不同。当碳交易价格较高、消费者偏好购买再制造产品时，外包再制造模式能够使两制造商利润最大、再制造产品销量最大、废旧产品回收率最高、环境更加友好。因此，政府部门应将碳交易价格设定在合理范围内，并通过制定减排口号或举办相应的活动等方式不断提升消费者对低碳以及再制造等减排行为的认识，进一步推进公众绿色消费观的树立。

结论 6　碳交易政策下三种再制造模式单位再制造产品节约的成本对最优解的影响：

（ⅰ）$\dfrac{\partial p_{Dn}^{*}}{\partial j}<0$，$\dfrac{\partial p_{Wn}^{*}}{\partial j}=0$，$\dfrac{\partial p_{Sn}^{*}}{\partial j}=0$，$\dfrac{\partial p_{Dr}^{*}}{\partial j}<0$，$\dfrac{\partial p_{Wr}^{*}}{\partial j}<0$，$\dfrac{\partial p_{Sr}^{*}}{\partial j}<0$；

（ⅱ）$\dfrac{\partial q_{Dn}^{*}}{\partial j}<0$，$\dfrac{\partial q_{Wn}^{*}}{\partial j}<0$，$\dfrac{\partial q_{Sn}^{*}}{\partial j}<0$，$\dfrac{\partial q_{Dr}^{*}}{\partial j}>0$，$\dfrac{\partial q_{Wr}^{*}}{\partial j}>0$，$\dfrac{\partial q_{Sr}^{*}}{\partial j}>0$；

（ⅲ）$\dfrac{\partial (q_{Dn}^{*}+q_{Dr}^{*})}{\partial j}>0$，$\dfrac{\partial (q_{Wn}^{*}+q_{Wr}^{*})}{\partial j}>0$，$\dfrac{\partial (q_{Sn}^{*}+q_{Sr}^{*})}{\partial j}>0$；

（ⅳ）$\dfrac{\partial \pi_{Dn}^{*}}{\partial j}<0$，$\dfrac{\partial \pi_{Wn}^{*}}{\partial j}>0$，$\dfrac{\partial \pi_{Sn}^{*}}{\partial j}>0$，$\dfrac{\partial \pi_{Dr}^{*}}{\partial j}>0$，$\dfrac{\partial \pi_{Wr}^{*}}{\partial j}>0$，$\dfrac{\partial \pi_{Sr}^{*}}{\partial j}>0$；

（ⅴ）$\dfrac{\partial w_{W}^{*}}{\partial j}<0$，$\dfrac{\partial z_{S}^{*}}{\partial j}>0$。

结论 6 表明，外包及授权再制造模式下，单位再制造产品节约成本不会对新产品价格产生影响；独立再制造模式下，单位再制造产品节约成本与新产品价格呈负相关。三种模式下，单位再制造产品节约成本与再制造产品价格负相关，与新产品销售量负相关，与再制造产品销售量、两产品销售总量、再制造商利润正相关，与单位外包费用负相关，与单位授权费用正相关。这是由于在独立和授权再制造模式下，再制造商对再制造产品进行定价及销售，随着单位再制造产品节约成本的增加，再制造商生产成本降低，其将选择降低再制造产品价格售卖更多再制造产品以获取更多利润，再制造产品的竞品即新产品销售量将会降低。独立再制造模式下原始制造商会通过降低新产品价格重新获取竞争优势，授权再制造模式下原始制造商可提高专利授权费用获取收益，而外包再制造模式下原始制造商能够降低单位外包费用，售卖再制造产品获益。虽然新产品与再制造产品销售量随单位再制造产品节约成本变化的方向不一致，但市场中总销售量随单位再制造产品节约成本增加而增加，且两制造商利润也随之增加。

管理启示：单位再制造产品节约成本的增加能够促进再制造产品销售量增加，并且外包和授权再制造模式下制造商利润也会增加。再制造商应不断提升生产技术、更新设备，减少能源消耗，降低再制造产品生产成本，促进制造/再制造产业良性发展。

消费者剩余 $S_{iC} = \dfrac{(q_{in}^* + \delta q_{ir}^*)^2 + \delta(1-\delta)q_{ir}^{*2}}{2}$，社会剩余 $S_{iS} = S_{iC} + \pi_{in}^* + \pi_{ir}^*$，$i \in \{W, S\}$。

结论 7 碳交易政策下两种再制造模式消费者剩余和社会剩余的对比：

（ⅰ）$S_{WC} > S_{SC}$；

（ⅱ）$S_{WS} > S_{SS}$。

结论 7 表明，在政府实施碳交易政策下，外包再制造模式下的消费者剩余和社会剩余都大于授权再制造模式。这个结论表明，再制造业务外包将会有更好的社会效益，对决策者具有重要意义。结合前面的结论可知，相比授权再制造模式，原始制造商采取外包再制造模式更有助于扩大再制造生产规模，并且当两种产品碳排放量之比较小时，外包再制造模式还能够降低两种产品对环境的影响。从消费者、政府、原始制造商的角度看，外包再制造模式是一种比较理想的模式。

管理启示：独立再制造模式下原始制造商利润受损，作为供应链主导者，原始制造商会通过知识产权保护来改变碳减排政策下的不利地位。当再制造产品具有低碳排放和高消费偏好优势时，外包再制造模式不仅可以使碳交易政策下两产品制造商利润最大化，还能够使环境和社会效益最优。因此，原始制造商和再制造商应积极选择外包再制造模式，政府应适当提高碳交易价格来引导资源合理配置。此外，供应链的长期减排要靠技术进步，政府可以增加对再制造产品的宣传，增强消费者对再制造产品的偏好，激励两产品制造商自愿减排，从而促进再制造产业发展。

6.3.3 实例研究

政府为约束制造/再制造的碳排放量，采取碳交易政策进行宏观调控。为验证上述结论，以及进一步探究消费者对再制造产品的偏好对最优解的影响，本小节结合企业实际并借鉴 Zou 等[129]的研究，取相关参数 $c_n = 0.2$，$s = 0.1$，$e_n = 1$，$e_r = 0.2$，$k = 1.1$，$T = 2$。

1. 碳交易价格和消费者偏好对两种产品单位零售价格的影响

由图 6.8 可知，独立再制造模式下产品的单位零售价格低于授权及外包再制造模式，且再制造商进入市场并不会影响外包及授权再制造模式下新产品的单位零售价格，但是会进一步降低独立再制造模式下新产品的单位零售价格。这是由于再制造产品与新产品相互竞争，迫使独立再制造模式下原始制造商降低新产品的单位零售价格，外包及授权再制造模式下原始制造商通过外包业务及专利授权使得新产品价格不受再制造商进入市场的影响。此外，授权与外包再制造模式下再制造产品的单位零售价格均与消费者偏好正相关；而对于新产品而言，独立再制造模式下其价格与消费者偏好负相关，外包及授权再制造模式下其价格不受消费者偏好影响。

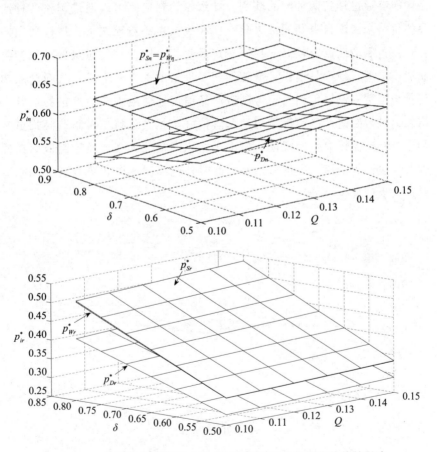

图 6.8　三种再制造模式下 Q 和 δ 对两种产品单位零售价格的影响

推论1 消费者偏好对两产品单位零售价格的影响：

（ⅰ）$\dfrac{\partial p_{Dn}^*}{\partial \delta}<0$，$\dfrac{\partial p_{Wn}^*}{\partial \delta}=0$，$\dfrac{\partial p_{Sn}^*}{\partial \delta}=0$；

（ⅱ）$\dfrac{\partial p_{Dr}^*}{\partial \delta}>0$，$\dfrac{\partial p_{Wr}^*}{\partial \delta}>0$，$\dfrac{\partial p_{Sr}^*}{\partial \delta}>0$。

2. 碳交易价格和消费者偏好对两种产品销售量的影响

由图6.9可知，外包再制造模式下新产品销售量低于独立及授权再制造模式，而授权再制造模式下再制造产品销售量最低，外包再制造模式下次之，独立再制造模式下最高。这是由于外包再制造模式下原始制造商能够通过销售两种产品获利，导致原始制造商可以通过调整两种产品的价格来实现自身利润最大化；而在授权再制造模式下，授权费用的存在使再制造商制定较高的再制造产品价格，因此销售量最低。三种再制造模式下，新产品销售量会随碳交易价格的上升而下降，且新产品销售量与消费者偏好负相关；再制造产品销售量会随碳交易价格的上升而增加，且再制造产品销售量与消费者偏好正相关。独立再制造模式更有利于再制造商扩大生产规模，但由于知识产权的存在，原始制造商在授权及外包再制造模式中进行选择，此时外包再制造模式更有利于再制造商扩大生产规模。

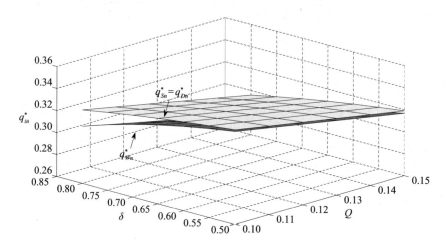

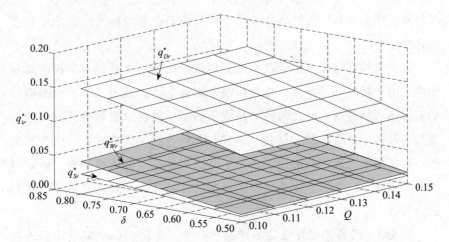

图 6.9　三种再制造模式下 Q 和 δ 对两种产品销售量的影响

推论 2　消费者偏好对两种产品销售量的影响：

（ⅰ）$\dfrac{\partial p_{Dn}^{*}}{\partial \delta} < 0$，$\dfrac{\partial p_{Wn}^{*}}{\partial \delta} < 0$，$\dfrac{\partial p_{Sn}^{*}}{\partial \delta} < 0$；

（ⅱ）$\dfrac{\partial p_{Dr}^{*}}{\partial \delta} > 0$，$\dfrac{\partial p_{Wr}^{*}}{\partial \delta} > 0$，$\dfrac{\partial p_{Sr}^{*}}{\partial \delta} > 0$。

3. 碳交易价格和消费者偏好对废旧产品回收率的影响

由图 6.10 可知，碳交易价格对废旧产品回收率有正向影响。主要原因是，再制造商生产的再制造产品具有低成本和低碳排放的特征，随着

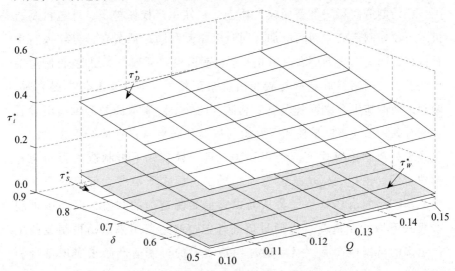

图 6.10　三种再制造模式下 Q 和 δ 对废旧产品回收率的影响

碳交易价格的提高，再制造商倾向于增加废旧产品的回收量以生产更多的再制造产品。

消费者偏好越大，消费者购买再制造产品的积极性越高，再制造商回收废旧产品的动机越强。授权再制造和独立再制造模式下，再制造市场直接由再制造商控制，两种产品竞争激烈，促使原始制造商提高授权费用弥补被再制造产品"挤兑"的损失。外包再制造模式下，由于原始制造商负责再制造产品的销售，为了鼓励再制造商回收再制造，原始制造商会提高外包费用，并通过销售更多的再制造产品来获取更高的再制造收益。

推论 3　消费者偏好对废旧产品回收率、单位产品授权费用和外包费用的影响：

（ⅰ）$\frac{\partial \tau_w^*}{\partial \delta} > 0$，$\frac{\partial \tau_s^*}{\partial \delta} > 0$；

（ⅱ）$\frac{\partial w^*}{\partial \delta} > 0$，$\frac{\partial z^*}{\partial \delta} > 0$。

4. 碳交易价格和消费者偏好对制造商利润的影响

由图 6.11 可知，独立再制造模式下原始制造商利润最低，再制造商利润最高；外包再制造模式下原始制造商利润较高；授权再制造模式下再制造商利润较低。可以看出，再制造商进入市场后，若无知识产权保护，原始制造商利润将受到较大冲击，在知识产权保护下，外包再制造模式下原始制造商的利润增加，同时再制商利润在消费者偏好较大时也较授权再制造模式下更高，因此外包再制造模式更有利于制造/再制造的持续发展。两制造商利润与碳交易价格正相关，即碳交易价格提高时，两制造商调整生产决策获得更多利润。此外，两制造商利润也与消费者偏好有关，独立再制造模式下原始制造商利润与消费者偏好负相关，外包及授权再制造模式下两者正相关，且三种模式下再制造商利润均与消费者偏好正相关。这是因为独立再制造模式下消费者偏好的上升会降低新产品的市场竞争优势从而损害原始制造商的利益，而外包再制造模式下原始制造商可以通过提高外包再制造费用来激励再制造商生产更多的再制造产品，然后通过销售更多的再制造产品来实现自身利润的增加，授权再制造模式下原始制造商则通过提高专利授权费用来实现自身利润的增加。

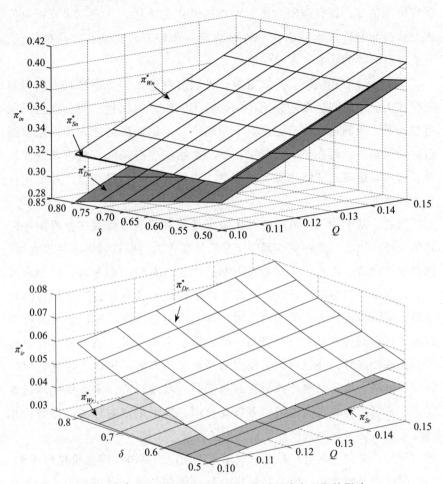

图 6.11　三种再制造模式下 Q 和 δ 对制造商利润的影响

推论 4　消费者偏好对制造商利润的影响

（i）$\dfrac{\partial \pi_{Dn}}{\partial \delta} < 0$，$\dfrac{\partial \pi_{Wn}^{*}}{\partial \delta} > 0$，$\dfrac{\partial \pi_{Sn}^{*}}{\partial \delta} > 0$；

（ii）$\dfrac{\partial \pi_{Dr}}{\partial \delta} > 0$，$\dfrac{\partial \pi_{Wr}^{*}}{\partial \delta} > 0$，$\dfrac{\partial \pi_{Sr}^{*}}{\partial \delta} > 0$。

6.3.4　结论与启示

本节基于知识产权保护，考虑政府实施碳交易政策对独立、外包、授权三种再制造模式的影响，通过构建不同再制造模式下两制造商的博弈模型，对比不同再制造模式下两制造商利润、对环境的影响、产品单位零售价格等，探究两制造商对再制造模式的选择，并进一步分析单位再制造产品节约成本及碳交易价格对产品单位零售价格、产品销售量、制造商利润等的影响，主要结论如下。

第一，政府实施碳交易政策时，再制造商进入制造市场对不同再制造模式下的原始制造商的影响不同。若无知识产权保护，即在独立再制造模式下，两制造商处于完全竞争市场中，再制造商的进入使得原始制造商利润减少。而在知识产权保护下，原始制造商采取外包再制造模式及授权再制造模式能够在再制造商进入市场后维护自身利益，并促使自身利润增加。

第二，基于知识产权保护对比碳交易政策下制造商对三种再制造模式的选择。原始制造商更加倾向于采取外包再制造模式以谋求更多利润；而对于再制造商而言，消费者对再制造产品具有较强偏好时，再制造商也更倾向于外包再制造模式。从废旧产品回收率及再制造产品销售量角度看，碳交易价格大于某一阈值时，外包再制造模式下废旧产品回收率最高，且再制造产品销售量最高；从环境影响角度看，消费者对再制造产品偏好较高时，外包再制造模式对环境更为友好。因此，设置合理的碳交易价格，引导消费者购买再制造产品，鼓励制造商采取外包再制造模式，有利于两制造商与消费者彼此协调，降低生产对环境的影响，并且能够有效促进再制造产业的持续发展和绿色发展。

第三，单位再制造产品节约成本与再制造产品单位零售价格负相关，与再制造产品销售量、两产品销售总量、再制造商利润正相关；碳交易价格与再制造产品单位零售价格正相关，与再制造产品销售量正相关。为促进再制造产业持续发展，再制造商应不断提升生产技术并实现规模化生产以进一步降低生产成本，政府应合理设置碳交易价格调控市场中两种产品的产量。

第四，仿真结果显示，碳交易价格与消费者偏好均能够影响两制造商的生产决策，且在知识产权保护下，随着消费者对再制造产品的偏好增强，再制造产品销售量、废旧产品回收率、两制造商利润均得到提高，因此提高消费者偏好有助于刺激再制造业健康发展。

6.4　本章总结

本章基于碳减排政策建立不同再制造模式下两制造商的博弈模型，分别研究政府三种政策即碳税、碳约束、碳交易政策对三种再制造模式的影响，对比分析政府实施碳减排政策对不同再制造模式下产品单位零售价格、产品销售量、废旧产品回收率、环境等的影响，主要得到以下研究结论和管理启示。

第一，碳税政策下，不同再制造模式的产品单位零售价格、产品销售量以及外包费用等均受到影响。同时，其也与消费者偏好、产品成本等因素相关。碳税政策的实施导致两产品单位零售价格上升，新产品销售量降低，而再制造产品销售量增加。不同再制造模式下碳税政策均能够降低供应链的环境影响，当消费者对再制造产品的偏好小于两产品单位碳排放量之比时，外包再制造模式下的减排效应最明显，能够最大限度地实现减排目标。外包再制造模式下原始制造商能够获得最大利润，同时该模式有利于原始制造商实现对市场以及供应链的控制，缓解碳税政策带来的压力，是原始制造商的最佳选择。

第二，碳约束政策下，三种再制造模式下新产品及再制造产品的单位零售价格均随着碳排放上限值的下降而提高；新品的销售量随着碳排放上限值的下降而降低，独立再制造模式下再制造产品销售量随着碳排放上限值的下降而增加，且授权再制造模式和外包再制造模式下的再制造产品销售量在消费者更加偏好再制造产品时与独立再制造模式下相同。消费者环保意识较强且碳排放上限值低于某一阈值时，新产品单位零售价格与再制造产品单位零售价格在授权再制造模式下最高，外包再制造模式下次之，独立再制造模式下最低。授权再制造模式下新产品销售量高于外包与独立再制造模式下；而授权再制造模式下再制造产品销售量最低，外包再制造模式下次之，独立再制造模式下最高。

第三，碳交易政策下，原始制造商总是偏好外包再制造模式，当消费者偏好和废旧产品回收规模系数满足一定条件时，再制造商才偏好外包再制造模式。外包再制造模式下，再制造产品销量、废旧产品回收率、消费者剩余和社会剩余总是高于授权再制造模式下，且当单位新产品的碳排放量与单位再制造产品的碳排放量相比较大时，外包再制造更有利于减少对环境的影响。

　　管理启示：在三种碳减排政策下，当第三方再制造商独立进行再制造时，原始制造商通常会运用知识产权保护措施阻止该行为。作为供应链主导者，当单位再制造产品的碳排放量相对于新产品的碳排放量较低时，原始制造商可以通过选择外包再制造模式来增加供应链的利润和社会效益。再制造商应充分发挥再制造产品的低碳排放优势，并加大技术投资和研发力度，以提高再制造产出率。同时，再制造商还应通过加大对再制造产品的宣传力度、延长再制造产品的保质期等方式，鼓励消费者购买再制造产品。政府可以通过决策政策变量来增强两种产品制造商在外包再制造模式下的合作意愿。例如，碳税政策下可以适当提高单位碳税额、碳约束政策下可以适当降低单位碳排放上限值、碳交易政策下可以适当提高碳交易价格。

第 7 章 结论与展望

7.1 研究结论与建议

7.1.1 研究结论

本书在述评前人碳减排政策、再制造和协调机制相关研究基础上，引出本书研究的三个主要问题：一是针对三种再制造模式确立政府不同碳减排政策适用的边界条件；二是确立不同碳减排政策下的最优再制造模式；三是运用供应链协调机制设计制造/再制造契约以实现碳减排效果最优和利润最大。首先，针对第一个问题，本书基于独立、授权、外包三种再制造模式，利用博弈论构建碳税、碳约束、碳交易政策下原始制造商与再制造商的博弈模型，探究三种碳减排政策对不同再制造模式下博弈主体决策和利润、环境、消费者剩余、社会福利的影响；其次，针对第二个问题，本书基于利润、环境、社会福利等视角，对比不同碳减排政策下的三种再制造模式；最后，针对第三个问题，本书根据外包费用和授权费用设计协调机制，为博弈主体在不同碳减排政策下选择合适的生产与再制造模式提供理论依据，同时为政府完善碳减排政策提供决策参考，推进低碳减排。本书主要研究结论如下。

1. 碳减排政策对独立再制造影响研究

第一，对制造/再制造的影响：政府实施三种碳减排政策会提高两种产品的单位零售价格，减少新产品的销售量，当单位再制造产品的碳排放量和单位新产品的碳排放量之比较小时，再制造产品销售量增加，也即政府实施三种减排政策可以起到促进再制造产业发展的作用，并且最为严格的碳减排政策下再制造产品的销售量最大。

第二，对两种产品制造商利润的影响：碳税政策会增加再制造商的利润以及减少原始制造商的利润；碳约束和碳交易政策对两种产品制造商利润的影响与碳排放上限值和碳交易价格有关，较高的碳排放上限值和碳交易价格有利于增加两种产品制造商的利润。

第三，对环境的影响：三种碳减排政策并不总是降低环境影响，当消费者偏好大于某一阈值，且两种产品环境影响比满足一定条件时，两种产品对环境的总影响减小，并且哪种政策对环境影响最小与碳排放上限值、单位碳税额、碳交易价格有关。

第四，对比分析三种碳减排政策：新产品与再制造产品单位零售价格和销售量在政府实施三种不同政策下的大小受单位碳税额、碳交易价格及碳排放上限值影响，当单位碳交易价格与单位碳税额（或碳排放上限值）之比大于某一阈值时，碳交易政策下两种产品单位零售价格最高，新产品销售量最小，再制造产品的销售量最大；当单位碳税额与碳排放上限值（或碳交易价格）之比大于某一阈值时，碳税政策下两种产品的单位零售价格最高，但是新产品的销售量最小，再制造产品销售量最大；当碳排放上限值与单位碳税额（或碳交易价格）之比小于某一阈值时，碳约束政策下新产品和再制造产品的单位零售价格最高，新产品销售量最小，再制造产品销售量最大。

第五，通过实例研究可知，消费者偏好也会对制造/再制造的生产和竞争产生影响，其可以通过影响单位再制造产品零售价格、销售量、废旧产品回收率和利润对两制造商和整个供应链产生影响。政府应积极倡导再制造，加大对再制造的补贴力度，于潜移默化中提高消费者对再制造产品的认可度、满意度和偏好，促进再制造产业的发展；企业应加大再制造技术投资力度，实现低碳转型和绿色发展。

2. 碳减排政策对授权再制造影响研究

第一，政府实施碳税、碳约束以及碳交易政策能够对两制造商的生产决策产生不同的影响，三种不同政策下新产品与再制造产品的单位零售价格与不同政策下的决策变量高度相关，即与单位碳税额、碳排放上限值与碳交易价格高度相关。当单位碳税额与碳交易价格之比较高时，相较于碳交易政策，两产品单位零售价格在碳税政策下更高；反之，两产品单位零售价格在碳交易政策下更高。而碳约束政策下，两产品单位零售价格随碳排放上限值增大而降低，当碳排放上限值低于某一阈值时，两产品单位零售价格均在碳约束政策下最高；反之，当碳排放上限值较高时，碳约束政策下两产品单位零售价格最低。

第二，不同政策下两种产品的销售量与其单位零售价格相关。当单位碳税额与碳交易价格之比较高时，碳税政策下新产品的销售量低于碳交易政策下的销售量，反之，新产品销售量在碳税政策下较高，碳交易政策下较低；而碳约束政策下新产品销售量与碳排放上限值呈正相关，即当碳排放上限值较高时，碳约束政策下的新产品销售量较高。再制造产品的销售量不仅与政府政策相关，还受到消费者偏好影响，当消费者对再制造产品不存在明显偏好时，碳税政策下的再制造产品销售量最高，而碳约束政策下的销售量最低。而当消费者更加偏好再制造产品时，再制造产品销售量与碳排放上限值呈负相关。

第三，三种碳减排政策下，原始制造商和授权再制造商分散决策会造成供应链效率损失问题，原始制造商与授权再制造商可以通过签订固定授权费用的契约进行合作，且当固定授权费用满足一定条件时，协调后两产品制造商的利润均高于分散决策下的利润，供应链的整体利润达到最大，供应链得以协调。

第四，无论政府单位碳税额、碳排放上限值、碳交易价格高还是低，碳约束政策下原始制造商收取的授权费用均最高，碳税政策次之，碳交易政策下最低。在碳税政策下，授权费用与政府制定的单位碳税额无关，而在碳约束与碳交易政策下，授权费用与碳排放上限值、碳交易价格呈负相关。

第五，三种碳减排政策均能够降低两种产品制造商的总碳排放量，减少供应链对环境的影响。但不同政策下的碳减排效应大小还与具体政策给制造商带来的碳排放约束相关，因此，政府应基于自身政策目标，在充分了解消费者偏好与制造商的生产能力、减排设备等情况的基础上，选择合适的碳减排政策。

3. 碳减排政策对外包再制造影响研究

第一，政府实施碳税、碳交易、碳约束政策条件下，新产品与再制造产品单位零售价格受碳税额、碳交易价格及碳排放上限值影响；新产品与再制造产品销售量和碳税额与碳交易价格比值、碳排放上限值有关。除此之外，消费者偏好与两产品碳排放量比值也会影响产品的销售量。

第二，碳税、碳交易与碳约束政策的实施均会促使原始制造商改变生产决策，使其通过调整单位产品外包费用来影响再制造商的生产行为。在三种不同的政策之下，单位产品的外包费用与再制造产品销售量呈正相关，即再制造产品销售量的增加使得原始制造商提高单位产品外包费用。

第三，政府实施碳税、碳交易与碳约束政策均能减少制造商生产对环境的影响，但何种政策下制造商对环境的影响最小与碳排放上限值以及碳税额与碳交易价格比值相关。原始制造商与再制造商对环境的影响与两产品销售量正相关，由于两制造商共处一个闭环供应链系统中，原始制造商和再制造商对环境的共同影响应被纳入考虑范围。

第四，原始制造商与外包再制造商签订特许经营契约，再制造商获得原始制造商支付的固定费用作为利润分成。特许经营契约使得三种碳减排政策下原始制造商与再制造商总利润高于分散决策下供应链总利润，且实现与集中决策模式下的利润一致，不仅有效提升了再制造产品市场份额，而且最大化了原始制造商与再制造商的利润，实现了绿色生产与利润最大的双赢局面，推进了低碳供应链的可持续运行。

4. 碳减排政策对三种再制造模式影响对比研究

第一，碳税政策下，不同再制造模式的产品单位零售价格、产品销售量以及外包费用等均受到影响。同时，其也与消费者偏好、产品成本等因素相关。碳税政策的实施导致两产品单位零售价格上升，新产品销售量降低，而再制造产品销售量增加。不同再制造模式下碳税政策均能够降低供应链的环境影响，当消费者对再制造产品的偏好小于两产品单位碳排放量之比时，外包再制造模式下的减排效应最明显，能够最大限度地实现减排目标。外包再制造模式下原始制造商能够获得最大利润，同时该模式有利于原始制造商实现对市场以及供应链的控制，缓解碳税政策带来的压力，是原始制造商的最佳选择。

第二，碳约束政策下，三种再制造模式下新产品及再制造产品的单位零售价格均随着碳排放上限值的下降而提高；新产品的销售量随着碳排放上限值的下降而降低，独立再制造模式下再制造产品销售量随着碳排放上限值的下降而增加，且授权再制造模式和外包再制造模式下的再制造产品销售量在消费者更加偏好再制造产品时与独立再制造模式下相同。消费者环保意识较强并且碳排放上限值低于某一阈值时，新产品单位零售价格与再制造产品单位零售价格在授权再制造模式下最高，外包再制造模式下次之，独立再制造模式下最低。授权再制造模式下新产品销售量高于外包与独立再制造模式下；而授权再制造模式下再制造产品销售量最低，外包再制造模式下次之，独立再制造模式下最高。

第三，碳交易政策下，原始制造商总是偏好外包再制造模式，当消费者偏好和废旧产品回收规模系数满足一定条件时，再制造商才偏好外包再制造模式。外包再制造模式下，再制造产品销量、废旧产品回收率、消费者剩余和社会剩余总是高于授权再制造模式下，且当单位新产品的碳排放量与单位再制造产品的碳排放量相比较大时，外包再制造更有利于减少对环境的影响。

总之，三种碳减排政策中，原始制造商总是偏向于选择外包再制造模式，该模式能够使原始制造商实现对市场及供应链的有效控制，通过销售再制造产品缓解碳减排政策造成的压力。总体上，碳减排政策能够促进再制造业发展，原始制造商应依据政府政策以及消费者偏好选择适当的再制造模式，而再制造商应积极利用再制造产品的低碳排放优势，增强再制造产品的市场竞争力。

7.1.2　研究建议

本书通过对比分析政府不同碳减排政策对制造/再制造的影响，为政府完善碳减排政策和两产品制造商决策最优再制造模式提供理论依据，推动制造业绿色发展。全面贯彻党的二十大精神，积极稳妥推进碳达峰碳中和，需要政府和制造商的共同努力，据此本书提出如下相关研究建议。

1. 对政府的建议

第一，党的二十大报告对加快节能降碳先进技术研发和推广有重点要求，政府应充分了解市场状况、厂商的生产能力与减排设施，尽快建立完善的碳排放、碳足迹的统计监管评价技术体系以合理确定单位碳税额、碳排放上限值和碳交易价格。

政府实施碳税、碳约束与碳交易政策均能使原始制造商和再制造商改变生产行为，但三种政策下的单位产品零售价格、产品销售量、制造商利润以及环境影响受到各政策相关变量（单位碳税额、碳排放上限值、碳交易价格）的影响。政府要依靠大数据、区块链、云计算等技术，制定科学合理的碳税额、碳排放上限值以及碳交易价格引导资源合理配置，促使供应链中各方协调配合减少碳排放。

在制定单位碳税额时，政府可以参考国际先进经验，根据制造业特点和制造商能力进行合理测算，通过适当提高单位碳税额来进一步推动原始制造商开展再制造业务，但要避免给原始制造商造成过大负担，确保政策的可执行性和有效性。碳约束政策下政府应综合考虑制造业现状、技术可行性和市场需求，并与相关部门和企业进行广泛沟通和协商，通过适当降低碳排放上限值和加强违约惩罚来强化碳约束政策，但要确保上限值的科学性和可操作性。同时，为制造商提供技术支持和转型指导，帮助其逐步实现低碳生产目标。碳交易政策下制造商可以在市场上灵活交易碳排放权，合理的碳交易价格和碳配额分配方法可以促使制造商对碳减排行为付出更多经济成本，从而在经济利益的驱动下主动控制和减少碳排放。政府可以加强对碳交易市场的监管，确保市场的公平和透明，同时提供相关培训和咨询服务，提高企业参与碳交易的能力和意愿。

第二，加强与原始制造商和再制造商的合作以促进其低碳转型。

政府可以设立专门的机构或平台，与原始制造商和再制造商建立紧密的合作关系。这样可以促进信息共享、技术交流和政策协调，为企业低碳转型提供支持和指导。政府还可以提供资金支持、技术引进和研发合作的机会，帮助制造商提升低碳转型的能力和水平。例如，美国能源部成立了"先进再制造办公室"，旨在支持再制造技术的研究和应用，并促进技术创新和共享。此外，政府可以设立奖励机制，表彰在低碳转型方面取得显著成绩的原始制造商和再制造商。这不仅可以激励企业更加积极地进行低碳转型，还可以为其他企业树立榜样，推动整个行业的绿色发展。例如，在英国，政府设置了"再制造奖励计划"，向符合条件的再制造企业提供奖励和补贴。该计划旨在激励企业采用低碳生产方式，并提高回收利用率。

第三，政府部门应通过多种渠道增强全民绿色消费意识，激励制造商自愿减排，促进再制造产业的持续发展。

政府可以通过对购买再制造产品的消费者给予补贴、出台购买再制造产品的优惠政策、宣传低碳减排回收利用的环保理念等措施，提高消费者对再制造产品的认可度，鼓励消费者进行绿色消费。

2. 对原始制造商的建议

第一，原始制造商作为供应链博弈主导者，应积极响应政府号召，充分发挥市场在资源配置中的作用，利用自身知识产权保护主导优势进行多方合作，并从源头开展面向再制造的设计，使废旧产品回收过程更加便捷。

原始制造商可以从产品设计阶段开始考虑再制造的问题，使产品具有可拆卸、可回收、可循环利用等特性，提高产品的可再生性和可回收性。苹果公司在旗舰产品中运用了面向再制造的设计策略，例如使用模块化和易于拆卸的结构。原始制造商还可以通过知识产权保护措施，确保自身在产业链中的主导地位，发挥技术和产品的核心竞争优势。例如，授权再制造模式下，原始制造商可以通过降低单位再制造产品授权费用来促进废旧产品回收，从而转移再制造收益；外包再制造模式下，原始制造商可以通过提高外包费用增加自身收益。此外，原始制造商要积极寻找合作伙伴，通过产业链上下游协作，实现资源共享和优势互补。例如，耐克与供应商建立了长期稳定的合作关系，要求供应商遵守环境和社会责任标准。

第二，原始制造商应对碳法规和低碳偏好的变化保持敏感。

在实际中，原始制造商所面临的外部环境是不断变化的，因此其应对碳法规和低碳偏好的变化保持敏感，及时关注碳交易政策前沿和低碳技术，积极收集未来可能实施的碳减排政策和相关技术的细节信息。

3. 对再制造商的建议

党的二十大报告强调要推动制造业高端化、智能化、绿色化发展，因此，再制造商应充分发挥再制造产品的低碳和低成本优势，加大技术投资和研发力度以提高再制造产品产出率，这样不仅能减少无效的碳排放，还能增加其收益。例如，戴尔研发低功耗、高能效的电子产品，并且提供了一系列的再制造计划。此外，再制造商应当加大对再制造产品质量的宣传力度，并在必要时适度延长再制造产品的保修期，以减少消费者对回收再制造产品质量的担忧，从而间接促进再制造产品的销售。例如，Patagonia 公司推出了"Worn Wear"计划，积极宣传再制造的优点，并通过社交媒体、网站和实体店等多种渠道向消费者传递再制造理念以及再制造产品的质量和价值。这些举措为消费者提供了明确的信息，提高了他们对再制造产品的认可度。

7.2　研究的主要创新点

本书的主要创新点总结如下。

第一，基于独立再制造模式，分别建立了碳税、碳约束、碳交易政策下原始制造商和再制造商的博弈模型，并对三种碳减排政策进行对比研究。

考虑到现实中尚存在专利不完善的市场，独立再制造模式是目前比较普遍的一种再制造模式。不同以往仅分析独立再制造模式下两种产品制造商的市场竞争情况，本书基于独立再制造模式，分别建立碳税、碳约束、碳交易政策下原始制造商和再制造商的博弈模型。引入政府碳监管和环境影响变量，较好地解决了以往研究很少考虑政府碳监管政策和环境影响的问题。博弈模型剖析三种碳减排政策对环境的影响，确定独立再制造模式下不同碳减排政策适用的边界条件，弥补了以往研究只关注单位回收价格、回收量及收益等的不足。对比分析三种碳减排政策，以期为政府完善相关政策，鼓励回收再制造，促进低碳产业发展提供依据。

第二，在独立再制造模式基础上，考虑知识产权保护下原始制造商和再制造商的合作模式，基于授权和外包再制造模式建立碳税、碳约束、碳交易政策下原始制造商和再制造商的博弈模型。

考虑到当前知识产权案件频繁发生，原始制造商与再制造商之间的利益冲突和知识产权问题日益显著，例如著名的"墨盒再制造案"、"刨床案"和"帆布车顶案"，在独立再制造模式基础上，本书考虑知识产权保护下原始制造商和再制造商的合作模式，基于授权与外包再制造模式，分别建立碳税、碳约束、碳交易政策下原始制造商和再制造商的博弈模型。引入原始制造商和再制造商合作模式，较好地解决了以往研究很少考虑知识产权保护的问题，揭示了两种再制造模式下原始制造商和再制造商之间的竞争与合作关系，为知识产权保护下两制造商决策提供了理论依据。

另外，通过研究发现授权与外包再制造模式下，原始制造商均可以有效控制市场，保持新产品零售价格不变，但是碳减排政策对碳排放量较大的原始制造商约束较大，外包再制造时原始制造商通过提高单位外包费用来增强与再制造商的合作关系，授权再制造时原始制造商会降低单位授权费用，解决碳减排政策下再制造产品抢占新产品市场份额，原始制造商与再制造商合作意愿薄弱的问题。

与单独对某一再制造模式的研究不同，本书还对不同碳减排政策下三种再制造模式进行对比研究。基于最优再制造模式这一问题，研究发现，外包再制造模式不仅有利于两种产品制造商实现利润双赢，当单位再制造产品碳排放量与单位新产品碳排放量相比较小时，外包再制造模式更有利于降低环境影响，为两制造商合作提供了理论依据。

第三，针对如何同时实现碳减排效果最优和利润最大问题，分别基于独立、授权、外包再制造模式设计协调契约。

考虑到政府和企业的目标不同，基于如何设计合作机制同时实现碳减排效果最优和利润最大问题，独立再制造模式下设计固定费用协调机制改善原始制造商碳减排政策下的不利地位，增强原始制造商与再制造商合作意愿；授权再制造模式下设计固定授权费用协调机制实现供应链协调，即再制造商通过支付固定的授权费用，既为使用原始制造商的专利产权支付一定费用，也避免原始制造商过度决策授权费用转移再制造收益；外包再制造模式下，设计外包特许经营契约有效协调供应链经济和环境效益，再制造商获取固定费用作为利润分成，增加再制造产品产量。

7.3　研究局限与展望

7.3.1　研究局限

研究碳减排政策对再制造的影响符合国家循环经济发展战略需求，在保护环境和提高社会经济效益方面具有一定的现实意义。本书研究不仅完善了政府碳减排政策设计及再制造市场竞争相关理论，还丰富了制造/再制造供应链协调理论。虽然本书在以往的研究基础上有所突破，但是在研究过程中还存在一些不足，主要表现在以下几个方面。

第一，本书是按照我国现有的基于历史排放法的碳交易制度来规定碳排放限额,但是国际上常见的碳配额分配方式有历史排放法、基准法、拍卖法以及固定价格法。

第二,本书假设碳排放权的销售价格总是等于购买价格,虽然这在以往的研究中是常见的假设,但是在实际的碳排放权交易过程中销售价格可能并不总是等于购买价格,目前还没有相关研究强调中介机构在碳交易政策下的角色。

第三,本书假设负责再制造的再制造商承担回收废旧产品的任务,但现实中回收与再制造可能由不同的主体承担。

7.3.2 研究展望

第一,考虑碳配额不同分配方式。在当前统一碳市场和碳配额分配规则要求下,进一步的研究可以考虑基于不同碳配额分配方式进行对比研究。

第二,强调碳交易政策下的中介机构角色。考虑到现实中碳排放权的出售和购买价格不一定总是相等,进一步的研究可以强调碳排放权交易过程中的中介机构角色,探究中介机构存在对制造/再制造的影响。

第三,考虑不同的回收渠道。现实中回收与再制造可能由不同的主体承担,为了更贴近现实,进一步的研究可以充分考虑不同回收渠道(原始制造商回收、再制造商回收、零售商回收)对制造/再制造的影响。

参考文献

[1] 王明喜，胡毅，郭冬梅，等. 碳税视角下最优排放实施与企业减排投资竞争 [J]. 管理评论, 2021, 33 (8): 17 - 28.

[2] Waltho C, Elhedhli S, Gzara F. Green supply chain network design: A review focused on policy adoption and emission quantification [J]. International Journal of Production Economics, 2019, 208: 305 - 318.

[3] Alegoz M, Kaya O, Bayindir Z P. A comparison of pure manufacturing and hybrid manufacturing-remanufacturing systems under carbon tax policy [J]. European Journal of Operational Research, 2021, 294 (1): 161 - 173.

[4] 陈晓红，王钰，李喜华. 环境规制下区域间企业绿色技术转型策略演化稳定性研究 [J]. 系统工程理论与实践, 2021, 41 (7): 1732 - 1749.

[5] Savaskan R C, Bhattacharya S, Van Wassenhove L N. Closed-loop supply chain models with product remanufacturing [J]. Management Science, 2004, 50 (2): 239 - 252.

[6] 李勇建，冯立攀，赵秀坌，等. 新运营时代的逆向物流研究进展与展望 [J]. 系统工程理论与实践, 2020, 40 (8): 2008 - 2022.

[7] 申成然，熊中楷. 碳排放约束下制造商再制造决策研究 [J]. 系统工程学报, 2014, 29 (4): 537 - 549.

[8] 梁佳平，范丽伟，王宁宁，等. 碳排放奖惩机制下新产品和再制品的定价与分销渠道选择策略 [J]. 系统工程理论与实践, 2023, 43 (4): 1116 - 1133.

[9] Zhang Y, Chen W, Li Q. Third-party remanufacturing mode selection for a capital-constrained closed-loop supply chain under financing portfolio [J]. Computers & Industrial Engineering, 2021, 157: 107315.

[10] Guide Jr V D R, Van Wassenhove L N. Managing product returns for re-

manufacturing [J]. Production and Operations Management, 2001, 10 (2): 142 – 155.

[11] 夏西强, 阮俊虎, 曹裕. 基于授权再制造政府补贴机制研究 [J]. 科研管理, 2020, 41 (7): 169 – 180.

[12] 赵晓敏, 孟潇潇, 朱贺. 专利授权模式下 OEM 与再制造商的博弈决策: 基于 OEM 的绿色创新视角 [J]. 管理评论, 2020, 32 (4): 132 – 145.

[13] Xia X, Li M, Wang W. Impact of three emission reduction decisions on authorized remanufacturing under carbon trading [J]. Expert Systems with Applications, 2023, 216: 119476.

[14] Liu J, Mantin B, Song X. Rent, sell, and remanufacture: The manufacturer's choice when remanufacturing can be outsourced [J]. European Journal of Operational Research, 2022, 303 (1): 184 – 200.

[15] Liu Z, Lang L L, Hu B, et al. Emission reduction decision of agricultural supply chain considering carbon tax and investment cooperation [J]. Journal of Cleaner Production, 2021, 294: 126305.

[16] Huang C, Du S, Wang B, et al. Accelerate or hinder it? Manufacturer transformation under competition and carbon emission trading [J]. International Journal of Production Research, 2023, 61 (18): 6230 – 6250.

[17] 王娜, 张玉林. 碳税政策下制造商和再制造商竞争与合作博弈分析 [J]. 电子科技大学学报 (社科版), 2021, 23 (2): 75 – 85.

[18] Bian J S, Zhao X. Tax or subsidy? An analysis of environmental policies in supply chains with retail competition [J]. European Journal of Operational Research, 2020, 283 (3): 901 – 914.

[19] 杨爱峰, 王佳琦, 胡小建. 碳税机制下的第三方再制造问题研究 [J]. 软科学, 2017, 31 (12): 134 – 149.

[20] 陈伟达, 毕兴明. 考虑碳税和资金约束制造/再制造生产决策研究 [J]. 工业工程, 2017, 20 (5): 1 – 8 +65.

[21] Konstantaras I, Skouri K, Benkherouf L. Optimizing inventory decisions for a closed-loop supply chain model under a carbon tax regulatory

mechanism [J]. International Journal of Production Economics, 2021, 239: 108185.

[22] Ding J, Chen W, Wang W. Production and carbon emission reduction decisions for remanufacturing firms under carbon tax and take-back legislation [J]. Computers & Industrial Engineering, 2020, 143: 106419.

[23] Luo R, Zhou L, Song Y, et al. Evaluating the impact of carbon tax policy on manufacturing and remanufacturing decisions in a closed-loop supply chain [J]. International Journal of Production Economics, 2022, 245: 108408.

[24] Fu K, Li Y, Mao H, et al. Firms' production and green technology strategies: The role of emission asymmetry and carbon taxes [J]. European Journal of Operational Research, 2023, 305 (3): 1100 – 1112.

[25] 曹裕, 易超群, 万光羽. 碳税政策下随机双渠道库存与协调研究 [J]. 中国管理科学, 2022, 30 (1): 111 – 123 + 287.

[26] 杨玉香, 管倩, 张宝友, 等. 碳税政策下闭环供应链网络均衡分析 [J]. 中国管理科学, 2022, 30 (1): 185 – 195.

[27] Yenipazarli A. Managing new and remanufactured products to mitigate environmental damage under emissions regulation [J]. European Journal of Operational Research, 2016, 249 (1): 117 – 130.

[28] 孟卫军, 姚雨, 申成然. 基于碳税的供应链合作减排补贴策略研究 [J]. 科技管理研究, 2018, 38 (9): 247 – 254.

[29] 龙超, 王勇. 碳税与补贴政策下三级供应链的减排合作研究 [J]. 预测, 2018, 37 (5): 50 – 55.

[30] Dou G W, Cao K Y. A joint analysis of environmental and economic performances of closed-loop supply chains under carbon tax regulation [J]. Computers & Industrial Engineering, 2020, 146: 106624.

[31] Benjaafar S, Li Y, Daskin M. Carbon footprint and the management of supply chains: Insights from simple models [J]. IEEE Transactions on Automation Science and Engineering, 2012, 10 (1): 99 – 116.

[32] Ji T, Xu X, Yan X, et al. The production decisions and cap setting with

wholesale price and revenue sharing contracts under cap-and-trade regu-lation [J]. International Journal of Production Research, 2020, 58 (1): 128 –147.

[33] Chen Y, Li B, Zhang G, et al. Quantity and collection decisions of the remanufacturing enterprise under both the take-back and carbon emission capacity regulations [J]. Transportation Research Part E: Logistics and Transportation Review, 2020, 141: 102032.

[34] 张桂涛, 王广钦, 赵欣语, 等. 碳配额交易体系下闭环供应链网络的生产与碳交易策略研究 [J]. 中国管理科学, 2021, 29 (1): 97 –108.

[35] 丁军飞, 陈伟达, 付帅帅. 碳价波动下考虑风险规避的工程机械再制造企业生产决策优化 [J]. 系统工程理论与实践, 2022, 42 (3): 637 –650.

[36] 樊文平, 王旭坪, 刘名武, 等. 零售商持股制造商减排投资的供应链协调优化研究 [J]. 系统工程理论与实践, 2021, 41 (9): 2316 –2326.

[37] 冯海荣, 曾银莲, 周杰. 碳交易机制下零售商合作的费用分配研究 [J]. 中国管理科学, 2021, 29 (5): 108 –116.

[38] 邹清明, 胡李庆, 邹霆钧. 碳限额与碳交易机制下考虑公平关切的供应链定价与协调研究 [J]. 中国管理科学, 2022, 30 (10): 142 –154.

[39] 王文利, 程天毓. 碳交易背景下供应链运营决策的演化博弈分析 [J]. 系统工程理论与实践, 2021, 41 (5): 1272 –1281.

[40] 陈玉玉, 李帮义, 柏庆国, 等. 碳交易环境下再制造企业生产及减排投资决策 [J]. 控制与决策, 2020, 35 (3): 695 –703.

[41] 张令荣, 王健, 彭博. 内外部碳配额交易路径下供应链减排决策研究 [J]. 中国管理科学, 2020, 28 (11): 145 –154.

[42] Zhang X, Gan D, Wang Y, et al. The impact of price and revenue floors on carbon emission reduction investment by coal-fired power plants [J]. Technological Forecasting and Social Change, 2020, 154: 119961.

[43] Wang X, Sethi S P, Chang S. Pollution abatement using cap-and-trade

in a dynamic supply chain and its coordination [J]. Transportation Research Part E: Logistics and Transportation Review, 2022, 158: 102592.

[44] 谭建, 闫丽娜, 李萌. 单位与总量两种碳限额机制下的企业最优决策 [J]. 系统科学学报, 2021, 29 (4): 68 –71 +6.

[45] 王一雷, 朱庆华. 不同碳排放权配置方式下供应链长期碳减排决策研究 [J]. 系统工程理论与实践, 2023, 43 (7): 2084 –2101.

[46] Xia X, Lu M, Wang W. Emission Reduction and Outsourcing Remanufacturing: A Comparative Study Under Carbon Trading [J]. Expert Systems with Applications, 2023, 227: 120317.

[47] Wang Z, Wu Q. Carbon emission reduction and product collection decisions in the closed-loop supply chain with cap-and-trade regulation [J]. International Journal of Production Research, 2021, 59 (14): 4359 –4383.

[48] Guo Y, Wang M, Yang F. Joint emission reduction strategy considering channel inconvenience under different recycling structures [J]. Computers & Industrial Engineering, 2022, 169: 108159.

[49] Yang L, Hu Y, Huang L. Collecting mode selection in a remanufacturing supply chain under cap-and-trade regulation [J]. European Journal of Operational Research, 2020, 287 (2): 480 –496.

[50] Xu X, Chen Y, He P, et al. The selection of marketplace mode and reselling mode with demand disruptions under cap-and-trade regulation [J]. International Journal of Production Research, 2023, 61 (8): 2738 –2757.

[51] Zhang C, Tian Y X, Han M H. Recycling mode selection and carbon emission reduction decisions for a multi-channel closed-loop supply chain of electric vehicle power battery under cap-and-trade policy [J]. Journal of Cleaner Production, 2022, 375: 134060.

[52] Zakeri A, Dehghanian F, Fahimnia B, et al. Carbon pricing versus emissions trading: A supply chain planning perspective [J]. International Journal of Production Economics, 2015, 164: 197 –205.

[53] Bai Q, Xu J, Zhang Y. The distributionally robust optimization model for a remanufacturing system under cap-and-trade policy: A newsvendor approach [J]. Annals of Operations Research, 2022, 309 (2): 731 – 760.

[54] Arora R, Singh A P, Sharma R, et al. A remanufacturing inventory model to control the carbon emission using cap-and-trade regulation with the hexagonal fuzzy number [J]. Benchmarking: An International Journal, 2022, 29 (7): 2202 – 2230.

[55] Lee S, Park S J. Who should lead carbon emissions reductions? Upstream vs. downstream firms [J]. International Journal of Production Economics, 2020, 230: 107790.

[56] 夏西强, 路梦圆, 郭磊. 碳交易下碳配额分配方式对制造/再制造影响研究 [J]. 系统工程理论与实践, 2022, 42 (11): 3001 – 3015.

[57] Pan X, Teng F, Wang G. Sharing emission space at an equitable basis: Allocation scheme based on the equal cumulative emission per capita principle [J]. Applied Energy, 2014, 113: 1810 – 1828.

[58] Wang M, Zhao L, Herty M. Modelling carbon trading and refrigerated logistics services within a fresh food supply chain under carbon cap-and-trade regulation [J]. International Journal of Production Research, 2018, 56 (12): 4207 – 4225.

[59] 叶飞, 令狐大智. 双寡头竞争环境下的碳配额分配策略研究 [J]. 系统工程理论与实践, 2015, 35 (12): 3038 – 3046.

[60] 令狐大智, 叶飞. 基于历史排放参照的碳配额分配机制研究 [J]. 中国管理科学, 2015, 23 (6): 65 – 72.

[61] Yang W, Pan Y, Ma J, et al. Effects of allowance allocation rules on green technology investment and product pricing under the cap-and-trade mechanism [J]. Energy Policy, 2020, 139: 111333.

[62] Ma J, Tian Y, Xu T, et al. Dynamic game study of multi-channel supply chain under cap-and-trade regulation [J]. Chaos, Solitons & Fractals, 2022, 160: 112131.

［63］ 陆敏, 方习年. 考虑不同分配方式的碳交易市场博弈分析 ［J］. 中国管理科学, 2015, 23 (S1): 807 - 811.

［64］ 夏晖, 王思逸, 蔡强. 多目标条件下企业碳配额分配和政府公平——基于 (p, α) 比例公平的视角 ［J］. 中国管理科学, 2019, 27 (4): 48 - 55.

［65］ 王明喜, 鲍勤, 汤铃, 等. 碳排放约束下的企业最优减排投资行为 ［J］. 管理科学学报, 2015, 18 (6): 41 - 57.

［66］ 聂佳佳, 王拓, 赵映雪, 等. 碳排放约束下再制造闭环供应链回收策略 ［J］. 管理工程学报, 2015, 29 (3): 249 - 256.

［67］ Du S, Zhu L, Liang L, et al. Emission-dependent supply chain and environment-policy-making in the 'cap-and-trade' system ［J］. Energy Policy, 2013, 57: 61 - 67.

［68］ 夏良杰, 柳慧, 张萌, 等. 强制减排规制下基于碳减排利润增量分享契约的供应链协调研究 ［J］. 运筹与管理, 2019, 28 (5): 92 - 98 + 107.

［69］ 张李浩, 董款, 张荣. 基于碳配额交易和减排技术的供应链策略选择 ［J］. 中国管理科学, 2019, 27 (1): 63 - 72.

［70］ Shu T, Wu Q, Chen S, et al. Manufacturers'/remanufacturers' inventory control strategies with cap-and-trade regulation ［J］. Journal of Cleaner Production, 2017, 159: 11 - 25.

［71］ 杨亚琴, 邱菀华, 何大义. 强制减排机制下政府与企业之间的博弈分析 ［J］. 系统工程, 2012, 30 (2): 110 - 114.

［72］ 柏庆国, 徐健腾. 碳政策下分布式鲁棒优化模型的生产与减排策略 ［J］. 系统工程理论与实践, 2016, 36 (7): 1696 - 1709.

［73］ He L, Xu Z, Niu Z. Joint optimal production planning for complex supply chains constrained by carbon emission abatement policies ［J］. Discrete Dynamics in Nature and Society, 2014, 2014 (1): 361923.

［74］ Bai Q, Xu J, Gong Y, et al. Robust decisions for regulated sustainable manufacturing with partial demand information: Mandatory emission capacity versus emission tax ［J］. European Journal of Operational Research, 2022, 298 (3): 874 - 893.

[75] Chen Y, Wang C, Nie P, et al. A clean innovation comparison between carbon tax and cap-and-trade system [J]. Energy Strategy Reviews, 2020, 29: 100483.

[76] Xu H, Pan X, Li J, et al. Comparing the impacts of carbon tax and carbon emission trading, which regulation is more effective? [J]. Journal of Environmental Management, 2023, 330: 117156.

[77] Hu X, Yang Z, Sun J, et al. Carbon tax or cap-and-trade: Which is more viable for Chinese remanufacturing industry? [J]. Journal of Cleaner Production, 2020, 243: 118606.

[78] 曹翔, 傅京燕. 不同碳减排政策对内外资企业竞争力的影响比较 [J]. 中国人口·资源与环境, 2017, 27 (6): 10 – 25.

[79] 刘碧玉, 杨海东, 柯迪. 专利授权下碳排放政策对制造商/再制造商运营决策的影响 [J]. 中国管理科学, 2023, 31 (5): 198 – 208.

[80] 聂佳佳, 李芳. 制造商渠道入侵对零售商双渠道策略的影响 [J]. 软科学, 2022, 36 (5): 75 – 82.

[81] Li C, Feng L, Luo S. Strategic introduction of an online recycling channel in the reverse supply chain with a random demand [J]. Journal of Cleaner Production, 2019, 236: 117683.

[82] Wu X, Zhou Y. The optimal reverse channel choice under supply chain competition [J]. European Journal of Operational Research, 2017, 259 (1): 63 – 76.

[83] 姚锋敏, 闫颖洛, 滕春贤. 考虑 CSR 行为及渠道权力结构的闭环供应链定价决策 [J]. 管理评论, 2022, 34 (1): 283 – 294.

[84] Kushwaha S, Chan F T, Chakraborty K, et al. Collection and remanufacturing channels selection under a product take-back regulation with remanufacturing target [J]. International Journal of Production Research, 2022, 60 (24): 7384 – 7410.

[85] Wang N, He Q, Jiang B. Hybrid closed-loop supply chains with competition in recycling and product markets [J]. International Journal of Production Economics, 2019, 217: 246 – 258.

[86] 公彦德, 蒋雨薇, 达庆利. 不同混合回收模式和权力结构的逆向供

应链决策分析 [J]. 中国管理科学, 2020, 28 (10): 131 - 143.

[87] Majumder P, Groenevelt H. Competition in remanufacturing [J]. Production and Operations Management, 2001, 10 (2): 125 - 141.

[88] Ferguson M E, Toktay L B. The effect of competition on recovery strategies [J]. Production and Operations Management, 2006, 15 (3): 351 - 368.

[89] Zhou Y, Xiong Y, Jin M. The entry of third-party remanufacturers and its impact on original equipment manufacturers in a two-period game-theoretic model [J]. Journal of Cleaner Production, 2021, 279: 123635.

[90] Wu C H. Strategic and operational decisions under sales competition and collection competition for end-of-use products in remanufacturing [J]. International Journal of Production Economics, 2015, 169: 11 - 20.

[91] Bulmus S C, Zhu S X, Teunter R. Competition for cores in remanufacturing [J]. European Journal of Operational Research, 2014, 233 (1): 105 - 113.

[92] Jin M, Li G, Reimann M. Team of rivals: How should original equipment manufacturers cooperate with independent remanufacturers via authorisation? [J]. European Journal of Operational Research, 2022, 296 (3): 837 - 845.

[93] Zheng X, Govindan K, Deng Q, et al. Effects of design for the environment on firms' production and remanufacturing strategies [J]. International Journal of Production Economics, 2019, 213: 217 - 228.

[94] Subramanian R, Ferguson M E, Toktay L B. Remanufacturing and the component commonality decision [J]. Production and Operations Management, 2013, 22 (1): 36 - 53.

[95] 黄宗盛, 聂佳佳, 胡培. 制造商应对再制造商进入的技术创新策略 [J]. 管理评论, 2013, 25 (7): 78 - 87.

[96] Orsdemir A, Kemahlioglu-Ziya E, Parlakturk A K. Competitive quality choice and remanufacturing [J]. Production and Operations Management, 2014, 23 (1): 48 - 64.

[97] Mitra S. Models to explore remanufacturing as a competitive strategy under duopoly [J]. Omega-Int J Manage S, 2016, 59: 215 - 227.

[98] 夏西强, 朱庆华. 主动再制造设计下制造/再制造博弈模型研究 [J]. 系统工程学报, 2018, 33 (3): 328-340.

[99] Wang Q X, Li B Y, Chen B X, et al. Implication of take-back and carbon emission capacity regulations on remanufacturing in a competitive market [J]. Journal of Cleaner Production, 2021, 325: 129231.

[100] 高鹏, 杜建国, 聂佳佳, 等. 消费者后悔预期对 IR 技术创新策略的影响 [J]. 工业工程与管理, 2019, 24 (2): 174-182.

[101] 胡开忠. 专利产品的修理、再造与专利侵权的认定——从再生墨盒案谈起 [J]. 法学, 2006, (12): 145-151.

[102] 熊中楷, 申成然, 彭志强. 专利保护下再制造闭环供应链协调机制研究 [J]. 管理科学学报, 2011, 14 (6): 76-85.

[103] 张玲. 专利产品的修理与专利侵权问题探讨——从日本再生墨盒案谈起 [J]. 知识产权, 2007, (3): 62-76.

[104] 邹宗保. 非独立第三方再制造博弈模型研究 [D]. 大连理工大学, 2016.

[105] 郑本荣, 杨超, 杨珺. 专利保护下双渠道闭环供应链的定价与协调决策 [J]. 系统工程学报, 2017, 32 (1): 103-113.

[106] 申成然, 刘名武, 熊中楷. 考虑专利许可的制造商与再制造商竞争策略 [J]. 运筹与管理, 2014, 23 (2): 55-63.

[107] 黄宗盛, 聂佳佳, 胡培. 专利保护下的闭环供应链再制造模式选择策略 [J]. 工业工程与管理, 2012, 17 (6): 15-21.

[108] Zhao J J, Wang C X, Xu L. Decision for pricing, service, and recycling of closed-loop supply chains considering different remanufacturing roles and technology authorizations [J]. Computers & Industrial Engineering, 2019, 132: 59-73.

[109] Zhou Q, Meng C, Yuen K F. The impact of secondary market competition on refurbishing authorization strategies [J]. International Journal of Production Economics, 2020, 228: 107728.

[110] Zhou Q, Meng C, Yuen K F. Remanufacturing authorization strategy for competition among OEM, authorized remanufacturer, and unauthorized remanufacturer [J]. International Journal of Production Economics,

2021, 242: 108295.

[111] Hong X P, Govindan K, Xu L, et al. Quantity and collection decisions in a closed-loop supply chain with technology licensing [J]. European Journal of Operational Research, 2017, 256 (3): 820 – 829.

[112] Crama P, De Reyck B, Taneri N. Licensing contracts: Control rights, options, and timing [J]. Management Science, 2017, 63 (4): 1131 – 1149.

[113] Sarmah A, De Giovanni D, De Giovanni P. Compulsory licenses in the pharmaceutical industry: Pricing and R&D strategies [J]. European Journal of Operational Research, 2020, 282 (3): 1053 – 1069.

[114] Huang Y, Wang Z. Information sharing in a closed-loop supply chain with learning effect and technology licensing [J]. Journal of Cleaner Production, 2020, 271: 122544.

[115] Jiang X, Zheng Y. Pricing decisions and remanufacturing strategies considering consumer recycling behavior [J]. Annals of Operations Research, 2023, 322 (2): 755 – 792.

[116] 易余胤, 阳小栋. 不同专利许可模式下的再制造闭环供应链模型 [J]. 计算机集成制造系统, 2014, 20 (9): 2305 – 2312.

[117] Chai Q, Xiao Z, Zhou G. Competitive strategies for original equipment manufacturers considering carbon cap and trade [J]. Transportation Research Part D: Transport and Environment, 2020, 78: 102193.

[118] 赵晓敏, 孟潇潇. 授权模式下制造商与再制造商的演化博弈决策 [J]. 中国管理科学, 2021, 29 (2): 129 – 136.

[119] 曹柬, 赵韵雯, 吴思思, 等. 考虑专利许可及政府规制的再制造博弈 [J]. 管理科学学报, 2020, 23 (3): 1 – 23.

[120] 曹开颖, 张壮壮, 徐兵, 等. 在碳交易机制下再制造授权选择以及信息披露研究 [J]. 管理工程学报, 2022, 36 (6): 168 – 181.

[121] 付帅帅, 陈伟达, 丁军飞, 等. 考虑不同融资金额需求的授权再制造融资策略研究 [J]. 运筹与管理, 2021, 30 (10): 213.

[122] 金亮, 郑本荣, 胡浔. 专利授权合同设计与生产外包——基于企业社会责任的视角 [J]. 南开管理评论, 2019, 22 (3): 40 – 53.

［123］ 李巍，张汉江，杨柳. 基于市场划分的再制造许可费对定价策略的影响［J］. 中国管理科学，2020，（6）：94 - 103.

［124］ Chen J, Liang L, Yao D Q. An analysis of intellectual property licensing strategy under duopoly competition: Component or product-based?［J］. International Journal of Production Economics, 2017, 193: 502 - 513.

［125］ Yang F, Jiao C, Ang S. The optimal technology licensing strategy under supply disruption［J］. International Journal of Production Research, 2019, 57（7）: 2057 - 2082.

［126］ Huang Y, Wang Z. Pricing and production decisions in a closed-loop supply chain considering strategic consumers and technology licensing［J］. International Journal of Production Research, 2019, 57（9）: 2847 - 2866.

［127］ Zhao Y J, Zhou H, Wang Y. Outsourcing remanufacturing and collecting strategies analysis with information asymmetry［J］. Computers & Industrial Engineering, 2021, 160: 107561.

［128］ Chen S, Pan Y, Wu D, et al. In-house versus outsourcing collection in a closed-loop supply chain with remanufacturing technology development［J］. International Journal of Production Research, 2023, 61（6）: 1720 - 1735.

［129］ Zou Z B, Wang J J, Deng G S, et al. Third-party remanufacturing mode selection: Outsourcing or authorization?［J］. Transportation Research Part E-Logistics and Transportation Review, 2016, 87: 1 - 19.

［130］ Li J, Gonzalez M, Zhu Y. A hybrid simulation optimization method for production planning of dedicated remanufacturing［J］. International Journal of Production Economics, 2009, 117（2）: 286 - 301.

［131］ 邹宗保，王建军，邓贵仕. 再制造外包对供应链成员决策的影响［J］. 系统工程学报，2017，32（6）：783 - 793.

［132］ Ming C, Tijun F, Hong Z, et al. Research on supply chain coordination model of green remanufacturing with outsourcing［J］. International Symposium on Information Science and Engineering, 2010, 44: 242 - 249.

[133] 葛汝刚, 黄小原. 具有外包选择的闭环供应链切换模型及其鲁棒控制 [J]. 计算机集成制造系统, 2009, 15 (10): 2012 - 2026.

[134] Abdulrahman M D A, Subramanian N, Liu C, et al. Viability of re-manufacturing practice: A strategic decision-making framework for Chinese auto-parts companies [J]. Journal of Cleaner Production, 2015, 105: 311 - 323.

[135] Esenduran G, Kemahlioglu-Ziya E, Swaminathan J M. Impact of take-back regulation on the remanufacturing industry [J]. Production and Operations Management, 2017, 26 (5): 924 - 944.

[136] 楼高翔, 周虹, 范体军. 考虑外包和生产能力约束的制造/再制造混合批量决策 [J]. 系统管理学报, 2011, 20 (5): 549 - 555.

[137] Zhang F, Chen H, Xiong Y, et al. Managing collecting or remarketing channels: Different choice for cannibalisation in remanufacturing out-sourcing [J]. International Journal of Production Research, 2021, 59 (19): 5944 - 5959.

[138] Mutha A, Bansal S, Guide V D R. Selling assortments of used products to third-party remanufacturers [J]. Production and Operations Man-agement, 2019, 28 (7): 1792 - 1817.

[139] 聂佳佳, 钟玲. 存在绿色消费者的再制造模式选择策略 [J]. 工业工程, 2018, 21 (2): 9 - 18.

[140] Zhang Y M, Chen W D, Mi Y. Third-party remanufacturing mode se-lection for competitive closed-loop supply chain based on evolutionary game theory [J]. Journal of Cleaner Production, 2020, 263: 121305.

[141] Fang C, Fan S, Qiu Y. The choice of remanufacturing strategy for the OEM with third-party remanufacturers' advantages [J]. Computers & Industrial Engineering, 2023, 176: 108973.

[142] Feng Z, Xiao T, Robb D J. Environmentally responsible closed-loop supply chain models with outsourcing and authorization options [J]. Journal of Cleaner Production, 2021, 278: 123791.

[143] 王娜, 张玉林. 第三方再制造供应链生产及减排决策 [J]. 计算机集成制造系统, 2023: 1 - 16.

[144] 孙浩, 叶俊, 胡劲松, 等. 不同决策模式下制造商与再制造商的博弈策略研究 [J]. 中国管理科学, 2017, 25 (1): 160 – 169.

[145] Wang N M, He Q D, Jiang B. Hybrid closed-loop supply chains with competition in recycling and product markets [J]. International Journal of Production Economics, 2019, 217: 246 – 258.

[146] 刘勇, 熊中楷. 新产品分销下再制造产品直销与分销渠道研究 [J]. 工业工程与管理, 2011, 16 (4): 40 – 45.

[147] 谢博, 王先甲. 竞争市场下考虑再制造产品售后服务的供应链运营策略 [J]. 运筹与管理, 2022, 31 (11): 142 – 148.

[148] 孙浩, 王磊, 李晨, 等. 回收模式相异的零售商主导型闭环供应链竞争模型研究 [J]. 中国管理科学, 2020, 28 (4): 86 – 98.

[149] 夏西强, 朱庆华. 外包再制造下再制造设计对制造/再制造影响 [J]. 管理科学学报, 2019, 22 (9): 97 – 112.

[150] 郑本荣, 杨超, 刘丛. 成本分摊对制造商回收闭环供应链的影响 [J]. 系统工程理论与实践, 2017, 37 (9): 2344 – 2354.

[151] Nielsen I E, Majumder S, Sana S S, et al. Comparative analysis of government incentives and game structures on single and two-period green supply chain [J]. Journal of Cleaner Production, 2019, 235: 1371 – 1398.

[152] Ding J, Chen W, Fu S. Optimal policy for remanufacturing firms with carbon options under service requirements [J]. Journal of Systems Science and Systems Engineering, 2022, 31 (1): 34 – 63.

[153] 夏西强, 曹裕. 外包再制造下政府补贴对制造/再制造影响研究 [J]. 系统工程理论与实践, 2020, 40 (7): 1780 – 1791.

[154] Zhang Y, Hong Z, Chen Z, et al. Tax or subsidy? Design and selection of regulatory policies for remanufacturing [J]. European Journal of Operational Research, 2020, 287 (3): 885 – 900.

[155] Wu C H. A dynamic perspective of government intervention in a competitive closed-loop supply chain [J]. European Journal of Operational Research, 2021, 294 (1): 122 – 137.

[156] 李登峰, 韦安鹏. 奖惩激励下考虑交货期的供应链定价及送货渠

道选择［J］. 系统工程理论与实践, 2023, 43（3）: 841 – 856.

［157］ 徐杰, 罗春林, 田歆. 考虑法律约束的两周期电子产品回收再制造决策研究［J］. 中国管理科学, 2022, 30（9）: 255 – 262.

［158］ 常香云, 潘婷, 钟永光, 等. EPR 制度约束下生产 – 再制造竞争系统的双环境责任行为分析［J］. 系统工程理论与实践, 2021, 41（4）: 905 – 918.

［159］ 肖露, 王先甲, 钱桂生, 等. 基于产品设计的再制造激励以及政府干预的影响［J］. 系统工程理论与实践, 2017, 37（5）: 1229 – 1242.

［160］ 王竟竟, 许民利, 邓亚玲. 信息不对称下闭环供应链定价及协调契约［J］. 系统工程学报, 2022, 37（5）: 617 – 631.

［161］ 王永明, 余小华, 尹红丽. 基于风险规避和公平偏好的供应链收益共享契约协调研究［J］. 中国管理科学, 2021, 29（7）: 148 – 159.

［162］ Zhang J, Sethi S P, Choi T M, et al. Pareto optimality and contract dependence in supply chain coordination with risk-averse agents［J］. Production and Operations Management, 2022, 31（6）: 2557 – 2570.

［163］ 唐飞, 许茂增. 考虑专利保护和渠道偏好的再制造双渠道闭环供应链决策与协调［J］. 运筹与管理, 2019, 28（6）: 61 – 69.

［164］ 郑小雪, 刘志. 第三方再制造外包模式选择与协调研究［J］. 控制与决策, 2020, 35（9）: 2261 – 2268.

［165］ 高举红, 张莹, 李梦梦. 具广告影响的再制造闭环供应链的决策与协调［J］. 系统科学与数学, 2019, 39（11）: 1785 – 1807.

［166］ 尚春燕, 关志民, 米力阳. 政府干预下考虑双重行为偏好特征的闭环供应链决策与协调［J］. 工业工程, 2021, 24（1）: 35 – 43.

［167］ Govindan K, Popiuc M N, Diabat A. Overview of coordination contracts within forward and reverse supply chains［J］. Journal of Cleaner Production, 2013, 47: 319 – 334.

［168］ Bai Q, Chen M, Xu L. Revenue and promotional cost-sharing contract versus two-part tariff contract in coordinating sustainable supply chain systems with deteriorating items［J］. International Journal of Production Economics, 2017, 187: 85 – 101.

[169] Lund R T. Remanufacturing: The experience of the United States and implications for developing countries [R]. World Bank Technical Paper, 1984.

[170] Guide V D R, Kraus M E, Srivastava R. Scheduling policies for remanufacturing [J]. International Journal of Production Economics, 1997, 48 (2): 187 – 204.

[171] 徐滨士. 徐滨士谈再制造 [J]. 中国机电工业, 2006, (6): 40 – 41.

[172] Atasu A, Sarvary M, Van Wassenhove L N. Remanufacturing as a marketing strategy [J]. Management Science, 2008, 54 (10): 1731 – 1746.

[173] Chai Q F, Xiao Z D, Zhou G H. Competitive strategies for original equipment manufacturers considering carbon cap and trade [J]. Transportation Research Part D: Transport and Environment, 2020, 78: 102193.

[174] Wu C H. OEM product design in a price competition with remanufactured product [J]. Omega, 2013, 41 (2): 287 – 298.

[175] Chai Q F, Xiao Z D, Lai K H, et al. Can carbon cap and trade mechanism be beneficial for remanufacturing? [J]. International Journal of Production Economics, 2018, 203: 311 – 321.

[176] 李兰, 贾存惠. 我国碳税理论研究进展评述 [J]. 公共财政研究, 2021, 4: 85 – 96.

[177] 王瑜婷, 顾光同, 柘益香. 碳税政策及其社会福利探讨 [J]. 西部财会, 2022, 1: 14 – 17.

[178] Pigou A C. Co-operative societies and income tax [J]. The Economic Journal, 1920, 30 (118): 156 – 162.

[179] Dales J H. Land, water, and ownership [J]. The Canadian Journal of Economics/Revue canadienne d'Economique, 1968, 1 (4): 791 – 804.

[180] Cooter R, Ulen T, Ulen T S. Law and economics [M]. Academic Press, 1988.

[181] 陈晓红, 汪静, 胡东滨. 碳配额免费分配法下寻租对市场运行效率影响 [J]. 系统工程理论与实践, 2018, 38 (1): 93 - 101.

[182] Ji J N, Zhang Z Y, Yang L. Comparisons of initial carbon allowance allocation rules in an O2O retail supply chain with the cap-and-trade regulation [J]. International Journal of Production Economics, 2017, 187: 68 - 84.

[183] Savaskan R, Bhattacharya S, Van Wassenhove L N. Closed-loop supply chain models with product remanufacturing [J]. Management Science, 2004, 50: 239 - 252.

[184] Oersdemir A, Kemahlioglu-Ziya E, Parlaktuerk A K. Competitive quality choice and remanufacturing [J]. Production and Operations Management, 2014, 23 (1): 48 - 64.

[185] Zhou Q, Meng C, Sheu J B, et al. Remanufacturing Mode and Strategic Decision: A Game-Theoretic Approach [J]. International Journal of Production Economics, 2023, 260: 108841.

[186] Hauser W L R. Remanufacturing: Operating practices andstrategies [M]. Boston: Boston University, 2008.

[187] 高举红, 刘晓瑜, 滕金辉, 等. 考虑产品可拆卸性的再制造模式决策 [J]. 系统工程, 2017, 35 (1): 110 - 118.

[188] Huang H, Meng Q L, Xu H Y, et al. Cost information sharing under competition in remanufacturing [J]. International Journal of Production Research, 2019, 57 (21): 6579 - 6592.

[189] Ray A, De A, Mondal S, et al. Selection of best buyback strategy for original equipment manufacturer and independent remanufacturer-game theoretic approach [J]. International Journal of Production Research, 2021, 59 (18): 5495 - 5524.

[190] Wang X F, Zhu Y T, Sun H, et al. Production decisions of new and remanufactured products: Implications for low carbon emission economy [J]. Journal of Cleaner Production, 2018, 171: 1225 - 1243.

[191] Xia X, Li M, Wang W. Impact of three emission reduction decisions on authorized remanufacturing under carbon trading [J]. Expert Systems

with Applications, 2023, 216: 119476.

[192] 朱慧赟, 常香云, 夏海洋, 等. 碳限额与交易约束下的企业制造/再制造生产决策 [J]. 系统管理学报, 2015, 24 (5): 737 - 747.

[193] Du S F, Zhu L L, Liang L, et al. Emission-dependent supply chain and environment-policy-making in the 'cap-and-trade' system [J]. Energy Policy, 2013, 57: 61 - 67.

[194] Shu T, Wu Q N, Chen S, et al. Manufacturers '/remanufacturers' inventory control strategies with cap-and-trade regulation [J]. Journal of Cleaner Production, 2017, 159: 11 - 25.

[195] 陈伟达, 史郁洁. 碳交易政策下考虑渠道拓展的制造/再制造企业生产决策研究 [J]. 工业工程, 2020, 23 (2): 1 - 8.

[196] 陈伟达, 陈超. 考虑碳配额回购融资的再制造企业生产决策 [J]. 系统管理学报, 2021, 30 (5): 916 - 925.

[197] Turki S, Sauvey C, Rezg N. Modelling and optimization of a manufacturing/remanufacturing system with storage facility under carbon cap and trade policy [J]. Journal of Cleaner Production, 2018, 193: 441 - 458.

[198] Xia X Q, Li C Y, Zhu Q H. Game analysis for the impact of carbon trading on low-carbon supply chain [J]. Journal of Cleaner Production, 2020, 276: 123220.

[199] Liu H, Kou X, Xu G, et al. Which emission reduction mode is the best under the carbon cap-and-trade mechanism? [J]. Journal of Cleaner Production, 2021, 314: 128053.

[200] Lin B Q, Jia Z J. Does the different sectoral coverage matter? An analysis of China's carbon trading market [J]. Energy Policy, 2020, 137: 111164.

[201] 刁心薇, 曾珍香, 孙丞. 混合碳政策下两产品供应链的协同研究 [J]. 中国管理科学, 2021, 29 (2): 149 - 159.

[202] 刁心薇, 曾珍香, 孙丞. 混合碳政策下制造商低碳转型的技术选择策略 [J]. 控制与决策, 2021, 36 (7): 1763 - 1770.

[203] Zeng N, Jiang K J, Han P F, et al. The Chinese carbon-neutral goal: Challenges and prospects [J]. Advances in Atmospheric Sciences,

2022, 39 (8): 1229 – 1238.

[204] Zhu X, Ren M, Chu W, et al. Remanufacturing subsidy or carbon regulation? An alternative toward sustainable production [J]. Journal of Cleaner Production, 2019, 239: 117988.

[205] Dou G, Cao K. A joint analysis of environmental and economic performances of closed-loop supply chains under carbon tax regulation [J]. Computers & Industrial Engineering, 2020, 146: 106624.

[206] Dou G, Guo H, Zhang Q, et al. A two-period carbon tax regulation for manufacturing and remanufacturing production planning [J]. Computers & Industrial Engineering, 2019, 128: 502 – 513.

[207] Wang X, Zhu Y, Sun H, et al. Production decisions of new and remanufactured products: Implications for low carbon emission economy [J]. Journal of Cleaner Production, 2018, 171: 1225 – 1243.

[208] Drake D F, Kleindorfer P R, Van Wassenhove L N. Technology choice and capacity portfolios under emissions regulation [J]. Production and Operations Management, 2016, 25 (6): 1006 – 1025.

[209] Xia L, Guo T, Qin J, et al. Carbon emission reduction and pricing policies of a supply chain considering reciprocal preferences in cap-and-trade system [J]. Annals of Operations Research, 2018, 268: 149 – 175.

[210] Miao Z W, Mao H Q, Fu K, et al. Remanufacturing with trade-ins under carbon regulations [J]. Computers & Operations Research, 2018, 89: 253 – 268.

[211] Zhao P, Deng Q, Zhou J, et al. Optimal production decisions for remanufacturing end-of-life products under quality uncertainty and a carbon cap-and-trade policy [J]. Computers & Industrial Engineering, 2021, 162: 107646.

[212] Wang Y J, Chen W D, Liu B Y. Manufacturing/remanufacturing decisions for a capital-constrained manufacturer considering carbon emission cap and trade [J]. Journal of Cleaner Production, 2017, 140: 1118 – 1128.

[213] 张海咪, 刘渤海, 李恩重, 等. 碳交易及补贴政策对再制造闭环供应链的影响 [J]. 中国表面工程, 2018, 31 (1): 165 – 174.

[214] 夏西强, 耿涌, 朱庆华. 外包再制造下制造/再制造竞争与协调策略研究 [J]. 中国人口·资源与环境, 2019, 29 (6): 168 – 176.

[215] 石纯来, 聂佳佳. 规模不经济下奖惩机制对闭环供应链制造商合作策略影响 [J]. 中国管理科学, 2019, 27 (3): 85 – 95.

[216] 聂佳佳, 蒋晨, 王琦君. 碳税政策下风险规避对低碳竞争策略的影响 [J]. 工业工程与管理, 2018, 23 (5): 33 – 43.

[217] 张令荣, 杨子凡, 程春琪. 碳配额交易政策下闭环供应链的减排策略选择 [J]. 管理工程学报, 2022, 36 (1): 172 – 180.

[218] 郭钧, 王建国, 杜百岗, 等. 考虑碳限额的制造/再制造混合系统生产优化决策 [J]. 控制与决策, 2021, 36 (9): 2249 – 2256.

[219] 刘名武, 李德波, 翟梦月. 考虑碳排放的回收再制造决策研究 [J]. 数学的实践与认识, 2020, 50 (4): 30 – 41.

[220] 夏西强, 徐春秋. 政府碳税与补贴政策对低碳供应链影响的对比研究 [J]. 运筹与管理, 2020, 29 (11): 112 – 120.

[221] Zhu Q, Sarkis J, Lai K H. Supply chain-based barriers for truck-engine remanufacturing in China [J]. Transportation Research Part E-Logistics and Transportation Review, 2015, 74: 94 – 108.

[222] 王灿, 张雅欣. 碳中和愿景的实现路径与政策体系 [J]. 中国环境管理, 2020, 12 (6): 58 – 64.

[223] 邓万江, 马士华, 关旭. 碳交易背景下存在顾客环保偏好的双企业竞争策略研究 [J]. 中国管理科学, 2017, 25 (12): 17 – 26.

[224] 黄瑞芬, 孙俊凤, 王君. 碳限额与交易机制下受资金约束的供应链优化 [J]. 运筹与管理, 2020, 29 (6): 82 – 89.

[225] Zhao Y, Zhou H, Wang Y. Outsourcing remanufacturing and collecting strategies analysis with information asymmetry [J]. Computers & Industrial Engineering, 2021, 160: 107561.

[226] Yang L, Wang G Y, Chai Y N. Manufacturer's channel selection considering carbon emission reduction and remanufacturing [J]. Journal of Systems Science and Systems Engineering, 2018, 27 (4): 497 – 518.

[227] 丁军飞, 陈伟达, 付帅帅. 碳价波动下考虑风险规避的工程机械再制造企业生产决策优化 [J]. 系统工程理论与实践, 2022, 42

(3): 637 - 650.

[228] 李友东, 谢鑫鹏, 王锋正, 等. 考虑碳配额和交易的排放依赖型供应链低碳化运营决策 [J]. 控制与决策, 2020, 35 (9): 2236 - 2244.

[229] Shi B, Li N, Gao Q, et al. Market incentives, carbon quota allocation and carbon emission reduction: Evidence from China's carbon trading pilot policy [J]. Journal of Environmental Management, 2022, 319: 115650.

[230] Yang H, Chen W. Retailer-driven carbon emission abatement with consumer environmental awareness and carbon tax: Revenue-sharing versus Cost-sharing [J]. Omega-International Journal of Management Science, 2018, 78: 179 - 191.

[231] Chai Q, Xiao Z, Lai K H, et al. Can carbon cap and trade mechanism be beneficial for remanufacturing? [J]. International Journal of Production Economics, 2018, 203: 311 - 321.

[232] Zhang Y M, Chen W D, Mi Y. Third-party remanufacturing mode selection for competitive closed-loop supply chain based on evolutionary game theory [J]. Journal of Cleaner Production, 2020, 263: 16.